3판

슬기로운 세금생활

차승민 이재홍

책머리에

여러분들의 '슬기로운 세금 생활'을 위하여

우리는 하루라도 세금과 관련되지 않고서는 생활을 할 수가 없습니다. 의 · 식 · 주를 해결하는 것에서부터 학교나 직장에 출근하기 위한 교통비, 사무용품, 기호품, 그리고 스마트폰을 이용한 소비에 이르기까지 거의 모든 생활이 세금과 관련되어 있다고 해도 과언이 아닙니다. 이처럼 우리는 세금과 밀접한 관계를 맺고 있으면서도 정작 그 중요성을 제대로 인식하지 못하고 있습니다. 설령 세금이 중요하다고 인정한다고 해도 세금은 복잡하고 어렵다는 선입견 때문에 일반인들이 쉽게 다가서지 못하고 있는 것이지요.

본서는 우리가 일상생활에서 접하게 되는 세금에 대한 기본적인 이해를 돕기 위해 저술되었습니다. 특히 본서는 전공과는 관계없이 대학생 및 일반인이면 누구나 기본적으로 알고 있어야 할 생활 속의 세금에 관한 내용을 다루고 있습니다. 이를 위해 본서는 일반적으로 세법 교재들이 따르고 있는 개별 세법 별 구성이 아닌 우리의 일상생활에서 마주하게 될 세금을 위주로 체계적으로 서술되었습니다. 구체적으로 본서는 직장인이 매월 받는 근로소득에 대한 세금, 재테크 관련 금융소득에 대한 세금, 부동산의 취득·보유·처분과 관련된 세금, 그리고 사업을 할 때 필수적으로 알아야 하는 부가가치세나 사업소득세 등의 세금을 다루고 있습니다.

세금을 알게 되면 우리가 일상생활에서 하게 되는 여러 가지 경제적 의사결정에 있어서 매우 합리적이고 효율적인 의사결정을 할 수 있게 됩니다. 우리가 세금을 고려하지 않고 한 의사결정이 세금을 고려하고 나면 비효율적인 의사결정이 되기도 하는 것이지요. 이는 우리의 경제적 의사결정에 세금이 필수적으로 포함되기 때문일 것입니다. 어렵다는 이유로, 혹은 몰라도 된다는 선입견 때문에 지금까지 슬기롭지 못한 선택을 한 것은 아닌지 본서를 읽어보고 다시 한 번 생각해 보는 계기가 되기를 바랍니다. 본서가 여러분들의 '슬기로운 세금 생활'을 위하여 조금이나마 도움이 되기를 진심으로 소망합니다.

광교산 연구실에서
저자 일동

목 차

1장 세금의 기초 PART Ⅰ

2장 세금의 기초 PART Ⅱ

3장 소득세의 기초

4장 직장인과 세금 PART I: 근로소득

8장 재산관리와 세금 Part I: 상속세

9장 재산관리와 세금 Part II: 증여세

10장 사업자와 세금 Part I: 개인사업자의 소득

11장 사업자와 세금 Part II: 법인사업자의 소득

13장 유용한 생활세금 정보

제 1 장

세금의 기초

PART I

CONTENTS

"당신이 내는 세금에 대해 당신은 얼마나 잘 알고 있습니까?"
이 질문에 자신 있게 대답할 수 있는 사람은 많지 않을 것이다. 우리는 단기적으로는 아침에 일어나서 밤에 잠들기 전까지, 장기적으로는 태어나서 살면서 죽을 때까지 다양한 세금을 부담하고 있다는 것을 인지하지 못한 채 살고 있다. 이처럼 세금은 우리 삶에 큰 영향을 미치지만, 세법 관련 전문가가 아니라면 세무이론이나 세무실무를 잘 알기는 어렵다. 그럼에도 불구하고 대부분의 사람들은 세금의 기본 원리는 잘 알고 있는 듯하다. 그것은 바로 '소득이 있는 곳에 세금이 있다'라는 부정할 수 없는 명제다. 그러므로 세금을 제대로 이해한다면 우리는 우리의 삶을 지금보다 계획적이고 능동적으로 살아갈 수 있는 든든한 버팀목을 얻을 수 있을 것이다.

01 | 세금의 기본개념

1. 일상생활과 세금

우리가 살아가는 세상과 세금은 생각보다 아주 밀접하게 관련되어 있다. 회사의 직장인으로서 사회생활을 하는 우리가 만나게 되는 세금을 한번 생각해 보자.

부가가치세

기상 : 세면도구(비누, 치약, 칫솔)의 사용

소득세, 지방소득세

근무 : 근로소득, 사업소득

부가가치세, 관세(수입품)

준비 : 옷, 장신구, 가방 등

주세, 부가가치세

귀가후 : 업무 후 회식

부가가치세, 취득세(자가용), 교통에너지환경세

출근 : 차량의 이용

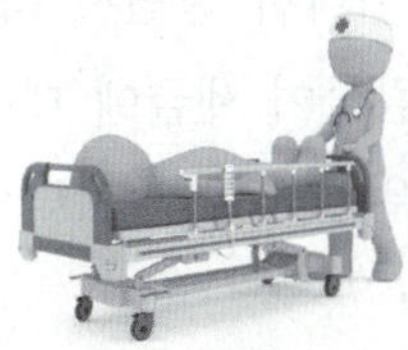

상속세, 취득세 등

가족의 사망

법인세, 증권거래세, 교육세 등

업무 : 업종에 따라

양도소득세, 취득세, 재산세

주택의 소유와 유지

우리는 아침에 일어나서 비누, 치약 및 칫솔, 샴푸 등의 세면도구를 사용하여 출근 준비를 한다. 세면도구에는 부가가치세가 포함되어 있으며, 출근 준비에 사용하는 의복과 장신구, 가방 등에도 부가가치세가 포함되어 있다. 만약 의복과 장신구 등이 수입품이라면 관세 또한 포함되어 있을 것이다.

출근을 위해 차량을 이용하는 경우에도 세금을 내게 된다. 챠량을 구입할 때 부가가치세, 취득세 등을 납부하게 되며, 휘발류나 경유 등의 연료에는 교통 · 에너지 · 환경세가 포함되어 있다.

우리가 만약 회사의 회계나 세무 업무를 담당한다면 회사의 법인세를 잘 알아야 할 것이고, 금융권에 근무한다면 교육세나 증권거래세를 잘 알아야 할지도 모른다. 그리고 직장인이라면 매달 월급날을 기다리게 될텐데, 매달 급여를 받을 때 급여명세서를 보면 근로소득세가 납부되어진 것을 확인할 수 있을 것이다.

자신이 만약 가게를 운영하는 개인사업자라면 본인의 사업소득세를 납부해야 할 것이고, 직원이 있다면 직원의 급여에 대한 근로소득세에 대한 원천징수를 해야 할 것이다. 근무를 마치고 회식을 하게 된다면 주세나 부가가치세를 등을 음식가격이나 주류가격에 포함하여 부담하게 될 것이다. 이 외에도 본인의 주택을 소유하게 되면, 주택을 매입할 때 취득세, 팔게 될 때 양도소득세를 부담하게 될 것이며, 매년 재산세도 납부해야 할 것이다. 그리고 슬픈 일이지만 가족이 사망하거나 하면 상속세를 납부해야 할 것이며, 나이가 들어 자신의 자녀에게 재산을 증여하게 되면 증여세를 납부하게 될 수도 있을 것이다.

이렇게 세금은 우리가 태어나서 살면서 죽을 때까지 우리의 모든 생활과 함께하고 있다. 그럼에도 불구하고 많은 사람들이 세금에 대해서 제대로 모르는 채로 살아가고 있다. 세금을 제대로 이해한다면 우리는 우리의 삶을 보다 계획적이고 능동적으로 살아갈 수 있을 것이다.

2. 세금의 의의

(1) 세금의 정의

국가나 지방자치단체는 그 구성원인 국민이나 주민에게 많은 공공서비스를 제공하고 있다. 예를 들면 국군을 통해 국토방위를 하고, 경찰 조직을 통해 나라안의 치안을 유지하고, 무상교육이나 여러 사회복지 등 여러 가지 공공 생활을 위해 노력하고 있다. 이러한 공공을 위한 여러가지 서비스는 모두 막대한 재원이 필요하다. 이러한 재원의 대부분은 국민이나 주민이 내는 세금으로 조달되어 진다. 그러므로 세금이라는 것은 공공서비스를 위한 국민 모두가 분담해야 하는 공통경비라고 할 수 있다.

(2) 세금의 특징

세금은 국가나 지방공공단체가 공공서비스를 제공하는데 필요한 공통경비인데, 이에 대해 국가나 지방자치단체가 국민이나 주민에게 직접적인 반대급부를 제공하지 않는다는 것이 가장 큰 특징이다. 단, 국민이나 주민이 정부나 지방자치단체로부터 직접적인 반대급부를 제공받지는 않지만, 다양한 공익적 지출로 인해 간접적으로는 아주 많은 혜택을 제공받고 있다.

그리고 세금은 납세의무자가 납부하지 않으면 강제로 징수된다는 특징이 있다. 세금은 국방의 의무, 교육의 의무, 근로의 의무와 더불어 국민의 4대 의무 중 하나로 납세의 의무를 국가의 기본이 되는 헌법에 정하고 있다.

세입예산과 세출예산

우리나라는 매년 1년 동안의 국가 수입을 국회에서 정하고 있는데 이를 '세입예산'이라 한다. 정부 각 부처에서는 1년 동안 일을 하는데 필요한 경비를 뽑아 기획예산처에 제출하고 기획예산처에서 이를 심사한 후 국회의 의결을 거치면 1년 동안 나라의 살림에 필요한 경비가 확정되는데 이를 '세출예산'이라 한다.

지방자치단체도 매년 지방의회에서 세입예산과 세출예산을 정하고 있다. 지방자치단체의 세입예산은 지방세와 기타수입으로 이루어져 있으나 우리나라 대부분의 지방자치단체는 자체 세입보다 세출예산이 많아 중앙정부에서 국세로 거둬들인 돈을 지방자치단체에 지원하고 있다. 이와 같이 중앙정부에서 지방자치단체에 지원하는 돈을 지방재정교부금이라 한다.

세금과 요금

세금은 나라에서 공적으로 쓰는 비용을 국민들이 나누어 내는 것이다. 국가나 지방자치단체에 내는 것이라도, 자기가 개인적인 필요에 따라 사용하고 그 값으로 내는 각종 요금은 세금이 아니다. 수도요금, 전기요금을 사람들이 수도세, 전기세라고 부르지만 실제로 수돗물 등을 사용하고 값을 내는 것에 불과한 것이므로 수도료, 전기료 등으로 말해야 바른 표현이다.

요점 수도나 전기를 사용한 대가

수도세, 전기세 (×) ⇨ 수도요금(수도료), 전기요금(전기료) (○)

3. 세금의 역할

현대 자본주의 경제하에서 세금은, 첫째 공공서비스를 위한 재정수요 조달목적의 달성을 위해 사적부문의 자원을 공적부문으로 이전시키는 자원배분의 기능, 둘째 동일 소득국민 간 또는 소득계층 간에 정부지출을 공평히 부담시킴으로써 소득을 재분배하는 기능, 셋째 경제성장과 안정성 · 효율성을 제고시키는 경기조절기능이 있다.

(1) 공공경비의 조달

국가는 국민의 안전을 보장하고 치안을 유지하는 등 시장경제 아래에서는 제공하기 어려운 여러 공공서비스(군사, 국방, 재판, 경찰, 공공사업 등) 등의 제공을 위한 비용을 조달하는 기능을 한다. 이를 위해서 국가는 많은 자금을 필요로 하고 이는 국민으로부터 조달할 수밖에 없는데, 그 조달수단이 바로 조세인 것이다. 조세는 벌금, 과료, 과태료, 교통위반 등 위법행위에 대한 제재수단으로서 부과하는 것과 구분되며, 국가 또는 공공단체가 개별적으로 서비스를 제공하고 그에 대한 반대급부로 징수하는 사용료나 수수료와도 다를 뿐만 아니라 도시계획의 수행과정에서 특정의 이익을 받는 자에게 부과하는 수익자부담금과도 구별된다.

국가는 매년 필요로 하는 총지출경비와 이를 충당할 수입을 예산에 편성하고 국회의 승인을 얻어 집행하는데 이때의 수입이 주로 조세를 통하여 조달된다.

(2) 소득의 재분배 기능

오늘날 현대사회에서는 부의 편재가 심화되어 여러가지 사회문제가 발생되고 있다. 따라서 국가는 복지국가 건설을 지향하기 위한 여러 가지 사회보장제도가 필요하며, 이를 위하여 부의 재분배를 통한 사회적 정의의 실현이 필요하다. 즉 부유한 자로부터 누진과세와 상속세 및 사치품에 대한 개별소비세 등을 통하여 더 많은 조세를 징수하여 각종의 사회보장급부에 충당함으로써 조세는 소득재분배의 역할을 하게 된다.

세금은 국고목적 뿐만 아니라 사회 및 경제정책의 수단으로서 이용되고 있다. 즉 예로부터 사치금지, 보건행정, 무역진흥 등을 위하여 다양한 방법으로 조세가 이용되어 왔으며, 현대 자본주의하에서는 소득의 재분배, 경제의 안정과 성장 등을 위하여 조세의 활용은 더욱 광범위하게 확대되고 있다.

(3) 경기조절 기능

현대국가는 재정규모가 방대해지면서 조세를 경기조정에 유효한 수단으로 이용하고 있다. 즉 경기 가열기에는 세부담을 증가시키거나 조세감면 규모를 축소시키고 정부지출을 축소시킴으로써 민간의 가처분소득을 감소시켜 투자와 소비를 억제하게 된다. 반대로 경기의 후퇴기에는 세부담을 경감하고 조세감면 규모를 늘리고 정부지출을 증액시킴으로써 민간의 가처분소득을 증가시켜 수요(투자와 소비)를 자극하여 경기를 활성화하게 된다.

또한 현대 국가에서는 대부분의 국가가 누진 과세 제도를 채택하고 있는데, 소득의 변동에 대응한 세율의 변동에 의하여 경기가 자동적으로 조정된다. 이 효과를 자동 경기조정기능이라고 한다.

산업 사회정책

국가의 특정 정책목표를 실현하기 위해 특정한 경제부문 또는 국민에 대하여 조세의 경감이나 면제를 행하는 경우가 있다. 「조세특례제한법」이 대표적인 예인데, 「조세특례제한법」에서는 같은 경제적 지위에 있는 자에게는 같은 조세를 부과해야 한다는 원칙을 깨고, 조세부담의 불공평을 특정의 경우에 인정함으로써 소기의 목표를 달성하기 위한 조세감면정책이 적극적으로 활용되고 있다.

4. 세금의 원칙

세금을 납부하는 것이 국민의 의무인 이상 그 과세 방법은 국민에게 넓게 이해되지 않으면 안된다. 세금은 국가목적을 달성하기 위한 수단이 되는 것으로 어떤 세금을 어떻게 부과 징수하는 것이 이상적인지에 대한 기준을 항상 고려해야 하는데, 이 이상적인 기준이 되는 것을 세금의 원칙이라 한다. 세금의 원칙에는 '세부담의 공평', '경제에의 중립', '제도의 간소함'의 3가지가 있다.

(1) 세부담의 공평

'공평'의 원칙은 세제의 기본 원칙 중에서도 가장 중요한 것으로, 여러 상황에 있는 사람들이 각각의 부담능력(담세력)에 따라 세금을 부담해야 한다는 의미이다.

공평한 과세(또는 세금)는 특정의 사람이 유리하게 되거나 불리하게 되지 않는 것을 의미한다. 불공평한 세금은 국민의 신뢰를 잃게 되고, 국민으로부터 세금의 납부에 대한 충분한 협력을 얻을 수 없기 때문에 공평의 원칙은 조세원칙 중 가장 중요한 원칙이라 할 수 있다.

- 담세력을 측정하는 일반적인 기준 : 소득, 재산, 소비
- 수직적 공평 : 높은 경제력을 가지는 사람은 보다 많은 세금을 부담해야 한다는 원칙
- 수평적 공평 : 경제력에 관계없이 같은 조건에 있는 사람은 동일한 금액을 부담해야 한다는 원칙

세부담의 세대간 공평

최근에는 세부담의 수평적 공평 및 수직적 공평에 더해 세대간 공평의 문제도 그 중요성이 커지고 있다. 출산율이 낮고 인구가 고령화된 사회에 있어서는 소수의 젊은 세대만이 과중한 조세의 부담을 지게 되어 세대간 불공평한 조세부담을 가져온다. 특히 현세대가 조세부담이 수반되지 아니한 채 공공서비스를 지나치게 향유하는 경우 결국 장래의 세대에게 그 부담을 떠넘기는 결과를 초래하고 이는 장래의 전체 경제사회에 악영향을 줄 수 있다.

(2) 경제에의 중립

세제가 가능한 한 개인이나 기업의 경제 활동에 있어서의 선택에 바람직하지 못한 영향을 주어서는 안 된다는 중립의 원칙이다. 세제가 특정의 기업이나 개인에게 무거운 세부담을 요구하거나 특정한 감세를 주는 것은 가능한 피하여 민간의 경제활동에 대해 가능한 중립을 유지해야 한다. 한편, 세금은 민간부문에서 공공부문으로 자원을 이전시키는 것이므로 공공부문에 이용하기 위하여 부담시킨 조세 이상으로 민간부문의 실질소득이 감소하였을 경우 과세의 중립성은 손상된다고 볼 수 있다.

(3) 제도의 간편함

세제의 구조를 가능한 한 간편하고 납세자가 이해하기 쉬운 것으로 설정해야 한다는 원칙으로 세제를 마련할 때에는 기본적으로 다음과 같은 요인들을 고려해서 국민 누구라도 곧바로 이해하고, 경비가 들지 않는 방법으로 징수되어야 한다.

- 징세가 쉬운가
- 납세자에게 편리한가
- 세금의 저항이 심할 것인가
- 탈세나 조세회피의 가능성은 없는가
- 징세비는 어느 정도인가
- 세무행정의 능률과 관계되는 요인 등

02 세금의 분류 및 납세제도

1. 세금의 분류

조세는 과세권의 주체와 과세 대상 등에 따라 여러 가지로 분류될 수 있다. 이것은 세부담의 척도가 되는 과세표준을 경제활동의 어떠한 측면에서 분류하느냐에 따라 그 분류 기준이 다르다.

(1) 세금 부과 주체에 따른 분류

세금은 국가가 부과하느냐 아니면 지방자치단체가 부과하느냐에 따라 크게 국세와 지방세로 구분된다. 국세는 중앙정부가 국가운영에 필요한 재정수입에 충당하기 위하여 국민에게 부과, 징수하는 세금으로 다시 내국세와 관세로 구분된다.

내국세는 국가 안에서 이루어지는 거래와 소득, 소비에 대한 세금으로 국세청에서 부과, 징수한다. 내국세에는 소득세, 법인세, 상속세, 증여세, 종합부동산세, 부가가치세, 개별소비세, 주세, 인지세, 증권거래세, 교육세, 교통에너지환경세, 농어촌특별세 등이 있다. 관세는 외국에서 수입하는 물품에 대한 세금으로 관세청에서 부과, 징수한다.

지방세는 지방자치단체가 지역의 공공서비스를 제공하는데 필요한 재정에 충당하기 위하여 관할구역 내의 주민, 재산 또는 수익, 기타 특정행위에 대하여 부과 · 징수한다.

특별시세 · 광역시세에는 취득세, 레저세, 담배소비세, 지방소비세, 주민세, 지방소득세, 자동차세, 지역자원시설세, 지방교육세 등이 있고 도세에는 취득세, 등록면허세, 레저세, 지방소비세, 지역자원시설세, 지방교육세 등이 있다. 또한, 구세에는 등록면허세, 재산세 등이 있으며, 시 · 군세에는 담배소비세, 주민세, 지방소득세, 재산세, 자동차세 등이 있다.

구 분	내 용
국 세	국가가 부과 · 징수하는 세금 - 내국세 : 소득세, 법인세, 상속세, 증여세, 종합부동산세, 가치세, 개별소비세, 주세, 인지세, 증권거래세, 교육세, 교통 · 에너지 · 환경세, 농어촌특별세 등 - 관세

지방세	지방자치단체가 부과 · 징수하는 세금 - 특별시세 · 광역시세 : 취득세, 레저세, 담배소비세, 지방소비세, 주민세, 지방소득세, 자동차세, 지역자원시설세, 지방교육세 - 도세 : 취득세, 등록면허세, 레저세, 지방소비세, 지역자원시설세, 지방교육세 - 구세 : 등록면허세, 재산세 - 시 · 군세 : 담배소비세, 주민세, 지방소득세, 재산세, 자동차세

(2) 납세의무자와 조세부담자의 일치 여부에 따른 분류

직접세는 세금을 납부하는 납세자와 세금을 실제로 부담하는 담세자가 일치하는 세금으로, 납세의무자가 세금을 국가 또는 지방자치단체에 직접 납부한다. 직접세에는 소득세, 법인세, 상속세, 증여세, 종합부동산세, 취득세, 등록면허세 등이 있다.

간접세는 납세자와 담세자가 서로 다른 세금으로, 납세의무자에게 부과된 세금이 다른 사람에게 전가될 것으로 예상되는 세금이다. 간접세에는 부가가치세, 개별소비세, 주세, 인지세, 증권거래세, 담배소비세 등이 있다.

구 분	내 용
직접세	납세의무자와 담세자가 같은 세금 - 소득세, 법인세, 상속세 및 증여세, 종합부동산세, 취득세, 등록면허세 등
간접세	납세의무자와 담세자가 다른 세금 - 부가가치세, 개별소비세, 주세, 인지세, 증권거래세, 담배소비세 등

(3) 세금 사용목적 여부에 따른 분류

목적세는 특정 사용목적의 경비로 사용하기 위해 징수하는 세금이다. 목적세는 국세 중 교육세, 교통 · 에너지 · 환경세, 농어촌특별세 등이 있고, 지방세 중 지역자원시설세, 지방교육세 등이 있다.

보통세는 사용용도를 따로 정하지 않고 일반적인 재정에 사용할 수 있는 세금이다. 보통세는 국세와 지방세 중 목적세를 제외한 대부분의 조세이다.

구 분	내 용
목적세	특정경비로 사용하기 위해 징수하는 세금 - 국세 중 교육세, 교통에너지환경세, 농어촌특별세 - 지방세 중 지역자원시설세, 지방교육세
보통세	조세사용 용도를 따로 정하지 않은 세금 - 국세와 지방세 중 목적세를 제외한 대부분의 조세

(4) 기타의 분류

과세대상이 물건인 경우 그에 대한 과세의 기준(표준)에 따라 종량세와 종가세로 구분할 수 있다. 과세대상의 수량, 부피, 무게 등을 기준으로 과세하는 것을 '종량세'라 하고, 가격을 기준으로 과세하는 것을 '종가세'라고 한다.

세금의 징세 대상에 따라 '인세'와 '물세'로 분류할 수 있다. 인세는 소득이나 재산을 소유하고 소비할 사람을 중심으로 파악하여 과세하는 것으로, 소득세나 주민세 등과 같이 특정인의 생존, 거주 또는 근로나 소득 등에 대하여 과세하는 세금이다. 그리고 '물세'는 사람에 의한 소유나 소비를 고려하지 않고 재산이나 수익 그 자체에 과세하는 것으로, 재산세, 종합부동산세, 주세 등과 같이 특정한 물건의 소유, 취득, 제조, 판매 또는 물건으로부터 발생하는 소득에 대하여 과세하는 세금이다.

2. 우리나라의 조세체계

조세는 과세권자, 부담자, 세원, 세율 등 여러 가지 관점에서 분류할 수 있는데, 우리나라의 조세체계는 다음과 같다.

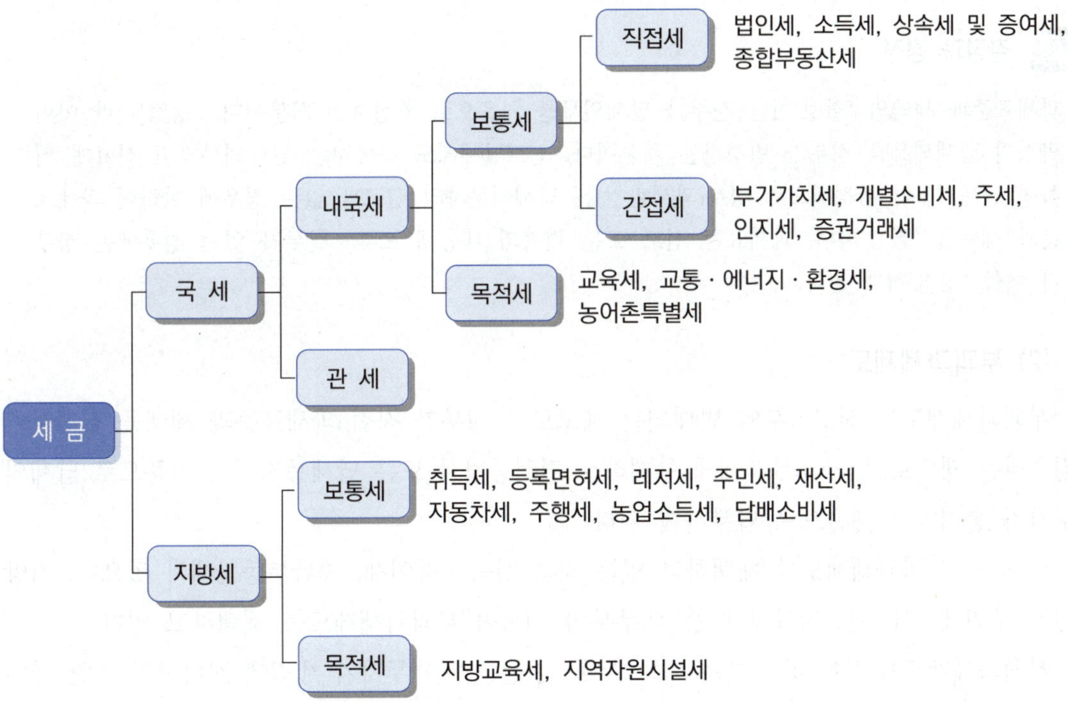

3. 세금의 납세제도

세금은 납부해야 할 세액이 확정된 후 납세자가 납입하게 되는데, 세액을 확정하는 방법은 납세자가 스스로 세액을 계산하여 신고 · 납부하는 방법과 세무서 등의 과세관청이 세액을 결정하여 납세자에게 통지하는 방법으로 크게 구분되며, 원천징수에 의하거나 인지를 붙여 납부하는 방법도 있다. 즉, 세금의 납세제도에는 '신고납세제도', '부과과세제도', '원천징수제도' 등 3가지가 있다.

(1) 신고납세제도

신고납세제도는 납세자가 스스로 자기가 내야 할 세금을 계산하여 정부에 신고하고 납부하는 제도로 법인세, 소득세, 부가가치세 등은 납세자가 스스로 계산하여 세액을 확정하여 신고하는 신고납부제도를 채택하고 있다.

신고납세제도는 세액이 납세자의 신고에 의해서 확정하는 것을 전제로 하고 있기 때문에 ① 신고를 해야 하는 사람이 신고를 하지 않은 경우, ② 세액의 계산이 법률의 규정을 따르지 않은 경우, ③ 세액이 세무서 등의 세무관청의 조사와 다른 경우에는 세무관청에서 경정 또는 결정에 의해 세액을 확정한다.

결정과 경정

과세표준과 세액의 '결정'이란 정부가 납세의무를 처음으로 확정하는 처분이며, '경정'이란 이미 확정된 납세의무를 정부가 변경하는 처분이다. 신고납세제도 하에서는 납세의무자의 신고에 의하여 납세의무가 확정되므로 정부(과세관청)는 납세의무자의 신고가 없는 경우에 한하여 과세표준과 세액을 '결정'하며, 과세표준 신고 또는 결정의 내용에 오류 · 탈루가 있는 경우에는 정부가 이를 '경정'하게 된다.

(2) 부과과세제도

부과과세제도는 신고납부와 반대되는 제도로서 정부가 직접 과세표준과 세액을 결정하여 징수하는 제도로, 납세의무자에게 통제하는 결정통지서 또는 납세통지서를 기준으로 납세의무자가 통지액을 세금으로 납부하게 된다.

국세 중 부과과세제도를 채택하고 있는 것은 상속 · 증여세, 종합부동산세가 있으며, 지방세는 주민세, 재산세, 자동차세 등 대부분의 세목이 부과과세제도를 채택하고 있다.

부과과세제도를 채택하고 있는 세목에 대하여는 납세의무자가 세법에 정하여진 기한 내에 스스로 과세표준과 세액을 신고 · 납부하였다고 해도 이는 예비적 절차이며 반드시 정부의 결정을 거쳐야 납세의무가 종결된다.

(3) 원천징수제도

원천징수제도는 급료나 이자, 배당, 상여, 연금, 퇴직소득 등과 같은 특정 종류의 소득에 대해서 그것을 지급하는 자가 세액을 계산하여 그 세액을 지급할 금액에서 미리 공제하여 정부에 납부하는 제도를 말한다. 예를 들어, 은행에 예금하면 은행으로부터 예금이자를 받게 되는데 은행에서는 예금이자를 지급할 때 세금을 미리 공제하고 지급하는 경우, 납세의무자는 예금자이며 원천징수의무자는 은행이 된다.

원천징수제도는 국가의 세입 사무의 간소화와 능률화를 위해 필요한 제도로, 원천징수만으로 납세의무가 종료하는 대부분의 급여 소득자에게 확정신고 및 납세의 수고를 줄일 수 있는 장점이 있다(연말정산으로 납세의무가 종결되는 경우).

(4) 세금의 납부방법 요약

지금까지 앞에서 설명한 '신고납세제도', '부과과세제도', '원천징수제도'의 납부방법을 요약하면 다음과 같다.

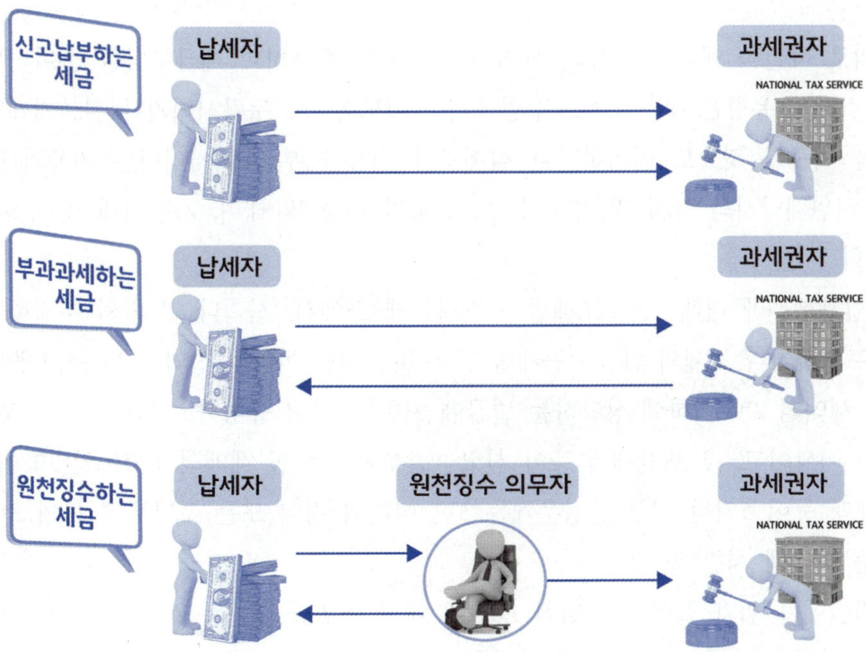

03 절세와 탈세

1. 절세와 탈세

(1) 절세

절세란 세법의 테두리 안에서 합법적이고 합리적인 방법으로 세금을 적게 내는 것을 말하며, 납세자의 권리라고도 할 수 있다. 절세의 비결은 세법을 이해하고 법테두리 안에서 세금을 줄일 수 있는 가장 유리한 방법을 모색하는 것이다. 부동산과 관련된 세금의 경우에 있어 절세를 예시하면 아래와 같다.

- 양도소득세는 부동산 양도 전 관련 세법내용을 숙지하고 대비책을 세운 후 거래하여야 한다.
- 상속 · 증여세는 상속이 발생하거나 증여를 하기 전에 세금관계를 미리 따져보아야 한다.
- 각종 증빙자료를 철저히 챙겨서 공제받아야 한다.

(2) 탈세

탈세란 고의로 사실을 왜곡하는 등의 불법적인 방법을 사용하여 세금부담을 줄이려는 행위를 말한다. 탈세의 유형은 대표적으로 수입금액을 의도적으로 누락시키거나 실물거래가 없는데도 비용을 지출한 것으로 처리하거나 실제보다 비용을 부풀려 처리하는 비용과대계상 등이 있으며, 허위계약서의 작성 및 공문서 위조, 명의 위장 및 대여, 가장거래 및 우회적인 거래 등이 있다.

위와 같은 탈세행위에 대해서는 「조세범 처벌법」 제3조에서 '사기나 그 밖의 부정한 행위로써 조세를 포탈하거나 조세의 환급 · 공제를 받은 자는 2년 이하의 징역 또는 포탈세액, 환급 · 공제받은 세액의 2배 이하에 상당하는 벌금에 처한다.'라고 규정하고 있다. 다만, 포탈세액 등이 3억원 이상이고, 그 포탈세액 등이 신고 · 납부하여야 할 세액의 100분의 30 이상인 경우와 포탈세액 등이 5억원 이상인 경우에는 3년 이하의 징역 또는 포탈세액 등의 3배 이하에 상당하는 벌금에 처한다.

조세범 처벌법에는 위와 같이 조세범칙 행위에 대한 처벌규정을 두고 있으며, 사기나 그 밖의 부정한 방법으로 일정 금액 이상의 조세를 포탈한 혐의가 있거나 조세범칙행위 혐의자를 처벌하기 위하여 증거수집이 필요한 경우에는 조세범칙조사심의위원회의 심의를 거쳐 조세범칙조사 실시여부를 결정하게 된다.

조세범칙조사 결과 이중장부, 거짓증빙 · 거짓문서의 작성, 장부와 기록의 파기, 재산의 은닉, 소득 · 수익 · 행위 · 거래의 조작 또는 은폐, 부정 세금계산서 수수 등과 같이 조세의 부과와 징수를 불가능하게 하거나 현저히 곤란하게 하는 적극적 행위로 조세를 포탈한 경우에는 조세범칙조사심의위원회의 심의 결정에 따라 통고처분이나 고발의 범칙 처분을 받게 된다.

생활속의 세금

TOPIC 세금 문제에 부딪치면 어떻게 해야 할까?

사업을 하거나 일상생활을 하다 보면 종종 세금 문제에 부딪히게 된다. 이럴 때는 주위 사람들에게 물어보거나 책이나 인터넷 등을 이용해 알아보기도 하는데, 세법이 워낙 복잡한데다 자주 접하는 문제도 아니라서 이해가 잘 안 될 뿐 아니라 이해는 되더라도 정확하게 알고 있는 것인지 궁금할 때가 있다. 이러한 경우에는 다음과 같은 상담기관을 이용하면 된다.

국세상담센터 126 상담전화

국민 누구나 「국세청」 하면 쉽게 떠올려 연락할 수 있는 3자리 단일 상담전화 126번을 설치하여 운영하고 있다.

전화상담

전국 어디서나 국번없이 126번으로 전화하면 자동응답시스템(ARS)의 안내에 따라 현금영수증, 전자세금계산서, 신고납부, 학자금상환, 연말정산간소화, 사업자등록 신청 및 변경, 증명발급 및 일반세무서류, 상담 시 개인정보 조회를 위한 ARS 비밀번호 등록 등 원하는 서비스를 선택할 수 있다. 일반상담은 평일 오전 9시부터 오후 6시까지 운영된다. 단, 탈세 등 각종 제보 녹음은 24시간 이용할 수 있다. 지방 거주 납세자의 경우, 126번 이용 시 일반통화요금이 적용되어 통신비용을 줄일 수 있다 (※ 해외에서도 편리하게 이용할 수 있다: 해당지역 국제전화 사업자코드 → 대한민국 국가번호 → 126).

생활속의 세금

TOPIC 세법해석 사전답변

납세자가 국세청장에게 자신의 세무 관련 의무사항에 대해 구체적 사실관계를 적시하여 사전(법정신고기한 이전)에 '실명'으로 질의하면 답변하여 주는 제도이다.

세무서 납세자보호담당관실

세무서를 직접 방문하여 궁금한 사항을 물어보고 싶거나, 고지된 세금의 내용이 잘못되었다고 생각되는 경우에는 전국의 모든 세무서에 설치되어 있는 「납세자보호담당관」을 찾아가 상담하면 된다.

해당 시청 · 군청 · 구청

지방세에 관하여 궁금한 사항이 있는 경우에는 해당 시청 · 군청 · 구청 세무과에 문의하거나, 해당 기관의 홈페이지를 방문하여 인터넷으로 상담을 받을 수 있다

생활속의 세금

TOPIC 인터넷상담

'홈택스 포털'에서 국세에 관한 궁금하신 사항을 질의하면 신속하고 정확하게 답변을 받을 수 있다.

'홈택스 포털(www.hometax.go.kr)'로 접속 → 상담/제보 → 상담사례검색 → 인터넷상담 하기 [국세행정에 대한 불만, 고충, 개선건의] 는 홈페이지(국세청 → 국민신문고 → 고객의 소리) 또는 세미래콜센터(국번없이 126 → 2번 → 9번)로 전화하면 성심을 다하여 답변을 준다. 단, 세법 개정에 관한 불만 · 건의는 기획재정부로 문의하면 된다.

국세청 세목소관 담당과

세법해석과 관련된 일반적인 질의는 질문할 내용을 서면으로 작성하여 우편이나 팩스(FAX)로 해당 세목과에 보내면 질의에 대한 답변을 서면으로 받아 볼 수 있다.(※ '서면질의 신청서식'으로 신청)

- ✔ 신청서식, 세목별 담당부서와 연락처(팩스번호) 등은 국세청 홈페이지(국세정보 → 세법해석 질의안내)를 참고
- ✔ '국세청(https://www.nts.go.kr/)'으로 접속

국세청 법령해석과

법령해석에 관한 질의에 대하여 세법해석 사전답변 신청을 하면 신속 · 명확한 답변을 받아 볼 수 있다. 세법해석 사전답변 신청 및 이용에 관한 사항은 국세청 홈페이지에서 자세히 안내하고 있으며, 궁금하신 사항은 국세청 누리집 및 유선 ☎(044) 204−3103~4으로 문의하면 상담받을 수 있다.

[OX Quiz] 1. 세금의 기초 PART I

01 납세의무자는 자기가 납부한 조세에 비례하여 개별적 보상을 받는다.

(정답 X) 납세의무자는 국가 또는 지방자치단체로부터 자기가 납부한 조세에 비례하여 개별적(직접적)인 보상이 아닌 일반적(간접적)인 보상만을 제공받는다.

02 세금을 부과 · 징수하는 주체 중 국가는 특별히 법의 규정에 근거하지 아니하고도 필요에 따라 국민으로부터 세금을 부과 · 징수할 수 있다.

(정답 X) 세금은 국민의 4대 의무 중 하나로, 납부하지 않으면 강제징수되며, 국회의 결정에 의해서만 부과하고 징수할 수 있다.

03 조세 부담의 전가 여부에 따라 직접세와 간접세로 분류할 수 있다.

(정답 O)

04 수직적공평이란 경제력에 관계 없이 같은 조건에 있는 사람은 동일한 금액을 부담해야 한다는 공평의 원칙이다.

(정답 X) 수직적공평은 높은 경제력을 가지는 사람은 보다 많은 세금을 부담해야 한다는 공평의 원칙이다.

05 부과과세제도를 채택하고 있는 세목의 경우 납세의무자가 세법에 정해진 기한 내에 스스로 신고 · 납부하면 납세의무가 종결된다.

(정답 X) 부과과세제도 하에서는 납세의무자가 신고, 납부를 하였다고 해도 이는 예비적 절차이며, 반드시 정부의 결정을 거쳐야 납세의무가 종결된다.

제 2 장

세금의 기초

PART II

CONTENTS

세금은 우리 사회를 살아가면서 반드시 지켜야 할 의무다. 하지만 세금부담의 크기만큼 국민의 권리가 생기지는 않는다. 대신에 국민은 세금을 낼 의무가 있는 만큼 세법과 원칙에 따라 경제활동을 할 권리가 있다. 세무당국이 국민에게 세금을 부과할 때는 반드시 일정한 원칙을 따라야 한다. 여러 가지 과세원칙 중에 가장 대표적인 원칙은 '실질과세의 원칙'이다. 실질과세의 원칙이란 법적인 서류의 상태보다는 실제로 사용된 용도에 근거하여 실제로 이익을 얻은 사람에게 세금을 매긴다는 원칙이다. 예를 들어, 1가구 1주택자인 김슬기 씨가 오피스텔을 매입해서 임대를 놓았다고 가정해보자. 이때 이 오피스텔이 실제로 어떻게 사용되었느냐에 따라 양도 시 부과되는 세율이 달라질 수 있다. 만약 이 오피스텔을 사무실 등 사무용 공간으로 임대를 하였다면 김슬기 씨는 여전히 1가구 1주택자이고, 이에 따른 세금혜택을 받을 수 있다. 하지만 해당 오피스텔의 구조, 기능이나 시설 등이 식사, 수면 등을 해결할 수 있는 공간과 시설을 제공하고 독립된 주거 형태를 갖추고 있으며, 제3자에게 양도하는 때도 주거용 건물로서 양도될 것이 예상되면 주택으로 보아 김슬기 씨는 1가구 2주택자가 된다. 이처럼 세금은 서류에 어떻게 기록되어 있는지 보다는 실제 사용하는 용도에 따라, 그리고 실제로 이익을 얻는 사람에게 부과된다.

01 과세(세금 부과) 원칙

국가나 지방자치단체는 재정수요를 충족하기 위해 세금을 부과한다. 그러나 세금은 국민의 재산권을 침해할 우려가 있으므로 반드시 법률에 근거해야 하고, 과세에 있어 공평성과 효율성을 기해야 하는 등 중요한 원칙에 따라 세금을 부과해야 한다. 주로 국세기본법에 이러한 원칙을 규정하고 있으며, 이 중 중요한 몇 가지를 소개하면 다음과 같다.

1. 실질과세의 원칙

'실질과세의 원칙'이란 법적 형식과 경제적 실질이 불일치할 경우 경제적 실질에 따라 과세하여야 한다는 것을 의미한다. 만약 경제적 실질을 무시하고 법적 형식에 따라 과세한다면 이를 이용하여 조세부담을 회피하고자 하는 행위가 유발될 수 있으며, 담세력에 따른 공정한 과세가 이루어질 수 없다. 실질과세의 원칙은 다음의 세 가지로 구분할 수 있다.

① 거래귀속에 관한 실질과세

과세의 대상이 되는 소득, 수익, 재산, 행위 또는 거래의 귀속이 명의일 뿐이고 사실상 귀속되는 자가 따로 있을 때는 사실상 귀속되는 자를 납세의무자로 하여 세법을 적용한다. 예컨대 사업자등록 명의자와는 별도로 사실상의 사업자가 있으면 그 사실상의 사업자를 납세의무자로 보는 것이다.

② 거래내용에 관한 실질과세

세법 중 과세표준의 계산에 관한 규정은 소득, 수익, 재산, 행위 또는 거래의 명칭이나 형식에 관계없이 그 실질 내용에 따라 적용한다. 예컨대 법인세법에 따른 인정이자 계산 대상 가지급금은 계정명칭에도 불구하고 사실상 내용을 판단하며, 소득세법에 따른 근로소득은 명목 여하에도 불구하고 근로자가 고용계약에 따라 종속적 지위에서 근로를 제공하고 그 대가로 받는 모든 금품을 말한다.

③ 조세회피방지를 위한 경제적 실질과세

제3자를 통한 간접적인 방법이나 둘 이상의 행위 또는 거래를 거치는 방법을 통해 국세기본법 또는 세법의 혜택을 부당하게 받기 위한 것으로 인정되는 경우에는 그 경제적 실질내용에 따라 당사자가 직접 거래를 한 것으로 보거나 연속된 하나의 행위 또는 거래를 한 것으로 보아 국세기본법 또는 세법을 적용한다.

2. 신의성실의 원칙

'신의성실의 원칙'이란 공동사회의 일원으로서 모든 사람은 상대방의 신뢰를 배반하지 않도록 신의와 성실을 가지고 행동하여야 한다는 원칙으로서 일종의 윤리적 규범이다. 세법상 과세관청과 납세자의 관계는 채권자와 채무자의 관계와 유사하므로 납세자가 납세의무를 이행함에 있어서나 세무공무원이 그 직무를 수행함에 있어서 신의에 따라 성실히 해야 한다.

3. 근거과세의 원칙

근거과세의 원칙은 납세의무자가 세법에 따라 장부를 비치 · 기장하고 있을 때에는 그 장부와 증빙자료에 의해 과세해야 한다는 원칙을 말한다. 즉, 납세의무자가 세법에 근거하여 장부를 비치 · 기장하고 있는 경우에는 당해 국세의 과세표준과 세액을 산출할 때 해당 장부에 근거해야 한다는 것을 의미한다.

① 실지조사결정 원칙 : 납세의무자가 세법에 따라 장부를 기록하고 있는 경우에는 해당 세금의 조사와 결정은 그 장부와 이와 관련된 증거에 따라야 한다.

② 장부의 기록 내용이 사실과 다르거나 누락된 경우에는 그 부분에 대해서만 정부가 조사한 사실에 따라 결정할 수 있다.

③ 결정서의 열람 및 복사 : 행정기관의 장은 해당 납세의무자 또는 그 대리인이 요구하면 결정서를 열람 또는 복사하게 하거나 그 등본 또는 초본이 원본과 일치함을 확인하여야 한다.

장부 등의 비치와 보존

납세자는 모든 거래에 관한 장부 및 증빙서류를 성실하게 작성하여 그 거래 사실이 속하는 과세기간에 대한 당해 국세의 법정신고기한이 지난날부터 5년간 보존하여야 한다.

장부와 증빙서류의 전부 또는 일부를 전산조직을 이용하여 작성할 수 있다. 이 경우 그 처리 과정 등을 정보 보존 장치를 이용하여 보존해야 한다.

4. 소급과세금지의 원칙

'소급과세의 금지'란 행정법규의 효력발생 전에 이미 완결된 사실에 대하여 새로 제정된 법률 또는 세법에 대한 새로운 해석이나 관행을 적용하지 않는 것을 말한다.

소급과세금지의 원칙은 납세자의 기득권 존중, 법적 안정성 및 예측 가능성의 보장 및 납세자 신뢰이익의 보호를 목적으로 한다. 소급과세금지의 원칙은 납세자의 신뢰이익을 보호하려는 데 그 목적이 있으므로 국세부과의 원칙 중 신의성실의 원칙을 보다 구체화한 것으로 볼 수 있다.

(1) 입법상의 소급과세금지

국세를 납부할 의무가 성립한 소득, 수익, 재산, 행위 또는 거래에 대해서는 그 성립 후의 새로운 세법에 의하여 소급하여 과세하지 않는다.

(2) 해석 · 적용상의 소급과세금지(= 비과세 관행의 인정)

세법의 해석이나 국세행정의 관행이 일반적으로 납세자에게 받아들여진 후에는 그 해석이나 관행에 의한 행위, 계산은 정당한 것으로 보며, 새로운 해석, 관행에 의하여 소급하여 과세되지 않는다.

(3) 소급과세의 기준시점

소급과세 여부를 판단하는 기준시점은 납세의무의 성립시점이다. 따라서 새로운 법률의 시행일 또는 새로운 해석이 있은 날 이후에 납세의무가 성립하는 국세에 한하여 새로운 법률이나 새로운 해석을 적용할 수 있다.

5. 기업회계존중의 원칙

국세의 과세표준을 조사 · 결정함에 있어서 당해 납세의무자가 계속하여 적용하고 있는 기업회계의 기준 또는 관행으로서 일반적으로 공정 · 타당하다고 인정되는 것은 이를 존중하여야 한다. 다만, 세법에 특별한 규정이 있는 것은 그러하지 않는다. 따라서 세법에 특별한 규정을 두지 않은 사항의 과세표준 계산에 있어서는 납세의무자가 계속하여 적용하고 있는 기업회계의 기준이나 관행을 세법해석의 기준으로 삼게 되는 것이다.

02 납세의무

1. 납세의무

납세의무는 각 세법이 정하는 과세요건을 충족함으로써 과세관청이나 납세의무자의 특별한 행위 없이 자동적으로 성립된다. 이후 납세의무는 사후적으로 구체적인 금액으로 확정되며 이후 납세의무는 소멸되는 과정을 거친다. 이를 도식화하면 다음과 같다.

납세의무 성립		납세의무 확정		납세의무 소멸
추상적 납세의무가 객관적으로 발생함	⇒	납세의무의 존재와 내용을 사후적으로 확인함(구체적인 금액으로 정해짐)	⇒	세액의 납부 등으로 납세의무가 사라짐

2. 납세의무의 성립

납세의무의 성립이란 각 세법이 규정하고 있는 과세요건이 충족됨으로써 납세의무가 생겨나는 것으로서 추상적 납세의무가 발생하였다는 것을 인식하는 과정이다.

(1) 과세요건

과세요건이란 납세의무의 성립에 필요한 법률상의 요건을 말한다. 이러한 과세요건의 구체적인 내용은 다음과 같다.

1) 납세의무자

세법에 따라 국세를 납부할 의무가 있는 자를 말한다. 이는 법률상의 납세의무자를 말하며, 재정학상의 담세자를 의미하는 것은 아니다.

2) 과세대상(과세물건)

과세대상이란 세법에서 과세의 대상으로 정하고 있는 물건 · 행위 또는 사실을 말한다.

3) 과세표준

과세표준이란 세법에 따라 직접적으로 세액산출의 기초가 되는 과세물건의 수량 또는 가액을 말한다.

4) 세 율

과세표준에 대한 세액의 비율을 세율이라고 한다. 종가세의 경우에는 세율이 백분 또는 천분비로 표시되며, 종량세는 세율이 금액으로 표시된다.

(2) 납세의무의 성립시기

1) 원칙적인 성립시기

구 분		납세의무의 성립시기
기간세	소 득 세	과세기간이 종료하는 때
	법 인 세	
	부 가 가 치 세	
수시세	상 속 세	상속이 개시되는 때
	증 여 세	증여에 의하여 재산을 취득하는 때
	종합부동산세	과세기준일(매년 6월 1일)
	증 권 거 래 세	해당 매매거래가 확정되는 때
	인 지 세	과세문서를 작성하는 때
가산세		가산할 국세의 납세의무가 성립하는 때

2) 예외적인 성립시기

원천징수세액 등은 위의 성립시기가 도래하기 전에 이미 납부를 통해 소멸되게 된다. 이는 성립 전에 소멸되는 모순이 발생하므로 예외적인 성립시기를 두어 성립시기가 도래하기 전에 우선 성립하는 것으로 규정하고 있다.

구 분	성립시기
원천징수 소득세	소득금액(수입금액)을 지급하는 때
납세조합징수 소득세, 예정신고납부 소득세	과세표준이 되는 금액이 발생한 달의 말일
중간예납하는 소득세 · 법인세 · 예정신고기간에 대한 부가가치세	중간예납기간 또는 예정신고기간이 끝나는 때
수시부과 국세	수시부과사유가 발생하는 때

3. 납세의무의 확정

납세의무의 확정이란 이미 성립한 추상적인 납세의무에 대해 세액 등의 구체적인 금액으로 확인하는 절차를 말한다. 납세의무의 확정을 통해 납세의무를 이행할 수 있게 구체화되는 것이며, 확정된 세금에 대해서만 국가도 징수권을 행사할 수 있게 된다.

(1) 확정의 방식

납세의무를 확정하는 방법은 신고납세제도, 부과과세제도, 그리고 자동확정의 3가지 유형이 있다.

1) 신고납세제도와 부과과세제도

<table>
<tr><th colspan="2">구 분</th><th colspan="2">신고납세제도</th><th>부과과세제도</th></tr>
<tr><td colspan="2">의의</td><td>1차
(납세의무자
확정)</td><td>2차
(무신고시
정부확정)</td><td>정부에서만 확정권 부여
(납세의무자신고는 협력 의무의
이행에 불과함)</td></tr>
<tr><td colspan="2">적용세목</td><td colspan="2">소득세 · 법인세 · 부가가치세 · 개별
소비세 · 증권거래세 등</td><td>종합부동산세*1 · 상속세 · 증여세*2</td></tr>
<tr><td rowspan="2">확정
절차</td><td>확정주체</td><td>납세의무자</td><td>정부</td><td>정부</td></tr>
<tr><td>효력의 발생</td><td>신고서 제출</td><td>결정통지서 도달</td><td>결정통지서 도달</td></tr>
</table>

*1 종합부동산세는 부과과세제도가 원칙이지만, 부과된 종합부동산세에 오류가 있다고 판단될 경우 납세의무자가 직접 신고하고 납부할 수 있다. 이 경우 신고시점에 납세의무가 확정된다.

*2 상속세 · 증여세의 경우 납세의무자로 하여금 과세표준과 세액의 신고의무가 부여되어 있지만, 이는 과세관청에서 정보수집 등의 참고 목적으로 요구하는 것이지 납세의무가 확정되는 것은 아니다.

2) 납세의무의 성립과 동시에 확정되는 국세 (자동확정)

구 분	납세의무의 성립 및 확정시기
① 인지세	과세문서를 작성하는 때
② 원천징수하는 소득세 또는 법인세	소득금액 또는 수입금액을 지급하는 때
③ 납세조합이 징수하는 소득세	그 과세표준이 되는 금액이 발생한 달의 말일
④ 중간 예납하는 법인세 (세법에 의하여 정부가 조사 결정하는 경우 제외)	중간 예납기간이 종료하는 때

4. 납세의무의 소멸

납세의무의 소멸이란 과세요건의 충족에 의하여 성립 · 확정된 납세의무가 소멸되는 것을 말하며, 납세의무의 소멸은 조세채권이 실현됨으로써 소멸되는 경우와 조세채권이 미실현된 상태에서 소멸되는 경우로 구분할 수 있다.

구 분	납부의무 소멸사유	내 용
조세채권 실현	납 부	세액을 국고로 납입하는 것
	충 당	납부할 국세 등과 국세환급금을 상계하거나 공매대금으로 체납액에 충당하는 것
조세채권 미실현	부과의 취소	유효하게 행해진 부과처분을 당초 처분시점으로 소급하여 효력을 상실시키는 것
	세금을 부과할 수 있는 기간 (ex. 국세부과 제척기간)의 만료	납세의무가 확정되지 않은 상태에서 소멸
	국세를 징수할 수 있는 기간 (ex. 국세징수권 소멸시효)이 지남	국세징수권 등을 오랫동안 행사하지 않을 경우 소멸

5. 납세의무의 확장

납세의무의 확장이란 본래의 납세의무자 이외의 자에게 법률에 따라 강제적으로 납세의무를 부담시키는 제도이다. 납세의무는 본래의 납세의무자가 부담하는 것이 원칙이지만 국가의 입장에서는 본래의 납세의무자에 대해서만 납세의무를 부담시킬 경우 조세채권을 회수하지 못할 가능성이 높아지게 된다. 따라서 조세채권의 확보를 위한 제도의 하나로서 납세의무의 승계, 연대납세의무 및 제2차 납세의무와 같은 확장제도를 두고 있다.

(1) 납세의무의 승계

납세의무의 승계란 법에서 정하는 일정한 사유에 해당될 경우에 본래의 납세자 이외의 자에게 납세의무가 이전되는 것을 말한다. 납세의무의 승계는 당사자의 의사에 관계없이 법적 요건이 충족되면 강제적으로 이루어지는 것으로 별도의 지정이나 처분이 불필요하며, 납세의무를 승계하여야 할 자가 이를 거부할 수도 없다.

그러나 납세의무자의 담세력에 따라 과세되어야 하므로 무제한적으로 납세의무를 승계시키지 않고 법인의 합병이나 상속과 같이 본래의 납세자의 권리, 의무가 포괄적으로 승계되는 경우에 한하여 제한적으로 납세의무를 승계하도록 규정하고 있다. 또한, 납세의무의 승계에 대해서는 각 세법에 특례규정을 둘 수 있다.

1) 법인의 합병으로 인한 납세의무의 승계

법인이 합병한 경우 합병 후 존속하는 법인 또는 합병으로 설립된 법인은 합병으로 소멸된 법인에게 부과되거나 그 법인이 납부할 국세, 가산금과 강제징수비를 납부할 의무를 진다. 법인의 합병으로 인한 납세의무의 승계에 있어서는 납세의무의 승계 한도가 없다.

2) 상속으로 인한 납세의무의 승계

상속이 개시된 때에 그 상속인 또는 상속재산관리인은 피상속인에게 부과되거나 그 피상속인이 납부할 국세, 가산금과 강제징수비를 상속으로 받은 재산의 한도에서 납부할 의무를 진다.

3) 납세의무 승계의 한도

상속으로 인한 납세의무의 승계는 상속으로 받은 재산을 한도로 한다. 이때 상속으로 받은 재산이란 상속받은 자산총액에서 상속받은 부채총액과 상속으로 인하여 부과되거나 납부할 상속세를 공제한 가액을 말한다.

상속인이 2명 이상일 때, 각 상속인은 피상속인에게 부과되거나 그 피상속인이 납부할 국세 및 강제징수비를 민법에 따라 상속받은 재산의 한도 내에서 연대하여 납세할 의무를 진다.

(2) 연대납세의무

연대납세의무란 2명 이상의 납세의무자가 하나의 납세의무에 대하여 각각 독립적으로 납세의무 전부를 이행할 책임을 지는 것으로, 연대납세의무자 중 한 사람이 납세의무 전부를 이행하게 되면 다른 연대납세의무자의 납세의무도 같이 소멸하게 되는 것을 의미한다. 이는 하나의 조세채권에 다수의 납세의무자를 규정함으로써 조세를 보다 확실하게 징수할 수 있게 하므로 조세채권의 강력한 보전수단이 된다.

▷▶ 사례

공동상속의 경우 연대납세의무의 사례 : 만약, 상속인 C가 1억원을 모두 납부하였다면?

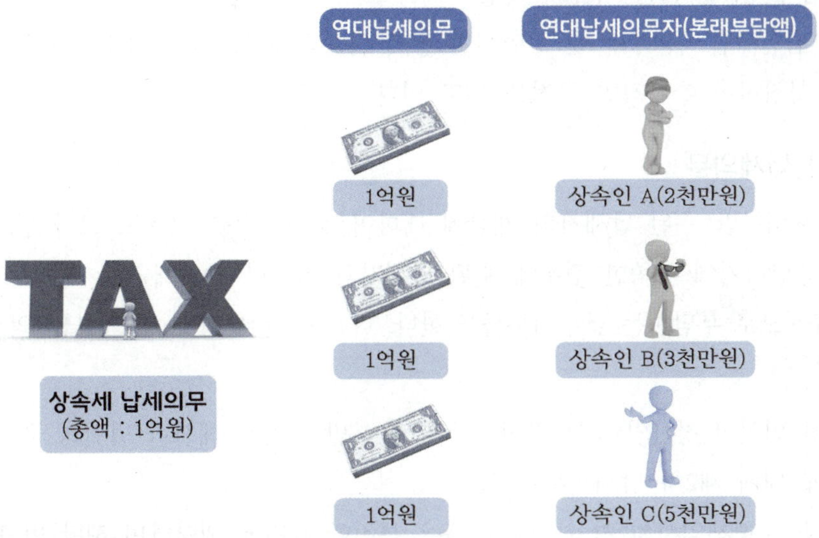

1) 국세기본법상 연대납세의무

① 공유물 · 공동사업 등에 관한 연대납세의무

공유물 · 공동사업 또는 그 공동사업에 속하는 재산에 관계되는 국세 및 강제징수비는 공유자 또는 공동사업자가 연대하여 납부할 의무를 진다.

② 법인의 분할로 인한 연대납세의무

법인이 분할되는 경우 분할 후 최소한 둘 이상의 법인이 있게 되므로 그 법인들이 모두 연대납세의무를 지도록 규정하고 있다.

③ 신회사 설립으로 인한 연대납세의무

법인이 「채무자 회생 및 파산에 관한 법률」에 따라 신회사를 설립하는 경우 신회사와 당초 존속법인은 연대하여 납부할 의무를 진다.

2) 개별세법의 규정

① 국세기본법의 예외: 소득세법 규정 우선 적용

소득세법에서는 공동사업(사업소득이 발생하는 사업)에서 발생하는 소득금액은 공동사업자 간 손익분배비율에 의하여 분배되었거나 분배될 소득금액에 따라 소득세 납세의무를 진다. 이 규정은 국세기본법 규정이 있음에도 불구하고 예외적으로 소득세법이 우선 적용된다.

② 연대납세의무를 지는 사유의 확장
기타 법인세법 · 상속세 및 증여세법 등에서는 국세기본법상 연대납세의무를 지는 사유를 확장하여 추가적인 규정을 두고 있다.

(3) 제2차 납세의무

제2차 납세의무란 주된 납세자의 재산에 대하여 강제징수를 하여도 그가 납부하여야 할 국세 등에 충당하기에 부족한 경우에 주된 납세자와 일정한 관계에 있는 자가 그 부족액에 대하여 보충적으로 부담하는 납부의무를 말한다. 다음과 같은 경우 제2차 납세의무가 발생할 수 있다.

① 해산한 법인의 청산인 또는 잔여재산 분배를 받는 자는 해산한 법인의 국세 및 강제징수비에 대해 제2차 납세의무가 있다.

② 출자자, 무한책임사원 및 과점주주 등은 특정한 요건에 해당하면 해당 법인의 국세 및 강제징수비에 대해 제2차 납세의무를 부담한다.

③ 사업에 관한 권리와 의무를 포괄적으로 승계한 사업양수인은 사업양도인이 납부하지 못한 국세 및 강제징수비에 대해 양수한 재산가액을 한도로 제2차 납세의무를 부담한다.

[OX Quiz] 2. 세금의 기초 PART II

01 국세기본법상 기간의 말일이 공휴일에 해당하는 때에는 그 전일로 기간이 만료한다.

(정답 X) 기간의 말일이 공휴일에 해당하는 때에는 그 다음날로 기간이 만료한다.

02 사업자등록 명의자와 사실상의 사업자가 다를 경우 그 사실상의 사업자를 납세의무자로 보는 것에 적용되는 국세부과의 원칙은 근거과세의 원칙이다.

(정답 X) 과세의 대상이 되는 소득, 수익, 재산, 행위 또는 거래의 귀속이 명의일 뿐이고 사실상 귀속되는 자가 따로 있을 때에는 사실상 귀속되는 자를 납세의무자로 한다. 이는 실질과세의 원칙 중 거래 귀속에 관한 실질과세를 설명한 것이다.

03 과세의 원칙에는 실질과세의 원칙, 근거과세의 원칙, 소급과세금지의 원칙, 조세감면의 사후관리의 4가지가 있다.

(정답 X) 조세감면의 사후관리는 해당하지 않으며, 신의성실의 원칙과 기업회계존중의 원칙을 포함하여 5가지가 있다.

04 '2025년 6월에 소득세법을 개정한 경우 개정된 내용은 2025년 1월에 발생한 소득분부터 적용한다.'는 내용과 가장 관련된 원칙은 신의성실의 원칙이다.

(정답 X) 소급과세금지의 원칙임. 국세를 납부할 의무가 성립한 소득, 수익, 재산, 행위 또는 거래에 대하여는 그 성립 후의 새로운 세법에 의하여 소급하여 과세하지 아니한다.

05 연대납세의무란 수명이 동일한 납세의무에 관하여 각각 자신의 지분만큼 납부할 의무를 부담하는 것을 말한다.

(정답 X) 연대납세의무란 수명이 동일한 납세의무에 관하여 각각 독립하여 전액의 납세의무를 부담하는 것을 말한다.

제 3 장

소득세의 기초

CONTENTS

우리가 부담하고 있는 세금은 무엇이 있을까? 우리는 일상생활을 하면서 알게 모르게 여러 가지 세금을 내고 있다. 개인 사업을 해서 돈을 벌었거나, 취업해서 급여를 받으면 소득세를 내야 하고, 아파트를 매입하거나 자동차를 사면 취득세를 내야 하며, 주택이나 토지 등의 부동산을 보유하고 있으면 재산세 및 종합부동산세를 내야 한다. 또한, 보유하고 있던 부동산을 팔면 양도소득세를 내야한다. 그리고 자식에게 집이나 현금을 무상으로 주게 되면 증여세를, 부모님이 사망해서 부모님 재산을 물려받으면 상속세를 물게 된다. 이와 같은 세금은 그래도 살면서 한 번쯤 들어본 세금이지만, 사실 우리가 알지도 못하는 사이에 내는 세금도 여러 가지가 있다. 물건을 사거나 식당에서 음식을 먹으면 그 값에 부가가치세가 포함되어 있고, 사치품을 사면 개별소비세가, 주류에는 주세가, 담뱃값에는 담배소비세가 포함되어 있다. 또한, 계약서 작성 시마다 인지세, 면허를 소지하고 있으면 등록면허세 등 오히려 정확히 인지하지 못한 채 실제로는 다양한 세금을 부담하고 있다. 이처럼 일상생활 속에서는 세금 문제를 피해서 살 수 없다. 소득과 재산이 있거나 유상의 거래가 있는 곳에는 항상 세금이 따라 다니기 때문이다. 따라서 우리는 세금에 대해 어렵게 여겨 피하거나 관심을 멀리하지 말고, 내가 내야 하는 세금이 어떤 것이 있으며 나는 그 세금을 적정하게 내고 있는지, 더 나아가 어떻게 하면 절세할 수 있는지 관심을 두는 것이 필요하다.

01 소득세의 개념

1. 소득세의 의의

소득세(individual income tax)는 개인이 일정기간 동안 얻은 소득에 대해 과세하는 국세이다. 넓은 의미의 소득세는 개인이 얻은 소득에 대하여 과세하는 개인소득세 이외에 법인이 얻은 소득에 대하여 과세하는 법인소득세를 모두 포함한 개념이지만, 우리나라 세법에서는 개인소득세만을 소득세라고 하고 법인소득세는 법인세라는 별도의 세목으로 구분하고 있어 소득세를 협의의 의미로 사용하고 있다.

소득(income)이란 일정한 과세기간 동안에 벌어들인 총수입금액에서 총수입을 얻기 위해 지출된 모든 필요경비를 차감한 금액을 말한다. 우리나라의 소득세법은 개인의 소득을 소득의 성격에 따라 이자소득, 배당소득, 사업소득, 근로소득, 연금소득, 기타소득, 퇴직소득 및 양도소득의 8가지로 구분하여 규정하고 있다.

소득(소득금액) = 총수입금액 - 필요경비

2. 과세대상 소득과 과세방법

(1) 과세대상 소득

소득세법은 소득의 종류를 종합소득, 퇴직소득, 양도소득으로 구분하고 있다.

[그룹 1] 종합소득 : 해당 과세연도에 발생하는 이자소득, 배당소득, 사업소득, 근로소득, 연금소득, 기타소득을 합한 것
[그룹 2] 퇴직소득 : 퇴직으로 발생하는 소득
[그룹 3] 양도소득 : 자산의 양도로 발생하는 소득

여기서 종합소득은 다시 이자소득과 배당소득(금융소득), 사업소득, 근로소득, 연금소득, 기타소득으로 구분한다. 이처럼 소득을 여러 종류로 나누어 과세하는 이유는 각각의 소득에 따라 돈을 버는 과정이나 사회적 인식이 다르기 때문이다. 예를 들어, 회사원이 매년 벌어들이는 소득인 근로소득과 수십 년에 거쳐 벌어들인 누적소득인 퇴직소득을 같은 방식으로 과

세하는 것은 합리적이지 않다. 또한, 근로소득과 부동산 매매로 생긴 양도소득을 같은 방식으로 과세하는 것도 형평성에 어긋난다.

1) 종합소득

종합소득은 1월 1일에서 12월 31일까지 1년간 벌어들인 이자소득, 배당소득, 사업소득, 근로소득, 연금소득, 기타소득의 6가지 소득을 모두 합산한 소득을 의미한다. 종합소득으로 합산하여 과세하는 이유는 소득이 많은 사람일수록 더욱 많은 세금을 부과하는 것이 과세 형평성에 부합하기 때문이다. 낮에는 회사에서 일하고, 밤에는 치킨집을 운영하는 사람에게는 근로소득과 사업소득이 동시에 발생한다. 따라서 근로소득과 사업소득을 합하여 종합소득으로 과세한다.

① 금융소득 : 이자소득과 배당소득

이자소득과 배당소득을 합해서 금융소득이라 한다. 여기서 이자란 예금이나 국 · 공채, 회사채 등의 채권을 보유함에 따라 받는 대가를 의미한다. 즉, 이자소득은 자금을 빌려준 대가로 지급받는 소득이다. 그러므로 보유하고 있던 채권을 양도하여 차익이 발생하는 경우는 자금을 빌려준 것이 아니므로 이자소득이라 할 수 없다. 이런 의미에서 채권 양도로 발생하는 차익은 종합소득세 과세대상에서 제외된다.

배당은 연말에 보유하고 있는 주식의 지분율에 따른 기업의 이익 분배금을 의미한다. 따라서 주식을 보유하는 것이 아니라 양도함으로써 발생하게 되는 양도차익은 배당소득이 아니다. 따라서 주식 양도로 발생하는 차익 또한 종합소득세 과세대상이 아니다. 하지만 예외적으로 일부 비상장주식의 경우 양도소득세가 과세되는 경우가 있다.

보통은 소득을 얻기 위해서는 일정한 노력이 들어가는데 세법에서는 이를 필요경비라 부른다. 하지만 세법상 이자소득과 배당소득 같은 금융소득은 '필요경비를 따로 인정해주지 않으므로' 금융소득을 계산할 때는 이러한 노력을 차감하지 않는다. 예를 들어 김슬기 씨가 은행에서 연 이자율 5%에 1,000만원을 빌려 주식투자를 시작하였다면, 김슬기 씨는 1년에 50만원의 이자를 은행에 갚아야 한다. 이는 주식 가격 등락폭과 상관없이 무조건 지불해야하는 금액이다. 만약 보유 중인 회사의 실적이 좋아 연말에 200만원의 배당금을 받았다고 가정하면 김슬기 씨 입장의 순금융소득은 이자를 제외한 150만원이 될 것이다. 하지만 김슬기 씨의 종합소득세를 계산할 때는 은행에 낸 이자 50만원은 필요경비로 인정받지 못하므로 배당금 200만원 전체가 금융소득으로서 종합소득금액에 포함되며 이에 대한 종합소득세를 국가에 납부해야 한다.

친구사이에 빌려준 돈에 대한 이자

가족이 아닌 타인 간 거래를 통해 돈을 빌려주고 일정한 이자를 받는 경우가 있다. 이때, 계약에 따라 이자를 받으면 이자소득으로 과세하므로 금융소득에 대한 종합소득세를 내야 한다. 이러한 이자소득을 세법에서는 '비영업대금의 이익'이라 부르며, 흔히 돈놀이라고 부르는 이러한 행위를 제재하기 위해 27.5%(지방소득세 포함)의 원천징수율이라는 높은 세금을 부과하고 있다.

이자소득금액과 배당소득금액의 계산

이자소득과 배당소득 같은 금융소득은 필요경비를 인정하지 않는다. 따라서 다른 종합소득과 달리 이자소득과 배당소득은 각각 이자소득금액과 배당소득금액이 된다. 하지만, 배당소득의 경우 법인에서 법인세를 이미 매기고 난 후의 이익에 대한 배분을 의미하므로 하나의 소득에 대해 이중으로 과세하는 문제점이 있다. 이에 세법은 이중과세문제를 조정하고자 배당소득에 가산하는 금액을 포함하여 우선 소득금액을 계산하고 후에 조정하는 방식으로 다시 재계산한다. 이때 우선 가산하는 금액을 gross-up이라 한다.

- 이자소득금액 = 이자수입금액
- 배당소득금액 = 배당수입금액 + gross-up

② 사업소득

사업소득은 개인이 사업 활동을 통해 벌어들인 소득을 의미한다. 여기서 사업이란 재화나 용역을 독립적 · 계속적 · 반복적으로 제공하는 활동을 말한다. 개인이 사업소득을 벌기 위해서는 종업원도 고용해야 하고, 기계운영도 효율적으로 해야 하고, 공장용지도 임차해야 하는 등 많은 자본이 들어가게 된다. 사업소득은 사업을 영위하기 위해 들어간 노력인 재료비, 인건비, 임차료 등의 필요경비를 인정하므로, 사업소득금액을 구할 때는 사업소득에서 필요경비를 차감하여 계산한다. 예를 들어, 김슬기 씨가 '경기제과점'이라는 빵집을 운영하여 1년 동안 10억원어치의 빵을 판매하였는데, 빵 재료원가, 아르바이트생 월급, 임차료 등 각종 비용으로 1년 동안 3억원을 지출하였다면 사업소득금액은 7억원이 된다. 이때 10억원어치의 매출을 '총수입금액', 각종 비용 3억원을 '필요경비'라 부른다.

③ 근로소득

근로소득이란 고용계약에 따라 종업원이 근로를 제공하고 받는 대가이다. 따라서 근로를 제공하고 대가로 받는 것이면 지급형태나 명칭과 관계없이 근로소득이 된다. 따라서 월급이나 상여금 등은 당연히 근로소득이 되며, 사택을 제공받거나 자녀의 학자보조금을 받아도 근로소득이 된다. 하지만 회사에서 종업원에게 지급한 일정 금액 중 사회 통념상 타당하다고 인정되는 범위 내의 금액 예를 들면, 월 20만원 이내의 식사대, 월 20만원 이내의 자가운전 보조금, 월 10만원 이내의 출산 수당 등을 받는 경우 근로소득으로 과세하지 않는데 이러한 소득을 '비과세근로소득'이라고 부른다. 또한 근로소득은 실제로 지출된 필요경비를 확인하기 어려워서 필요경비를 인정하지 않지만, '근로소득공제'라는 일정한 금액을 총급여액에서 공제하여 근로소득금액을 계산하고 있다.

근로소득관련 용어정리

- 근로소득 = 근로를 제공하고 종업원이 받은 총 대가 − 과세제외 항목
- 총급여액 = 근로소득 − 비과세근로소득
- 근로소득금액 = 총급여액 − 근로소득공제

'과세 제외 항목'은 세법에서 처음부터 근로소득으로 보지 않는 것을 의미한다. '비과세근로소득'은 세법이 정한 일정 요건을 갖추면 조세정책 목적 등으로 대상 근로소득에 대해 세금을 부과하지 않는 것을 말한다. '근로소득공제'는 다른 소득에서 필요경비에 해당하는 항목으로 일정 금액에 대해서 일정 비율로 경비를 인정하는 것을 말한다.

④ 연금소득

연금소득에는 공적연금 관련법에 따라 받는 국민연금 · 공무원연금 · 군인연금 등의 공적연금과 소득의 성격과 관계없이 연금저축계좌 · 퇴직연금계좌에서 연금의 형태로 받는 사적연금이 있다. 연금제도란 경제활동을 활발하게 하는 동안 노후 생활을 위해 소득의 일부를 보험료 형태로 납부하다가, 노동력을 상실하고 난 후 매년 일정액을 지급받기로 약속한 사회보장제도를 말한다. 공적연금의 경우는 무조건 종합과세가 되지만, 사적연금의 경우 의료목적이나 부득이한 사유로 인출하는 연금소득은 원천징수로 과세가 종결된다. 이외의 사적연금소득에 대한 세액 결정은 총연금액이 연 1,200만원 이하인 경우와 초과일 때 적용세율에 다소 차이가 나지만, 소득의 귀속자가 연금소득금액을 다른 소득과 합산하여 과세하는 종합과세와 연금소득금액만을 따로 분리하여 과세하는 원천징수 중 스스로 과세방법을 선택하여 세액을 결정할 수 있다는 점에서는 총연금액의 크기에 따른 차이는 없다. 총연금액은 공적연금 관련법에 따라 받는 각종 연금과 산업재해보상보험법에 따라 받는 각종 연금인 '비과세연금' 등을 제외하여 계산한다. 연금소득은 실제 필요경비를 인정하지 않으므로 필요경비 대신 연금소득공제를 총연금액에서 공제하여 연금소득금액을 산출한다.

연금소득관련 용어정리

- 총연금액 = 연금총액 - 비과세연금 - 과제제외연금
- 연금소득금액 = 총연금액 - 연금소득공제

근로하면서 연금을 불입하고 퇴직 후 연금의 형태로 받게 되면 2002년 1월 1일 이후 불입분부터 과세된다. 즉, 2001년 12월 31일 이전에 불입한 연금 해당액은 종합소득세가 과세되지 않는다.

⑤ 기타소득

기타소득은 이자소득 · 배당소득 · 사업소득 · 근로소득 · 연금소득 · 퇴직소득 및 양도소득 외의 소득으로 대체로 일시적 · 우발적으로 발생한 소득을 의미한다. 예를 들어 회사원인 김슬기 씨가 웹툰을 게재하고 받은 원고료나 로또 1등에 당첨되어 받는 당첨금은 기타소득이라 할 수 있으며 대표적인 예는 다음과 같다.

① 상금 · 현상금 · 포상금 · 보로금 또는 이에 준하는 금품
② 복권 · 경품권 · 그 밖의 추첨권에 당첨되어 받는 금품
③ 승마투표권 · 승자투표권 · 체육진흥투표권의 구매자가 받는 환급금
④ 저작자 외의 자가 저작권 등의 양도 · 사용 대가로 받는 금품
⑤ 광업권 · 어업권 · 양식업권 · 산업재산권 · 산업정보 · 산업상 비밀 · 상표권 · 영업권 · 토사석의 채취허가에 따른 권리 · 지하수의 개발 · 이용권, 그 밖에 이와 유사한 자산이나 권리를 양도하거나 대여하고 그 대가로 받는 금품
⑥ 물품(유가증권 포함) 또는 장소를 일시적으로 대여하고 사용료로써 받는 금품
⑦ 지역권 · 지상권을 설정 또는 대여하고 받는 금품
⑧ 종교인소득
⑨ 사례금
⑩ 서화 · 골동품의 양도로 발생하는 소득
⑪ 일시적인 문예창작소득
⑫ 고용 관계없이 제공하는 일시적인 인적용역 제공대가
⑬ 뇌물 · 알선수재 · 배임수재에 의하여 받는 금품

2) 퇴직소득

퇴직소득은 근로자가 다니던 회사를 퇴직할 때 지급받는 소득을 말한다. 퇴직소득은 매년 발생하는 근로소득과는 달리 퇴직할 때 일시금의 형태로 받게 된다. 이를 '후불 성격의 임금'이라고 부른다. 만약, 퇴직소득을 종합소득에 합산할 경우 높은 세율이 적용되어 근로자는 지나치게 높은 세부담을 가질 수 있다. 따라서 퇴직소득은 종합소득과는 별로로 분류하여 과세하며, 이를 세법에서는 '분류과세'라고 부른다. 퇴직소득은 실제 필요경비를 인정하지 않으므로 비과세소득을 제외한 퇴직소득의 금액의 합계액으로 퇴직소득금액을 계산한다.

3) 양도소득

양도란 자산에 대한 등기 또는 등록과 관계없이 매도, 교환, 법인에 대한 현물출자 등을 통하여 그 자산을 유상으로 사실상 이전하는 것을 의미하므로 양도소득은 개인이 자산을 양도하면서 얻은 소득이라 할 수 있다. 이때 개인이 아닌 회사가 법인 명의로 부동산이나 주식을 양도하여 양도차익이 발생하는 경우에는 양도소득세가 아닌 법인세가 과세된다. 양도소득도 퇴직소득과 마찬가지로 장기간에 걸쳐 누적되어 형성되었다가 양도 시점에 일시에 실현되는 소득이다. 따라서 이 또한 종합소득에 합산하지 않고 별도로 분류하여 과세하며, 이를 세법에서는 '분류과세'라고 부른다.

(2) 과세방법

소득세의 과세방법은 크게 종합과세, 분류과세 및 분리과세로 나눌 수 있다.

종합과세란 소득을 그 종류에 관계없이 일정한 기간을 단위로 합산하여 과세하는 방식으로 현행 소득세법은 이자소득, 배당소득, 사업소득, 근로소득, 연금소득, 기타소득의 6가지 소득(종합소득)에 대해 종합과세한다.

다음의 예시를 통해 소득을 종합과세하는 이유를 찾아보자. 현행 종합소득에 대한 세율은 다음과 같이 종합소득의 크기에 따라 6%~45%까지의 8단계 초과누진세율구조를 갖고 있다. 즉, 종합소득금액이 커질수록 소득세 부담이 늘어나는 구조이다.

종합소득에 대한 세율

종합소득 과세표준	기본세율	누진공제액
1,400만원 이하	과세표준의 6%	
1,400만원 초과 ~ 5,000만원 이하	84만원 + 1,400만원 초과금액의 15%	126만원
5,000만원 초과 ~ 8,800만원 이하	624만원 + 5,000만원 초과금액의 24%	576만원
8,800만원 초과 ~ 1억5,000만원 이하	1,536만원 + 8,800만원 초과금액의 35%	1,544만원
1억5,000만원 초과 ~ 3억원 이하	3,706만원 + 1억5,000만원 초과금액의 38%	1,994만원
3억원 초과 ~ 5억원 이하	9,406만원 + 3억원 초과금액의 40%	2,594만원
5억원 초과 ~ 10억원 이하	1억7,406만원 + 5억원 초과금액의 42%	3,594만원
10억원 초과	3억8,406만원 + 10억원 초과금액의 45%	6,594만원

거주자 X는 근로소득과 사업소득이 각각 1,400만원씩 있고, 거주자 Y는 근로소득만 2,800만원 있다고 가정하자. 만약 소득세가 종합과세가 아닌 개별소득에 대해 따로 과세하는 구조라면, 각 개인의 소득세액은 다음과 같다.

- 거주자 X의 소득세액 : 1,400만원 × 6% + 1,400만원 × 6% = 168만원
- 거주자 Y의 소득세액 : 1,400만원 × 6% + 1,400만원 × 15% = 294만원

이처럼 개별소득에 대해 따로 과세할 경우, 거주자 X와 Y의 총소득은 2,800만원으로 동일하더라도 소득세 부담액이 달라지는 문제가 발생한다. 이런 이유로 우리나라에서는 소득의 종류와 관계없이 동일한 소득 크기에 대해서는 동일 소득세 부담이 이루어질 수 있도록 개별과세가 아닌 종합과세를 하고 있다.

하지만 현행 소득세법상 퇴직소득과 양도소득은 종합소득과 합산하여 과세하지 않고 별도로 분류하여 과세한다. 이렇게 소득을 종류별로 구분하여 각각 별도로 과세하는 방식을 분류과세라 한다.

퇴직소득과 양도소득은 장기간 서서히 발생하여 누적된 소득이 퇴직시점이나 양도시점에 일시에 실현되는 특징이 있는데(세금의 결집효과), 이러한 소득을 종합소득에 합산하여 누진세율로 과세하게 되면 특정 연도 소득이 부당하게 높은 세율을 적용받게 되어 과도한 세부담을 떠안게 된다. 이러한 이유로 현행 소득세법은 퇴직소득과 양도소득을 종합소득과 분류하여 과세하고 있다.

한편, 이외에도 분리과세가 있는데 이는 일정 소득에 대해 기간별로 합산과세 하지 않고 소득이 지급될 때 이를 지급하는 자가 소득세를 원천징수함으로써 과세를 종결하는 방식을

말한다. 현행 소득세법에서는 종합소득 중 일부 이자소득, 배당소득, 근로소득, 연금소득, 기타소득에 대하여 분리과세를 허용하고 있다. 원칙적으로 종합소득은 종합과세가 원칙이지만, 소득의 크기가 작은 종합소득금액에 대해서는 원천징수로 과세를 종결시키는 것이 더 편리하므로 일부 종합소득에 대해서는 분리과세를 채택하고 있다.

소득의 구분

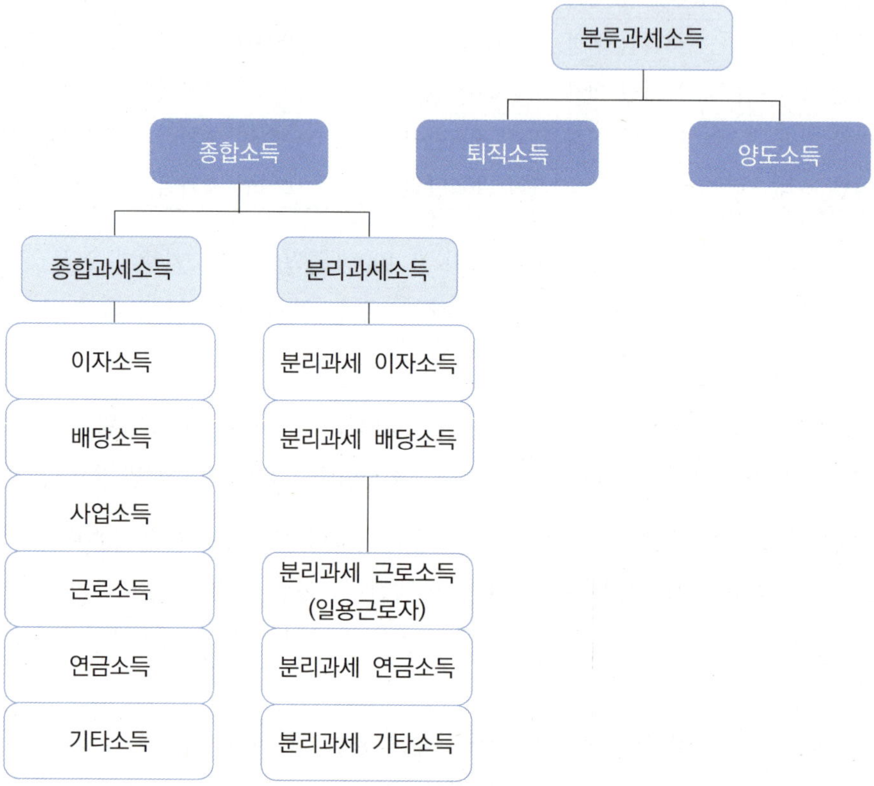

* 이자소득과 배당소득을 금융소득이라 함. 금융소득은 모두 종합 합산되는 것이 아니고, 두 가지 소득을 합산하여 2,000만원이 넘으면 종합소득에 합산하여 과세함

* 사업소득이 있는 거주자를 사업자라 함

3. 소득세의 납세의무자

소득세의 납세의무자는 개인이다. 현행 소득세법은 납세의무자인 개인을 다음과 같이 거주자와 비거주자로 구분하고, 그에 따라 과세소득의 범위에 차이를 두고 있다.

구 분	정 의	과세소득의 범위
거주자	국내에 주소를 두거나 183일 이상 거소를 둔 개인	국내외 모든 소득 과세 (무제한 납세의무)
비거주자	거주자가 아닌 개인	국내원천 소득 과세 (제한 납세의무)

4. 과세기간

우리 소득세법은 과세의 편의를 위해 기간 과세의 원칙을 채택하고, 인위적으로 확정한 기간을 단위로 하여 세액을 산정하도록 하고 있다. 현행 소득세법상 과세기간은 다음과 같다.

구 분	과세기간
원칙	• 1월 1일 ~ 12월 31일
예외	• 거주자가 사망한 경우 : 1월 1일 ~ 사망일 • 거주자가 출국하여 비거주자가 되는 경우 : 1월 1일 ~ 출국일

* 과세기간은 임의로 정할 수 없으며, 신규사업개시자 · 폐업자라도 과세기간은 여전히 1월 1일부터 12월 31일까지임

5. 납세지

소득세의 납세지는 거주자와 비거주자에 따라 구분되며 아래와 같다.

구 분	과세기간
거주자	• 주소지(주소지가 없는 경우 거소지)
비거주자	• 국내사업장의 소재지(단, 국내사업장이 둘 이상 있는 경우에는 주된 국내사업장의 소재지이며, 국내사업장이 없는 경우에는 국내원천소득이 발생하는 장소임.

02 소득세의 특징

1. 과세소득의 범위와 규정방식

우리나라의 소득세는 일정한 재산 및 사업 등의 원천에서 계속적 · 경상적으로 발생한 소득만을 과세대상으로 하고 있는데 이를 소득원천설을 따른다고 표현한다. 따라서 일시적으로 발생한 채권의 양도에 따른 차익 등은 과세대상이라 할 수 없다. 다만, 기타소득 · 퇴직소득 · 양도소득 등 일시적인 소득도 과세하므로 순자산증가설을 일부 채택하고 있다고 볼 수 있다.

또한, 법에 과세항목을 규정하는 방식으로는 열거주의 방식을 채택하고 있다. 하지만 열거주의 방식을 채택할 경우 경제발전에 따라 새로운 거래형태가 등장하고 그에 따른 추가 소득이 발생하더라도 세법을 개정하여 과세소득으로 열거하기 전에는 과세할 수 없는 문제가 발생한다. 그러므로 우리나라 소득세법에서는 이자소득과 배당소득 그리고 사업소득의 경우 유형별 포괄주의 방식을 채택하여 세법에 열거된 소득과 유사한 소득이 발생한 경우에도 과세할 수 있도록 규정하고 있다.

구 분	내 용	
과세소득 범위	(원칙) 소득원천설 • 계속적 · 경상적 소득만 과세 • 일시적인 채권매매차익 등은 과세하지 않음	(일부 채택) 순자산증가설 • 기타소득 · 퇴직소득 · 양도소득 등 일시적 소득 과세
규정방식	열거주의. 단, 이자 · 배당 · 사업소득은 유형별 포괄주의 방식 채택	

2. 과세 단위

'과세 단위'란 종합과세에 있어서 소득을 종합하는 인적단위로서, 현행 소득세법은 개인단위의 과세를 원칙으로 하여 소득세를 과세한다. 하지만, 예외적으로 명의의 위장 분산을 통한 소득세의 누진 부담을 회피하는 사례를 방지하기 위하여 조세회피목적으로 영위하는 공동사업의 소득에 대하여 세대 단위로 과세하는 공동사업합산 과세제도를 두고 있다.

3. 인적사정에 따른 담세력 고려

우리나라 소득세법은 인적 특성에 따른 담세력을 고려하여 6%~45%의 누진세율과 인적공제(기본공제 및 추가공제)제도를 기본적으로 채택하고 있다. 이에 따라 소득세는 각 개인의 부담능력을 가장 직접적으로 반영하는 소득을 과세대상으로 하면서 개인적 인적사정을 고려하고 누진세율을 적용하기 때문에 개인의 능력에 상응하는 과세를 실현하기에 가장 적합한 조세라 할 수 있다.

4. 원천징수의 활용

원천징수란 소득을 지급하는 자가 그 지급받는 자의 조세를 징수하여 그 다음 달 10일까지 과세관청에 대신 납부하는 제도이다. 이때, 소득을 지급하는 자는 그 소득에 대한 원천징수세액을 차감한 잔액만을 지급한다.

우리나라 소득세법은 광범위하게 원천징수제도를 적용하고 있다. 즉, 이자소득, 배당소득, 일정한 사업소득, 근로소득, 연금소득, 기타소득 및 퇴직소득의 대부분이 원천징수 대상이며, 단지 대부분의 사업소득과 양도소득만이 원천징수 대상에서 제외되어 있다.

원천징수제도에는 완납적 원천징수와 예납적 원천징수라는 두 가지 유형이 있다. 완납적 원천징수는 원천징수로써 과세를 종결하고 종합소득에 합산하지 않으며, 분리과세되는 세금이 여기에 해당한다. 이에 반해 예납적 원천징수는 일단 원천징수는 하되 추후에 납세의무를 확정할 때 이를 종합소득에 합산하여 정산하는 방식을 말한다. 즉, 원천징수의 대상이 된 소득도 과세표준에 포함하여 세액을 계산한 후 이미 원천징수된 세액은 기납부세액으로 공제받는 방식이다. 근로소득자들이 매년 하게 되는 연말정산이 바로 대표적인 예납적 원천징수의 과세방식이라 할 수 있다.

원천징수의 구분

구 분	내 용	과세방식
완 납 적 원천징수	원천징수로써 과세를 종결하고 종합소득에 합산하지 않음	분리과세
예 납 적 원천징수	예납적 원천징수는 관련 세금을 미리 징수하는 의미일 뿐이므로 원천징수한 후 종합소득에 합산하여 정산함	종합과세

5. 신고납세제도

소득세는 법인세와 마찬가지로 본인이 내야 할 세금을 납세의무자가 스스로 결정하는 신고납세제도를 채택하고 있다. 따라서 납세의무자인 개인은 전년도 소득에 대해 당해연도 5월 1일에서 5월 31일까지의 기간 동안 과세표준 확정신고를 스스로 해야 하며 이를 통해 소득세의 납세의무는 신고한 금액대로 확정된다.

6. 초과누진세율 적용

초과누진세율은 소득이 적으면 낮은 세율, 많으면 높은 세율을 적용하는 것을 말한다. 현행 종합소득세 세율은 6%~45%까지 8단계로 되어 있고, 양도소득세와 퇴직소득세 세율도 기본적으로는 기본세율을 적용한다. 하지만 예외적으로 양도소득세의 경우 단기 양도 · 비사업용 토지의 양도 · 다주택자의 조정대상지역 내 주택의 양도 · 미등기 양도자산의 경우 더욱 높은 세율을 적용하고 있다.

03 소득세 계산구조

1. 종합소득세 계산구조

종합소득의 과세체계는 다음과 같다.

종합소득세의 과세체계

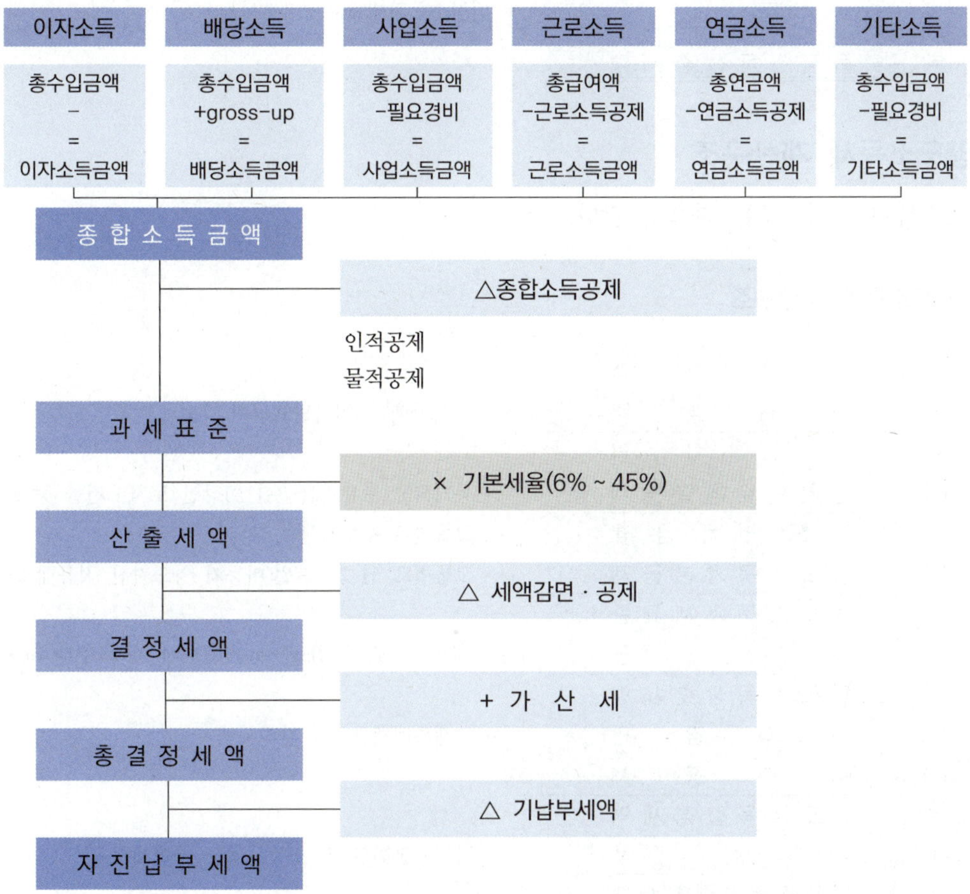

* 소득 : 필요경비 차감 전의 금액(소득 – 비과세소득 – 분리과세소득 = 총수입금액)
* 소득금액 : 필요경비 차감 후의 금액(소득금액 = 총수입금액 – 필요경비 등)
* 종합소득 중 분리과세소득이 거의 없는 소득 : 사업소득(대부분 종합과세함)
* 실제 필요경비가 공제되지 않는 소득 : 이자소득, 배당소득, 근로소득, 연금소득, 퇴직소득

2. 퇴직소득세 계산구조

퇴직소득세 계산구조는 다음과 같다.

퇴직소득세 계산구조

	환 산 급 여	$= (\text{퇴직소득금액} - \text{근속연수공제}) \times \frac{12}{\text{근속연수}}$
(−)	환 산 급 여 공 제	= 환산급여에 따른 차등공제
=	퇴 직 소 득 과 세 표 준	
(×)	기 본 세 율	= 12배수로 환산한 연분연승법 적용 $= \text{퇴직소득과세표준} \times \text{기본세율} \times \frac{\text{근속연수}}{12}$
=	퇴 직 소 득 산 출 세 액	

3. 양도소득세 계산구조

양도소득세 계산구조는 다음과 같다.

양도소득세 계산구조

	양 도 가 액	
(−)	필 요 경 비	… 취득가액 + 기타필요경비
=	양 도 차 익	
(−)	장 기 보 유 특 별 공 제	… 등기되고 보유기간 3년 이상인 토지 · 건물 등에 적용
=	양 도 소 득 금 액	… 그룹별로 구분계산
(−)	양 도 소 득 기 본 공 제	… 그룹별로 연 250만원(미등기 양도자산 적용배제)
=	양 도 소 득 과 세 표 준	
(×)	세 율	… 자산별 · 보유기간별 · 등기여부에 따라 구분 적용
=	양 도 소 득 산 출 세 액	
(−)	세 액 감 면	… 조세특례제한법상 감면세액
(−)	세 액 공 제	
=	양 도 소 득 결 정 세 액	
(+)	가 산 세	… 국세기본법상 및 소득세법상 가산세
=	양 도 소 득 총 결 정 세 액	
(−)	기 납 부 세 액	… 예정신고산출세액 · 수시부과세액
=	차 감 납 부 할 세 액	

04 소득세 신고와 납부

1. 소득세의 확정신고

(1) 원칙

해당 과세기간의 종합소득금액, 퇴직소득금액 또는 양도소득금액이 있는 거주자는 그 과세표준을 그 과세기간의 다음연도 5월 1일부터 5월 31일까지 납세지 관할세무서장에게 신고하여야 한다.

한편, 복식부기의무자는 확정신고시 재무상태표, 손익계산서와 그 부속서류, 합계잔액시산표 및 조정계산서를 반드시 제출해야 한다. 이를 제출하지 않으면 무신고로 보아 무신고가산세가 적용된다.

(2) 특례

거주자가 사망한 경우 그 상속인은 그 상속개시일이 속하는 달의 말일부터 6개월이 되는 날까지 사망일이 속하는 과세기간에 대한 그 거주자의 과세표준을 신고해야 한다. 또한 과세표준 확정신고를 해야할 거주자가 출국하는 경우에는 출국일이 속하는 과세기간의 과세표준을 출국일 전날까지 신고하여야 한다.

한편, 성실한 납세를 위하여 필요하다고 인정되어 해당 과세기간의 수입금액이 업종별로 일정 규모(도매 및 소매업 등: 15억원, 제조업, 숙박 및 음식점업 등: 7억 5천만원, 부동산임대업, 전문 · 과학 및 기술서비스업 등: 5억원)이상의 사업자를 성실신고확인대상사업자라 하는데, 이러한 성실신고확인대상사업자는 종합소득과세표준 확정신고를 할 때에 첨부서류에 더하여 성실신고확인서를 납세지 관할 세무서장에게 제출하여야 한다. 성실신고확인대상사업자가 성실신고확인서를 제출하는 경우에는 종합소득과세표준 확정신고를 그 과세기간의 다음 연도 5월 1일부터 6월 30일까지 하여야 한다.

2. 소득세의 납부

(1) 납부기한

거주자는 해당 과세기간의 과세표준에 대한 소득세를 과세표준 확정신고기한까지 납세지 관할 세무서 · 한국은행 또는 체신관서에 납부해야 한다.

(2) 분납

거주자가 납부할 세액이 1,000만원을 초과하는 경우에는 다음의 금액을 납부기한이 경과한 날로부터 2개월 이내에 분할납부할 수 있다.

소득세 분납

금액기준	분납가능금액
납부할 세액이 2,000만원 이하인 경우	1,000만원을 초과하는 금액
납부할 세액이 2,000만원 초과하는 경우	납부할 세액의 50% 이하 금액

[OX Quiz] 3. 소득세의 기초

01 소득세는 자연인이 얻은 소득을 과세대상으로 하여 신고 · 납부하는 조세로 일정한 과세기간 동안에 벌어들인 총수입금액을 소득금액으로 한다.

(정답 X) 소득금액은 일정한 과세기간 동안에 벌어들인 총수입금액에서 총수입을 얻기 위해 지출된 모든 필요경비를 차감한 금액이다.

02 소득세의 과세기간은 원칙적으로 1월 1일부터 12월 31일까지이다.

(정답 O)

03 소득세는 기본적으로 소득원천설의 입장을 취하고 있으며, 예외적으로 순자산증가설의 입장도 일부 수용하고 있다.

(정답 O)

04 소득세는 신고납세제도를 채택하고 있으며, 개인의 인적사정을 고려하지 않는다.

(정답 X) 소득세는 개인에게 과세되는 것이므로, 개인의 인적사항이 다르면 부담능력도 다르다는 것을 고려하여 과세한다.

05 국내에 주소를 두거나 거소를 둔 날이 183일 이상인 개인을 거주자라고 하며, 국내원천소득에 대하여만 납세의무를 진다.

(정답 X) 거주자는 국내 및 국외 모든 원천소득에 대하여 납세의무를 지는 무제한납세의무자에 해당한다.

06 거주자와 비거주자의 개념은 국적과 관련이 없으므로 외국인도 거주자로서 납세의무를 지는 경우도 있을 수 있다.

(정답 O)

07 원칙적으로 거주자의 납세지는 주소지이며 주소지가 없는 경우에는 거소지로 한다.

(정답 O)

제 4 장

직장인과 세금

PART I: 근로소득

CONTENTS

직장인에게 가장 기다려지는 날을 손꼽으라면 '월급날'이라고 대답할 것이다. 급여통장에 월급이 입금되었다는 알림을 받으면 그간 직장생활에서 겪은 피로와 스트레스가 한꺼번에 사라지는 기분이 든다. 그러나 통장에 입금된 월급 금액을 보는 순간 내가 알고 있는 내 연봉보다 적은 금액이 입금되었음을 알게 될 것이다. 슬기로운 직장인이라면 월급명세서를 자세히 확인하여, 본인이 회사와 계약한 연봉금액과 월급날 수령하는 실제 금액에 차이가 나는 원인을 알 수 있어야 한다. 이는 근로자에게 월급을 지급할 때 월급에서 각종 세금, 연금 및 보험금 등을 미리 떼고 지급하는 원천징수방식을 취하기 때문이다. 원천징수는 납부의 편의를 위해 국가를 대신해 사용자(회사)가 하는 것이며 이러한 원천징수에 의한 세금의 최종납부는 다음 해 2월분 급여를 받기 전에 수행하는 연말정산과정을 통해 이루어진다.

01 근로소득의 기초

1. 근로소득의 개념

(1) 근로소득의 개념 및 특징

근로자가 근로계약[1] 또는 이와 유사한 계약에 의해 근로를 제공하고 받은 모든 대가를 근로소득이라 한다. 근로소득은 비독립적으로 근로용역을 제공하고 받는 급여 및 기타 이와 유사한 성질의 금품을 말하므로 독립성을 특징으로 하는 사업소득과 뚜렷하게 구분된다. 이러한 비독립적 지위에서 받는 모든 근로제공의 대가는 봉급 · 급료 · 보수 · 임금 · 상여 · 수당 등 명칭이나 형식에 관계없이 근로소득을 구성한다. 근로소득은 소득세법에서 다루어지며 다른 소득과 합산되어 종합소득으로 과세되지만, 월급 이외에 다른 소득이 없는 경우에는 그 다음 해 2월에 연말정산을 함으로써 소득세와 관련된 문제는 종결된다. 따라서 별도로 5월에 종합소득세 확정신고를 할 필요가 없다. 세법상 근로자는 크게 상용근로자와 일용근로자로 나누어지는데, 상용근로자의 급여는 위와 같이 연말정산 또는 종합과세를 통해 과세가 종결되지만, 일용근로자의 급여는 예외적으로 분리과세되어 과세가 종결된다.

(2) 근로소득에 대한 과세방법

근로소득은 거주자, 내국법인 또는 국내에 있는 비거주자 및 외국법인으로부터 지급을 받고, 당해 소득을 지급하는 자에게 원천징수의무를 지우고 있다. '원천징수'는 소득의 귀속자에게 소득을 지급하는 자가 소득의 귀속자의 세금을 미리 징수해서 국가에 대신 납부하는 제도이다.

1) 일용근로자의 근로소득세 과세방법

세법에서 일용근로자란 1일 또는 시간으로 급여를 계산해서 받는 사람으로서 동일한 고용주에게 3개월 이상(건설공사 종사자는 1년, 하역작업 종사자는 근로기간 제한 없음) 계속 고용되어 있지 않은 사람으로 정의된다. 따라서 비록 일용근로자라 하더라도 3개월 이상 고용

---

1) 근로관계가 있는지의 판단은 근로제공자가 업무 또는 작업에 대해 거부를 할 수 있는지, 시간적 · 장소의 제약을 받는지, 업무수행과정에 있어서 구체적인 지시를 받는지, 복무규정의 준수의무 등을 종합적으로 판단하여 소득을 구분

되는 때부터 상용근로자로 변경(상용근로자로 변경된 경우 1월 1일 ~ 12월 31일의 소득을 합해서 연말정산 해야함)되어 간이세액표에 따라 원천징수하여 납부해야 한다. 만약 이를 회피하고자 입사와 퇴사를 반복하는 경우에도 동 기간을 합산해서 기간을 계산한다. 일용근로자의 원천징수 시에는 일용근로자에게 원천징수영수증을 발행해 주어야 하며, 사용자는 동 원천징수영수증(지급명세서)은 모아서 분기에 한 번씩 관할 세무서에 신고해야 한다. 따라서 1년에 4번 신고를 하는 것이다.

2) 상용근로자의 근로소득세 과세방법

상용근로자는 일용근로자를 제외한 근로자를 말하며, 근로계약상 근로 제공에 대한 시간 또는 일수나 그 성과에 의하지 않고 월정액에 의해 급여를 받을 때도 그 고용 기간에 상관없이 상용근로자의 소득으로 본다. 상용근로자는 간이세액표에 의해 원천징수를 해 다음 달 10일까지 원천징수세액을 신고 · 납부해야 한다. 하지만 원천징수로 모든 세무상 문제가 종결되는 것이 아니므로, 상용근로자는 다음 해 2월분 급여지급 시 1월~12월까지의 급여를 합한 연말정산절차를 거쳐 계산된 최종 정산금액을 3월 10일까지 추가로 신고 · 납부해야 한다. 즉, 연말정산 시 총소득에서 각종 소득공제 및 세액공제를 하여 산출한 근로소득세와 그동안 간이세액표에 따라 원천징수된 근로소득세를 비교하여 산출된 소득세가 더 많으면 추가로 세금을 납부해야 하고, 이미 원천징수된 소득세가 더 많으면 세금을 환급받는다.

여기서 간이세액표란 근로자가 부양하고 있는 부양가족수와 월급여를 기준으로 납부해야 할 근로소득세와 지방소득세를 계산해 놓은 속산표로 매년 홈텍스 사이트를 통해 제공된다. 근로자는 본인의 연간 세 부담 수준에 맞게 원천징수액을 근로소득 간이세액표에 따른 세액의 80% 또는 120%로 신청할 수 있으며, 신청하지 않은 경우는 100%가 적용된다. 근로소득자가 급여 이외에 다른 소득이 없다면 연말정산으로 납세의무가 종결된다.

2. 근로소득의 범위

소득세법에서 규정하고 있는 근로소득이란 근로계약에 의하여 근로를 제공하고 받은 모든 대가를 말하며 대표적인 예는 다음과 같다.

① 근로의 제공으로 받는 봉급 · 급료 · 보수 · 임금 · 상여 · 수당 등

② 근로자가 받는 공로금 · 학자금 · 장학금(자녀가 받는 학자금 · 장학금을 포함)

③ 여비 · 휴가비 등 기타 이와 유사한 성질의 급여

④ 종업원이 주택을 제공받음으로써 얻는 이익 또는 주택의 구입 · 임차에 소요되는 자금을 저리 또는 무상으로 대여 받음으로써 얻는 이익

⑤ 기밀비(판공비를 포함함) · 교제비 기타 이와 유사한 명목으로 받은 것으로서 업무를 위하여 사용된 것이 분명하지 아니한 급여

⑥ 주주총회 · 사원총회 등의 결의에 따라 받는 상여 등

⑦ 법인세법에 의하여 상여로 처분된 금액(인정상여)

⑧ 퇴직 시에 받은 소득이지만 퇴직소득의 분류에 속하지 아니하는 소득(퇴직위로금, 퇴직공로금, 법인세법상 임원퇴직금 한도초과액 등)

⑨ 근로자가 부담할 소득세 등을 사용자가 부담한 경우 그 소득세액

⑩ 종업원, 법인의 임원, 공무원, 대학의 교직원 또는 대학과 고용관계 있는 학생이 지급받는 직무발명보상금

⑪ 사업자나 법인이 생산 · 공급하는 재화 또는 용역을 그 사업자나 법인의 사업장에 종사하는 임원 또는 종업원에게 시가보다 낮은 가격으로 제공하거나 구입할 수 있도록 지원함으로써 해당 임원 또는 종업원이 얻는 이익

3. 비과세 근로소득

근로소득자가 지급받는 소득 중 다음에 해당하는 사항은 비과세되는 근로소득으로 연말정산 시 총급여액에서 차감한다.

① 실비변상적 성질의 일직료 · 숙직료 · 여비 : 전액 비과세

② 식사 · 식사대 : 식사 자체는 금액 관계없이 비과세, 식사를 별도로 제공받지 않는 경우 월 20만원 이하의 식사대

③ 자가운전보조금 : 월 20만원 이하의 금액(근로소득자가 자기 소유의 차량을 회사의 업무수행에 이용하는 경우)

④ 건강보험 · 장기요양보험 · 고용보험료 중 회사 부담분: 전액 비과세

⑤ 출산 · 보육수당 : 출산수당은 전액, 6세 이하 자녀의 보육수당은 월 20만원 이하의 금액

⑥ 학자금의 비과세 : 전액 비과세(근로자가 종사하는 사업체의 업무와 관련 있고, 교육훈련을 위해 지급받는 학자금으로 회사의 지급규정에 따라 지급되는 금액)

⑦ 생산직 근로자 등[2)]의 시간외근무수당 : 연 240만원 이하의 금액(월마다 일정하게 받는 월 정액급여가 210만원 이하이고, 동시에 직전 과세기간의 총급여가 3,000만원 이하인 생산직 근로자가 받는 경우)

⑧ 연구보조비 및 연구활동비 : 월 20만원 이내의 금액(유치원 · 초등학교 · 중학교 및 고등학교 · 대학교의 교원, 대학교원에 준하는 자격을 가진 자, 중소기업 · 벤처기업 부설연구소 연구원이 지급받는 연구보조비 및 연구활동비 등)

⑨ 산업재해보상보험법 · 고용보험법에 따라 지급받는 장해급여 · 유족급여 · 실업급여 · 육아휴직 급여 : 전액

⑩ 벽지수당 · 취재수당 : 월 20만원 이하의 금액

⑪ 종업원, 법인의 임원, 공무원, 대학의 교직원 또는 대학과 고용관계 있는 학생이 지급받는 직무발명보상금으로서 연 700만원 이하의 금액

⑫ 임원 또는 종업원에 대한 할인으로 인해 해당 임원 또는 종업원이 얻는 연 240만원 이하의 금액

---

2) 생산직 근로자 등은 급여가 적을 경우 시간외근무 또는 휴일 근무 등을 통해 자신이 추가로 일을 하고 급여를 받는 경우가 많은데, 이들의 부담을 줄여주기 위해 일정한 기준을 충족할 경우 비과세 적용한다. 이때 생산직근로자 등이란 공장 · 광산 근로자, 어업 종사 근로자, 돌봄서비스, 운전 및 운송 관련직, 운송·청소·경비관련 단순 노무직 종사자와 미용관련서비스 · 숙박시설서비스 · 조리 및 음식 서비스직, 매장판매, 통신관련 판매직, 음식 · 판매 · 농림 · 어업 · 계기 · 자판기 · 주차관리 및 기타 서비스 관련 단순 노무직 종사자 그리고 상품대여, 여가 및 관광서비스, 가사관련 단순 노무직 종사자를 말한다.

02 근로소득 금액의 계산

1. 근로소득의 수입시기

근로소득의 수입시기란 당해 연도의 연말정산시 근로소득을 확정하기 위한 기준이며, 근로소득의 발생 원인에 따라 차이가 있다.

근로소득의 수입시기

① 통상 사용자로부터 받는 급여 : 원칙적으로 근로를 제공한 날
② 법인의 잉여금처분에 의한 상여 : 당해 법인의 잉여금처분결의일
③ 당해 사업연도의 소득금액을 법인이 신고하거나 세무서장이 결정 · 경정함에 있어 발생한 상여처분금액(인정상여) : 당해 사업연도 중의 근로를 제공한 날
④ 퇴직소득에 속하지 아니하는 퇴직위로금 · 퇴직공로금 : 지급받거나 지급받기로 한 날

2. 근로소득의 지급시기 의제

근로소득의 지급시기를 의제하는 것은 근로의 제공으로 근로소득은 발생하였으나 미지급한 경우 월별 원천징수시기 및 연말정산시기를 확정함으로써 세수확보를 원활하게 이루어질 수 있도록 하기 위한 것이다. 다음의 경우 근로소득을 지급하여야 할 원천징수의무자는 근로소득의 실제 지급여부와는 관계없이 표시한 날에 지급한 것으로 간주하여 과세한다.

① 1월부터 11월까지의 급여액을 미지급한 경우 : 당해 연도 12월 31일
② 12월분 급여액을 미지급한 경우 : 다음연도 1월 31일
③ 잉여금처분에 의한 상여를 미지급한 때 : 잉여금처분 결정일로부터 3개월이 되는 날
④ 법인세법에 의해 처분되는 상여 : 소득금액변동통지서를 받은 날

3. 근로소득금액

근로소득만 있는 경우 납부할 세액은 다음과 같이 계산한다. 이번 절에서는 1단계에 대해 자세히 설명하고, 2단계부터는 절을 나누어 자세히 설명하고자 한다.

1단계	근로소득금액	= 총급여액(비과세소득제외) − 근로소득공제
2단계	근로소득과세표준	= 근로소득금액 − 인적공제 − 물적공제
3단계	산출세액	= 근로소득과세표준 × 세율(6% ~ 45%)
4단계	근로소득결정세액	= 산출세액 − 세액공제 · 세액감면
5단계	총결정세액	= 근로소득결정세액 + 가산세
6단계	납부할세액	= 총결정세액 − 기납부세액

(1) 근로소득금액

근로소득금액은 위의 1단계에서 보는 것처럼 총급여액(비과세소득 제외)에서 근로소득공제를 차감하여 계산한다. 근로소득은 실제 필요경비를 인정하지 않으며, 획일적으로 일정한 금액을 공제하는데 이를 '근로소득공제'라고 한다. 이때 근로소득공제는 사업소득으로 생각하면 일종의 필요경비와 같은 것으로, 근로자들의 기본 생계비를 보장해준다는 개념이다. 하지만 실제 생계비를 측정하기는 곤란하기 때문에 총급여액 구간별로 해당 과세기간에 받는 총급여액에서 일정 금액을 일괄적으로 공제한다. 다만, 공제액은 2,000만원을 한도로 한다.

근로소득금액 = 총급여액(비과세소득 제외) − 근로소득공제

총급여액	근로소득공제액(한도 : 2,000만원)
500만원 이하	총급여액의 70%
500만원 초과 1,500만원 이하	350만원 + 500만원 초과금액의 40%
1,500만원 초과 4,500만원 이하	750만원 + 1,500만원 초과금액의 15%
4,500만원 초과 1억원 이하	1,200만원 + 4,500만원 초과금액의 5%
1억원 초과	1,475만원 + 1억원 초과금액의 2%

* 1년 미만 근무한 경우에도 월할계산하지 않고 근로소득공제를 그대로 적용함
* 연말정산대상에서 제외되는 일용근로자의 경우에는 1일 15만원을 공제함
* 총급여액이 362,500,000원 이상인 경우에 2,000만원의 한도가 적용됨

근로소득공제금액은 원칙적으로 위와 같은 표에 따라 계산하나, 아래와 같은 근로소득공제금액 간편계산표를 이용하여 산출하는 방법을 실무적으로 많이 이용한다.

총급여액		근로소득공제액(한도 : 2,000만원)
	500만원 이하	총급여액의 × 0.7
500만원 초과	1,500만원 이하	(총급여액 × 0.4) + 150만원
1,500만원 초과	4,500만원 이하	(총급여액 × 0.15) + 525만원
4,500만원 초과	1억원 이하	(총급여액 × 0.05) + 975만원
1억원 초과		(총급여액 × 0.02) + 1,275만원

▸▸ 연습문제 1.

월급여 200만원, 상여는 월급여의 400%, 가족수당 500만원, 자녀학자금 80만원, 실비변상적인 급여 200만원을 지급받은 경우 20×3년도 근로소득공제액은?

풀이

- 총급여액 계산(비과세소득 제외)
  (200만원 × 12월) + (200만원 × 400%) + 500만원 + 80만원 = 3,780만원
- 근로소득공제액 계산
  750만원 + (3,780만원 − 1,500만원) × 15%
  = (3,780만원 × 0.15) + 525만원
  = 1,092만원

▸▸ 연습문제 2.

다음의 경우 근로소득공제액을 계산해보고, 각각을 비교해 보시오.

1) 총급여액 400만원
2) 총급여액 1,000만원
3) 총급여액 1억원

풀이

1) 총급여액 400만원일 경우 근로소득공제액 : 400만원 × 0.7 = 280만원
2) 총급여액 1,000만원일 경우 근로소득공제액: (1,000만원 × 0.4) + 150만원 = 550만원
3) 총급여액 1억원일 경우 근로소득공제액: (1억원 × 0.05) + 975만원 = 1,475만원

총급여액에서 근로소득공제가 차지하는 비중은 1)의 경우 70%, 2)의 경우 55%이고, 3)일 경우에는 14.75%에 불과하다. 즉, 총급여액이 많아질수록 근로소득공제가 총급여액에서 차지하는 비중이 급격하게 줄어든다.

4. 근로소득세 계산구조

(1) 근로소득의 과세방법

1) 원천징수

국내 거주자 또는 비거주자에게 갑종 근로소득금액을 지급하는 자는 기본세율을 적용하여 계산한 소득세(간이세액표 이용)를 원천징수하여 그 징수일이 속하는 달의 다음 달 10일까지 정부에 납부해야 한다. 근로소득세의 연말정산은 다음연도 1월분의 근로소득(또는 퇴직자의 퇴직하는 달의 근로소득)을 지급하는 때(통상 2월)에 완료된다.

2) 확정신고

일반적인 근로소득금액은 다른 종합소득과 합산하여 종합과세된다. 다만, 종합소득 중 근로소득만 있는 자는 연말정산절차에 의해 당해 소득에 대한 소득세가 완납되므로 과세표준 확정신고 의무가 면제된다.

근로소득 과세방법 요약

구 분		내 용
원천징수	매월분의 원천징수	• 원천징수한 다음 달 10일까지 납부
	연말정산	• 다음 연도 2월에 1월분 근로소득을 지급할 때 • 퇴직자의 퇴직하는 달의 근로소득을 지급하는 때
종합과세		• 근로소득 이외의 소득과 합산하여 5월에 신고납부

3) 일용근로자의 급여

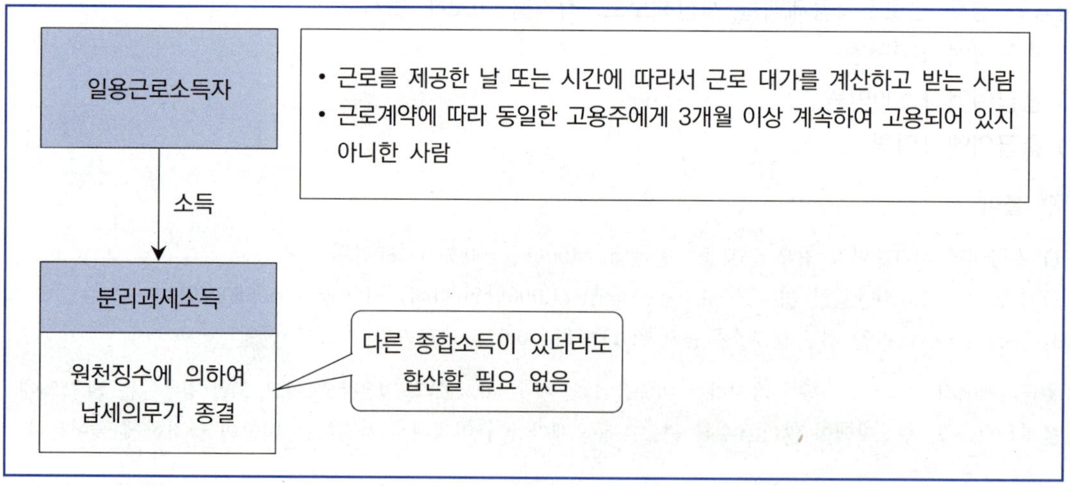

일용근로자가 받은 급여는 종합소득과세표준에 합산하지 않고 원천징수로서 과세를 종결한다(분리과세). 그리고 일용근로자에게 근로소득을 지급하는 경우 소득의 지급자는 다음의 세액을 원천징수한다.

원천징수세액 = (일 급여액 − 150,000원) × 6% × (1 −55%)

(2) 근로소득세 계산구조

종급여액(= 급여총액 − 비과세소득)
(−) 근로소득공제
= 근로소득금액
(−) 소득공제
= 과세표준
(×) 세율
= 산출세액
(−) 세액공제
= 결정세액
(−) 기납부세액
= 납부(환급)할 세액

(3) 세 율

근로소득은 종합과세 항목에 해당하므로, 「소득세법」 상 종합소득세율(기본세율)을 적용한다.

종합소득 과세표준	기본세율	누진공제액
1,400만원 이하	과세표준의 6%	
1,400만원 초과 ~ 5,000만원 이하	84만원 + 1,400만원 초과금액의 15%	126만원
5,000만원 초과 ~ 8,800만원 이하	624만원 + 5,000만원 초과금액의 24%	576만원
8,800만원 초과 ~ 1억5,000만원 이하	1,536만원 + 8,800만원 초과금액의 35%	1,544만원
1억5,000만원 초과 ~ 3억원 이하	3,706만원 + 1억5,000만원 초과금액의 38%	1,994만원
3억원 초과 ~ 5억원 이하	9,406만원 + 3억원 초과금액의 40%	2,594만원
5억원 초과 ~ 10억원 이하	1억7,406만원 + 5억원 초과금액의 42%	3,594만원
10억원 초과	3억8,406만원 + 10억원 초과금액의 45%	6,594만원

03 근로소득의 소득공제

근로소득이 있는 사람은 소득공제를 받을 수 있고, 소득공제에는 인적공제와 물적공제가 있다. 근로소득금액에서 이와 같은 소득공제를 적용하면 근로소득과세표준이 산출된다. 이 근로소득과세표준은 세율이 곱해져 산출세액을 결정하는 기초숫자가 되기 때문에 이 금액을 가능한 줄일 수 있다면 소득세도 줄어들 수 있다. 그러기 위해서는 인적공제와 물적공제를 최대한 많이 받으면 된다. 소득금액 구간별로 정해진 금액만이 공제되는 근로소득공제와는 달리, 인적공제와 물적공제는 납세자가 얼마를 신청하느냐에 따라 공제받는 금액이 달라질 수 있다. 그러므로 연말정산 시 반드시 관련 서류를 준비하여 해당하는 모든 소득공제를 직접 신청하여 최대한의 금액을 공제받는 것이 소득세를 산출하는 데 있어 낮은 세율이 적용되게 하는 절세의 지름길이 된다.

<table>
<tr><th>인적공제</th><th colspan="2">물적공제</th></tr>
<tr><td rowspan="4">기본공제
추가공제</td><td colspan="2">연금보험료공제</td></tr>
<tr><td colspan="2">주택담보노후연금 이자비용공제</td></tr>
<tr><td>특별소득공제</td><td>• 보험료소득공제
• 주택자금소득공제</td></tr>
<tr><td colspan="2">조세특례제한법상 소득공제</td></tr>
</table>

1. 인적공제

근로소득에서 공제하는 인적공제는 다음과 같이 기본공제와 추가공제가 있으며 종합소득이 있는 거주자에게만 인적공제를 적용한다. 이때, 인적공제의 합계액이 종합소득금액을 초과하면 그 공제액은 없는 것으로 한다.

(1) 기본공제

종합소득이 있는 거주자에 대해서는 다음에 해당하는 사람의 수(기본공제 대상자)에 1명당 연 150만원을 곱하여 계산한 금액을 그 거주자의 해당 과세기간의 종합소득금액에서 공제한다. 만약 아래의 사람이 다른 거주자의 부양가족에도 해당하는 경우에는 어느 한쪽의 종합소득금액에서만 공제해야 한다.

1) 해당 거주자 본인
2) 거주자의 배우자
3) 거주자(배우자 포함)와 생계를 같이하는 만 60세 이상인 직계존속
4) 만 20세 이하인 직계비속과 동거 입양자
5) 만 20세 이하 또는 만 60세 이상인 형제자매
6) 국민기초생활 보장법에 의한 수급자
7) 만 18세 미만의 위탁아동

위 표에 제시된 기본공제대상자가 되기 위해서는 기본적으로 해당 과세기간의 소득금액 합계액이 100만원 이하(근로소득만 있는 경우에는 총급여액이 500만원 이하, 근로소득금액 기준으로는 150만원이하)인 경우에만 가능하며, 부양가족이 장애인에 해당되는 경우에는 소득요건의 제한은 받지만 나이의 제한은 받지 않는다.

(2) 추가공제

기본공제대상자가 다음에 해당하는 경우에는 거주자의 해당 과세기간 종합소득금액에서 기본공제 외에 다음의 금액을 추가로 공제한다. 다만, 추가공제는 원칙적으로 중복적용이 가능하지만, 아래 부녀자공제와 한부모공제에 모두 해당하는 경우에는 한부모공제를 적용한다.

1) 경로우대자공제: 기본공제대상자이면서 70세 이상인 경우 1명당 연 100만원
2) 장애인공제: 기본공제대상자이면서 장애인인 경우 1명당 연 200만원
3) 부녀자공제: 거주자(종합소득금액이 3,000만원 이하인 거주자로 한정함) 본인이 다음 중 하나에 해당하는 경우 연 50만원
   • 배우자가 없는 여성으로서 기본공제대상자인 부양가족이 있는 세대주
   • 배우자가 있는 여성
4) 한부모공제: 거주자 본인이 배우자가 없는 사람으로서 기본공제대상인 직계비속 또는 입양자가 있는 경우 연 100만원

근로소득 인적공제 요약

<table>
<tr><th colspan="2">구 분</th><th>공제금액</th><th>공제요건</th></tr>
<tr><td colspan="2">기본공제</td><td>1명당
150만원</td><td>
<table>
<tr><th>구 분</th><th>소득요건[1]</th><th>나이요건[2]</th></tr>
<tr><td>본인</td><td>×</td><td>×</td></tr>
<tr><td>배우자</td><td>○</td><td>×</td></tr>
<tr><td>직계존속</td><td>○</td><td>만 60세 이상</td></tr>
<tr><td>형제자매</td><td>○</td><td>만 20세 이하
만 60세 이상</td></tr>
<tr><td>직계비속(입양자포함)</td><td>○</td><td>만 20세 이하</td></tr>
<tr><td>위탁아동</td><td>○</td><td>만 18세 미만</td></tr>
<tr><td>수급자 등</td><td>○</td><td>×</td></tr>
</table>
*1 연간소득금액합계액 100만원 이하.
*2 장애인의 경우 나이요건 적용하지 않음.
</td></tr>
<tr><td rowspan="4">추가
공제</td><td>경로우대공제</td><td>1명당
연 100만원</td><td>기본공제대상자 중 만 70세 이상</td></tr>
<tr><td>장애인공제</td><td>1명당
연 200만원</td><td>기본공제대상자 중 장애인</td></tr>
<tr><td>부녀자공제</td><td>연 50만원</td><td>근로자가 다음의 어느 하나에 해당하는 경우(종합소득금액이 3,000만원 이하인 거주자로 한정함)
• 배우자가 있는 여성 근로자
• 배우자가 없는 여성으로서 기본공제대상자가 있고 세대주인 여성 근로자</td></tr>
<tr><td>한부모공제</td><td>1명당
연 100만원</td><td>배우자 없는 거주자로서 기본공제대상자인 직계비속 또는 입양자가 있는 경우</td></tr>
</table>

- 인적공제의 합계액이 종합소득금액을 초과하는 경우 그 초과하는 공제액은 없는 것으로 함
- 공제 대상 배우자, 공제대상 부양가족, 공제대상 장애인 또는 공제대상 경로우대자에 해당하는지 여부의 판정은 해당 과세기간의 과세기간 종료일 현재의 상황에 따름. 다만, 과세기간 종료일 전에 사망한 사람 또는 장애가 치유된 사람에 대해서는 사망일 전날 또는 치유일 전날의 상황에 따름
- 적용대상 나이가 정해진 경우에는 해당 과세기간의 과세기간 중에 해당 나이에 해당되는 날이 하루라도 있는 경우에 공제대상자로 봄

이것만은 꼭 기억하자

① 장애인은 소득제한은 있으나, 연령제한은 받지 않는다.

② 배우자 및 부양가족(형제자매 포함: 20세 이하 또는 60세 이상)은 소득금액합계액이 100만원 이하 (근로소득만 있는 경우에는 총급여액 500만원 이하, 근로소득금액기준으로는 150만원 이하)인 경우 기본공제대상자가 된다.

▸▸ 연습문제 1.

맞벌이가정에 있어서 부인의 연간 급여 총액이 700만원(비과세소득 제외)이고, 다른 소득이 없는 경우 남편이 배우자공제를 받을 수 있는지 판단하시오.

풀이

부인의 연간(근로)소득금액 합계액이 270만원이므로 공제받을 수 없음

- 근로소득공제(430만원) = 350만원 + (700만원 − 500만원) × 40%

∴ 근로소득금액(270만원) = 근로소득(700만원) − 근로소득공제(430만원)

다른 소득이 없을 경우, 근로소득금액 100만원 이하여부에 따라 공제여부 판정함

▸▸ 연습문제 2.

생계를 같이 하며, 소득이 없는 20세 초과인 장애인 자녀와 66세 어머님과 70세 아버님이 계시는 경우 공제 내용은?

풀이

900만원 = (150만원 × 4) + 200만원(장애인) + 100만원(경로우대자)

- 기본공제대상자 4명 = 150만원 × 4 = 600만원
- 장애인은 생계를 같이하는 부양가족인 경우 연령에 관계없이 기본공제대상자이며, 추가공제(장애인 공제)대상이므로 장애인공제 200만원, 경로우대자공제 100만원(아버님)을 추가로 공제

▸▸ 연습문제 3.

차남이 70세 이상인 부모를 부양하고 있으나 주민등록이 별도로 되어 있는 경우 부양가족공제를 적용받을 수 있는지?

풀이

실제로 부모를 부양하고 있는 경우 주민등록이 별도로 되어 있더라도 기본공제 및 추가공제(경로자에 해당)가 가능하다. 다만, 주민등록이 별도로 되어 있는 경우에 당해 부모의 주민등록상 다른 부양자가 있거나, 다른 형제가 부모에 대한 부양가족 공제를 받는 경우에는 공제받을 수 없음.

2. 물적공제

근로소득에서 공제하는 물적공제는 자산에 대한 공제를 뜻하며, 다른 종합소득자들과는 달리 필요경비를 계산하기가 어려운 근로자(일용근로자는 제외)들에게 해당 과세기간에 지급한 보험료 · 주택자금 등을 필요경비로 보아 특별히 공제해 주는 것을 말한다. 구체적으로 물적공제로는 연금보험료공제, 주택담보노후연금 이자비용공제, 특별소득공제, 조세특례제한법상 소득공제 등이 있다.

(1) 연금보험료공제

종합소득이 있는 거주자가 공적연금 관련법에 따른 기여금 또는 개인부담금을 납입한 경우에는 해당 과세기간의 종합소득금액에서 그 과세기간에 납입한 연금보험료를 공제한다. 이때 공제를 받고자 하는 보험료 자동이체통장 사본, 보험료 납입영수증 또는 납입증명서 및 보험증권 사본을 제출해야 한다. 또한, 인적공제 · 연금보험료공제 · 주택담보노후연금 이자비용공제 · 특별소득공제 · 조세특례제한법에 따른 소득공제를 모두 합한 금액이 종합소득금액을 초과하는 경우 그 초과하는 금액을 한도로 연금보험료공제를 받지 않은 것으로 본다. 이는 연금보험료공제는 연금가입자에게 유리하도록 다른 공제보다 후순위로 공제하기 때문이다.

구 분	공제 요건 및 공제 한도액
연금보험료공제	국민연금, 공무원연금, 사립학교교직원연금 등 공적 연금보험료 : 전액

(2) 주택담보노후연금 이자비용공제

연금소득이 있는 거주자가 주택담보노후연금을 받은 경우에는 다음의 금액을 해당 과세기간 연금소득금액에서 공제한다. 이러한 공제는 해당 거주자가 신청한 때에 연금소득자에게만 적용한다는 특징이 있다. 여기서 주택담보노후연금(역모기지)이란 금융기관이 고령자 소유의 주택을 담보로 제공받고 고령자에게 매월 연금방식으로 노후생활자금을 지급하는 대출을 말한다. 주택 구입 시 주택을 담보로 일정액을 대출받고 원리금을 매월 갚아나가는 일반 모기지론과는 반대되는 개념이다.

주택담보노후연금 이자비용공제액 = Min(①, ②, ③)
① 받은 연금에 대하여 해당 과세기간에 발생한 이자비용 상당액
② 200만원
③ 연금소득금액

(3) 특별소득공제

특별소득공제도 물적공제의 일종이다. 특별공제 요소는 보험료공제, 의료비공제, 교육비공제, 주택자금공제, 기부금공제 등이 있었는데 2014년 1월 1일 세법 개정으로 보험료소득공제와 주택자금소득공제를 제외하고 모두 세액공제로 전환되었다. 특별공제는 해당 거주자가 신청한 경우에 적용하며, 공제액이 그 거주자의 해당 과세기간의 합산과세되는 종합소득금액을 초과하는 경우 그 초과하는 금액은 없는 것으로 한다.

1) 보험료소득공제

근로소득이 있는 거주자(일용근로자 제외)가 해당 과세기간에 국민건강보험법, 고용보험법 또는 노인장기요양보험법에 따라 근로자가 부담하는 보험료를 지급한 경우 그 금액을 해당 과세기간의 근로소득금액에서 한도 없이 전액 공제한다. 이때 근로자 부담분만 공제대상이며, 사용자 부담분은 비과세 근로소득에 해당한다.

2) 주택자금소득공제

① 개요

무주택 세대의 세대주로서 근로소득이 있는 거주자(일용근로자는 제외함)가 주택을 마련하기 위하여 주택청약종합저축에 납입한 금액, 주택임차를 위해 차입한 전세보증금 차입금의 원리금상환액 및 주택구입시 차입한 장기주택저당차입금의 이자상환액에 대하여 다음과 같은 소득공제를 적용한다.

② 공제대상

구 분	공제대상자	공제대상 주택자금
주택청약종합저축납입액	해당 과세기간의 총급여액이 7천만원이하이며, 해당 과세기간 중 무주택세대의 세대주 및 배우자	해당 과세기간에 청약저축 또는 주택청약종합저축에 납입한 금액(연 300만원을 납입한도로 함). (단, 과세기간 중에 주택 당첨 등의 사유로 중도해지한 경우에는 해당 과세기간에 납입한 금액은 공제하지 않음)
주택임차차입금원리금상환액	과세기간 종료일 현재 무주택 세대의 세대주(세대주가 주택자금소득공제를 받지 않는 경우에는 세대의 구성원을 말하며, 법 소정의 외국인을 포함함)	국민주택규모의 주택(주거에 사용하는 오피스텔과 주택 및 오피스텔에 딸린 토지를 포함함)을 임차하기 위해 지급하는 주택임차자금 차입금의 원리금상환액

구 분	공제대상자	공제대상 주택자금
장기주택저당차입금의 이자상환액	취득 당시 무주택 세대 또는 1주택을 보유한 세대의 세대주(세대주가 주택자금소득공제를 받지 않을 때는 세대의 구성원 중 근로소득이 있는 자를 말하며, 법 소정의 외국인을 포함함)로서, 세대구성원이 보유한 주택을 포함하여 과세기간 종료일 현재 1주택을 보유한 경우	취득 당시 주택의 기준시가가 6억원 이하인 주택을 취득하기 위해 그 주택에 저당권을 설정하고 금융기관·국민주택기금으로부터 장기주택저당차입금을 차입한 경우 지급한 이자상환액

③ 소득공제액

다음의 금액을 해당 과세연도의 근로소득금액에서 공제한다.

구 분	소득공제액 및 공제 한도액		
	소득공제액	1차한도	2차한도
주택청약종합저축 납입액	저축납입액 × 40% (A)	Min(①, ②) ① A+B ② 연 400만원	Min(①, ②) ① A+B+C ② 연 600만원～2,000만원*
주택임차차입금 원리금상환액	원리금상환액 × 40% (B)		
장기주택저당차입금 이자상환액	이자상환액 (C)		

* 차입금의 상환기간이 10년 이상인 장기주택저당차입금의 이자를 고정금리로 지급하거나 그 차입금을 비거치식 분할상환으로 상환하는 경우 600만원, 차입금의 상환기간이 15년 이상인 장기주택저당차입금의 경우 800만원, 차입금의 상환기간이 15년 이상인 장기주택저당차입금의 이자를 고정금리로 지급하거나 그 차입금을 비거치식 분할상환으로 상환하는 경우 1,800만원, 차입금의 상환기간이 15년 이상인 장기주택저당차입금의 이자를 고정금리로 지급하고, 그 차입금을 비거치식 분할상환으로 상환하는 경우 2,000만원

(4) 조세특례제한법상 소득공제

1) 신용카드등사용금액에 대한 소득공제

신용카드등사용금액에 대한 소득공제는 근로자의 신용카드등사용금액에 대해 소득공제하는 제도로서 근로자의 신용카드사용을 유인함으로써 사업자의 소득탈루를 방지하고 상대적으로 사업소득보다 소득포착률이 높은 근로소득의 세금부담을 경감하여 과세형평을 제고하기 위해 도입되었다.

구체적으로, 근로소득이 있는 거주자(일용근로자는 제외)가 법인(외국법인의 국내사업장

포함) 또는 사업자(비거주자의 국내사업장 포함)로부터 2025년 12월 31일까지 재화나 용역을 제공받고 다음의 어느 하나에 해당하는 금액(이하 "신용카드등사용금액" 이라 함)의 연간 합계액이 국외에서 사용한 금액을 제외하고 해당 과세연도 총급여액의 25%인 최저사용금액을 초과하는 경우 그 초과금액에 대해 아래의 신용카드등소득공제금액의 산식에 따라 계산한 금액을 해당 과세연도의 근로소득금액에서 공제한다.

신용카드등사용금액

① 신용카드를 사용하여 그 대가로 지급하는 금액

② 직불카드 · 체크카드 또는 선불카드 · 선불전자지급수단 · 전자화폐를 사용하여 그 대가로 지급하는 금액[3]

③ 현금영수증에 기재된 금액

신용카드등소득공제금액은 다음의 산식에 따라 계산한 금액의 합계액으로 한다.

1. 해당 과세연도의 총급여액이 7천만원을 초과하지 않는 경우
   신용카드등소득공제금액 = (① + ② + ③ + ④ + ⑤) − ⑥

2. 해당 과세연도의 총급여액이 7천만원을 초과하는 경우
   신용카드등소득공제금액 = (① + ② + ④ + ⑤) − ⑥

   ① 전통시장 사용분
   신용카드등을 사용하여 전통시장과 전통시장 구역 안의 법인 또는 사업자로부터 재화 또는 용역을 제공받은 대가의 합계액의 40%

   ② 대중교통 이용분
   신용카드등을 사용하여 대중교통수단을 이용한 합계액의 40%

   ③ 문화체육 사용분
   도서 · 공연 · 신문 구입금, 박물관 · 미술관 · 영화상영관 입장료, 수영장 · 체력단련장 등 체육시설 이용요금 등을 위해 사용한 금액의 30%

   ④ 직불카드 등 사용분
   신용카드를 제외한 직불카드 · 체크카드 · 선불카드 · 선불전자지급수단 · 전자화폐를 사용하여 그 대가로 지급하는 금액과 현금영수증에 기재된 금액의 합계액의 30%(해당 과세

---

3) 선불카드 · 선불전자지급수단 · 전자화폐는 사용자가 신청하여 발급받은 것으로 사용자의 명의가 확인되는 것이어야 하며, 만약 무기명인 경우 1)실제 사용자가 최초로 사용하기 전에 해당 무기명선불카드 등을 발행한 신용카드업자 · 전자금융거래업자 · 금융기관에 주민등록번호 또는 무기명선불카드 등을 등록하여 사용자 인증을 받은 것이거나, 2)실제 사용자가 최초로 사용하기 전에 금융기관에 개설한 실제 사용자 본인의 예금계좌와 연결한 것이어야 한다.

연도의 총급여액이 7천만원 이하인 경우에는 위의 ①, ②, ③에 포함된 금액은 제외하고, 해당 과세연도의 총급여액이 7천만원을 초과하는 경우에는 ①, ②에 포함된 금액만 제외함)

⑤ 신용카드 사용분

신용카드등사용금액의 합계액에서 위의 ①, ②, ③, ④를 뺀 금액의 15%(해당 과세연도의 총급여액이 7천만원을 초과하는 경우에는 ①, ②, ④만 뺀 금액)

⑥ 다음 어느 하나의 금액

1) 만약, 최저사용금액 ≦ ⑤이면,
   ⇨ 최저사용금액 × 15%
2) 만약, 해당 과세연도의 총급여액이 7천만원 이하이면서, ⑤ < 최저사용금액 ≦ ③ + ④ + ⑤이거나, 또는 해당 과세연도의 총급여액이 7천만원을 초과하면서, ⑤ < 최저사용금액 ≦ ④ + ⑤이면,
   ⇨ ⑤ × 15% + (최저사용금액 − ⑤) × 30%
3) 만약, ④ + ⑤ < 최저사용금액이면,
   - 해당 과세연도의 총급여액이 7천만원 이하인 경우
     ⇨ ⑤ × 15% + (③ + ④) × 30% + (최저사용금액 − ⑤ − ④ − ③) × 40%
   - 해당 과세연도의 총급여액이 7천만원을 초과하는 경우
     ⇨ ⑤ × 15% + ④ × 30% + (최저사용금액 − ⑤ − ④) × 40%

신용카드등소득공제금액은 다음의 구분에 따른 금액을 한도로 한다.

1) 해당 과세연도의 총급여액 ≦ 7천만원
   : 연간 300만원
2) 7천만원 < 해당 과세연도의 총급여액 ≦ 1억2천만원
   : 연간 250만원

※ 다만, 한도초과금액이 있는 경우, 전통시장사용분 · 대중교통이용분(해당 과세연도의 총급여액이 7천만원 이하인 경우에는 문화체육 사용분도 포함)을 고려하여 추가 한도를 적용함

① 공제대상액

거주자 본인 및 기본공제대상자(나이의 제한을 받지 않음)인 배우자 · 직계존비속 · 입양자(다른 거주자의 기본공제를 받은 자는 제외함)의 신용카드 등 사용금액(형제자매의 사용금액은 포함하지 않음)이 공제대상액에 해당한다.

② 공제대상 사용자의 범위

- 근로소득이 있는 거주자 본인
- 기본공제대상자인 배우자(연간 소득금액 합계액이 100만원 이하인 자)
- 기본공제대상자인 직계존비속(연간 소득금액의 합계액이 100만원 이하인 자)

③ 공제대상에서 제외되는 항목

<table>
<tr><th>구 분</th><th colspan="2">제외항목</th></tr>
<tr><td>이중 공제 배제</td><td colspan="2">• 사업소득과 관련된 비용 또는 법인의 비용에 해당하는 경우
• 정치자금기부금 세액공제 또는 월세세액공제를 받은 금액</td></tr>
<tr><td rowspan="6">과세표준 양성화에 기여하지 못하는 항목</td><td>• 보험료</td><td>건강보험료, 장기요양보험료, 고용보험료, 국민연금보험료, 각종 계약보험료(생명보험 · 손해보험 · 체신보험 등)</td></tr>
<tr><td>• 교육비</td><td>보육비용, 유치원 · 초 · 중 · 고 · 대학 · 대학원의 수업료 등(사설학원 수강료, 취학 전 아동의 학원 · 체육시설 수강료는 제외)</td></tr>
<tr><td>• 재세공과금</td><td>국세 · 지방세 및 공과금(전기 · 수도 · 가스 · 전화료 등), 아파트관리비, 텔레비전시청료(종합유선방송시청료 포함) 및 고속도로 통행료</td></tr>
<tr><td>• 국외사용액</td><td>외국에서의 신용카드 사용액</td></tr>
<tr><td>• 사용료 등</td><td>국가 · 지방자치단체 등에 지급하는 사용료 · 수수료 등, 금융 · 보험용역과 관련된 지급액 · 사용료 등(차입금이자상환액, 증권거래수수료 등), 리스료 등</td></tr>
<tr><td>• 기타</td><td>상품권 등 유가증권 구입비, 취득세 또는 등록세가 부과되는 재산의 구입비용(신규자동차 구입비)
* 이때, 중고자동차 구입비의 10%는 신용카드등사용금액에 포함함
보세판매장, 지정면세점, 선박 및 항공기에서 판매하는 면세물품의 구입비용</td></tr>
<tr><td>비정상 카드사용 행위</td><td colspan="2">• 위장가맹점에서 교부받은 매출전표
• 물품 또는 용역의 거래 없이 신용카드 등을 교부받거나 실제 매출금액을 초과하여 신용카드 등의 매출전표를 교부받는 행위</td></tr>
</table>

2) 소기업·소상공인공제부금 소득공제(노란우산공제)

거주자가 소기업·소상공인 공제에 가입하여 납부하는 공제부금에 대해서는 해당 연도의 공제부금 납부액과 다음의 공제한도 중 적은 금액을 해당 과세연도의 사업소득금액[4]에서 공제한다.

해당 과세연도의 사업(근로)소득금액		공제한도
	4천만원 이하	600만원
4천만원 초과	1억원 이하	400만원
1억원 초과		200만원

4) 부동산임대업의 소득금액은 제외하며 법인의 대표자로서 해당 과세기간의 총급여액이 8천만원 이하인 거주자의 경우에는 근로소득금액으로 한다.

TOPIC 소득공제를 잘 받기 위한 신용카드 Tip

1. 공제 대상이 되는 카드의 범위를 알아 두자.
   신용카드, 직불카드, 체크카드, 현금영수증, 학원비 등의 지로영수증이 공제 대상이 된다.
2. 체크카드와 직불카드를 주로 사용한다.
   직불카드는 카드 예금계좌 잔액 범위 내에서 사용할 수 있는 카드를, 체크카드는 직불카드와 신용카드를 합친 것으로 기본 개념은 직불카드와 같으나 잔액이 없어도 50만원 범위 내에서는 마이너스 대출 방식으로 사용할 수 있다. 이러한 카드에 대해서는 소득공제율이 30%가 된다.
3. 월세 지급 시에도 현금영수증이 발급된다.
   주택월세 현금영수증은 임대차계약서상의 임차인 명의로 발급되는 것으로, 주택월세에 대해서는 월세 지급일로부터 1개월 이내 국세청에 신고하여 현금영수증을 발급받아 근로소득자의 연말정산 시 신용카드 등 사용액과 합산하여 소득공제를 받을 수 있는 제도를 말한다. 참고로 신청일로부터 소급하여 1개월이 경과한 월세 지급분에 대하여는 현금영수증이 발급되지 않는다. 임대인이 사업자등록이 없어도 가능하며, 신고 시 임대인의 동의는 필요하지 않다.
4. 가족이 사용한 카드도 공제를 받을 수 있다.
   가족 중 배우자와 직계존비속이 쓴 것만 해당(형제자매의 것은 제외)되는데 이때 소득금액이 100만원 이하여야 한다. 예를 들어 배우자는 임대소득자로 소득금액 100만원 초과, 자녀는 학생으로서 소득금액이 '0원'이라면 배우자가 사용한 것은 본인이 공제를 받을 수 없지만 자녀가 사용한 것은 공제가 가능하다.
5. 소득공제에서 제외되는 성격을 알아 두자.
   사업과 관련된 비용은 사업에서 경비 처리 되므로 이중공제가 되어 소득공제가 적용될 수 없다. 이외에도 신용카드나 현금영수증을 허위로 발행하는 경우, 신규나 중고자동차 구입비, 공적 또는 사적인 보험료, 수업료(사설학원의 수강료는 신용카드 공제가 가능)와 입학금, 보육비용, 세금, 전기료·수도료, 전화료(정보사용료 포함), 아파트 관리비, 텔레비전 시청료, 고속도로 통행료, 상품권 등 유가증권 구입비, 리스료, 외국에서 사용한 금액, 현금서비스 사용 금액 등은 소득공제를 적용하지 않는다.
6. 근로소득자인 맞벌이 부부는 소득이 적은 배우자의 카드를 사용하도록 한다.
   신용카드 사용 금액이 본인 급여의 25%를 초과해야 공제 자격이 주어지기 때문에 신용카드 사용 금액은 소액일수록 좋다. 따라서 소득이 적은 배우자 쪽의 카드를 사용하는 것이 효율적이다.
7. 한쪽이 사업자라면 사업자카드를 사용한다.
   한쪽은 근로자 한쪽은 사업자라면 사업자카드를 사용하는 것이 더 좋다. 사업자카드를 사용하면 사업자의 비용으로 처리를 할 수 있기 때문이다. 물론 사업자의 비용으로 처리를 하기 위해서는 해당 비용이 사업과 관련성이 있음을 입증해야 한다.

04 근로소득의 세액공제

보장성보험료, 의료비, 교육비, 기부금 등의 공제가 과거에는 소득공제로 진행되어 왔으나 2014년 1월 1일 소득세법개정으로 인해 현재는 세액공제로 적용되고 있으며 홈텍스의 연말정산간소화서비스에서 대부분의 자료가 제공되고 있다.

<table>
<tr><th></th><th colspan="3">구 분</th></tr>
<tr><td rowspan="12">세액공제</td><td colspan="3">근로소득세액공제</td></tr>
<tr><td colspan="3">자녀세액공제</td></tr>
<tr><td colspan="3">연금계좌세액공제</td></tr>
<tr><td rowspan="5">특별세액공제</td><td rowspan="4">항목별세액공제</td><td>① 보장성보험료</td></tr>
<tr><td>② 의료비세액공제</td></tr>
<tr><td>③ 교육비세액공제</td></tr>
<tr><td>④ 기부금세액공제</td></tr>
<tr><td colspan="2">표준세액공제</td></tr>
<tr><td colspan="2" rowspan="4">조세특례제한법상
세액공제</td><td>① 정치자금기부금 세액공제</td></tr>
<tr><td>② 고향사랑기부금 세액공제</td></tr>
<tr><td>③ 결혼세액공제</td></tr>
<tr><td>④ 월세세액공제</td></tr>
</table>

1. 근로소득세액공제

국내 근로소득이 있는 거주자뿐만 아니라 국외 근로소득이 있는 거주자에 대해 다음의 일정 금액을 종합소득산출세액에서 공제받을 수 있다. 다만, 일용근로자의 경우에는 근로소득산출세액의 55%를 한도액 없이 세액공제 해준다.

(1) 공제금액

근로소득에 대한 종합소득산출세액*	세액공제액
130만원 이하	근로소득산출세액 × 55%
130만원 초과	715,000 + (근로소득 산출세액 − 130만원) × 30%

* 근로소득에 대한 종합소득산출세액 = 종합소득 산출세액 × (근로소득금액/종합소득금액)

(2) 공제한도

총급여액 구간	근로소득 세액공제한도액
3,300만원 이하	74만원
3,300만원 초과 ~ 7,000만원 이하	Max(①, ②) ① 74만원 − [(총급여액 − 3,300만원) × 8/1,000] ② 66만원
7,000만원 초과 ~ 1억2천만원 이하	Max(①, ②) ① 66만원 − [(총급여액 − 7,000만원) × 1/2] ② 50만원
1억2천만원 초과	Max(①, ②) ① 50만원 − [(총급여액 − 1억2천만원) × 1/2] ② 20만원

(3) 일용근로자

일용근로자의 근로소득세액공제액 = 근로소득 산출세액 × 55%

2. 자녀세액공제

종합소득이 있는 거주자의 기본공제대상자에 해당하는 자녀(입양자 및 위탁아동 포함)에 대해서는 첫째인 경우 연 15만원씩, 둘째가 있을 경우 35만원, 셋째부터는 1명당 30만원을 종합소득산출세액에서 공제한다. 단, 만8세 미만의 자녀에게는 아동수당이 지급되므로 자녀세액공제는 만8세 이상의 자녀를 대상으로 한다.

또한, 추가로 해당 과세기간에 출생 또는 입양한 자녀가 첫째면 30만원, 둘째면 50만원, 셋째면 70만원을 각각 공제한다.

(1) 자녀세액공제

자녀 수	공제액
8세 이상의 자녀가 1명인 경우	연 15만원
8세 이상의 자녀가 2명인 경우	연 35만원
8세 이상의 자녀가 3명 이상인 경우	연 35만원 + 연 30만원 × 2명 초과 1명당

(2) 출산 · 입양 추가 세액공제

자녀 수	공제액
해당 과세기간에 출생 · 입양 신고한 공제대상자녀가 첫째인 경우	연 30만원
해당 과세기간에 출생 · 입양 신고한 공제대상자녀가 둘째인 경우	연 50만원
해당 과세기간에 출생 · 입양 신고한 공제대상자녀가 셋째인 경우	연 70만원

3. 연금계좌세액공제

종합소득이 있는 거주자가 연금계좌에 납입한 금액(소득세가 원천징수되지 아니한 퇴직소득 등 과세가 이연된 소득 및 연금계좌에서 다른 연금계좌로 계약을 이전함으로써 납입된 금액을 제외한 금액)의 12%(종합소득금액 4,500만원 이하 또는 근로소득만 있는 경우 총급여액 5,500만원 이하인 자는 15%)에 해당하는 금액을 해당 과세기간의 종합소득산출세액에서 공제한다. 이때, 연금계좌 중 연금저축계좌에 납입한 경우 연 600만원(퇴직연금계좌에 납입한 경우는 연 900만원까지 한도가 늘어남)까지 세액공제를 받을 수 있다. 이상을 정리하면 아래 표와 같다.

소득기준	세액공제율	연금저축계좌 납입액 한도	퇴직연금계좌 납입액 포함 한도
종합소득금액 4,500만원 이하(근로소득만 있는 경우에는 총급여액 5,500만원 이하)인 자	15%	연 600만원	연 900만원
종합소득금액 4,500만원 초과(근로소득만 있는 경우에는 총급여액 5,500만원 초과)인 자	12%		

4. 특별세액공제

(1) 항목별 세액공제와 표준세액공제

근로소득이 있는 거주자(일용근로자는 제외)가 해당 과세기간에 보장성보험료, 의료비, 교육비 및 기부금을 지급하고 근로소득세 연말정산이나 종합소득확정신고를 할 때 세액공제를 신청한 경우에 항목별 세액공제액을 종합소득산출세액에서 공제한다. 그러나 근로소득이 있는 거주자가 항목별 세액공제(보험료, 의료비, 교육비, 기부금 세액공제), 특별소득공제(사회보험료공제, 주택자금공제), 조세특례제한법상 월세세액공제를 신청하지 않은 경우에는 연 13만원을 표준세액공제로 종합소득 산출세액에서 공제한다. 이 경우 근로소득이 있는 거주자가 표준세액공제를 적용받는 경우에도 항목별 세액공제 중 하나인 기부금 세액공제 중 일부[5]는 중복하여 적용받을 수 있다.

기부금을 제외한 항목별세액공제 항목은 근로기간 동안 지출한 비용만 공제가능하다. 따라서 입사 전이나 퇴직 후에 해당 근로자가 지출한 보험료 · 의료비 · 교육비는 세액공제를 받을 수 없으며, 신용카드등사용액도 소득공제를 받을 수 없게 된다. 하지만 기부금세액공제 · 연금계좌세액공제 등의 세액공제는 입사 전이나 퇴직 후 해당연도에 지출한 금액도 여전히 공제가능하다.

참고로, 근로소득은 없고 종합소득이 있는 자는 연 7만원의 표준세액공제를 신청할 수 있는데, 기부금이 있는 경우에는 기부금 세액공제는 추가적으로 적용가능하다. 다만 소득세법상 성실사업자의 경우에는 기부금 세액공제와 더불어 12만원의 표준세액공제가 적용가능하다.

<table>
<tr><th colspan="2">구 분</th><th>표준세액공제액</th></tr>
<tr><td colspan="2">근로소득이 있는 거주자로서 항목별 특별세액공제 · 항목별 특별소득공제 · 항목별 월세세액공제의 신청을 하지 않은 경우</td><td>연 13만원</td></tr>
<tr><td rowspan="2">종합소득이 있는 거주자(근로소득이 있는 자는 제외함)로서 조세특례제한법에 따른 의료비 · 교육비 · 월세세액공제 신청을 하지 않은 경우</td><td>성실사업자의 경우</td><td>연 12만원</td></tr>
<tr><td>이외의 자</td><td>연 7만원</td></tr>
</table>

5) 구체적으로 기부금 세액공제 중 정치자금기부금 세액공제 및 우리사주조합기부금 세액공제는 중복으로 공제받을 수 있다.

(2) 항목별세액공제의 종류와 공제요건[*1]

<table>
<tr><th rowspan="2">항 목</th><th colspan="2">기본공제대상자의 요건[*2]</th><th rowspan="2">근로기간 지출한 비용만 공제</th><th rowspan="2">비 고</th></tr>
<tr><th>나이요건</th><th>소득요건</th></tr>
<tr><td>1) 보장성보험료</td><td>○</td><td>○</td><td>○</td><td></td></tr>
<tr><td>2) 의료비</td><td>×</td><td>×</td><td>○</td><td></td></tr>
<tr><td>3) 교육비</td><td>×</td><td>○[*3]</td><td>○</td><td>직계존속 제외</td></tr>
<tr><td>4) 기부금</td><td>×</td><td>○</td><td>×</td><td>본인 · 배우자 · 직계존속 · 직계비속 등 기본공제대상자</td></tr>
<tr><td>특별세액공제액</td><td colspan="4">항목별 특별세액공제 합계액과 근로소득자의 표준세액공제액(연 13만원)</td></tr>
</table>

*1 항목별 세액공제는 해당 거주자가 신청한 경우에 적용함
*2 본인은 요건 제한 없음, 배우자와 장애인은 나이요건을 적용하지 않음
*3 장애인 특수교육비는 소득요건의 제한을 받지 않으며, 직계존속도 공제가능

(3) 항목별세액공제의 공제율

<table>
<tr><th colspan="3">세액공제 항목</th><th>세액공제율</th></tr>
<tr><td rowspan="2">보장성 보험료</td><td colspan="2">일반보장성보험료</td><td>12%</td></tr>
<tr><td colspan="2">장애인전용보장성보험료</td><td>15%</td></tr>
<tr><td colspan="3">의료비</td><td>15%, 20%, 30%</td></tr>
<tr><td colspan="3">교육비</td><td>15%</td></tr>
<tr><td rowspan="5">기부금</td><td rowspan="2">정치자금기부금</td><td>10만원 이하</td><td>100/110</td></tr>
<tr><td>10만원 초과</td><td>3천만원 이하분 : 15%, 3천만원 초과분 : 25%</td></tr>
<tr><td colspan="2">특례기부금(한도 내 금액)</td><td rowspan="3">세액공제 대상 기부금 1천만원까지: 15%
세액공제 대상 기부금 1천만원 초과분 : 30%</td></tr>
<tr><td colspan="2">우리사주조합기부금(한도 내 금액)</td></tr>
<tr><td colspan="2">일반기부금(한도 내 금액)</td></tr>
</table>

(4) 항목별세액공제 종류

1) 보장성보험료 세액공제

근로소득이 있는 거주자(일용근로자 제외)가 만기환급금이 납입보험료를 초과하지 아니하는 보험의 보험계약에 따라 아래의 보험료를 지급한 경우 그 금액의 12%에 해당하는 금액을 해당 과세기간의 종합소득 산출세액에서 공제한다. 다만, 보험료별로 그 합계액이 각각 연 100만원을 초과하는 경우 그 초과하는 금액은 각각 없는 것으로 한다.

- 기본공제대상자 중 장애인을 피보험자 또는 수익자로 하는 장애인전용보장성보험료
- 기본공제대상자를 피보험자로 하는 생명 · 상해 · 손해보험, 농 · 수산협동조합 등의 공제 · 군인공제회법 등에 의한 공제(장애인전용보장성보험료 제외)

보장성보험료 세액공제액 = ① × 12% + ② × 15%
① 일반보장성보험료(연 100만원 한도)
② 장애인전용보장성보험료(연 100만원 한도)

세액공제 대상 보험료	세액공제 대상금액 한도	세액공제율
보장성보험료*1	연 100만원 한도	12%
장애인전용보장성보험료*2	연 100만원 한도	15%

*1 만기에 환급되는 금액이 납입보험료를 초과하지 않는 보험의 보험계약
*2 보험계약 또는 보험료 납입영수증 등에 장애인전용보험 · 공제로 표시된 보험료 · 공제료를 말함

2) 의료비 세액공제

근로소득이 있는 거주자가 기본공제대상자(나이 및 소득 제한 없음)를 위하여 해당 과세기간에 진찰비, 약값, 장애인보장구, 의사의 처방에 따라 의료기기를 구입 또는 임차하는 비용, 시력보정용안경 · 렌즈(50만원 한도)나 보청기 구입비용, 산후조리원 비용 등 의료비(실손 의료보험금으로 보전받은 금액은 제외)를 지급한 경우 아래 금액의 15%(미숙아 및 선천성이상아의 경우 20%, 난임시술비의 경우 30% 적용)에 해당하는 금액을 해당 과세기간의 종합소득산출세액에서 공제한다. 이때 생계를 같이하는 부양가족임에도 불구하고 소득요건 또는 나이요건을 갖추지 못해서 인적공제를 받지 못한 부양가족에게 지출한 의료비도 공제가 가능하다. 하지만 동일 부양가족을 타인이 기본공제대상자로 정한 경우 그 부양가족을 위해 지출한 의료비는 공제가 불가능하다. 또한 외국의 의료기관에 지출한 의료비와 미용 · 성형수술을 위한 의료비 및 건강증진을 위한 의약품 구입비도 공제대상에 포함하지 않는다. 한편 최근 개정된 소득세법에 따르면, 지출한 의료비에서 실손 보험금 수령액만큼을 제외한 뒤 의료비 세액공제를 신청해야 한다고 하였다. 따라서 근로소득자가 실손 보험금 수령액을 빼지 않고 의료비 세액공제액을 계산하면 '부당공제'에 해당하며, 추후 환급액 반납은 물론 최대 10%의 가산세를 물 수 있다.

의료비 세액공제액 = (a + b) × 15% + c × 20% + d × 30%

a. 일반의료비: Min (①, ②)

① 기본공제대상자를 위해서 지급한 의료비(b ~ d의 의료비는 제외함) − 총급여액 × 3%

② 연 700만원

b. 특정의료비: 다음 중 어느 하나에 해당하는 의료비

① 거주자 본인

② 장애인

③ 과세기간 종료일 현재 65세 이상인 사람

④ 6세 이하 부양가족을 위하여 지출한 의료비

⑤ 건강보험산정특례자에 해당하는 중증질환자, 희귀난치성질환자, 결핵환자

c. 미숙아 및 선천성이상아를 위하여 지급한 의료비

d. 난임시술비(모자보건법에 따른 보조생식술에 소요된 비용을 말하며, 난임시술과 관련하여 처방을 받은 의약품 구입비용을 포함함)

3) 교육비 세액공제

근로소득이 있는 거주자(일용근로자는 제외)가 그 거주자와 기본공제대상자(나이의 제한을 받지 않되, 장애인의 기능향상과 행동발달을 위한 발달재활서비스를 제공하는 기관에 대해서는 과세기간 종료일 현재 18세 미만인 사람만 해당함)를 위하여 해당 과세시간에 공제대상 교육비를 지급한 경우 다음과 같이 교육비세액공제를 적용한다.

교육비 세액공제액 = Min (a, b) × 15%

a 교육비지출액 − 소득세 · 증여세가 비과세되는 학자금 · 장학금 수령액*1

b. 한도

① 본인을 위한 일반교육비: 한도 없음

② 가족을 위한 일반교육비*2

- 대학생 1명당 연 900만원
- 초등학교 취학전 아동, 초 · 중 · 고등학생 1명당 연 300만원

③ 장애인 특수교육비*3: 한도 없음

*1 소득세 · 증여세 비과세 학자금 · 장학금의 범위: 사내근로복지기금으로부터 받은 장학금 등, 재학 중인 학교로부터 받은 장학금 등, 근로자인 학생이 직장으로부터 받은 장학금 등, 그밖에 각종 단체로부터 받은 장학금 등

*2 기본공제대상자인 배우자 · 직계비속 · 형제자매 · 입양자 · 위탁아동을 위하여 지급한 일반교육비 ⇨ 열거된 가족 범위에 직계존속은 없으므로 직계존속을 위한 일반교육비는 공제대상이 아님

*3 기본공제대상자인 장애인(소득의 제한을 받지 않음)을 위하여 지급하는 장애인 특수교육비 ⇨ 직계존속을 위한 특수교육비도 공제대상에 포함됨

구 분	공제 대상기관	공제대상 교육비
취학 전 아동	유치원 · 보육시설 · 학원 · 체육시설 · 외국교육기관(유치원)	보육료, 입학금, 보육비용, 그 밖의 공납금 및 학원 · 체육시설 수강료(1주 1회 이상 이용), 방과 후 수업료(특별활동비, 도서구입비 포함, 재료비 제외), 급식비, 유치원 종일반 운영비 포함
초 · 중 · 고등학생	• 초 · 중 · 고등학교 • 인가된 외국인학교 • 인가된 대안학교 • 외국교육기관	• 수업료, 입학금 • 방과 후 학교 수강료(도서구입비 포함, 재료비 제외) • 학교급식법에 의한 급식비 • 학교에서 구입한 교과서대 • 교복구입비용(중 · 고생 1인당 연 50만원 이내) • 현장체험학습비용(학생 1인당 연 30만원 이내) • 대학입학전형료 · 수능응시료
대학생	• 대학교, 특수학교 특별법에 의한 학교 • 외국교육기간	국내외 대학교 교육비

▸▸ 연습문제 1.

남편과 부인의 연간 급여액이 각각 3,000만원(비과세소득 제외)이고, 고등학생과 취학 전 자녀가 있으며, 당해 연도에 고등학생 자녀 수업료는 100만원이나 장학금 20만원을 제외하고 납부하였고, 학원비로 40만원을 지출하였다. 취학 전 자녀의 태권도학원비 10만원은 매월 지출하였다. 남편은 회사에서 지원하는 대학의 최고경영자과정(등록금 350만원)을 수료하였다. 고등학생 자녀는 남편의 근로소득 산축세액 계산 시 공제하고, 취학 전 자녀는 부인의 근로소득 산출세액 계산 시 공제하기로 한다. 부부가 각자 공제받을 수 있는 세액공제액을 구하면?

풀이

남편 : 12만원, 부인 : 18만원

- 본인 외의 기본공제대상자를 위하여 지급한 교육비는 유치원아, 보육시설의 영유아, 취학 전 아동(학원 및 체육시설), 초 · 중 · 고등학생의 경우 1인당 연 300만원, 대학생의 경우에는 1인당 연 900만원을 한도로 공제 가능하고, 본인을 위해 지출한 교육비는 전액 공제대상임.
- 재학 중인 학교로부터 받는 장학금은 교육비 공제금액에서 제외되며, 고등학생 자녀를 위해 지출한 학원비는 공제대상이 아님. 따라서 남편은 장학금을 제외한 수업료 80만원, 부인은 취학 전 자녀 태권도학원비 120만원을 교육비로 세액공제 받을 수 있음. 즉, 남편은 12만원(80만원 × 15%), 부인은 18만원(120만원 × 15%)을 산출세액에서 공제받음.
- 회사에서 지원하는 학자금은 소득세법 시행령 제11조 요건을 갖춘 경우 비과세되는 소득에 해당하고, 교육비 공제대상을 받을 수 없음.

4) 기부금 세액공제

거주자[*1]가 해당 과세기간에 지급한 기부금[*2]이 있는 경우 다음과 같이 기부금세액공제를 적용할 수 있다.

기부금세액공제액 = Min (a, b)

a. 세액공제대상기부금 × 공제율

✓ 세액공제대상기부금 = (① + ② + ③) − ④

① 특례기부금(한도[*3] 내 금액)

② 우리사주조합기부금(한도[*3] 내 금액)

③ 일반기부금(한도[*3] 내 금액)

④ 사업소득금액을 계산할 때 필요경비에 산입한 기부금

- 세액공제 대상 기부금 1천만원까지 공제율: 15%
- 세액공제 대상 기부금 1천만원 초과분 공제율: 30%

b. 한도: 종합소득산출세액(필요경비에 산입한 기부금이 있는 경우 사업소득에 대한 산출세액 제외)

*1 기부금세액공제대상자: 기부금세액공제 대상 거주자에는 사업소득만 있는 자는 제외하되, 연말정산 사업소득자(간편장부대상자인 보험모집인, 방문판매원, 음료품배달원)는 포함함

*2 기부금 지출자: 기부금세액공제 대상 기부금에는 본인의 기부금뿐만 아니라 기본공제대상자인 배우자 및 생계를 같이 하는 부양가족(나이의 제한을 받지 않으며, 다른 거주자의 기본공제를 적용받은 사람은 제외함)이 지급한 특례 · 일반기부금을 포함함

*3 각 기부금의 한도액

구 분	기부금 한도액
특례기부금	기준소득금액* × 100%
우리사주조합기부금	[기준소득금액* − 정치자금 · 고향사랑 · 특례기부금] × 30%
일반기부금	• 종교단체 기부금이 없는 경우: ① × 30% • 종교단체 기부금이 있는 경우: [① × 10%] + [Min(① × 20%, ②)] ① 기준소득금액[*1] − 정치자금[*2] · 고향사랑[*2] · 특례 · 우리사주조합기부금 ② 종교단체 외에 지급한 일반기부금

*1 기준소득금액 = 종합소득금액 + 사업소득금액을 계산할 때 필요경비에 산입한 기부금 − 원천징수세율을 적용받는 금융소득

*2 정치자금기부금과 고향사랑기부금은 10만원까지는 조세특례제한법상 기부금세액공제가 가능하고 여기서는 10만원 초과분을 말한다.

기부금세액공제는 연말정산간소화서비스에서 자료가 제공되지 않더라도 기부금영수증을 관련 기관에서 받는 경우에는 세액공제가 가능하다. 대부분의 사람들이 기부금공제율이 10%, 30%, 100% 등으로 정해진 것만을 알고 있어 자신이 납입한 기부금에 일정 비율을 곱

하여 세액공제를 받는 것으로 오해하고 있다. 기부금의 경우 공제대상액에 대한 한도를 결정할 때에는 종교단체, 종교단체 외 일반기부금, 특례기부금 여부에 따라 자신의 소득금액(즉, 이익)의 10%(종교단체), 30%(종교단체 외 일반기부금), 100%(특례기부금) 범위를 벗어나는지만을 우선 결정하게 되며, 이렇게 범위액 이내에 들어간다면 그 금액의 15%(1천만원 이상의 기부에 대하여는 30%)의 공제를 받게 되는 것이다. 종교단체 외의 일반기부금인지 특례기부금인지는 기부금영수증에 표시되어 있으며 기부금영수증발행단체에서 국세청에 자료를 제출한 경우에는 간소화서비스에 자료 금액이 나타나고 있다.

5. 조세특례제한법상 세액공제

(1) 정치자금기부금 세액공제

거주자가 정치자금법에 따라 정당(후원회 및 선거관리위원회를 포함)에 기부한 10만원 이내의 정치자금은 다음의 계산식에 따라 계산한 금액을 이를 지출한 해당 과세연도의 종합소득산출세액에서 공제한다.

$$\text{정치자금기부금 세액공제액} = \text{기부한 정치자금} \times \frac{100}{110}$$ [6]

(2) 고향사랑기부금 세액공제

거주자가 고향사랑 기부금으로 지방자치단체에 기부한 10만원 이내의 기부금은 다음의 계산식에 따라 계산한 금액을 이를 지출한 해당 과세연도의 종합소득산출세액에서 공제한다.

$$\text{고향사랑기부금 세액공제액} = \text{고향사랑기부금} \times \frac{100}{110}$$ [7]

(3) 결혼세액공제

거주자가 혼인신고를 한 경우에는 1회(혼인신고 후 그 혼인이 무효가 되어 수정신고 또는 기한 후 신고를 한 경우는 제외한다)에 한정하여 혼인신고를 한 날이 속하는 과세기간의 종합소득산출세액에서 50만원을 공제한다.

---

6) 세액공제한 금액의 10%는 지방소득세도 감소하므로, 정치기부금 전액을 세액공제하게 되면 기부한 금액보다 더 많은 금액을 세액공제로 차감하는 결과를 초래하므로 100/110을 곱하여 조정하게 된다.

7) 기부정치자금세액공제와 동일한 논리에 의해 100/110을 곱하여 조정하게 된다.

결혼세액공제를 받은 거주자가 혼인이 무효가 된 경우로서 혼인무효의 소에 대한 판결이 확정된 날이 속하는 달의 다음 달부터 3개월이 되는 날까지 수정신고 또는 기한 후 신고를 한 경우에는 무신고가산세, 과소신고가산세, 납부지연가산세의 전부 또는 일부를 부과하지 아니하되 이자상당액은 소득세에 가산하여 부과한다.

(4) 월세세액공제

과세기간 종료일(12월 31일) 현재 무주택 세대의 세대주(세대주가 월세세액공제 및 주택자금소득공제를 받지 않은 경우에는 세대의 구성원을 말하며, 법 소정의 외국인을 포함함)로서, 해당 과세기간의 총급여액이 8천만원 이하인 근로소득이 있는 거주자(해당 과세기간에 종합소득과세표준을 계산할 때 합산하는 종합소득금액이 7천만원을 초과하는 사람은 제외함)가 월세액을 지급하는 경우[*1] 월세세액공제를 적용한다.

> 월세세액공제액 = Min (월세액[*2], 1,000만원) × 15%(또는 17%[*3])

*1 월세세액공제는 거주자가 신청한 경우에 적용함

*2 월세액 = 임대차계약증서상 주택임차기간 중 지급하여야 하는 월세액의 합계액 × (해당 과세기간의 임차일수/주택임대차 계약기간에 해당하는 일수)

*3 해당 과세기간의 총급여액이 5,500만원 이하인 근로소득이 있는 근로자(해당 과세기간에 종합소득과세표준을 계산할 때 합산하는 종합소득금액이 4,500만원을 초과하는 자는 제외함)의 경우에는 17%를 적용함

05 근로자의 연말정산

소득세는 1년 동안 벌어들인 소득에 대하여 다음 해 5월 1일 ~ 5월 31일 사이에 신고 · 납부한다. 그러나 매월 월급을 받는 근로자가 5월에 한 번에 상당한 규모의 소득세를 징수하게 되면, 큰 부담이 될 수 있다. 따라서 매월 월급을 받는 근로자가 5월에 한 번에 내도록 되어 있는 소득세를 매월 월급을 받을 때 일정 금액을 납부하게 함으로써 근로자의 세부담을 연중 비슷한 수준으로 유지시켜 줄 필요가 있다. 이에 회사에서는 매월 월급을 직원들에게 지급할 때마다 일정액의 소득세(소득세의 10%에 해당하는 지방소득세를 포함)를 원천징수하고 있다.

그러나 이러한 원천징수는 국세청이 제공하는 간이세액표에 따라 어림으로 이루어지는 것으로 1년에 한 번은 정확하게 계산할 필요가 있다. 이를 연말정산이라고 한다. 연말정산은 근로소득자의 소득세를 계산하여 이미 원천징수한 세액을 정산하는 과정으로 보통 다음 연도 2월 급여를 지급할 때 전년도 1년간의 근로소득에 대하여 세법의 규정과 증빙서류에 따라 정확하게 소득세를 계산하는 과정을 말한다. 이때 원천징수를 통해 많이 징수한 금액은 돌려주고 부족하게 징수한 경우에는 추가 징수하게 된다. 연말정산의 절차는 아래 그림과 같다.

총급여액(=급여총액−비과세소득)	
(−) 근로소득공제	1단계
= 근로소득금액	
(−) 소득공제	2단계
= 과세표준	
(×) 세율(6%~45%)	3단계
= 산출세액	
(−) 세액공제	4단계
= 결정세액	
(−) 기납부세액	5단계
= 납부(환급)할 세액	

월급 이외에 다른 소득이 없으면 연말정산으로 납세의무가 종결되고, 다른 소득이 있으면 연말정산을 한 후 다른 소득과 월급을 합산해서 다음 해 5월에 종합소득세 확정신고를 하고 세금을 추가로 납부해야 한다.

반면, 근로자가 제출한 각종 소득공제 서류가 연말정산 결과에 정확히 반영되었는지 여부는 근로소득원천징수영수증에 의해 확인할 수 있다.

1. 근로소득의 연말정산 시기와 방법

(1) 계속근로자의 근로소득 연말정산시기

원천징수의무자는 계속 근로자에 대해 소득을 지급한 해의 다음 해 2월분 급여를 지급하는 때에 연말정산을 해야 한다. 2월분 급여를 2월 말일까지 지급하지 않았거나 2월분 급여가 없는 경우에도 2월 말까지 연말정산을 해야 한다.

(2) 근로자가 둘 이상의 근무지에서 급여를 받는 경우 연말정산 방법

근무지가 둘 이상인 근로자는 반드시 소득을 합산해서 연말정산을 해야 한다. 근무지가 둘 이상인 근로자는 종(전) 근무지의 근로소득원천징수영수증(소득자별 근로소득원천징수부 사본 포함)을 주된 근무지의 원천징수의무자에게 제출해야 하며, 이를 토대로 주된 근무지 원천징수의무자는 주(현)근무지와 종(전)근무지의 소득을 합산해서 연말정산을 해야 한다. 연도 중 회사를 옮긴 경우에도 현 근무지 원천징수의무자가 전 근무지의 근로소득을 합산해서 연말정산 해야 한다.

(3) 휴직자의 연말정산

휴직자는 계속 근로자와 동일하게 다음 해 2월에 연말정산을 한다.

2. 근로소득 연말정산세액의 계산구조 요약

(1) 1단계 : 근로소득금액 ← 총급여액(비과세소득제외) - 근로소득공제

비과세되는 근로소득을 제외하여 근로소득 총급여액을 계산한다. 그 후 아래의 표에 따라 근로소득공제를 적용하여 근로소득금액을 계산한다.

1) 근로소득공제 (최대한도 2,000만원)

총급여액	근로소득공제액
500만원 이하	총급여액의 70%
500만원 초과 1,500만원 이하	350만원 + 500만원 초과금액의 40%
1,500만원 초과 4,500만원 이하	750만원 + 1,500만원 초과금액의 15%
4,500만원 초과 1억원 이하	1,200만원 + 4,500만원 초과금액의 5%
1억원 초과	1,475만원 + 1억원 초과금액의 2%

* 1년 미만 근무한 경우에도 월할계산하지 않고 근로소득공제를 그대로 적용함.
* 연말정산대상에서 제외되는 일용근로자의 경우에는 1일 15만원을 공제함.
* 총급여액이 362,500,000원 이상인 경우에 2,000만원의 한도가 적용됨.

(2) 2단계: 근로소득과세표준 ← 근로소득금액 - 인적공제 - 물적공제

근로소득이 있는 사람은 소득공제를 받을 수 있고, 소득공제에는 인적공제와 물적공제가 있다. 근로소득금액에서 이와 같은 소득공제를 적용하면 근로소득과세표준이 산출된다.

1) 소득공제-인적공제

구분	공제항목	공제요건	공제한도	본인이 준비 제출하여야 할 서류(제출대상자)
인적공제	기본공제	생계를 같이하는 부양가족으로서 연간 소득금액이 100만원 이하인 자 중 - 본인 · 배우자 - 직계존속(남녀 60세 이상) - 직계비속 · 입양자(20세 이하) - 형제자매(20세 이하, 남녀 60세 이상)	1인당 150만원	근로소득자소득공제신고서(근로자 본인) - 주민등록등본(신규입사자 · 공제가족 변동자) - 호적등본(주민등록등본으로 가족관계가 확인되지 않은 경우만) 일시퇴거자 동거가족 상황표(가족 중 취학, 질병요양, 근무 등으로 일시퇴거자가 있는 경우) 가족관계증명서 · 주민등록등본 · 입양증명서 중 1부(동거 입양자가 있는 경우)
	추가공제	경로우대자(70세 이상)	1인당 100만원	장애인등록증 · 국가보훈처발행증명서 · 장애인수첩사본 중 1부(장애인이 있는 경우)
		장애인	1인당 200만원	
		부녀자공제(소득자가 여성으로 배우자가 있거나 부양가족이 있는 세대주)	50만원	호적등본 · 주민등록등본(부녀자공제대상자)
		한부모공제(배우자가 없는 사람으로서 기본공제대상자인 직계비속 또는 입양자가 있는 경우)	100만원	

2) 소득공제-물적공제

<table>
<tr><th>공제
항목</th><th colspan="2">공제요건</th><th colspan="2">공제(한도)액</th><th>본인이 준비할 서류
(제출대상자)</th></tr>
<tr><td>연금
보험료공제</td><td colspan="2">국민연금, 공무원 · 군인연금,
사립학교교직원연금</td><td colspan="2">본인부담액전액</td><td>연금보험료 납입증명서</td></tr>
<tr><td>주택담보
노후연금
이자비용
공제</td><td colspan="2">연금소득이 있는 거주자가
주택담보노후연금을 받는 경우</td><td colspan="2">Min(①, ②, ③)
① 받은 연금에 대하여 해당 과세기간에 발생한 이자비용 상당액
② 200만원
③ 연금소득금액</td><td>연금보험료 납입증명서</td></tr>
<tr><td rowspan="3">주택자금
공제</td><td>주택청약종합
저축 납입액</td><td>저축납입액
× 40% (A)</td><td rowspan="2">Min(①, ②)
① A+B
② 연 400만원</td><td rowspan="3">Min(①, ②)
① A+B+C
② 연 600만원 ~
2,000만원*</td><td rowspan="3">- 주택청약저축납입증명서
- 주택자금상환증명서
(무주택 세대주가 국민주택 규모의 주택을 임차하고 해당 금액을 금융기관에서 차입한 경우 등)
- 장기주택저당차입금 이자상환 증명서</td></tr>
<tr><td>주택임차
차입금
원리금상환액</td><td>원리금상환액
× 40% (B)</td></tr>
<tr><td>장기주택
저당차입금
이자상환액</td><td>이자상환액 (C)</td><td></td></tr>
<tr><td>신용
카드 등
소득공제</td><td colspan="2">- 전통시장사용분,
대중교통이용분 : 40%
- 직불카드 · 현금영수증 : 30%
- 도서공연 · 박물관 · 미술관비
: 30%
- 그외 신용카드 등 사용분 : 15%</td><td colspan="2">소득에 따라 200만원 ~ 300만원 한도(전통시장과 대중교통이용분의 일정금액 추가 공제가능)</td><td>- 신용카드 소득공제 신청서
- 신용카드 사용금액 확인서
- 학원수강료 지로납부확인서</td></tr>
<tr><td>근로자부담
공제</td><td colspan="2">국민건강보험법, 고용보험법 또는 노인장기요양보험법에 따라 근로자가 부담하는 보험료</td><td colspan="2">본인부담액전액</td><td>보험료 납입증명서</td></tr>
</table>

* 차입금의 상환기간이 10년 이상인 장기주택저당차입금의 이자를 고정금리로 지급하거나 그 차입금을 비거치식 분할상환으로 상환하는 경우 600만원, 차입금의 상환기간이 15년 이상인 장기주택저당차입금의 경우 800만원, 차입금의 상환기간이 15년 이상인 장기주택저당차입금의 이자를 고정금리로 지급하거나 그 차입금을 비거치식 분할상환으로 상환하는 경우 1,800만원, 차입금의 상환기간이 15년 이상인 장기주택저당차입금의 이자를 고정금리로 지급하고, 그 차입금을 비거치식 분할상환으로 상환하는 경우 2,000만원

(3) 3단계: 산출세액 ← 근로소득과세표준 × 세율(6% ~ 45%)

근로소득은 종합과세 항목에 해당하므로, 소득세법상 종합소득세율(기본세율)을 적용한다. 소득세 기본세율은 6% ~ 45%의 초과누진세율로 되어 있다.

종합소득 과세표준	기본세율	누진공제액
1,400만원 이하	과세표준의 6%	
1,400만원 초과 ~ 5,000만원 이하	84만원 + 1,400만원 초과금액의 15%	126만원
5,000만원 초과 ~ 8,800만원 이하	624만원 + 5,000만원 초과금액의 24%	576만원
8,800만원 초과 ~ 1억5,000만원 이하	1,536만원 + 8,800만원 초과금액의 35%	1,544만원
1억5,000만원 초과 ~ 3억원 이하	3,706만원 + 1억5,000만원 초과금액의 38%	1,994만원
3억원 초과 ~ 5억원 이하	9,406만원 + 3억원 초과금액의 40%	2,594만원
5억원 초과 ~ 10억원 이하	1억7,406만원 + 5억원 초과금액의 42%	3,594만원
10억원 초과	3억8,406만원 + 10억원 초과금액의 45%	6,594만원

(4) 4단계 : 근로소득결정세액 ← 산출세액 − 세액공제 · 세액감면

구 분	공제 요건 및 공제 한도액	
근로소득 세액공제	**근로소득에 대한 종합소득산출세액**	**세액공제액**
	130만원 이하	근로소득산출세액 × 55%
	130만원 초과	715,000 + (근로소득 산출세액 − 130만원) × 30%
	총급여액 구간	**근로소득 세액공제한도액**
	3,300만원 이하	74만원
	3,300만원 초과 ~ 7,000만원이하	Max(①, 66만원) ① 74만원 − [(총급여액 − 3,300만원) × 8/1,000]
	7,000만원 초과 ~ 1억2천만원 이하	Max(①, 50만원) ① 66만원 − [(총급여액 − 7,000만원) × 1/2]
	1억2천만원 초과	Max(①, 20만원) ① 50만원 − [(총급여액 − 1억2천만원) × 1/2]
자녀 세액공제 (기본공제 대상자 중 만 8세 이상의 자녀수에 따라)	**자녀 수**	**공제액**
	8세 이상의 자녀가 1명인 경우	연 15만원
	8세 이상의 자녀가 2명인 경우	연 35만원
	8세 이상의 자녀가 3명 이상인 경우	연 35만원 + 연 30만원 × 2명 초과 1명당
	구 분	**공제액**
	출생 · 입양 신고한 공제대상자녀가 첫째인 경우	연 30만원 × 출생 · 입양 신고한 공제대상자녀 수
	출생 · 입양 신고한 공제대상자녀가 둘째인 경우	연 50만원 × 출생 · 입양 신고한 공제대상자녀 수
	출생 · 입양 신고한 공제대상자녀가 셋째인 경우	연 70만원 × 출생 · 입양 신고한 공제대상자녀 수

<table>
<tr><td>연금계좌
세액공제</td><td>
<table>
<tr><th>소득기준</th><th>세액공제율</th><th>연금저축계좌
납입액 한도</th><th>퇴직연금계좌
납입액 포함
한도</th></tr>
<tr><td>종합소득금액 4,500만원 이하(근로소득만
있는 경우에는 총급여액 5,500만원 이하)인 자</td><td>15%</td><td rowspan="2">연 600만원</td><td rowspan="2">연 900만원</td></tr>
<tr><td>종합소득금액 4,500만원 초과(근로소득만
있는 경우에는 총급여액 5,500만원 초과)인 자</td><td>12%</td></tr>
</table>
</td></tr>
<tr><td>보장성
보험료
세액공제</td><td>
<table>
<tr><th>세액공제 대상 보험료</th><th>세액공제 대상금액 한도</th><th>세액공제율</th></tr>
<tr><td>보장성보험료</td><td>연 100만원 한도</td><td>12%</td></tr>
<tr><td>장애인전용보장성 보험료</td><td>연 100만원 한도</td><td>15%</td></tr>
</table>
</td></tr>
<tr><td>의료비
세액공제</td><td>의료비 세액공제액 = (a + b) × 15% + c × 20% + d × 30%
a. 일반의료비: Min (①, ②)
① 기본공제대상자를 위해서 지급한 의료비(b ~ d의 의료비는 제외함) − 총급여액 × 3%
② 연 700만원
b 특정의료비: 다음 중 어느 하나에 해당하는 사업을 위하여 지급한 의료비
① 해당 거주자
② 과세기간 종료일 현재 65세 이상인 사람
③ 장애인
④ 건강보험산정특례자에 해당하는 중증질환자, 희귀난치성질환자, 결핵환자
c. 미숙아 및 선천성이상아를 위하여 지급한 의료비
d. 난임시술비(모자보건법에 따른 보조생식술에 소요된 비용을 말하며, 난임시술과 관련하여 처방을 받은 의약품 구입비용을 포함함)</td></tr>
<tr><td>교육비
세액공제</td><td>교육비 세액공제액 = Min (a, b) × 15%
a. 교육비지출액 − 소득세 · 증여세가 비과세되는 학자금 · 장학금 수령액
b. 한도
① 본인을 위한 일반교육비: 한도 없음
② 가족을 위한 일반교육비
• 대학생 1명당 연 900만원
• 초등학교 취학전 아동, 초 · 중 · 고등학생 1명당 연 300만원
③ 장애인 특수교육비: 한도 없음</td></tr>
<tr><td>월세액
세액공제</td><td>월세세액공제액 = Min (월세액, 1,000만원) × 15%(또는 17%)</td></tr>
</table>

(5) 5단계 : 납부할세액 ← 총결정세액 - 기납부세액

기납부세액은 근로자가 월급을 받을 때 원천징수된 소득세를 말하며 총결정세액에서 기납부세액을 차감하여 양(+)이 되면 그 금액만큼 소득세를 추징당하게 되며, 음(-)이 되면 그 금액만큼 소득세를 환급받을 수 있다.

국세청 홈택스 사이트(www.hometax.go.kr)를 이용하면 연말정산을 위한 각종 공제자료들을 조회 · 출력할 수 있으며 자녀의 자료도 조회가 가능하다. 또한, 연말정산자동계산 프로그램을 이용하여 연말정산을 통해 얼마를 환급받을 수 있는지 아니면 소득세를 추징당하게 될지를 미리 알아볼 수 있으므로 연말정산 시 이용해보도록 하자.

06 근로 · 자녀장려세제

근로장려세제는 일은 하지만 소득이 적어 생활이 어려운 근로자, 사업자(전문직 제외) 또는 종교인 가구에 대하여 가구원 구성과 근로소득, 사업소득 또는 종교인 소득에 따라 산정된 근로장려금을 지급함으로써 근로를 장려하고 실질소득을 지원하는 제도이며, 자녀장려세제는 18세 미만 부양 자녀가 있는 경우 자녀 1인당 최대 70만원(최소 50만원)의 자녀장려금을 지급함으로써 자녀 양육을 지원하는 제도이다.

1. 근로 · 자녀장려금 신청자격

근로소득, 사업소득(전문직 제외) 또는 종교인소득이 있는 거주자로서 아래 (1) ~ (3)의 요건을 모두 갖추어야 한다.

(1) 소득요건

1) 총소득기준금액

당해 부부합산 총소득이 아래의 가구원 구성에 따른 총소득기준금액 미만이어야 한다.

구 분	단독가구	홑벌이가구	맞벌이가구
근로장려금	2,200만원	3,200만원	4,400만원
자녀장려금	–	7,000만원	

* 단독가구 : 배우자, 18세 미만 부양자녀, 70세 이상 직계존속이 모두 없는 가구

* 홑벌이가구 : 배우자의 총급여액 등이 3백만원 미만인 가구이거나 배우자가 없어도 18세 미만 부양자녀 또는 70세 이상 직계존속(각각 연간소득금액 1백만원 이하이고 주민등록표상 동거가족으로 생계를 같이할 것)이 있는 가구

* 맞벌이가구 : 거주자 및 배우자 각각의 총급여액 등이 3백만원 이상인 가구

2) 총소득의 정의

해당기간에 발생한 아래 소득을 모두 합산한(총급여액에서 부동산 임대소득 제외, 비과세 소득 제외, 부부소득 합산)금액을 연간총소득이라 한다.

소득의 구분	계산방법
근로소득	총급여액
사업소득	총수입금액 × 업종별 조정률*1
기타소득	총수입금액 - 필요경비
종교인, 이자, 배당, 연금소득	총수입금액

*1 도매업 20%, 소매업 등 25%, 음식점업과 제조업 40%, 건설업 45%, 숙박업과 운수업 등 55%, 서비스업 60%, 부동산임대업 및 인적용역 제공 등 90%

(2) 재산요건

가구원 모두가 그해 6월 1일을 기준으로 소유하고 있는 재산합계액이 2.4억원(24.12.31.기준, 부채는 차감하지 않음) 미만이어야 한다. 여기서 재산에는 주택, 토지와 건축물, 승용자동차, 전세금(임차보증금), 금융자산, 유가증권, 회원권, 부동산을 취득할 수 있는 권리 등을 포함한다.

(3) 기타요건

장려금을 받기 위해서는 신청일 현재 대한민국 국적을 가진 자(외국인 중에 대한민국 국적을 가진 자와 혼인한 자 및 대한민국 국적의 부양자녀가 있는 자 포함)여야 한다. 또한 자녀장려금의 경우는 신청한 해에 다른 거주자의 부양자녀가 아니어야 한다. 그리고 거주자 본인 또는 그 배우자가 전문직 사업을 영위하는 자가 아니어야 한다. 마지막으로, 해당연도 말 현재 계속 근무하는 상용근로자(일용근로자 제외)로서 월평균 근로소득이 500만원 이상인 자(배우자 포함)는 근로장려금만 신청할 수 있다.

2. 장려금 지급액 등

(1) 지급기한

1) (정기신청분) 9월 말까지 지급

2) (기한 후 신청분) 신청일로부터 4개월 이내 지급

3) 반기신청분

- (신청자격) 전년도에 신청자나 그 배우자가 근로소득만 있는 거주자에 한함(사업소득 있는 경우 제외)
- (소득 · 재산요건) 전년도 부부합산 총소득이 기준금액 미만이고, 전년도 6월 1일 기준 가구원 모두의 재산 합계액이 2.4억원 미만

구분	지급기한	지급액	반기별 장려금 산정 기준 총급여액 등
상반기	`25.12.30	산정액의 35%	(상반기 근로소득 ÷ 근무월수) × (근무월수 + 6)
하반기 정산	`26.6.30	지급 또는 환수	상반기 근로소득+하반기 근로소득

* 장려금 지급액 계산은 국세청홈택스의 '장려금 미리보기 서비스'에서 제공

3. 장려금 신청기간 및 신청방법

(1) 신청기간

근로소득만 있는 자는 반기신청과 정기신청을 선택하여 신청할 수 있고, 사업 또는 종교인 소득이 있는 자는 정기신청을 해야함

구분		대상자	산정 대상	신청시기
선택	반기신청	근로소득자	`25년 상반기 소득	`25.9.1. ~ 15.
			`25년 하반기 소득	`26.3.1. ~ 15.
	정기신청*	근로 · 사업 · 종교인 소득자	`25년 연간 소득	`26.5.1. ~ 31.

* 기한 후 신청 기간: '26.6.1. ~ 11.30

(2) 신청방법

▶ 서비스이용시간 : 6:00~24:00

1) ARS 전화신청(1544-9944)

- 전화로 [1](정기신청시 해당, 반기신청시 생략)과 주민등록번호 13자리를 눌러 신청을 선택한후, 신청안내문(문자메시지)에 기재된 개별인증번호(8자리)를 입력*하고 안내에 따라 신청
- 국세청에 등록된 본인 연락처로 연락한 경우에는 개별인증번호 생략가능

2) 홈택스(모바일, PC) 신청

- 국세청 홈택스(www.hometax.go.kr)에 접속하여 신청

3) 인터넷 신청

- (서면 안내문) 안내문에 삽입된 QR코드를 스마트폰으로 스캔하여 신청
- (모바일안내문) 국민비서, 네이버 전자문서, KT 알림문자를 통해 안내문을 받은 경우 모바일안내문에서 바로 신청 가능

  * 개별인증번호 자동입력되어 로그인없이 주민번호로 신청가능

4) 신청대리 : 평일 9시~18시(토 · 일 · 공휴일 제외)

- 안내대상자가 동의하면 신청기간 운영되는 장려금 상담센터(1566-3636) 상담사나 세무서 직원이 신청대리

5) 자동신청 제도

60세이상 고령자 및 중증장애인이 장려금 신청기간에 동의하면, 향후 2년 내 신청안내 대상 포함 시 자동으로 신청

4. 장려금 관련 유의사항

(1) 허위 신청자에 대한 불이익

신청요건 등에 관한 사항을 고의 또는 중대한 과실로 사실과 다르게 신청한 경우에는 장려금 환수와 2년 또는 5년간 지급제한 등의 불이익을 받는다.

(2) 감액 및 체납충당

가구원 재산합계액이 1.7억원 이상 2.4억원 미만인 경우에는 해당 장려금의 50%를 차감하며, 기한 후 신청시에는 장여금의 5%를 차감한다. 소득세 자녀세액공제와 자녀장려금을 중복으로 신청한 경우에는 지급액에서 자녀세액공제 관련세액을 차감하여 지급한다, 국세 체납액 등이 있는 경우에는 환급금액의 30%를 한도로 체납액에 충당한다. 이미 지급한 장여금이 환수되는 경우 가산세(1일 22/100,000)를 부과한다.

[OX Quiz] 4. 직장인과 세금 PART I: 근로소득

01 소득세법상 근로소득의 정의는 근로를 제공함으로써 받는 봉급, 급료, 보수, 임금, 상여, 수당과 이와 유사한 성질의 급여, 기타 이와 유사한 성질의 금품을 말한다.

(정답 O)

02 근로소득은 종합과세 항목에 해당하므로 다른 소득이 없는 경우에도 종합소득세 신고납부 기간인 5월에 확정하여 신고 · 납부해야 한다.

(정답 X) 근로소득 외에 다른 소득이 없을 경우에는 연말정산으로 납세의무가 종결되므로, 종합소득세 신고 · 납부를 할 필요가 없다.

03 근로소득은 다른 소득과 합산되어 종합소득으로 과세되지만 일용근로자의 급여는 예외적으로 분리과세할 수 있다.

(정답 O)

04 퇴직으로 인해 받는 소득으로서 퇴직소득에 속하지 아니하는 퇴직위로금은 근로소득에 해당한다.

(정답 O)

05 근로소득은 다음연도 1월분 근로소득을 지급할 때 연말정산을 통해 소득세를 정산한다.

(정답 X) 다음연도 2월분 근로소득을 지급할 때 연말정산을 통해 소득세를 정산하게 된다.

06 실비변상수준의 일직료나 숙직료는 근로소득으로 과세되는 소득에 해당한다.

(정답 X) 실비변상적인 급여인 일직료, 숙직료, 여비 등은 비과세 근로소득이다.

07 해당 거주자 본인의 직계존속 및 형제자매는 기본공제대상자에 포함되나, 배우자의 직계존속 및 형제자매는 기본공제 대상자에 포함되지 않는다.

(정답 X) 해당 거주자뿐 아니라 배우자의 직계존속도 기본공제 대상자에 포함된다.

08 기본공제 대상자가 아닌 자도 추가공제 대상자가 될 수 있다.

(정답 X) 기본공제 대상자에 해당하지 않는 경우 추가공제 대상자가 될 수 없다.

09 근로소득세액공제는 상용근로자와 일용근로자 모두에게 적용할 수 있다.

(정답 O)

10 근로소득자의 직계비속을 위해 지출한 사이버대학 교육비는 1인당 연 900만원까지 세액공제받을 수 있지만, 직계존속을 위해 지출한 노인대학 교육비는 세액공제대상이 아니다.

(정답 O)

제 5 장

직장인과 세금

PART II: 퇴직소득과 연금소득

CONTENTS

한 회사에서 수년간의 근무를 마치고, 새로운 삶을 시작하게 된 퇴직근로자의 손에는 '퇴직금'이 쥐어지게 될 것이다. 대부분 근로자는 퇴직금 덕분에 제2의 인생을 준비하거나 잠시 쉬더라도 마음의 안정을 얻을 수 있다. 알다시피 퇴직금은 근로자가 상당 기간을 근속하고 퇴직하는 경우 근속기간에 따라 회사에서 주는 일시지급금이다. 정년퇴직하면 액수가 크므로 지금까지 노후자금 마련에서 가장 큰 비중을 차지하곤 했다. 하지만 사회경제적 변화로 인해 퇴직금이 은퇴 후 안정된 생활을 보장하는 수단의 기능을 담당하기엔 어려움이 있다. 연봉제 확산과 더불어 평균 계속 근속연수가 5.9년에 불과할 정도로 직장을 옮기는 일이 빈번해졌다. 이러한 현실 때문에 노후소득 보장이라는 퇴직금의 취지를 구현하기 위해 생겨난 것이 바로 퇴직연금제도이다. 퇴직연금제도는 기존에 일시금으로 받던 퇴직금을 퇴직 후 일정 나이부터 본인의 선택에 따라 연금 또는 일시금으로 받을 수 있도록 하는 제도다. 연금형태로 받음으로써 안정적인 노후자금으로 활용할 수 있고, 종전의 퇴직금과 마찬가지로 일시금 수령을 선택하여 본인만의 방법으로 노후를 대비할 수 있다는 장점도 있다. 현재 우리나라는 근로자가 5인 이상인 기업에서 퇴직금제도와 퇴직연금제도 가운데 한 가지 이상의 제도를 의무적으로 도입하도록 하고 있으며, 근로자의 은퇴와 관련한 퇴직소득과 연금소득은 모두 소득세를 부과하고 있다.

01 퇴직소득과 세금

1. 퇴직소득이란?

퇴직소득(퇴직금)이란 퇴직함으로써 지급받은 대가 중 연금형태로 받지 않고 전액을 일시에 받는 소득을 말한다. 소득세법에서는 거주자, 비거주자 또는 법인의 종업원이 현실적으로 퇴직함으로써 받는 일시금만을 퇴직소득으로 정의한다. 이때, 현실적인 퇴직이란 다음의 사유로 퇴직급여지급규정 · 취업규칙 또는 노사합의에 따라 퇴직금을 실제로 받는 경우를 말한다.

현실적인 퇴직

① 종업원이 임원이 된 경우
② 법인의 합병 · 분할 등 조직변경 또는 사업양도가 이루어진 경우
③ 법인의 상근임원이 비상근임원이 된 경우
④ 종업원이 근로자퇴직급여보장법에 따라 계속 근로한 기간에 대한 퇴직금을 미리 정산해서 받는 경우
⑤ 법인의 임원이 급여의 연봉제 전환에 따라 향후 퇴직금을 정산해서 받는 경우
⑥ 법인의 임원이 정관 또는 정관에서 위임된 퇴직급여지급규정에 따라 무주택자의 주택구입 자금 마련 등의 사유로 그 때까지의 퇴직금을 정산해서 받는 경우(중간정산시점부터 새로 근속연수를 기산해서 퇴직금을 계산하는 경우만 해당함)
⑦ 법인의 직영차량 운전기사가 법인소속 진입차량의 운전기사로 전직하는 경우
⑧ 근로자가 사규 또는 근로계약에 따라 정년퇴직을 한 후 다음날 해당 사용자의 별정직 사원(촉탁)으로 채용된 경우

다만, 일정한 사유가 발생하였으나 퇴직급여를 실제로 받지 않는 경우는 퇴직으로 보지 않을 수 있는데, 현실적인 퇴직으로 보지 않는 예는 다음과 같다.

① 임원이 연임된 경우
② 법인의 대주주 변경으로 인해서 계산의 편의, 기타 사유로 전 근로자에게 퇴직금을 지급한 경우
③ 기업의 제도 · 기타 사정 등을 이유로 퇴직금을 1년 기준으로 매년 지급하는 경우(퇴직금을 미리 정산해서 받는 경우를 제외함)

④ 비거주자의 국내사업장 또는 외국법인의 국내지점의 근로자가 본점(본국)으로 전출하는 경우
⑤ 정부 또는 산업은행 관리기업체가 민영화됨에 따라 전 근로자의 사표를 일단 수리한 후 재채용한 경우
⑥ 2이상의 사업장이 있는 사용자의 근로자가 한 사업장에서 다른 사업장으로 전출하는 경우

퇴직소득에 대해서는 소득세와 지방세인 지방소득세를 과세하며, 퇴직금을 지급할 때 그 소속기관이나 사업자, 퇴직연금 사업자 등(원천징수 의무자)이 이를 원천징수한다. 만약 이러한 퇴직금 등을 일시에 받지 않고 연금의 형태로 받게 될 경우에는 퇴직소득이 아닌 연금소득으로 과세할 것이다.

2. 퇴직소득의 범위

「소득세법」에서 규정하고 있는 구체적인 퇴직소득은 다음과 같다.

① 사용자 부담금을 기초로 하여 현실적인 퇴직을 원인으로 지급받는 소득 중 일시금*
② 공적연금 관련법에 따라 받는 일시금
③ 공적연금 관련법에 따른 일시금을 지급하는 자가 퇴직소득의 일부 또는 전부를 지연하여 지급하면서 지연지급에 대한 이자를 함께 지급하는 경우 해당 이자
④ 과학기술인공제회법에 따라 지급받는 과학기술발전장려금
⑤「건설근로자의 고용개선 등에 관한 법률」에 따라 지급받는 퇴직공제금
⑥ 종교관련종사자가 현실적인 퇴직을 원인으로 종교단체로부터 지급받는 소득
⑦ 사용자가 30일 전에 예고를 하지 않고 근로자를 해고하는 경우 근로자에게 지급하는 근로기준법 규정에 의한 해고예고수당
⑧ 사용자가 국민연금기금에 납부한 종업원의 퇴직금전환금(퇴직금전환금은 해당 근로자가 퇴직할 때 받는 것으로 봄)

* 근로대가의 명칭여하에 관계없이 현실적인 퇴직을 원인으로 지급받은 대가는 원칙적으로 퇴직소득임. 그러나 퇴직위로금 · 퇴직공로금은 그 수령자가 사용인인지 또는 임원인지에 따라 세법상 소득의 구분이 달라질 수 있음. 첫째, 현실적인 퇴직을 원인으로 지급받는 사용인에 대한 퇴직위로금 · 퇴직공로금은 퇴직소득임. 둘째, 현실적인 퇴직을 원인으로 지급받는 임원에 대한 퇴직위로금 · 퇴직공로금은 정관이나 정관에서 위임된 퇴직급여 지급규정에 따라 수령하면 퇴직소득이며, 별도의 규정없이 지급받으면 근로소득임.

3. 비과세 퇴직소득

퇴직소득으로서 비과세소득은 다음과 같다.

① 국민연금법에 따라 받는 반환일시금(사망으로 받는 것만 해당함) · 사망일시금
② 비과세 근로소득과 동일(비과세 근로소득에 해당하는 소득 중 퇴직 시 또는 퇴직 이후에 받는 소득은 비과세 퇴직소득에 해당함)

4. 퇴직소득의 계산

퇴직소득은 다른 소득과 달리 오랫동안 발생된 소득이 일시에 실현되는 특징이 있다. 그러므로 이를 다른 소득과 동일하게 종합소득으로 합산하여 누진과세하면 퇴직소득을 수령하는 시점에 과도하게 많은 세금을 납부하게 될 가능성이 높다. 따라서 이러한 퇴직소득의 결집효과를 완화하기 위해서 퇴직소득은 종합소득에 포함하지 않고 따로 분리하여 단독으로 과세하며(분류과세), 연분연승법을 적용하여 계산한다.

(1) 퇴직소득금액

퇴직소득금액은 비과세소득과 근로소득으로 과세되는 퇴직공로금 등을 제외한 금액을 말하며, 필요경비는 인정하지 않는다. 따라서 퇴직소득 총수입금액이 퇴직소득금액이 된다.

(2) 퇴직소득 과세표준과 산출세액의 계산

퇴직소득이 있는 거주자에 대해서는 해당 과세기간의 퇴직소득금액에서 근속연수공제액을 공제하고, 그 금액에 근속연수(1년 미만의 기간이 있는 경우에는 이를 1년으로 간주함)를 나누고 12를 곱한 후의 금액인 환산급여에서 환산급여 공제액을 공제한다. 여기서 해당 과세기간의 퇴직소득금액이 근속연수 공제금액에 미달하는 경우에는 그 퇴직소득금액을 공제액으로 한다.

1) 계산구조

	① 환산급여	$= (\text{퇴직소득금액} - \text{근속연수공제}) \times \dfrac{12}{\text{근속연수}}$
(−)	② 환산급여공제	= 환산급여에 따른 차등공제
=	③ 퇴직소득과세표준	
(×)	기본세율	= 12배수로 환산한 연분연승법 적용 $= \text{퇴직소득과세표준} \times \text{기본세율} \times \dfrac{\text{근속연수}}{12}$
=	④ 퇴직소득산출세액	
(−)	외국납부세액공제	
=	퇴직소득결정세액	

① 환산급여 = $(\text{퇴직소득금액} - \text{근속연수공제}) \times \dfrac{12}{\text{근속연수}}$

근속연수에 따른 공제는 다음과 같다.

근속연수공제

근속연수	근속연수공제액
5년 이하	1000만원 × 근속연수*
5년 초과 10년 이하	500만원 + 200만원 × (근속연수 − 5년)
10년 초과 20년 이하	1,500만원 + 250만원 × (근속연수 − 10년)
20년 초과	4,000만원 + 300만원 × (근속연수 − 20년)

* 해당 과세기간의 퇴직소득금액이 근속연수공제금액에 미달하면 그 퇴직소득금액을 근속연수공제액으로 함.

* 근속연수의 계산 : 근속연수는 근로를 제공하기 시작한 날 또는 퇴직소득 중간지급일의 다음 날부터 퇴직한 날까지로 함. 단, 퇴직급여를 산정할 때 근로기간에 포함되지 아니한 기간은 근속연수에서 제외함. 근속연수 계산 시 1년 미만의 경우에는 이를 1년으로 간주함.

② 환산급여공제

환산급여	환산급여공제액
800만원 이하	환산급여 × 100%
800만원 초과 7,000만원 이하	800만원 + (환산급여 − 800만원) × 60%
7,000만원 초과 1억원 이하	4,520만원 + (환산급여 − 7,000만원) × 55%
1억원 초과 3억원 이하	6,170만원 + (환산급여 − 1억원) × 45%
3억원 초과	1억 5,170만원 + (환산급여 − 3억3원) × 35%

③ 퇴직소득 과세표준

퇴직소득과세표준 = 환산급여 − 환산급여공제

④ 퇴직소득 산출세액(12배수로 환산한 연분연승법)

위에서 퇴직소득과세표준을 계산한 후 거주자의 퇴직소득에 대한 소득세는 아래의 산식에 따라 계산한 금액을 퇴직소득 산출세액이라 한다.

퇴직소득산출세액

$$= \text{퇴직소득 과세표준} \times \text{기본세율} \times \frac{\text{근속연수}}{12}$$

$$= (\text{환산급여} - \text{환산급여공제}) \times \text{기본세율} \times \frac{\text{근속연수}}{12}$$

$$= [(\text{퇴직소득금액} - \text{근속연수공제}) \times \frac{12}{\text{근속연수}} - \text{환산급여공제}] \times \text{기본세율} \times \frac{\text{근속연수}}{12}$$

퇴직소득에 근속연수를 나누어 연평균 금액을 산정하고, 이 금액에 기본세율을 적용하고 다시 근속연수를 곱해 주는 것을 연분연승법이라고 한다. 퇴직소득을 지급받는 시점에 세금이 과도하게 나오지 않게 하고자 이러한 계산방식을 오랫동안 사용해 왔으나 위 방식은 다른 소득에 비해 지나치게 세금이 낮게 계산된다는 비판에 시달려 왔다. 이에 2013년부터는 5배수 연분연승법을 시행하였고, 2016년부터는 12배수 연분연승법을 포함하여 전반적인 퇴직소득세 관련 세법개정이 이루어졌다.

종합소득 과세표준		기본세율		누진공제액
	1,400만원 이하		과세표준의 6%	
1,400만원 초과 ~	5,000만원 이하	84만원 +	1,400만원 초과금액의 15%	126만원
5,000만원 초과 ~	8,800만원 이하	624만원 +	5,000만원 초과금액의 24%	576만원
8,800만원 초과 ~	1억5,000만원 이하	1,536만원 +	8,800만원 초과금액의 35%	1,544만원
1억5,000만원 초과 ~	3억원 이하	3,706만원 +	1억5,000만원 초과금액의 38%	1,994만원
3억원 초과 ~	5억원 이하	9,406만원 +	3억원 초과금액의 40%	2,594만원
5억원 초과 ~	10억원 이하	1억7,406만원 +	5억원 초과금액의 42%	3,594만원
10억원 초과		3억8,406만원 +	10억원 초과금액의 45%	6,594만원

참고 : 퇴직금 중간정산 기산일

- 퇴직금 중간정산한 자에게 최종 퇴직시 퇴직금과 명예퇴직금을 지급하는 경우, 원천징수할 때 연수 기산일은?

퇴직금을 중간 정산한 근로자에게 최종 퇴직시 퇴직금과 명예퇴직금 등을 함께 지급하는 경우, 퇴직금과 명예퇴직금 등에 대한 퇴직소득세를 계산함에 있어 퇴직금의 근속연수는 중간정산시점부터, 명예퇴직금 등의 근속연수는 최초 입사일부터 각각 기산한다.

▸▸ 연습문제 1.

2015년 12월 1일에 입사하여 2025년 1월 31일에 퇴사하면서 퇴직급여 1억원을 지급받은 경우 퇴직소득 산출세액을 구하시오.

풀이

구 분	계 산	금 액
퇴직소득금액		100,000,000
근속연수공제	5,000,000 +2,000,000 × (10년* − 5년)	15,000,000
환 산 급 여	(100,000,000 − 15,000,000) × 12 ÷ 10년	102,000,000
환산급여공제	61,700,000 + (102,000,000 − 100,000,000) × 45%	△62,600,000
과 세 표 준		39,400,000
산 출 세 액	39,400,000 × 기본세율 × 10년 ÷ 12	700,000

* 근속연수 : 2015년 12월 1일부터 2025년 1월 31일까지는 110개월이므로 9년 2개월이다. 퇴직소득 계산 시 2개월은 1년으로 간주하므로 10년을 쓰면 됨.

5. 퇴직소득에 대한 과세방법

(1) 소득의 지급자

원천징수의무자가 퇴직소득을 지급할 때에는 퇴직소득과세표준에 기본세율을 적용하여 계산한 소득세를 징수한다. 그러나 거주자의 퇴직소득이 다음 중 어느 하나에 해당하는 경우에는 해당 퇴직소득에 대한 소득세를 연금외 수령하기 전까지 원천징수하지 않는다.

① 퇴직일 현재 연금계좌에 있거나 연금계좌로 지급되는 경우
② 퇴직하여 지급받은 날부터 60일 이내에 연금계좌에 입금되는 경우

이 경우 소득세가 이미 원천징수된 경우 해당 거주자는 원천징수세액에 대한 환급을 신청

할 수 있다. 퇴직자가 퇴직소득을 지급받을 때 이미 지급받은 다음의 퇴직소득에 대한 원천징수영수증을 원천징수의무자에게 제출하는 경우 원천징수의무자는 퇴직자에게 이미 지급된 퇴직소득과 자기가 지급할 퇴직소득을 합계한 금액에 대하여 정산한 소득세를 원천징수하여야 한다.

① 해당 과세기간에 이미 지급받은 퇴직소득
② 근로계약에서 이미 지급받은 퇴직소득

(2) 소득의 귀속자

해당 과세기간의 퇴직소득금액이 있는 거주자는 그 퇴직소득과세표준을 그 과세기간의 다음 연도 5월 1일부터 5월 31일까지 납세지 관할 세무서장에게 확정신고를 하여야 한다. 다만, 퇴직소득에 대한 원천징수 규정에 따라 소득세를 납부한 자에 대해서는 과세표준확정신고 의무를 면제한다. 또한, 퇴직소득은 종합소득에 합산하지 않고 별도로 분류과세한다.

6. 퇴직소득의 수입시기

퇴직소득의 수입시기는 퇴직한 날로 한다. 다만, 공적연금 관련법 중 국민연금법에 따른 일시금과 「건설근로자의 고용개선 등에 관한 법률」에 따른 퇴직공제금의 경우에는 소득을 지급받는 날(분할하여 지급받는 경우에는 최초로 지급받는날)로 한다.

02 연금소득과 세금

1. 연금소득이란?

연금은 미래의 소득을 보장하기 위해 현재의 소득 중 일부를 저축하는 것을 말한다. 그러므로 연금소득이란 과거에 저축된 연금납입액을 미래 노후생활의 보장을 위하여 지급받을 때 생긴 소득을 말한다. 연금소득은 국가가 국민의 노후를 위해 사회보장적 성격으로 마련한 공적연금소득과 개인이 금융기관을 통해 미래 노후생활을 대비하기 위해 자율적으로 불입하는 사적연금소득으로 나눌 수 있다. 공적연금에는 대표적으로 국민연금이 있는데 사실상 국민연금만으로는 노후 생활을 충분히 보장할 수 없으므로 국민연금 외에 사적연금인 연금저축과 퇴직연금을 통해 노후를 충분히 준비할 필요가 있다.

국민연금은 소득이 있는 경우 강제로 납입해야 하는 것으로 강제성에 대한 저항을 줄이고자 소득세 신고 시 국민연금 납입액 전액에 대해 소득공제의 혜택을 주고 있다. 이에 반해 사적연금을 납입하는 경우 국민의 노후준비에 대해 국가 대신 개인이 준비하는 것에 대한 보상의 성격으로 소득세 신고 시 연간 한도 내 납입금액에 대해 세액공제의 혜택을 주고 있다.

공적연금은 매월 공적연금소득을 지급할 때 지급기관에서 연금소득 간이세액표에 따라 기본세율을 적용하여 우선 원천징수하고, 다음연도 1월분 공적연금소득을 지급할 때 연말정산한다. 공적연금소득 외의 다른 소득이 없는 경우 연말정산으로 납세의무는 종결된다. 하지만 국민연금 외에 사적연금소득이 있거나 다른 소득이 있는 경우에는 합산하여 종합소득세로 확정신고하여야 한다. 국민연금은 2002년 이후 불입한 부분에 대해서만 과세된다.

사적연금은 연금계좌연금수령소득이라고도 하며 연금저축계좌 · 퇴직연금계좌에서 연금수령하는 경우의 그 연금을 의미한다. 여기서 연금저축계좌는 금융회사 등과 체결한 계약(신탁계약 · 집합투자증권 중개계약 · 보험계약)에 따라 연금저축이라는 명칭으로 설정하는 계좌를 말하고, 퇴직연금계좌는 퇴직연금을 지급받기 위해 가입하는 확정기여형 퇴직연금계좌(DC형) 및 개인형 퇴직연금계좌(IRP형)를 의미한다. 구체적으로, 연금저축은 근로자의 선택으로 금융기관에 보험형태로 5년 이상 납입하고 55세 이상인 자가 연금으로 수령하는 장기저축보험 상품이다. 퇴직연금은 퇴직금을 외부의 금융기관에 적립하고 금융기관이 이를 운용하다가 근로자가 퇴직하는 경우 금융기관으로부터 일시금이나 연금형태로 지급받는 제도를 말한다.

퇴직연금을 운영하는 방법에는 확정기여형과 확정급여형이 있다. 연금계좌의 납입 한도액은 연 1,800만원이지만 개인종합자산관리(ISA, Individual Savings Account)계좌의 만기 시 연금계좌로 전환하는 경우에는 전환금액을 납입 한도액에 포함한다.

퇴직연금제도

퇴직연금제도란 기업이 퇴직급여재원을 외부의 금융회사 등에 적립하여 임원 또는 사용인의 퇴직급여 수급권을 보장하기 위한 제도로서 확정급여형과 확정기여형의 두 가지로 구분된다.

① 확정급여형(DB: Defined Benefit) 퇴직연금제도 : 확정급여란 근로자가 수령할 퇴직급여(연금 또는 일시금)의 수준(계속 근로기간 1년당 30일분의 평균임금 이상)이 사전에 확정된다는 의미이며, 회사 외부 금융회사에 퇴직연금을 적립하여 금융회사가 적립금을 운용하는 제도이다. 확정급여형 퇴직연금제도 하에서는 회사가 퇴직연금의 운용 결과에 대한 책임을 지기 때문에 근로자 퇴직시 추가적인 퇴직급여 지급의무가 발생할 수 있으며, 퇴직연금에서 발생하는 모든 손익은 회사에 귀속된다. 즉, 근로자는 운용실적에 관계없이 퇴직급여지급규정에 따른 퇴직급여를 받게 된다.

② 확정기여형(DC: Defined Contribution) 퇴직연금제도 : 이는 회사가 사전에 정해진 퇴직급여를 외부 금융회사가 운용하는 근로자의 개인별 계좌에 적립함으로써 퇴직급여에 대한 책임이 종결되는 제도이다. 따라서 회사는 근로자가 퇴직할 경우 추가적인 퇴직급여를 지급할 의무가 없다. 근로자가 퇴직연금의 운용에 대한 책임을 지기 때문에 퇴직연금에서 발생하는 모든 손익은 근로자에게 귀속된다.

퇴직연금은 회사가 납부하는 것이기 때문에 근로자가 의무적으로 부담할 부분은 없다. 그러나 확정기여형의 경우에는 회사부담분외에 본인이 금융기관에 추가 납입할 수 있는 부분이 있는데 근로자가 확정기여형으로서 추가 납입한 경우(IRP: Individual Retirement Pension)에는 연금저축의 납입금과 합하여 연 900만원의 한도 내 세액공제 혜택을 받을 수 있다. 사적연금은 2001년 이후 가입한 경우에만 과세가 되므로 2001년 이전에 가입해서 불입하다가 지급받는 경우에는 과세되지 않는다.

2. 연금소득의 범위

(1) 과세대상

① 공적연금관련법에 따라 받는 각종 연금(이를 '공적연금소득'이라고 함)

* 공적연금소득을 지급하는 자가 연금소득의 일부 또는 전부를 지연하여 지급하면서 지연지급에 따른 이자를 함께 지급하는 경우 해당 이자는 공적연금소득으로 봄.

② 소득세의 과세가 이연된 과세대상금액을 그 소득의 성격에도 불구하고 연금계좌에서 연금수령하는 경우의 그 연금(이를 '사적연금소득' 이라고 함)

③ 위 ②에 따른 소득과 유사하고 연금형태로 받는 소득(현재 대통령령으로 정하는 소득은 없음)

(2) 연금소득의 범위

연금소득은 해당 연도에 발생한 다음의 소득으로 한다.

구 분		연금소득의 범위
공적연금 소득	국민연금	「국민연금법」에 의하여 지급받는 연금
	공무원 연금 등	「공무원연금법」, 「공무원 재해보상법」, 「군인연금법」, 「군인 재해보상법」, 「사립학교교직원 연금법」, 「별정우체국법」에 의하여 지급받는 각종 연금
사적연금 소득	연금계좌 연금수령소득	이연퇴직소득 : 연금계좌로 지급되거나 입금되어 원천징수되지 아니한 퇴직소득 연금계좌 세액공제를 받은 연금계좌 납입액 운용수익 : 연금계좌의 운용실적에 따라 증가된 금액

(3) 연금소득의 과세 흐름도

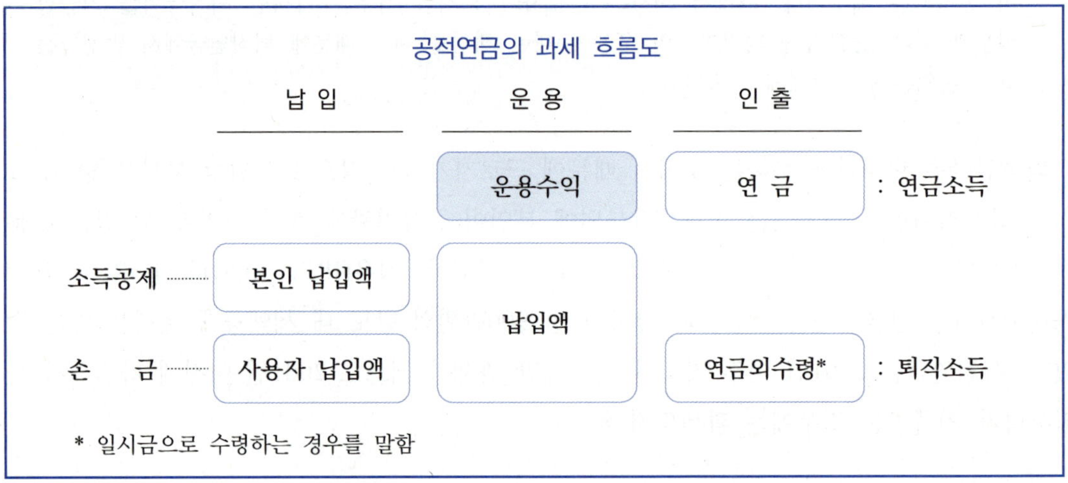

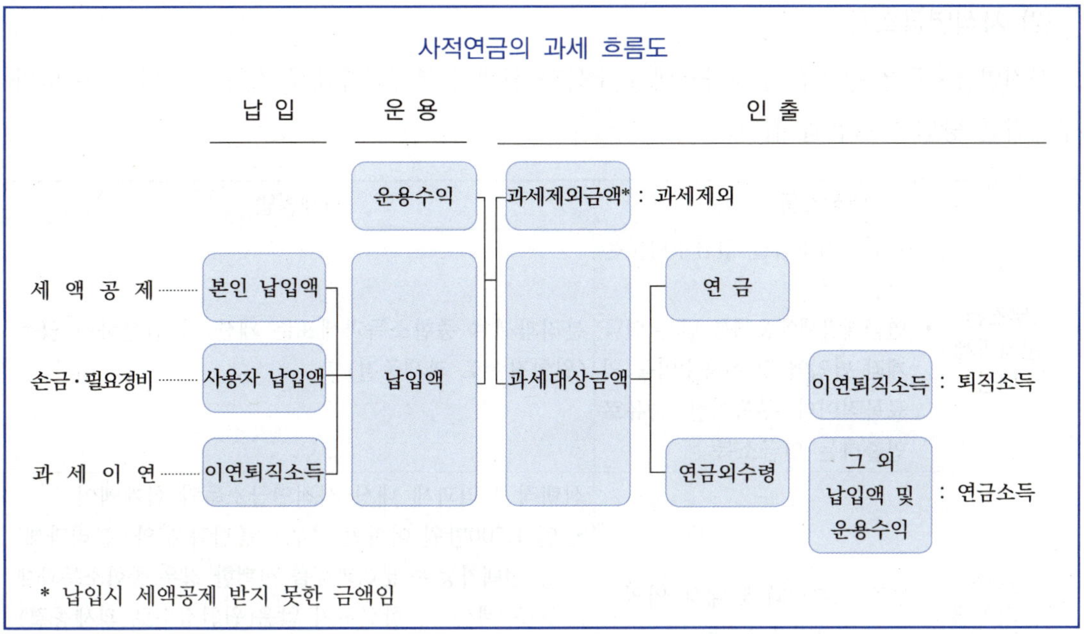

(4) 비과세 연금소득

연금소득 중 다음에 해당하는 소득에 대하여는 소득세를 과세하지 않는다.

① 공적연금 관련법(국민연금법, 공무원연금법, 군인연금법, 사립학교교직원연금법, 별정우체국법, 국민연금과 직역연금의 연계에 관한 법률)에 따라 받는 유족연금, 장애연금, 상이연금, 연계노령유족연금 또는 연계퇴직유족연금 등

② 「산업재해보상보험법」에 따라 받는 각종 연금

③ 「국군포로의 송환 및 대우 등에 관한 법률」에 따른 국군포로가 지급받은 연금

3. 연금소득 과세방법

(1) 공적연금소득

공적연금소득은 종합소득과세표준에 합산하여 과세되므로 연금수령자가 다음 해 5월에 종합소득세 신고를 해야 한다. 따라서 매월 연금을 지급할 때 지급기관이 간이세액표에 따라 미리 시행한 원천징수는 예납적 원천징수에 불과하며, 과세표준 확정신고를 할 때 정산된다. 단, 공적연금소득만 있는 자 중 다른 종합소득이 없는 경우에는 과세표준 확정신고를 하지 않아도 되며, 1월분 연금을 지급할 때 연말정산을 통해 과세가 종결된다.

(2) 사적연금소득

사적연금소득은 무조건 분리과세대상 소득과 선택적 분리과세대상 소득으로 나눌 수 있다. 구체적인 방법은 다음과 같다.

<table>
<tr><th colspan="2">대상소득</th><th>과세방법</th></tr>
<tr><td>무조건 분리과세 대상</td><td>• 이연퇴직소득을 연금수령하는 연금소득
• 연금계좌세액공제를 받은 연금계좌 납입액 및 운용수익을 의료목적이나 부득이한 사유로 인출하는 연금소득</td><td>분리과세 ⇨ 종합소득과세표준 계산 시 합산하지 않음(원천징수로 과세종결)</td></tr>
<tr><td>선택적 분리과세 대상</td><td>무조건 분리과세 대상 외의 사적연금소득</td><td>선택적 분리과세 대상 사적연금소득의 합계액이
• 연 1,500만원 이하인 경우 : ‘종합과세’와 ‘분리과세’ 중 선택가능 ⇨ 분리과세를 선택한 경우 종합소득과세표준 계산 시 합산하지 않음(원천징수로 과세종결)
• 연 1,500만원 초과인 경우 : ‘종합과세’와 ‘15% 분리과세’ 중 선택가능 ⇨ 연금소득에 대한 세액계산의 특례 적용</td></tr>
</table>

(3) 연금을 연금형태로 수령하는 경우와 일시금으로 수령하는 경우의 비교

<table>
<tr><th colspan="3">구 분</th><th>연금형태로 수령시
(연금소득으로 과세)</th><th>일시금으로 수령시</th></tr>
<tr><td colspan="3">공적연금</td><td>간이세액표율로 원천징수</td><td>퇴직소득으로 과세
(분류과세)</td></tr>
<tr><td rowspan="3">사적연금</td><td rowspan="3">연금계좌</td><td>퇴직금</td><td rowspan="3">연금소득자의 나이에 따라
3% ~ 5%로 원천징수*</td><td>퇴직소득으로 과세
(분류과세)</td></tr>
<tr><td>자기불입분</td><td rowspan="2">기타소득으로 과세
(분리과세)</td></tr>
<tr><td>운용수익</td></tr>
</table>

* 연금수령일 현재 80세 이상이면 3%, 70세 이상 80세 미만인 경우 4%, 70세 미만인 경우 5%로 원천징수함.

(4) 이연퇴직소득을 연금수령하는 연금소득 (사적연금)

퇴직금을 연금계좌에 이체함으로써 바로 과세되지 않고 퇴직금 인출시점까지 퇴직소득세 과세를 이연받은 퇴직소득(이연퇴직소득)을 장기 연금으로 수령시에는 실제 연금 수령연차가 10년을 초과한 경우 퇴직소득세의 60%(10년 이하인 경우 70%)를 원천징수하며, 이는 무조건 분리과세 항목이다.

연금수령연차에 따른 세율

연금수령연차	세 율
10년 이하	연금외수령 가정시 원천징수세율 × 70%
10년 초과	연금외수령 가정시 원천징수세율 × 60%

* 퇴직소득세율(연금외수령 가정시 원천징수세율) = 원천징수할 이연퇴직소득세 ÷ 연금외수령한 금액

4. 연금소득세의 계산

연금소득세의 계산구조는 다음과 같다.

연 간 연 금 액
(−) 연금소득에서 제외되는 소득
(−) 비 과 세 소 득
= 총 연 금 액
(−) 연 금 소 득 공 제
= 연 금 소 득 금 액
(−) 각 종 소 득 공 제
= 과 세 표 준
(−) 세 율 (6 % ~ 4 5 %)
= 산 출 세 액
(−) 기 납 부 세 액
= 납 부 (환 급) 할 세 액

연금소득공제 (연 900만원 한도)

연금액	공제액
350만원 이하	전액공제
350만원 초과 ~ 700만원 이하	350만원 + 350만원을 초과하는 금액의 40%
700만원 초과 ~ 1,400만원 이하	490만원 + 700만원을 초과하는 금액의 20%
1,400만원 초과	630만원 + 1,400만원을 초과하는 금액의 10%

* 총연금액이 4,100만원 이상인 경우부터 연 900만원 한도가 적용됨.

5. 연금소득의 수입시기

연금소득의 수입시기는 다음의 구분에 따른 날로 한다.

구 분	수입시기
공적연금소득	공적연금 관련법에 따라 연금을 지급받기로 한 날
연금계좌에서 받는 연금소득	연금을 수령한 날
그 밖의 사적연금소득	해당 연금을 지급받은 날

[OX Quiz] 5. 직장인과 세금 PART II
퇴직소득과 연금소득

01 퇴직소득은 근로자가 직장에서 퇴직할 때 퇴직급여 지급규정 등에 의하여 지급받는 퇴직급여와 국민연금법 또는 공무원연금법등에 따라 지급받는 일시금으로, 퇴직금을 일시에 받지 않고 연금의 형태로 받게 되는 경우에도 퇴직소득세가 과세된다.

(정답 X) 만약 퇴직연금 등을 일시에 받지 않고 연금의 형태로 받게 되면 연금소득으로 과세된다.

02 일반적인 퇴직소득의 수입시기는 퇴지금을 지급한 날이다.

(정답 X) 일반적인 퇴직소득의 수입시기는 퇴직을 한 날이다.

03 퇴직위로금이나 퇴직공로금도 퇴직금지급규정에 의한 경우에는 퇴직소득으로 본다.

(정답 O)

04 퇴직소득만이 있는 거주자도 반드시 그 퇴직소득과세표준을 그 과세기간의 다음연도 5월 1일부터 5월 31일까지 확정신고해야 한다.

(정답 X) 퇴직소득이 있는 거주자는 그 퇴직소득과세표준을 그 과세기간의 다음연도 5월 1일부터 5월 31일까지 확정신고하는 것이 원칙이나, 퇴직소득만이 있는 거주자는 퇴직소득세가 원천징수되어 과세표준 확정신고를 하지 않을 수 있다.

05 사적연금소득은 종합과세하는 것이 원칙이지만 총연금액이 1,500만원 이하인 경우에는 무조건 분리과세가 적용된다.

(정답 X) 사적연금의 총연금액이 1,500만원 이하인 경우에는 분리과세를 선택할 수 있다.

06 국민연금법에 의하여 지급받는 유족연금 · 장애연금은 비과세를 적용한다.

(정답 O)

07 연금소득금액은 해당 과세기간의 총연금액을 대상으로 한다.

(정답 X) 연금소득금액은 해당 과세기간의 총연금액에서 연금소득공제를 차감한 금액으로 한다.

08 연금저축계좌에 납입한 보험료 중 연금계좌세액공제가 적용되지 못한 금액은 추후 인출시 소득세가 과세되지 아니한다.

(정답 O)

09 연금소득에 대하여는 원천징수하여야 하며 국내에서 연금소득을 지급하는 자는 그 소득세를 원천징수하여 징수일이 속하는 달의 다음 달 20일까지 정부에 납부하여야 한다.

(정답 X) 연금소득을 지급하는 자는 그 소득세를 원천징수하여 징수일이 속하는 달의 다음 달 10일까지 정부에 납부하여야 한다.

10 사적연금소득의 수입시기는 관련 기관과의 계약에 따라 연금을 지급받기로 한 날로 한다.

(정답 X) 공적연금의 경우 연금을 지급받기로 한 날이 수입시기이나, 사적연금의 경우에는 해당 연금을 지급받은 날이 수입시기이다.

제 6 장

재테크와 세금: 금융소득

CONTENTS

서울 강남구에 사는 자산가 김슬기 씨는 최근 주택 한 채와 상가 한 채를 양도하였다. 또한, 미국 펀드를 환매하고 테슬라, 애플, 구글 등 개별 대형 종목투자로 투자 방향을 바꾸었다. 사실 외국어에 서툴고 금융상식이 부족한 김슬기 씨이지만 지난 해 부동산 정책이 자주 바뀌면서 생각이 바뀌었다. 김슬기 씨 담당 세무사는 조정지역에 다주택을 보유한 김슬기 씨가 낼 세금을 미리 계산해 주었고 절세방안도 알려주었다. 또한, 김슬기 씨는 작년에 미국 펀드 투자로 30% 넘는 이익을 냈지만, 수익금이 종합소득에 합산되어 40%가 넘는 세금을 낸 경험이 있기에 개별 종목 투자가 훨씬 안전하다고 생각한 것이다. 즉, 해외펀드에 투자해서 종합소득세를 내는 것보다는 위험이 좀 있더라도 22%의 양도소득세만 내는 개별 종목 투자가 훨씬 낫다고 판단한 것이다. 이처럼 '세금폭탄'을 맞을 슈퍼리치의 숫자가 증가하면서 이들의 투자패턴이 절세에 초점을 맞추어 변하고 있다.

01 | 이자소득과 배당소득

이자소득과 배당소득을 합해 금융소득이라 부르며, 예금이나 채권, 주식 등을 보유함으로써 얻는 소득을 말한다.

1. 이자소득

이자소득이란 금전 사용에 대한 대가로서 해당 과세기간 동안 발생한 다음의 소득을 말한다.

(1) 이자소득의 범위

① 국가 · 지방자치단체 · 내국법인 · 외국법인이나 외국법인의 국내지점 또는 국내영업소에서 발행한 채권 또는 증권의 이자와 할인액
② 예금의 이자와 할인액 및 상호신용계 · 신용부금으로 인한 이익
③ 채권 · 증권의 환매조건부 매매차익[*1]
④ 저축성보험의 보험차익[*2]
⑤ 직장공제회 초과반환금[*3]
⑥ 비영업대금의 이익[*4]
⑦ 유사한 소득으로서 금전의 사용에 따른 대가의 성격이 있는 것(유형별포괄주의)
⑧ 이자소득을 발생시키는 거래 · 행위와 파생상품이 결합된 경우 해당 파생상품의 거래 · 행위로부터의 이익

*1 금융회사 등이 시장가격에 의하지 않고 환매 기간에 따른 사전약정이율에 의해 결정된 가격으로 환매수 또는 환매도 조건으로 매매하는 채권 · 증권의 매매차익을 말함
*2 과세대상이 되는 저축성보험의 보험차익은 만기보험금 · 중도해약환급금에서 납입보험료를 차감한 금액을 말함
*3 직장공제회 초과반환금이란 동일직장이나 직종에 종사하는 근로자로 구성된 공제조합 또는 공제회로부터 받는 공제회 반환금 중 불입원금을 초과하는 금액을 말함. 초과반환금을 분할하여 지급하는 동안 원본 및 초과반환금 등에 추가로 발생하는 이익도 이자소득에 포함함
*4 비영업대금의 이익이란 자금 대여를 영업으로 하지 않는 자가 일시적 · 우발적으로 금전을 대여하고 지급받는 이자 · 수수료 등을 말함. 한편 사업적으로 금전을 대여하는 경우에는 대금업에 해당하며 그로 인해 받은 이익은 사업소득으로 분류함. 즉, 대금업을 하는 거주자임을 대외적으로 표방하고 불특정다수인을 상대로 금전을 대여하는 경우에는 금융업으로 보지만, 대외적으로 대금업을 표방하지 않은 거주자의 금전대여는 비영업대금의 이익으로 봄

참고로 채권 · 증권을 보유함으로써 발생하는 보유기간의 이자소득은 소득세 과세대상이지만, 일반적인 채권 · 증권을 매매함으로써 발생하는 매매차익은 채권유통 활성화를 위해 과세하지 않는다.

보험은 크게 보장성보험과 저축성보험으로 구분할 수 있으며, 두 보험의 특징이 함께 나타나는 보험도 존재한다.

보험의 종류

- 보장성보험 : 불의의 위험에 대비하기 위한 것이고, 만기에 지급받는 만기환급금이 납입한 보험료(원금)를 초과하지 아니하는 것을 말한다. 자동차보험 또는 의료실비보험 등이 대표적인 보장성보험이다.
- 저축성보험 : 일반적인 예금과 성격이 유사한 것으로 만기나 중도해약시 보험금(또는 공제금) 또는 환급금을 수령하게 된다. 이때 피보험자이나 계약자가 수령하는 만기보험금이나 납입한 보험료보다 클 경우 이 차액을 보험차익이라고 한다.

이 중 이자소득으로 과세되는 저축성보험의 보험차익은 아래표와 같이 세분화하여 살펴볼 수 있다.

1) 2013년 2월 14일 이전에 계약을 체결한 보험

구 분		보험차익 과세여부
저축성보험	① 계약기간 10년 이상인 저축성보험	과세제외(∵노후대비)
	② 계약기간 10년 미만인 저축성보험*1	이자소득(∵은행예금과 유사한 성격)
보장성보험	① 사업용자산의 손실로 인한 보장성보험	사업소득(∵보험료 필요경비산입)
	② 위 외의 보장성보험	과세제외(∵사회적위험보장)

*1 이때 보험금은 다음에 해당하는 것을 말함 : 보험계약에 따라 최초로 보험료를 납입한 날부터 만기일 또는 중도 해지일까지의 기간이 10년 미만일 것. 피보험자의 사망 · 질병 · 부상 기타 신체상의 상해로 인해 받거나 자산의 멸실 또는 손괴로 인하여 받는 보험금이 아닐 것

2) 2013년 2월 15일 이후에 계약을 체결한 보험

구 분		보험차익 과세여부
저축성보험[*1]	① 계약기간 10년 이상인 월적립식 저축성보험	과세제외
	② 종신형 연금보험	과세제외
	③ 계약기간이 10년 이상이고 납입보험료 합계액이 1억원(2017.3.31.까지 체결한 보험계약은 2억원) 이하인 보험(일시납보험)	과세제외
	④ 위 외의 저축성보험[예 : 계약기간 10년 미만인 것, 계약기간 10년 이상이고 납입보험료 합계액이 1억원(2017.3.31.까지 체결한 보험계약은 2억원)초과인 것 등]	이자소득
보장성보험	① 사업용자산의 손실로 인한 보장성보험	사업소득
	② 위 외의 보장성보험	과세제외

*1 그 보험금이 피보험자의 사망 · 질병 · 부상 기타 신체상의 상해로 인해 받거나 자산의 멸실 또는 손괴로 인하여 받는 보험금이 아닐 것

(2) 비과세되는 이자소득

비과세소득이란 과세 되는 이자소득 중에서 조세정책 목적상 과세대상에서 제외해 주는 소득을 말한다.

① 공익신탁(학술 · 종교 · 자선 · 기예 그 밖의 공익을 목적으로 하는 신탁)의 이익
② 청년우대형주택청약종합저축에서 발생하는 이자소득의 합계액 중 500만원까지[*1]
③ 농어가목돈마련저축에서 발생하는 이자소득(2025. 12. 31.까지 가입분에 한함)
④ 비과세종합저축(1인당 5천만원 이하에 한함)에서 발생하는 이자소득(2025. 12. 31.까지 가입분에 한함)[*2]
⑤ 농협 등 조합 예탁금에서 발생하는 이자소득(1인당 3천만원 이하의 예탁금만 해당)[*3]
⑥ 개인종합자산관리계좌(ISA)[*4]에 가입하거나 계약기간을 연장하는 경우 해당 계좌에서 발생하는 금융소득(이자소득과 배당소득)의 합계액 중 200만원(서민형과 농어민형은 400만원)이하의 금액
⑦ 장병내일준비적금에서 발생하는 이자소득[*5]
⑧ 청년희망적금에서 받는 이자소득[*6]
⑨ 청년도약계좌 이자소득[*7]

*1 조특법 87조 3항. 연간 총급여액이 3,600만원(종합소득금액 2,600만원) 이하이면서 무주택세대주인 청년(19세~34세, 병역기간 별도 인정)의 경우 청년우대형 주택청약종합저축에 가입한 경우 이자소득 500만원(가입기간 전체 기준)까지 비과세가 적용됨(비과세 적용 납입한도 : 연 600만원)

*2 65세 이상인 거주자 · 기초생활 보장 수급자 · 장애인 · 독립유공자에 해당하는 거주자가 1명당 저축원금이 5천만원 이하인 비과세종합저축에 2025.12.31.까지 가입하는 경우 해당 저축에서 발생하는 이자소득 또는 배당소득에 대해서는 소득세를 부과하지 않음

*3 2007.1.1.부터 2025.12.31.까지 발생하는 이자소득에 대해서는 비과세하고, 2026.1.1.부터 2026.12.31.까지 발생하는 이자소득에 대해서는 5%의 세율을 적용하며, 그 이자소득은 종합소득과세표준에 합산하지 않으며, 개인지방소득세를 부과하지 않음.2027.1.1.이후 조합등예탁금에서 발생하는 이자소득에 대해서는 9%의 세율을 적용하고, 종합소득과세표준에 합산하지 않으며, 개인지방소득세를 부과하지 않음

*4 개인종합자산관리계좌(Individual Savings Account, ISA)란 가입자가 예 · 적금, 펀드 등 다양한 금융상품을 선택하여 포트폴리오를 구성하고 통합 관리할 수 있는 계좌로서 개인이 직접 구성 · 운영하는 펀드와 유사한 개념임. 조세특례제한법은 일정 기간 다양한 금융상품의 운용 결과로서 계좌 내 운용수익(이자 · 배당소득)에 대하여 세제상 혜택을 부여하고 있음

*5 2026. 12. 31.까지 가입분에 한하며, 납입한도는 월 40만원이고, 군복무기간(최대 24개월) 동안 비과세가 적용됨

*6 2022. 12. 31.까지 가입하여 2024.12.31.까지 받는 이자소득에 한정되며, 연간 총급여액이 3,600만원(종합소득금액 2,600만원) 이하인 만19세~34세인 저소득 청년에 대해 시중이자에 더하여 정부에서 저축장려금(2%~4% 수준의 가산이자율)을 지급하는 상품으로 연 납입액 600만원까지 비과세가 적용됨

*7 2025. 12. 31.까지 가입분에 한하며, 직전 과세기간의 총급여액이 7,500만원(종합소득금액의 경우 6,300만원) 이하인 19세~34세의 청년이 가입한 청년도약계좌에 연간 840만원까지 납입이 가능함. 동 계좌는 1명당 1개의 계좌만 보유하여야 하며 계좌에서 발생한 손익을 통산하고 계좌 만기 또는 해지시 발생한 이자소득에 대해 비과세가 적용됨. 동 계좌의 납입액은 예금 및 적금, 펀드, 국내상장주식 등으로 운용되며 의무가입기간은 5년임

(3) 이자소득금액의 계산

이자소득금액은 해당 과세기간의 총수입금액으로 하며 필요경비는 인정되지 않는다. 따라서 은행에서 자금을 빌려 예금을 한 경우 지급이자 등의 비용이 발생하더라도 필요경비로 공제할 수 없다. 금융기관에 예금한 후 받는 이자 실수령액은 금융기관에서 이자소득세를 원천징수한 후의 금액이지만, 소득의 귀속자가 신고하는 이자소득금액은 원천징수하기 전의 총수입금액임을 유의하여야 한다.

이자소득금액 = 총수입금액(비과베소득과 분리과세소득은 제외)

한편, 금전을 대여하였으나 채무자의 도산으로 재산이 전혀 없거나 잔여재산 없이 사망한 경우 등 객관적으로 원금과 이자의 전부 또는 일부를 받지 못하게 된 것이 분명한 경우라면 받지 못한 이자소득은 해당 연도의 이자소득금액으로 보지 않는다.

(4) 이자소득의 수입시기

1) 원칙: 약정에 의한 지급일(∵권리의무확정주의)

구 분	수입시기(귀속시기)
① 비영업대금의 이익	약정에 의한 이자 지급일 (다만, 약정이 없거나 약정일 전에 지급받는 경우 : 그 이자지급일)
② 기명채권의 이자 · 할인액	약정에 의한 지급일
③ 채권 · 증권의 환매조건부 매매차익	약정에 따른 채권 · 증권의 매수일 · 환매도일 (다만, 기일 전에 환매수 · 환매도 하는 경우에는 그 환매수 또는 환매도일)
④ 직장공제회 초과반환금	약정에 따른 납입금초과이익 및 반환금추가이익의 지급일 (다만, 반환금을 분할하여 지급하는 경우 원본에 전입하는 뜻의 특약이 있는 납입금 초과이익 : 특약에 따라 원본에 전입된 날)
⑤ 유사이자소득 및 이자부복합금융거래에서 발생한 이익	약정에 의한 이자 지급일 (다만, 기일 전에 상환하는 경우 : 상환일)

2) 예외: 실제로 지급받는 날(현금주의)

구 분	수입시기
① 무기명채권의 이자 · 할인액	그 지급을 받은 날
② 예금 · 적금 · 부금의 이자	실제로 이자를 지급받은 날(통지예금의 이자는 인출일)
③ 보험의 보험차익	보험금 또는 환급금의 지급일(단, 기일 전에 해지하는 경우: 해지일)

3) 기타

구 분	수입시기
① 채권의 보유기간 이자상당액	채권매도일 또는 이자지급일
② 이자소득이 발생하는 상속재산이 상속 · 증여되는 경우	상속개시일 · 증여일

2. 배당소득

배당소득이란 해당 과세기간동안 발생한 다음의 소득을 의미한다. 배당소득에는 회사법상 배당의 절차를 통해 주주에게 지급하는 배당뿐만 아니라 수익분배 성격이 있는 것도 포함한다.

(1) 배당소득의 범위

① 일반적인 배당
   a. 내국법인으로부터 받는 이익이나 잉여금의 배당 또는 분배금
   b. 법인으로 보는 단체로부터 받는 배당 또는 분배금
   c. 법인과세 신탁재산(내국법인으로 보는 신탁재산)으로부터 받는 배당금 또는 분배금
② 법인세법에 의하여 배당으로 처분된 금액(인정배당)
③ 의제배당[*1]
④ 국내 또는 국외에서 받는 집합투자기구로부터의 이익[*2]
⑤ 간주배당: 「국제조세조정에 관한 법률」의 규정에 따라 특정외국법인으로부터 배당받은 것으로 간주된 금액
⑥ 국내 또는 국외에서 받는 파생결합증권 또는 파생결합사채로부터의 이익[*3]
⑦ 출자공동사업자의 배당소득[*4]
⑧ 유사배당소득[*5]: '① ~ ⑥'와 유사한 소득으로서 수익분배의 성격이 있는 것
⑨ 위의 배당소득을 발생시키는 거래 · 행위와 파생상품이 결합된 경우 해당 파생상품의 거래 · 행위로부터의 이익

*1 의제배당이란 상법상 배당은 아니지만 배당과 같은 경제적 효과가 있는 경우 배당으로 간주하여 과세하는 것으로서 범위는 법인세법과 같으며 계산구조도 기본적으로 법인세법과 동일함

*2 집합투자란 2인 이상에게 투자 권유를 하여 모은 금전이나 여유자금을 투자자 또는 각 기금관리 주체로부터 일상적인 운용지시를 받지 않으면서 재산적 가치가 있는 투자대상 자산을 취득, 처분 등의 방법으로 운용하고 결과를 투자자에게 배분하여 귀속시키는 것을 말함. 집합투자의 대표적인 예로 ETF(Exchange Trade Fund: 주가지수연동투자신탁), 엄브렐라펀드(하나의 펀드 아래 성격이 다른 하위펀드가 구성되어 있으며 하위펀드들 사이에 자유롭게 이동이 가능한 펀드), 적립식 펀드, 해외 펀드(투자대상이 해외의 주식, 채권 및 부동산인 상품) 등을 들 수 있음

*3 「자본시장과 금융투자업에 관한 법률」에 따른 파생결합증권(금 또는 은의 가격에 따라 수익이 결정되는 골드 · 실버뱅킹 포함) 또는 상법에 따른 파생결합사채로부터의 이익 (ELW는 제외). 주식워런트증권(ELW)은 자산을 사전에 정한 미래의 시기에 미리 정한 가격으로 살 수 있거나 팔 수 있는 권리를 나타내는 증권임. 현행 소득세법에서 코스피200ELW와 코스닥150ELW는 양도소득으로 과세됨

*4 공동사업에서 발생하는 소득금액 중 경영에 참여하지 않고 출자만 한 출자공동사업자의 손익분배비율에 해당하는 금액을 말함. 즉, 형식은 배당소득이지만 실질은 사업소득을 의미함

*5 배당소득의 경우에도 이자소득과 동일하게 유사소득으로서 수익분배의 성격이 있는 것은 구체적으로 나열하지 않더라도 과세할 수 있도록 유형별포괄주의를 채택하고 있음

(2) 비과세되는 배당소득

① 공익신탁(학술 · 종교 · 자선 · 기예 그 밖의 공익을 목적으로 하는 신탁)의 이익
② 비과세종합저축에서 발생하는 배당소득
③ 소액주주인 우리사주조합원이 장기보유한 배당소득
④ 농협 · 수협 우선출자지분 취득 근로자의 자사주 배당소득
⑤ 농협 · 수협 등 조합 출자금에서 발생하는 배당소득
⑥ 재형저축에서 발생하는 배당소득(2015.12.31.꺼지 가입분에 한함)
⑦ 해외주식투자전용집합투자기구(2017.12.31.까지 투자한 것에 한함)로부터의 이익 중 해외상장주식의 매매 또는 평가로 인하여 발생한 손익(환율변동에 의한 손익을 포함함)
⑧ 개인종합자산관리계좌(ISA)에 가입하거나 계약기간을 연장하는 경우 해당 계좌에서 발생하는 금융소득 합계액 중 200만원(서민형과 농어민형은 400만원)까지의 금액
⑨ 청년도약계좌에서 발생하는 배당소득
⑩ 그 밖의 조세특례제한법에 규정된 비과세 배당소득

(3) 배당소득금액의 계산

배당소득금액은 해당 과세기간의 총수입금액으로 하며 필요경비는 존재하지 않는다. 그러나 이자소득과 달리 이중과세 조정대상이 되는 배당소득(국내에서 법인세가 과세된 잉여금을 재원으로 하는 배당소득이 종합과세가 되는 경우)에는 귀속법인세(배당가산액, Gross－up금액)를 가산한 금액을 배당소득금액으로 한다. 동 금액은 향후 산출세액에서 세액공제로 차감해 줌으로써 이중과세를 조정한다.

배당소득금액 = 총수입금액(비과세소득과 분리과세소득은 제외) + Gross-up금액

배당가산액(Gross-up) 제도

주주에게 지급되는 배당금의 원천은 법인이 벌어들인 이익이다. 그런데 법인이 벌어들인 이익에 대해 법인단계에서 법인세가 과세되며, 법인세 납부 후의 잔여 이익이 개인 주주에게 배당될 때 배당소득으로 소득세가 다시 과세되는 결과가 발생할 수 있는데 이를 '배당소득에 대한 이중과세'라 한다. 현행 소득세법은 이러한 이중과세를 조정하기 위하여 배당가산제도와 배당세액공제제도를 두고 있다.

배당소득 총수입금액에 배당가산액을 가산하여 배당소득금액을 계산한 후, 종합소득산출세액에서 배당세액공제를 하는 방식으로 이중과세를 조정한다. 즉, 배당지급법인이 법인세를 부담하지 않았다고 가정할 경우 개인주주가 배당으로 받을 수 있는 금액으로 배당소득금액을 계산하고, 이를 기초로 종합소득산출세액을 계산한 뒤 배당지급법인이 부담한 법인세(배당가산액)을 개인주주의 기납부세액으로 보아 세액공제를 함으로써 이중과세를 조정하는 것이다. 이렇게 배당가산액과 배당세액공제를 적용하게 되면, 결과적으로 개인주주는 주주 단계에서 소득세를 한 번만 부담하게 된다.

(4) 배당소득의 수입시기

구 분	수입시기(귀속시기)
① 일반배당	잉여금 처분에 따른 배당 : 잉여금 처분결의일 (무기명주식 : 지급을 받은 날)
② 의제배당	• 감자 · 퇴사 · 탈퇴 : 감자결의일 · 퇴사일 · 탈퇴일 • 해산 : 잔여재산가액 확정일 • 합병 · 분할 : 합병등기일 · 분할등기일 • 잉여금 자본금 전입 : 자본금 전입 결의일
③ 법인세법에 따라 처분된 배당(인정배당)	당해 사업연도의 결산확정일
④ 집합투자기구로부터의 이익	집합투자기구로부터 이익을 지급받은 날 (단, 원본 전입 특약이 있는 경우에는 원본 전입일)
⑤ 출자공동사업자의 배당소득	공동사업의 총수입금액과 필요경비가 확정된 날이 속하는 과세기간 종료일
⑥ 그 밖의 수익분배성격이 있는 배당 또는 분배금	그 지급을 받은 날
⑦ 배당소득을 발생시키는 거래 · 행위와 파생상품이 결합된 경우 해당 파생상품의 거래 · 행위로부터의 이익	

3. 금융소득의 과세방법

이자소득과 배당소득을 합한 금융소득을 기준으로 과세방법을 설명하고자 한다.

(1) 소득의 지급자: 원천징수

국내에서 거주자에게 금융소득을 지급하는 자는 그 거주자에 대한 소득세를 원천징수하여야 한다(금융소득에 대한 원천징수세율은 대부분 14%이며, 비영업대금의 이익은 25%이다). 한편, 국외에서 지급되는 금융소득은 국내에서 원천징수하지 않으나 예외적으로 국내에서 지급을 대리하거나 그 권한을 위임 · 위탁받은 자가 원청징수를 대신한다.

(2) 소득의 귀속자: 금융소득 종합과세와 분리과세

비과세대상을 제외한 금융소득은 무조건 분리과세대상, 무조건 종합과세대상 및 조건부 과세대상 금융소득으로 나누어진다.

1) 무조건 분리과세 대상

다음에 해당하는 금융소득은 실지귀속자가 확인되지 않거나 조세 정책적 혜택을 부여하기 위하여 종합과세하지 않고 원천징수로서 과세를 종결한다. 이를 무조건 분리과세대상 금융소득이라 한다.

① 실지명의가 확인되지 않는 금융소득(원천징수세율 : 45%, 단, 금융실명거래법에 따라 실명에 의하지 아니하고 거래한 금융자산에서 발생하는 이자 및 배당소득 : 90%)

② 민사집행법에 따라 법원에 납부한 보증금 및 경락대금에서 발생하는 이자소득(원천징수세율 : 14%)

③ 직장공제회 초과반환금(기본세율 원천징수로 과세종결)

④ 개인종합자산관리계좌에서 발생하는 금융소득(이자와 배당소득)의 합계액 중 200만원(서민형과 농어민형은 400만원)을 초과하는 금액(원천징수세율 : 9%)

⑤ 거주자가 일정한 요건을 모두 갖추어 2025.12.31.까지 투융자집합투자기구로부터 받는 배당소득(원천징수세율 : 14%)

⑥ 1거주자로 보는 법인이 아닌 단체의 금융소득(예: 아파트관리비 또는 수선충당금에서 발생한 이자소득)(원천징수세율 : 14%)

⑦ 기타 조세특례제한법상 분리과세 금융소득(5%, 9%, 14%, 25% 원천징수로 과세종결)

2) 무조건 종합과세 대상

다음의 금융소득은 무조건 종합과세 해야한다. 단, 원천징수된 세액은 기납부세액으로 차감한다. 국외에서 받은 금융소득은 원천징수 금액이 없으며 출자공동사업자의 배당소득은 원천징수세율이 25%이다.

① 국내에서 지급되는 금융소득 중 원천징수되지 않은 소득(예 : 비영업대금의 이익)
② 원천징수대상이 아닌 국외에서 받은 금융소득
③ 출자공동사업자의 배당소득

3) 조건부 과세대상 금융소득

비과세대상 · 무조건 분리과세대상 · 무조건 종합과세대상 금융소득 외의 나머지 금융소득을 조건부 과세대상 금융소득이라 한다. 거의 대부분의 일반적인 금융소득은 조건부 과세대상 금융소득에 해당한다.

조건부 과세대상 금융소득은 아래 조건에 따라 과세여부가 결정된다. 즉, 출자공동사업자의 배당소득과 귀속법인세는 제외하고 무조건 종합과세대상 금융소득과 조건부 과세대상 금융소득의 합계액이 종합과세 기준금액인 2천만원을 초과하면 무조건 종합과세소득과 조건부 종합과세소득 전체가 종합과세된다. 이때 원천징수된 금액이 있으면 기납부세액으로 차감받게 된다. 이렇게 종합과세되는 경우에도 산출세액 계산 시 2,000만원까지는 원천징수세율인 14%를 적용하고, 2,000만원을 초과하는 금액에 대해서는 다른 소득과 합산하여 기본세율을 적용한다.

한편, 출자공동사업자의 배당소득과 귀속법인세를 제외한 무조건 종합과세대상 금융소득과 조건부 과세대상 금융소득의 합계액이 2천만원 이하인 경우에는 무조건 종합과세소득만 종합과세되고, 조건부 과세대상 금융소득은 14%의 세율로 분리과세한다(비영업대금의 이익은 25%).

조건부 과세대상 금융소득의 과세방법 결정

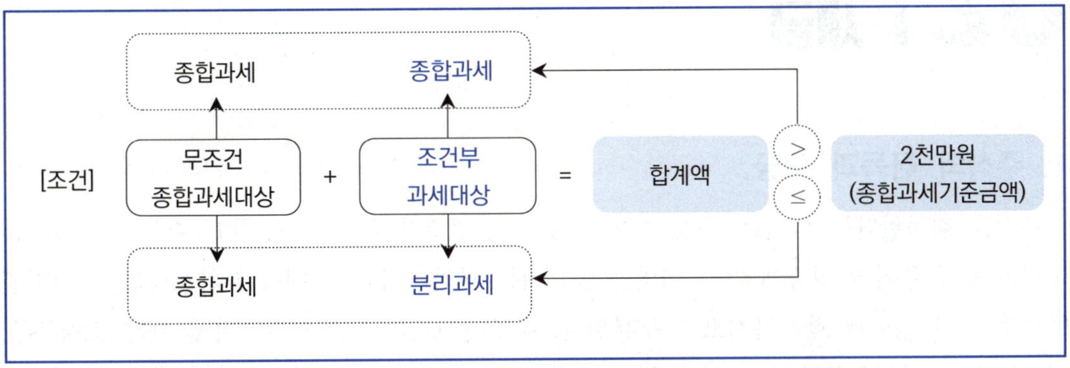

조건부 과세대상 금융소득의 세액계산 방법

① 2,000만원 이하분 : 14%
② 2,000만원 초과분 : (종합소득과세표준 − 2,000만원) × 기본세율 + 2,000만원 × 14%

* 지방소득세는 소득세액의 10%를 부과함. 따라서 2,000만원 이하 금융소득에 대해서는 실제로는 총 15.4%의 세금이 부과됨

사실 소득별 과세의 형평성을 위해서는 다른 소득과 마찬가지로 모든 금융소득에 종합과세를 해야 한다. 그럼에도 불구하고 우리나라 소득세법이 금융소득에 대해서는 종합과세 기준금액을 초과하는 경우에만 종합과세하도록 한 이유는 현실적으로 금융소득자의 수가 매우 많은데 모든 금융소득에 대해 종합과세한다면 소액 금융소득자까지도 종합과세 신고절차를 밟아야 하는 번거로움을 겪기 때문이다. 또한, 과세관청 입장에서도 모든 신고에 대해 오류나 탈루가 있는지를 전부 심사하는 것은 매우 어렵기 때문이다. 그리고 전면적인 종합과세를 하면 금융자금이 해외로 이탈하거나 부동산투기와 같은 비생산적인 부분으로 이동하는 등 국내금융시장의 혼란을 초래함은 물론 때에 따라서는 국내경제에 상당한 충격을 줄 수도 있기 때문이다.

종합과세 시에도 2,000만원 까지는 원천징수세율을 적용하는 이유

무조건 종합과세소득과 조건부 종합과세소득 전체가 종합과세되는 경우, 산출세액 계산시 금융소득 전액에 대해 기본세율(6%~45%)이 적용된다면, 2,000만원을 분기점으로 하여 세부담이 급격하게 증가되는 문제점이 발생한다. 이러한 문제점을 보완하기 위하여 종합과세되는 금융소득 중 2,000만원까지는 14%의 세율을 적용하고, 2,000만원 초과분에 대해서만 다른 종합소득과 합산하여 기본세율을 적용한다.

02 증권과 세금

1. 주식의 취득과 세금

주식을 취득한다는 의미는 특정 회사의 주인인 주주가 된다는 것이다. 주식을 취득하는 목적은 크게 주가의 상승에 따라 이익을 얻으려는 차익거래목적, 배당금의 수령목적, 의결권 행사를 통한 영향력 행사목적으로 구분된다. 주주는 보유 지분율의 크기에 따라 소액주주, 대주주 또는 과점주주 등으로 분류할 수 있다. 주식시장에서 주식이 거래되는 기업을 상장기업이라고 하는데, 상장기업은 대부분 자본금이 크기 때문에 상장기업에 속한 개인주주의 지분율이 1% 이상[1](또는 투자금액 50억 이상)만 되어도 대주주로 본다. 대주주는 높은 지분율로 주권을 행사함으로써 회사에 큰 영향력을 행사할 수 있으며 대주주의 이익극대화를 꾀할 수 있다. 하지만, 소액주주는 상대적으로 영향력이 낮아 주주의 이익극대화에 제한적이므로 세금측면에서의 보호가 필요하다. 주식시장에서 주식이 거래되지 않는 기업을 비상장기업이라고 하며, 비상장기업은 상장기업보다는 자본금이 작아서 대주주보다는 과점주주의 개념이 더욱 자주 언급된다. 여기서 과점주주란 지분율이 50%를 초과하는 비상장법인의 주주를 말한다. 세법상 과점주주에 대한 규제가 엄격한데 이는 비상장기업과 개인의 이해관계가 일체화된 것으로 보기 때문이라고 할 수 있다.

정리하면 일반주주가 주식을 취득할 때는 증권거래세는 없으나 증권사를 이용하는 거래수수료는 납부해야 하며 주권에 인지세 400원이 부과되지만 이는 회사에서 부담한다. 그리고 아래의 경우는 주식의 취득 시 증권사거래 수수료 외에도 세금을 부과하는 경우를 보여준다.

(1) 주식취득 자금의 출처 문제

직업이나 연령, 소득 및 재산상태 등으로 보아 현재 보유한 주식을 자신의 힘으로 취득하였다고 보기 어려운 경우에는 해당 주식의 취득자금을 다른 사람으로부터 증여받았다고 추정하며, 그렇지 않음을 입증하지 못할 경우 증여세를 내야 한다.

1) 유가증권시장은 1%, 코스닥시장은 2%, 코넥스시장은 4% 이상인 경우 대주주로 본다.

주식 취득 시 증여추정 기준금액

구 분	세대주인 경우		세대주가 아닌 경우		30세 미만
	30세 이상	40세 이상	30세 이상	40세 이상	
기준금액	5천만원	1억원	5천만원	1억원	3천만원

* 위 금액 이상일 경우 증여로 보아 주식 취득 자금 출처조사를 하는 경우가 많음

(2) 주식취득으로 과점주주가 된 자의 취득세 납세의무

1) 의의

비상장법인의 주식 또는 지분을 취득함으로써 과점주주가 된 때(법인의 최초 설립 시 과점주주가 된 경우는 제외)에는 당해 법인의 부동산 · 차량 · 기계장비 · 입목 · 항공기 · 골프회원권 · 콘도미니엄회원권 · 종합체육시설이용회원권 등 취득세 과세대상 물건을 소유주식 비율만큼 취득한 것으로 간주하여 취득세의 납세의무를 부과하고 있다. 즉, 해당 법인이 부동산 등 과세대상 물건을 취득하여 취득세 납세의무를 부담한 것과는 별개로 과점주주에게도 납세의무를 부과한다는 것인데, 이것은 과점주주가 됨으로써 해당 법인의 재산을 처분하거나 관리 운영할 수 있는 지위에 있게 되고 실질적으로 그 재산을 직접 소유하는 것과 다를 바 없으며 바로 여기에 담세력이 있다고 보아 해당 법인과는 별도로 그에 상응한 과점주주의 소유주식 비율만큼 법인의 재산을 취득한 것으로 간주하여 취득세를 부과하는 것이다.

2) 과점주주의 개념

비상장법인의 주식 또는 지분을 취득함으로써 해당 법인의 발행주식 총수의 100분의 50을 초과하는 주주를 해당 법인의 과점주주라고 한다.

3) 취득세 납세의무

법인의 과점주주가 아닌 주주로부터 주식을 취득함으로써 최초로 과점주주가 된 경우(예를 들어, 처음 45%에서 10% 취득하여 55%가 된 경우), 또는 증자 때문에 최초로 과점주주가 된 날, 현재 당해 과점주주가 소유하고 있는 법인의 주식을 모두 취득으로 간주하여 전체(여기서는 55%)에 대해 과세한다.

① 과점주주(55%지분)이었던 사람의 주식비율이 증가(10%증가)된 경우에는 증가된 부분(10%)에 대하여 과세한다.

② 과점주주(55%지분)가 주식의 매도, 법인의 증자 등으로 일반주주(35%)가 되었다가 그

로부터 5년 이내에 다시 주식을 취득(35%취득하여 총 70%지분)하여 과점주주가 된 경우, 종전의 과점주주 당시보다 증가된 부분(15%)에 해당하는 부분만 과세한다.

(3) 과점주주와 제2차 납세의무

법인이 납부해야 할 세금을 법인이 납부하지 못하는 경우에 과점주주는 법인이 미납한 세금 중에서 보유한 지분율만큼 납부할 의무를 지게 된다. 이를 과점주주의 제2차 납세의무라고 한다. 동시에 과점주주가 납부해야 할 세금을 과점주주가 납부하지 못하는 경우에는 법인은 과점주주가 내지 못하는 세금 중에서 지분율만큼 납부할 의무를 지게 된다. 이를 법인의 제2차 납세의무라고 한다.

2. 주식의 처분과 세금

(1) 증권거래세

증권거래세는 다음의 주식 또는 지분을 양도할 때 과세된다.

① 국내법인의 주권(주식)과 지분(대기업, 중소기업, 유한 · 합명회사 및 대주주와 소액주주)

② 한국증권거래소에 상장된 외국법인이 발행한 주권 또는 주식예탁증서

1) 납세의무자

① 증권시장 및 장외 중개회사에서 양도되는 경우 : 전자등록기관 또는 한국예탁결제원
② 금융투자업자가 주권의 매매 · 위탁매매 또는 매매의 중개를 하는 경우 : 금융투자업자
③ 기타의 방법으로 주권을 양도하는 경우 : 그 주권의 양도자 본인

2) 비과세 대상

① 국가 또는 지방자치단체가 주권 등을 양도하는 경우
② 발행인이 주권을 매출하는 경우
③ 주권을 목적물로 하는 소비대차의 경우
④ 외국유가증권시장에 상장된 주권 등을 양도하는 경우
⑤ 외국유가증권시장에 주권 등을 상장하기 위하여 인수인에게 주권 등을 양도하는 경우

3) 과세표준

① 유가증권시장 등에서 양도되는 주권과 유가증권시장 등의 밖에서 양도되는 주권을 양도하는 경우 : 당해 주권의 양도가액

② '①' 외의 주권 등을 양도하는 경우

㉠ 주권 등의 양도가액을 알 수 있는 경우 : 당해 주권 등의 양도가액

㉡ 주권 등의 양도가액을 알 수 없는 경우 : 평가한 가액

4) 증권거래세율

주식의 양도에 따른 증권거래세는 주식의 양도가액에 다음의 세율을 곱하여 계산한다.

구 분	유가증권시장	코스닥시장	코넥스시장
2023년	0.05%	0.2%	0.1%
2024년	0.03%	0.18%	0.1%
이외	0%	0.15%	0.1%

* 농어촌특별세(코스피분)는 0.15% 별도 과세됨

5) 신고와 납부

증권거래세의 납세의무자 중 증권시장과 증권시장 밖 또는 금융투자업자가 주권을 양도한 경우에는 매월 분의 과세표준과 세액을 다음 달 10일까지 증권거래세 과세표준신고서와 함께 작성하여 관할 세무서에 제출하고 증권거래세를 납부해야 한다. 다만, 기타의 경우에는 과세표준과 세액을 양도일이 속하는 분기의 말일부터 2개월 이내에 신고한다.

(2) 주식의 양도소득세

일정한 주식에 대해 취득가액과 처분가액의 차익이 생겨서 주식처분에 따른 소득이 발생한 경우에는 양도소득세를 따로 납부해야 한다.

1) 과세대상

개인이 보유한 주식을 처분하여 처분소득이 발생하였다고 하더라도 모든 주식의 처분이 양도소득세 신고대상이 되는 것은 아니며, 다음 주식의 처분에 대해서만 양도소득세 신고와 납부의 의무가 발생한다.

① 모든 상장법인의 대주주가 소유한 주식의 양도

② 모든 상장법인의 소액주주가 장외거래를 통해 한 주식의 양도

③ 모든 비상장법인 주식의 양도
(단, 벤처기업의 주식 등을 소액주주가 양도하는 경우에는 과세대상이 아님)

④ 특정주식 · 특정법인 주식의 양도

㉠ 특정주식 : 부동산가액이 해당 기업 총자산의 50% 이상이고, 이 기업의 주주1인 및 기타주주(특수관계자)가 50% 이상의 지분을 소유한 경우, 주주 1인 및 기타주주가 그 법인의 주식 50% 이상을 타인에게 양도할 때 기본세율(6% ~ 45%)로 과세함.

㉡ 특정법인의 주식 : 해당 법인의 자산총액 중 부동산 등의 가액이 80% 이상이고, 골프장 · 스키장 · 휴양콘도미니엄 등을 건설 또는 취득하여 직접 경영하거나 분양 또는 임대하는 업을 영위하는 법인의 주식을 1주 이상 양도할 경우 기본세율(6% ~ 45%)로 과세함(특정법인의 주식을 1주라도 보유하다가 양도하면 양도소득세가 과세 된다는 점에서 특정주식과 대조적임).

2) 과세표준

양도소득과세표준 = 양도소득금액 – 필요경비 – 기본공제(연 250만원)

3) 양도소득세율

주식의 양도에 따른 양도소득세는 양도소득 과세표준에 양도소득세율을 곱하여 계산한다.

<table>
<tr><th>주주 구분</th><th colspan="2">구 분</th><th>세 율</th></tr>
<tr><td rowspan="3">대주주</td><td colspan="2">1) 1년 미만 보유한 주식으로서 중소기업 외의 법인의 주식</td><td>30%</td></tr>
<tr><td rowspan="2">2) 위 1)에 해당하지 않는 주식</td><td>① 과세표준 3억원 이하</td><td>20%</td></tr>
<tr><td>② 과세표준 3억원 초과</td><td>6,000만원 + (3억원 초과분에 대해 25%)</td></tr>
<tr><td rowspan="2">대주주외</td><td colspan="2">1) 중소기업의 주식</td><td>10%</td></tr>
<tr><td colspan="2">2) 위 1)에 해당하지 않는 주식</td><td>20%</td></tr>
</table>

4) 신고 · 납부

① 예정신고 · 납부

주식을 양도한 사람은 양도일이 속하는 분기의 말일(1/4분기라면 3월 말일)부터 2개월 이내에 양도소득세과세표준 예정신고서를 제출하여야 한다. 분기 중에 여러 건의 주식을 양도한 경우에도 분기별로 집계하여 신고한다.

㉠ 신고 시 제출서류

- 양도소득 과세표준 신고 및 자진납부계산서
- 주식 양도소득금액 계산명세서
- 양도 및 취득 시의 실지매매계약서 사본 또는 실지거래가액을 증명할 수 있는 서류 등
- 주식거래내역서 → 대주주만 제출
- 대주주 등 신고서 → 연도 중에 주식을 취득함으로써 대주주에 해당된 주주가 주식을 양도한 경우에만 제출

예정신고 산출세액

= [(이미 신고한 양도소득 과세표준 + 제2회 이후 신고하는 양도소득 과세표준) × 세율]
 − 이미 신고한 예정신고 산출세액

㉡ 신고방법 : 신고의무자의 주소지 관할세무서에 제출하거나 우편으로 송부

② **확정신고 · 납부**

㉠ 신고대상자 : 주식 등을 양도하고 예정신고를 하지 아니하였거나 예정신고를 잘못한 납세자는 확정신고를 해야함

㉡ 신고 · 납부기한 : 주식을 양도한 당해 연도의 다음연도 5월 말일까지

㉢ 무(과소)신고 · 무(과소)납부 시의 불이익 : 신고불성실가산세 10%와 납부불성실가산세 1일당 0.022%를 추가로 부담하게 됨. 신고 시 제출서류 및 신고방법 등은 예정신고와 동일함.

[OX Quiz] 6. 재테크와 세금: 금융소득

01 금융소득(이자소득과 배당소득)은 필요경비를 인정하지 않으므로 당해 연도의 총수입금액 자체가 금융소득금액이다.

(정답 O)

02 국외에서 받는 예금의 이자는 국외에서 과세되므로 이자소득에 해당하지 아니한다.

(정답 X) 국외에서 받는 예금의 이자도 이자소득에 해당한다.

03 무기명 채권 및 기명 채권 등의 이자와 할인액의 이자소득 수입시기는 그 지급을 받은 날로 한다.

(정답 X) 무기명채권의 경우 귀속자를 확인할 수 없으므로 그 지급을 받은 날을 수입시기로 보지만, 기명채권의 경우 그 귀속자를 확인할 수 있으므로 약정에 의한 이자지급개시일이 수입시기가 된다.

04 이자 · 배당소득 중 국외에서 받는 금융소득과 같이 원천징수되지 않는 금융소득은 무조건 종합과세한다.

(정답 O)

05 자금의 대여를 영업으로 하고 있는 자가 금전을 대여하고 얻은 이익은 이자소득으로 무조건 종합과세대상이다.

(정답 X) 자금의 대여를 영업으로 하고 있는 자의 금전 대여이익은 사업소득이다.

06 채권 · 증권의 환매조건부 매매차익은 배당소득에 해당한다.

(정답 X) 채권 · 증권의 환매조건부 매매차익은 이자소득이다.

07 소득세법에서는 배당소득에 대한 이중과세를 조정하기 위하여 배당가산제도와 배당세액공제제도를 두고 있다.

(정답 O)

08 금융소득종합과세제도란 개인별 연간 금융소득을 합산하여 4천만원을 초과하는 소득은 다른 종합소득과 합산하여 초과누진세율인 기본세율(종합소득세율)을 적용하여 종합과세 하는 제도이다.

(정답 X) 개인별 연간 금융소득을 합산하여 2천만원을 초과하는 소득에 대해 다른 종합소득과 합산하여 종합과세 한다.

09 보장성보험의 소득공제는 근로소득자 뿐만 아니라 개인사업자에게도 적용된다.

(정답 X) 개인사업자의 경우 보험료가 필요경비로 인정되므로 보장성보험에 가입하더라도 소득공제 혜택을 받을 수 없다.

10 주식을 취득하는 경우에는 일반적으로 세금문제가 없으나, 과점주주의 경우에는 주식을 취득하게 되면 취득세를 내야한다.

(정답 O)

제 7 장

부동산과 세금

CONTENTS

부동산가격을 안정시키고 부동산 투기를 방지하기 위해 정부는 부동산에 다양한 세금을 부과하고 있다. 부동산에 관한 세금은 부동산을 취득하면서 내는 세금, 부동산을 보유하면서 내는 세금, 그리고 부동산을 양도하면서 내는 세금으로 구분된다. 다른 세금과 달리 부동산에 부과되는 세금은 전문가와의 상담을 통해 절약할 수 있는데, 이때 가장 중요한 것은 사전에 상담을 해야 한다는 것이다. 예를 들어 부동산을 양도하는 경우 사전에 상담을 한다면, 언제 양도할 것인지, 감면 또는 비과세 되는 세금은 없는지, 증빙 서류는 어떤 것을 챙겨야 하는지 등을 자세하게 검토하여 전문가가 알고 있는 최선의 방법을 알려줄 수 있지만, 이미 고지서를 받고 상담을 신청하면 바꿀 방법이 없어 결국은 고지서에 기재된 세금을 그대로 낼 수 밖에 없다는 말을 듣게 된다. 이는, 이미 등기이전이 이루어졌고, 토지대장 또는 건축물관리대장 등의 공부도 정리되었기 때문에 이를 되돌릴 수 없으며, 고지서를 수령했을 때는 부동산 양도 이후 상당 시일이 지났으므로 증빙확보 조차 어려움이 있을 수 있다. 따라서 양도소득세 등의 세금을 절세하기 위해서는 사전에 전문가와 상담을 하거나 관련 세법내용을 스스로 충분히 이해하고 대책을 세울 필요가 있다. 국세청 세금절약가이드에 제시된 인터넷 국세청 누리집(www.nts.go.kr)에 접속하여 관련정보를 검색해보거나 국세법령정보시스템에서 법령, 해석사례, 판례 등을 자세히 검색해보면 절세전략에 관한 팁을 얻을 수 있다.

01 부동산의 취득과 세금

부동산의 취득이란 매매, 신축, 교환, 상속, 증여, 기부, 법인에 대한 현물출자, 건축, 개수, 공유수면의 매립, 간척에 의한 토지의 조성 등의 방법에 의하여 대가를 지급하거나 대가 없이 부동산을 취득하는 것을 말한다. 현행 지방세법에서는 일정한 자산을 취득하는 경우 민법 등 관계 법령에 따른 등기 · 등록 등을 하지 않은 경우라도 사실상 취득하면 각각 취득한 것으로 보고, 취득세 및 지방교육세 · 농어촌특별세 등을 신고 · 납부하도록 규정하고 있다. 상속과 증여에 대해서는 절을 달리하여 설명하기로 하고, 여기서는 매매에 의한 부동산 취득 시에 납부해야하는 주요 지방세들에 관해 살펴보기로 한다.

1. 부동산 취득 시 내야 하는 세금의 종류

(1) 취득세

취득세는 부동산 등을 매매, 교환, 상속, 증여, 기부, 법인에 대한 현물출자, 건축, 개수, 공유수면 매립, 간척에 의한 토지의 조성 등과 기타 이와 유사한 취득으로서 원시취득, 승계취득 또는 유상 · 무상을 불문한 일체의 취득에 대하여 부과되는 지방세이다. 그 취지는 소유권이 이전되는 유통과정에서 취득자에게 조세를 부담시키려는 데 있다. 2011년부터 종전 등록세 중 소유권 취득과 관련한 등기 · 등록에 대한 사항을 모두 취득세에 통합시켰다. 지방세법에 제시된 취득세 과세대상은 다음과 같다.

취득세 과세대상

- 부동산 : 토지 · 건축물
- 부동산에 준하는 것 : 차량, 기계장비, 입목, 선박, 항공기
- 각종 권리 : 광업권, 어업권, 양식업권, 골프회원권, 승마회원권, 콘도미니엄회원권, 종합체육시설이용권, 요트회원권

취득세는 과세대상 물건을 취득한 날부터 60일(상속의 경우 상속개시일의 말일부터 6개월, 납세자가 외국에 주소를 둔 경우 9개월, 상속 외의 무상취득의 경우 취득일이 속하는 달의 말일부터 3개월) 이내에 과세표준에 세율을 적용한 세액을 신고 · 납부해야 한다. 취득세

납세의무자가 신고 또는 납부의무를 다하지 않으면 산출세액 또는 그 부족 세액에 무신고가산세 · 과소신고가산세 및 납부불성실가산세를 합한 금액을 세액으로 하여 보통징수의 방법으로 징수한다. 참고로 취득가액이 50만원 이하인 경우에는 취득세를 부과하지 않는다.

이중계약서를 작성하는 등 부동산 양도 시 잘못된 관행을 없애고 부동산 거래를 투명하게 하려고 정부는 부동산 실거래가액 신고의무 제도를 2006.1.1.부터 도입하여 시행하고 있다. 따라서 부동산을 매매한 경우 계약체결일로부터 60일 이내에 실거래가격을 부동산 소재지 관할 시 · 군 · 구청에 신고해야 하며, 신고된 금액은 등기부 등본에 기재된다. 신고의무를 위반하면 매도 · 매수인과 중개업자는 취득세 3배 이하의 과태료를 물어야 하며, 중개업자가 거짓 기재 또는 이중계약서를 작성한 경우에는 중개업 등록 취소 또는 6개월 이내의 자격정지 처분을 받게 된다.

(2) 지방교육세 · 농어촌특별세

부동산 등을 매수한 매수인은 감면받은 취득세 또는 취득세를 신고 · 납부하는 때에 지방교육세와 농어촌특별세를 함께 신고 · 납부해야 한다.

지방교육세란 지방 교육의 질적 향상에 필요한 지방 교육 재정의 확충에 드는 재원을 확보하기 위해 부과되는 세금으로서 본세인 취득세를 부담하면서 같이 부담하는 부가세의 성격을 취하며, 과세표준은 '취득세의 과세표준 × (취득세율 − 2%)'의 계산식을 사용하고 표준세율 20%를 적용한다.

농어촌특별세는 농어업의 경쟁력 강화와 농어촌산업기반시설의 확충 및 농어촌지역 개발사업을 위해 필요한 재원을 확보하고자 부과되는 세금을 의미하며 이러한 세금 또한 본세인 취득세를 납부할 때 같이 부담하며, 취득세 과세표준의 0.2%(취득세의 세율을 2%로 보고 그 금액의 10%를 부담함)를 부담하게 된다. 단, 전용면적 85㎡ 이하의 국민주택과 농가 1주택 등은 비과세가 적용된다.

지방교육세와 농어촌특별세는 대표적인 목적세로서 지방 교육 재정확충, 농어촌 사회기반시설 확충 및 농어업의 경쟁력 강화를 위한 재원 마련 목적으로만 사용되고 있다.

(3) 인지세

부동산 취득과 관련하여 매매계약서 등 증서를 작성할 경우, 증서의 기재금액별 인지세액에 상당하는 수입인지를 구입하여 증서에 첨부하고 인장 또는 서명으로 소인한다. 주택의 경우 매매계약서상 기재금액이 1억원 이하일 때에는 인지세가 비과세 된다.

2015.1.1.부터 인터넷 상("전자수입인지" 또는 "https://www.e-revenuestamp.or.kr/")에서

전자수입인지를 구매 · 소인하는 방식으로 변경되었으며, 우표형태의 종이수입인지를 첨부 · 소인하는 방식은 폐지되어 사용할 수 없다.

부동산소유권 이전에 관한 증서의 기재금액별 인지세액

기재금액	세 액
1천만원 초과 3천만원 이하	2만원
3천만원 초과 5천만원 이하	4만원
5천만원 초과 1억원 이하	7만원
1억원 초과 10억원 이하	15만원
10억원 초과	35만원

* 주택의 경우 매매계약서상 기재금액이 1억원 이하인 때에는 인지세가 비과세됨

2. 취득세 계산방법

취득세의 과세표준은 취득 당시의 가액으로 하는 것이 원칙이다. 부동산 등을 유상으로 취득하는 경우 취득 당시 가액은 취득시기 이전에 해당 물건을 취득하기 위하여 거래 상대방이나 제3자에게 지급하였거나 지급하여야 할 일체의 비용으로 한다.

한편, 부동산 등을 무상으로 취득하는 경우에는 취득시기 현재 불특정 다수인 사이에 자유롭게 거래가 이루어지는 경우 통상적으로 성립된다고 인정되는 매매사례가액, 감정가액 등의 시가인정액을 취득 당시 가액으로 한다. 단, 상속으로 취득하는 경우나 시가인정액을 산정하기 어려운 경우에는 시가표준액을 취득 당시 가액으로 한다.

시가표준액

시가표준액은 인터넷 상("국토교통부 > 실거래가 공개시스템(http://rt.molit.go.kr/")에서 확인 가능하며 다음과 같이 결정된다.

구 분		시가표준액
건 물	주택	개별(공동)주택가격
	주택 이외	지방자치단체의 장이 결정한 가액
토 지		개별공시지가

부동산 관련 취득세는 위에서 구한 취득가액인 과세표준에 다음에 해당하는 표준세율을 적용하여 계산한 금액을 그 세액으로 한다. 지방자치단체의 장은 조례로 정하는 바에 따라 취득세의 세율을 표준세율의 50% 범위에서 가감할 수 있다.

부동산 취득세율표 (2025년 2월 기준)

구 분		세 율				
		취득세	지방교육세	농어촌특별세	85㎡이하	85㎡초과
주택[*1] (유상)	6억 이하	1%	0.1%	0.2%	1.1%	1.3%
	6억 초과 9억 이하	1.01%~3%	0.1~0.3%	0.2%	1.1%~3.3%	1.31~3.5%
	9억 초과	3%	0.3%	0.2%	3.3%	3.5%
주택(중과) 조정지역[*2]	2주택	8%	0.4%	0.6%	8.4%	9%
	3주택 이상 법인	12%	0.4%	1%	12.4%	13.4%
	증여 (3억원 이상)	12%	0.4%	1%	12.4%	13.4%
주택 외		4%	0.4%	0.2%	4.6%	
증여(일반)		3.5%	0.3%	0.2%	3.8%	4%
상속	농지 외	2.8%	0.16%	0.2%	2.96%	3.16%
	1가구 1주택	0.8%	0.16%	–	0.96%	0.96%
신축		2.8%	0.16%	0.2%	2.96%	3.16%

*1. 1세대 1주택과 비조정지역의 2주택을 취득하는 경우에 적용됨

*2. 조정지역에 있는 주택인 경우에만 해당됨

한편, 지나친 낭비와 사치풍조를 억제하고 대도시의 인구집중을 규제하기 위하여 특수한 취득의 경우에는 표준세율에 일정한 배수를 곱한 중과세를 적용하고 있다.

▸▸ **연습문제 1.**

조정지역이 아닌 곳에 주택 수가 1채인 경우, 해당 주택 취득과 관련하여 내야하는 세금을 계산해보시오.

1. 매매가격이 4억원인 85㎡의 국민주택을 구입하는 경우 세액은?
2. 매매가격이 10억원인 115㎡의 아파트를 취득하는 경우 세액은?
3. 매매가격이 4억원인 60㎡의 오피스텔을 취득하는 경우 세액은?

풀이

1. 4억원 × (취득세 1% + 지방교육세 0.1%) = 440만원
2. 10억원 × (취득세 3% + 농어촌특별세 0.2% + 지방교육세 0.3%) = 3,500만원
3. 4억원 × (취득세 4% + 농어촌특별세 0.2% + 지방교육세 0.4%) = 1,840만원

3. 부동산 취득에 소요된 자금출처조사

(1) 취득자금 자금출처조사

자금출처조사란 거주자 또는 비거주자의 재산 취득(해외유출 포함), 채무의 상환 등에 든 자금과 이와 유사한 자금의 원천이 직업 · 나이 · 소득 및 재산상태 등으로 보아 본인의 자금능력에 의한 것이라고 인정하기 어려운 경우 그 자금의 출처를 밝혀 증여세 등의 탈루 여부를 확인하기 위해 행하는 세무조사를 말한다.

자금출처조사 대상자 선정에 대한 구체적인 기준은 공개되지 않고 있으나, 국세청은 기존의 개별부동산 취득에 대한 자금출처조사 대상 선정방식에서 국토교통부의 자금조달계획서, 국세청의 신고소득 및 신용카드 사용액 등의 내부자료, 금융정보분석원(FIU)의 금융자료 등을 통합 분석해 세금탈루 혐의자를 도출하는 방식으로 조사대상을 확대하고 있다.

특히, 관할 지자체 또는 한국감정원으로부터 '부동산 거래신고에 따른 관련 자료 제출 요청'을 받은 경우 해당 소명이 적절하게 이루어지지 못한다면 세무조사로 이어질 수 있으므로 해당 거래에 대한 자금조달 내역 및 실제 거래가격을 증명할 수 있는 자료를 성실히 제출하는 것이 좋다.

자금출처조사는 「상속세 및 증여세법」 제45조 '재산 취득자금 등의 증여추정' 규정과 관련이 있으며, 해당 규정에 따르면 재산취득자(채무상환자)의 직업 · 연령 · 소득 및 재산상태 등으로 볼 때 재산을 자력으로 취득(채무를 자력으로 상환)했다고 인정하기 어려운 경우에는 그 재산을 취득(채무를 상환)한 때에 그 재산의 취득자금(상환자금)을 그 재산 취득자(채무자)가 증여받은 것으로 추정해 증여세를 과세한다. 자금출처조사 시 입증하지 못한 금액이

취득재산의 가액 또는 채무의 상환금액의 100분의 20에 상당하는 금액과 2억원 중 적은 금액에 미달하는 경우에는 증여추정을 제외한다. 즉, 미입증된 금액이 일정 기준에 미달하면 전부를 입증한 것으로 보아 증여추정 규정을 적용하지 않는다. 다만, 이 경우에도 해당 금액이 증여에 해당한다는 입증 책임이 과세관청으로 바뀐다는 것일 뿐 실제 증여받은 사실을 과세관청이 입증하는 경우까지 증여세가 면제되는 것은 아니며, 최근에는 PCI 분석시스템을 통해 국세청이 증여나 소득 탈루 여부를 구체적으로 파악하고 있으므로 취득자금의 80%를 소명한 때도 쉽게 조사가 종결되지 않는 추세라는 점에 유의해야 한다.

재산의 증여행위에 대해서는 증여 재산가액에 대해 최저 10%에서 최고 50%에 해당하는 증여세의 부담이 따르고 신고 및 납부를 하지 않으면 납부할 세금의 20%인 신고불성실가산세(무신고금액은 20%, 고의 누락신고금액은 40%)와 1일당 0.022%의 납부불성실가산세를 부담한다.

취득자금 소명 금액기준

① **취득자금이 10억원 미만인 경우 :** 취득가액의 20%까지는 소명하지 못하여도 증여로 추정되지 않는다.

(예시) 취득자금이 5억원일 때, 1억원까지는 소명하지 못하고 4억원은 자금출처가 확인되면 취득자금 출처 전체가 소명된 것으로 인정함

② **취득자금이 10억원 이상인 경우 :** 자금의 출처를 제시하지 못한 금액이 2억원 미만인 경우에만 취득자금 전체가 소명된 것으로 본다.

(예시) 취득자금이 25억원일 때, 23억 이상 자금출처가 확인되면 취득자금 출처 전체가 소명된 것으로 인정함

관할 세무서에서는 전산 출력 자료 등을 검토하여 증여혐의가 있거나 부동산 투기혐의가 있는 사람에 대해서 소명자료 제출요구서를 발송하게 된다. 과세당국은 부동산을 취득한 사람의 당해 연도와 직전 5년간의 소득상황과 자산의 양도 · 취득상황 등을 전산 분석한 후 자금출처 부족혐의자를 전산 출력하여 취득능력 여부를 사전 검토한다. 또한, 5년 이내에 부동산을 3회 이상 취득한 경우로서 그 취득가액의 합계가 컴퓨터상 본인의 누적소득금액의 70%를 넘는 경우에는 해당 자료가 작성되어 관할 지방국세청으로 보내진다.

소명자료 제출요구서를 받으면?

앞에서 설명한 과정에 따라 소명자료 제출요구서를 받으면 그 요구서에 표시된 취득재산의 자금출처를 다음 요령에 따라 요구서 해당란에 기입하여 증빙서류와 함께 관한 세무서에 우편으로 보내면 된다.

① 소득이 있는 경우에는 소득세 납세 증명 또는 납세영수증 사본 1부
② 은행 융자나 남의 돈을 빌린 경우에는 부채증명서
③ 다른 재산을 처분한 경우에는 매매계약서, 등기부등본
④ 전세보증금이 있는 경우에는 전세계약서 등

소명자료 제출요구서는 이를 받은 날로부터 15일 안에 회신해야 한다. 과세당국이 소명자료 제출요구서에 따라 제출된 증빙서류를 검토하여 자력취득으로 인정되면 자금출처조사가 종결된다. 재산취득 자금에 대한 소명자료 제출요구서를 받고 이에 대한 회신을 하지 않거나 제출된 소명자료를 검토한 결과 증여가 의심되면 직접 조사대상자로 선정된다.

(2) 자금출처조사 배제

현실적으로 국세청에서 모든 혐의자를 대상으로 자금출처조사를 할 수는 없으므로 행정편의상 일정한 배제기준을 두고 있다. 즉, 재산취득일 전 또는 채무상환일 전 10년 이내에 주택과 기타재산의 취득가액 및 채무상환금액이 각각 위의 기준에 미달하고, 주택취득자금, 기타재산 취득자금 및 채무상환자금의 합계액이 총액한도 기준에 미달하면 증여추정 규정을 적용하지 않고, 자금출처조사 대상자에서 배제될 수 있다.

다만, 위의 증여추청 배제기준과 관계없이 취득가액 또는 채무상환금액이 타인으로부터 증여받은 사실이 확인될 때는 증여세 과세대상이 된다. 즉, 일정 금액에 미달하는 재산취득 또는 채무상환 등은 증여추정이 배제되어 증여 사실을 과세관청이 입증해야 하는 것으로 바뀌는 것일 뿐 증여세가 면제되는 개념이 아니라는 점을 주의해야 한다.

구 분		취 득 재 산		
		주 택	주택 이외	채무상환
세대주인 경우	30세 이상	2억원	5천만원	5천만원
	40세 이상	4억원	1억원	
세대주가 아닌 경우	30세 이상	1억원	5천만원	5천만원
	40세 이상	2억원	1억원	
30세 미만		5천만원	5천만원	5천만원

* 위 기준금액 이내라 하더라도 객관적으로 증여사실이 확인되면 증여세가 과세됨

자금출처 조사 대상자로 선정되면 세무서에서 '재산취득자금 출처에 대한 사전 안내문'을 보내오는데, 이때 증빙서류를 제출하여 취득자금의 출처를 밝혀야만 증여세 과세를 피할 수 있다.

취득자금의 80%이상(취득자금이 10억원 이상인 경우에는 소명하지 못한 금액이 2억원 미만)을 소명하지 않으면 취득자금에서 소명금액을 뺀 나머지를 증여받은 것으로 간주하기 때문에 소명자료는 최대한 구비해서 제출하는 것이 좋다. 자금출처로 인정되는 대표적인 항목과 증빙서류는 다음과 같다.

자금출처 증빙서류

구 분	자금출처로 인정되는 자료	소명시 필요한 증빙서류
근로소득	총급여액 – 원천징수세액	원천징수영수증
원천징수소득(이자/배당/기타소득)	총급여액 – 원천징수세액	원천징수영수증
사업소득	소득금액 – 소득세 상당액	소득세신고서 사본
차입금	차입금액	부채증명서(차용증)
임대보증금	보증금 또는 전세금	임대차계약서
보유재산 처분액	처분가액 – 양도소득세 등	매매계약서 사본
현금/예금 증여	증여재산가액	통장사본

특히, 개인 간의 금전거래의 경우에는 사적인 차용증, 계약서, 영수증 등만 가지고는 거래사실을 인정받기 어려우므로 이를 뒷받침할 수 있는 잔고증명서, 예금잔액 증명서 등 금융거래 자료를 준비하는 것이 좋다.

02 부동산의 보유와 세금

1. 부동산 보유 시 내야하는 세금

부동산을 보유할 때는 차익이 실현된 것이 아니므로 세금을 내지 않아도 된다고 생각할 수 있다. 하지만 세금의 부과없이 부동산의 지속적인 보유를 방치하면 부의 능력이 큰 자에게 소유가 집중되어 사회 · 경제적인 효익을 가져오기보다는 투기와 같이 비효율적인 행위가 사회 전반에 나타날 수 있다.

이에 토지의 소유 집중과 토지투기를 방지하여 토지 이용의 효율성을 극대화하기 위해 1989년에는 토지 공개념 제도를 도입하였고, 이 제도하에서 탄생한 세금이 지방세인 재산세와 종합토지세이다. 하지만 그 당시의 재산세와 종합토지세는 상대적으로 보유세 부담 정도가 낮아서 투기 억제의 효과가 미흡했다. 그 결과 2005년에는 종합토지세를 폐지하게 되었고, 대신에 부동산을 보유하고 있는 경우 저율의 지방세인 재산세는 그대로 부과하되 투기 억제 및 보유세 부담의 불공평성을 해소하기 위해 일정 금액 이상의 부동산을 보유하고 있는 경우에만 추가적인 고율의 세금을 부과하고자 종합부동산세를 신설하였다.

(1) 재산세

1) 과세대상

재산세란 매년 6월 1일 현재 토지, 건축물, 주택, 항공기 및 선박과 같은 재산에 대해 정기적으로 부과되는 지방세를 말한다. 여기서 '주택'이란 주거생활을 영위할 수 있는 구조로 된 건축물 및 그 부속토지를 의미하므로, 토지와 건축물의 범위에서 주택은 제외한다.

구 분		과세대상별 재산세
① 토지	분리과세대상 토지 별도합산과세대상 토지 종합합산과세대상 토지	토지에 대한 재산세
② 주택(주거용 건축물 및 부수토지)		주택에 대한 재산세
③ 건축물 · 선박 · 항공기		건축물 · 선박 · 항공기에 대한 재산세

예를 들어, 김슬기 씨가 주택을 취득하고자 거래 상대방과 매매계약을 체결하고 2025년 5월 31일 잔금을 지급하고 관할 구청에 취득신고를 했지만, 소유권 이전 등기는 2025년 6월

15일 날 했다면 김슬기 씨는 2025년도 재산세 납부의무가 있을까? 재산세는 매년 6월 1일 현재 토지와 건물 등을 사실상 보유한 자에게 부과하는 세금이므로 이 경우에는 재산세 과세기준일 이전에 잔금을 지급하고 소유권을 취득한 이상, 비록 이전 등기는 재산세 과세기준일 이후에 했다 하더라도 김슬기 씨가 과세기준일 현재의 소유자에 해당하므로 2025년 재산세 납세의무자라고 할 수 있다.

잔금일 절세전략

부동산 취득과 매매시기의 일반적인 원칙은 잔금일과 등기일 중에서 빠른 날이다. 만약 잔금일로 가능한 날짜가 5월 31일과 6월 1일이 있다면 어떤 날짜로 하는 것이 부동산 취득에 유리할까? 정답은 부동산을 사는 사람이라면 6월 1일자로 취득하는 것이 더욱 유리하다.

왜냐하면 잔금일을 6월 1일로 하게 되면 6월 1일자 등기권리 중에 있는 사람은 매도인이 될 것이고, 이 경우 재산세 및 종합부동산세는 매도인이 내야 한다. 그러므로 매수인 입장이라면 6월 1일 이후 잔금을 주는 것이 절세전략이다.

토지에 대한 재산세 과세대상은 분리 과세대상, 별도합산 과세대상, 종합합산 과세대상의 3가지로 나눌 수 있다. 즉, 개인이 소유한 토지 중 전국의 토지를 합산하여 과세하는 합산과세방식과 다른 토지와 합산하지 않고 해당 토지만 과세하는 분리과세방식이 있다. 여기서 합산과세방식은 건축물이 있는 토지를 효율적으로 사용할 경우 낮은 누진세율로 과세하는 별도합산과세와 비효율적으로 사용할 경우 높은 누진세율로 과세하는 종합합산과세로 나누어진다.

① 분리과세 대상 토지

분리과세 대상 토지는 조세정책 목적상 세 부담을 경감시키거나 또는 가중시키기 위해 분리과세하는 것을 의미한다.

② 별도합산과세 대상 토지

별도합산 과세대상 토지는 과세기준일 현재 납세의무자가 소유하고 있는 시·군의 관할구역 내에 있는 토지 중 건출물 부속토지로서 건축물 바닥면적에 용도별 적용 배율을 곱하여 산정한 면적을 초과하지 않는 토지를 말한다. 이는 건축물의 부수 토지가 일정 배율 이내면 토지가 효율적으로 사용되고 있다고 보고 종합합산과세 대상 토지보다는 상대적으로 낮은 누진세율로 과세된다. 하지만, 건축물의 부수 토지가 일정 배율을 초과하면 부수 토지가 건축물의 면적에 비해 비효율적 넓다는 의미이므로 이러한 토지에 대해 별도합산보다 상대적으로 높은 누진세율로 종합합산과세한다.

③ 종합합산과세대상 토지

재산세 과세기준일 현재 납세의무자가 소유하고 있는 시 · 군의 관할구역 내에 있는 토지 중 비과세 면제되는 토지, 별도합산 과세대상, 분리과세대상 토지를 제외한 모든 토지가 종합한산과세 대상이다. 종합한산과세 대상 토지를 보유하다가 양도하는 경우 대부분 비사업용 토지에 해당하므로 상대적으로 많은 양도소득세를 부담하게 된다. 여기서 비사업용토지란 대지, 농지 등 토지 본래의 용도에 사용되고 있지 않은 토지를 말한다.

구 분	과세대상 구분
분리과세대상	• 공장용지 · 전 · 답 · 과수원 및 목장용지 등 • 산림의 보호육성을 위하여 필요한 임야 및 종중 소유 임야 등 • 골프장용 토지와 고급오락장용 부속토지 등 • 공장의 부속토지로서 개발제한구역의 지정이 있기 이전에 그 부지취득이 완료된 곳으로서 공장입지기준면적 범위의 토지 • 국가 및 지방자치단체 지원을 위한 특정목적 사업용 토지 등 • 에너지 · 자원의 공급 및 방송 · 통신 · 교통 등의 기반시설용 토지 등 • 국토의 효율적 이용을 위한 개발사업용 토지 등 • 그 밖에 지역경제의 발전, 공익성의 정도 등을 고려하여 분리과세해야 할 타당한 이유가 있는 토지 등
별도합산과세대상	• 공장용 건축물의 부속토지 등 • 차고용 토지, 보세창고용 토지, 시험 · 연구 · 검사용 토지, 물류단지시설용 토지 등 공지상태나 해당 토지의 이용에 필요한 시설 등을 설치해 업무 또는 경제활동에 활용되는 토지 등 • 철거 · 멸실된 건축물 또는 주택의 부속토지 등
종합합산과세대상	과세기준일 현재 납세의무자가 소유하고 있는 토지 중 별도합산과세대상 또는 분리과세대상이 되는 토지를 제외한 토지

2) 납세의무자

① 원칙적인 납세의무자 : 재산세 과세기준일 현재(매년 6월 1일) 재산을 사실상 소유하고 있는 자는 재산세를 납부할 의무가 있다. 다만, 다음의 어느 하나에 해당하는 경우에는 해당자를 납세의무자로 본다.

구 분	의무자
공유재산인 경우	그 지분에 해당하는 부분(지분의 표시가 없는 경우 지분이 균등한 것 봄)에 대해서는 그 지분권자
주택의 건물과 부속토지의 소유자가 다를 경우	그 주택에 대한 산출세액을「지방세법」제4조제1항 및 제2항에 따른 건축물과 그 부속토지의 시가표준액 비율로 안분계산한 부분에 대해서는 그 소유자

② 예외적인 납세의무자 : ①의 규정에도 불구하고 재산세 과세기준일 현재 다음의 어느 하나에 해당하는 자는 재산세를 납부할 의무가 있다.

구 분	의무자
공부상의 소유자가 매매 등의 사유로 소유권이 변동되었는데도 신고하지 않아 사실상의 소유자를 알 수 없을 때	공부상 소유자
상속이 개시된 재산으로서 상속등기가 이행되지 않고 사실상의 소유자를 신고하지 않았을 때	「민법」상 상속지분이 가장 높은 사람으로 하되, 상속지분이 가장 높은 사람이 두 명 이상이면 그 중 나이가 가장 많은 사람
공부상에 개인 등의 명의로 등재되어 있는 사실상의 종중재산으로서 종중소유임을 신고하지 않았을 때	공부상 소유자
국가, 지방자치단체, 지방자치단체조합과 재산세 과세대상 재산을 연부(年賦)로 매매계약을 체결하고 그 재산의 사용권을 무상으로 받은 경우	그 매수계약자
「신탁법」 제2조에 따른 수탁자의 명의로 등기 또는 등록된 신탁재산의 경우	위탁자(지역주택조합 및 직장주택조합이 조합원이 납부한 금전으로 매수하여 소유하고 있는 신탁재산의 경우에는 해당 지역주택조합 및 직장주택조합을 말함). 이 경우 위탁자가 신탁재산을 소유한 것으로 봄
「도시개발법」에 따라 시행하는 환지(換地) 방식에 의한 도시개발사업 및 「도시 및 주거환경정비법」에 따른 정비사업(재개발사업만 해당)의 시행에 따른 환지계획에서 일정한 토지를 환지로 정하지 않고 체비지 또는 보류지로 정한 경우	사업시행자
외국인 소유의 항공기 또는 선박을 임차하여 수입하는 경우	수입하는 자
「채무자 회생 및 파산에 관한 법률」에 따른 파산선고 이후 파산종결의 결정까지 파산재단에 속하는 재산의 경우	공부상 소유자

재산세 과세기준일 현재 소유권의 귀속이 분명하지 않아 사실상의 소유자를 확인할 수 없는 경우에는 그 사용자가 재산세를 납부할 의무가 있다.

4) 비과세 되는 재산세

다음의 경우는 재산세가 비과세된다.

① 국가 또는 지방자치단체, 지방자치단체조합, 외국정부 및 주한국제기구에 속한 자산

② 국가, 지방자치단체 또는 지방자치단체 조합이 1년 이상 공용 또는 공공용으로 무료 사용하는 재산

③ 도로 · 하천 · 제방 · 구거 · 유지 및 묘지 등

④ 산림보호구역, 기타 공익상 재산세를 부과하지 않을 타당한 이유가 있는 토지 등

⑤ 임시로 사용하기 위해 건축된 건축물로서 재산세 과세기준일 현재 1년 미만의 것

⑥ 비상재해구조용, 무료도선용, 선교 구성용 및 본선에 속하는 전마용 등으로 사용하는 선박

⑦ 행정기관으로부터 철거명령을 받은 건축물 등 재산세를 부과하는 것이 적절하지 않은 건축물 또는 주택 등

5) 과세표준과 세율

① 재산세의 과세표준

과세대상 구분	과세표준
토지 · 건축물	시가표준액 × 70% (공정시장가액비율)
주택	시가표준액 × 60% (공정시장가액비율)
선박 · 항공기	시가표준액

② 재산세의 세율

구 분		표준세율
토 지	분리과세대상	전 · 답 · 과수원 · 목장용지 및 산림의 보호육성을 위하여 필요한 임야 및 종중 소유 임야로서 「지방세법 시행령」 제102조제2항으로 정하는 임야 : 과세표준의 0.7/1000
		골프장용 토지 및 고급오락장용 토지 : 과세표준의 40/1000
		그 밖의 토지 : 과세표준의 2/1000
	별도합산과세대상	과세표준 2억원 이하 : 2/1000
		과세표준 2억원 초과 10억원 이하 : 40만원 + 2억원 초과금액의 3/1000
		과세표준 10억원 초과 : 280만원 + 10억원 초과금액의 4/1000
	종합합산과세대상	과세표준 5천만원 이하 : 2/1000
		과세표준 5천만원 초과 1억 이하 : 10만원 + 5천만원 초과금액의 3/1000
		과세표준 1억원 초과 : 25만원 + 1억 초과금액의 5/1000
건축물		골프장, 고급오락장용 건축물 : 과세표준의 40/1000
		특정지역의 공장용 건축물 : 과세표준의 5/1000
		그 밖의 건축물 : 과세표준의 2.5/1000

주 택	별장	과세표준의 40/1000
	그 밖의 주택	과세표준 6천만원 이하 : 1/1000
		과세표준 6천만원 초과 1억5천만원 이하 : 6만원 + 6천만원 초과금액의 1.5/1000
		과세표준 1억5천만원 초과 3억원 이하 : 195,000원 + 1억5천만원 초과금액의 2.5/1000
		과세표준 3억원 초과 : 570,000원 + 3억원 초과금액의 4/1000
선박		고급선박 : 과세표준의 50/1000
		그 밖의 선박 : 과세표준의 3/1000
항공기		과세표준의 3/1000

위의 주택에 대한 세율에도 불구하고 「지방세법 시행령」 제110조의 2제1항에 따른 1세대 1주택(시가표준액이 12억원 이하인 주택에 한정)에 대해서는 다음의 세율을 적용한다.

과세표준	세 율
6천만원 이하	0.5/1000
6천만원 초과 1억5천만원 이하	3만원 + 6천만원 초과금액의 1/1000
1억5천만원 초과 3억원 이하	120,000원 + 1억5천만원 초과금액의 2/1000
3억원 초과	420,000원 + 3억원 초과금액의 3.5/1000

6) 재산세 납세절차

① 납세지

재산세는 다음의 납세지를 관할하는 지방자치단체에서 부과한다.

구 분	납세지
토 지	토지의 소재지
건 축 물	건축물의 소재지
주 택	주택의 소재지
선 박	「선박법」에 따른 선적항의 소재지. 다만, 선적항이 없는 경우에는 정계장소재지(정계장이 일정하지 않은 경우에는 선박 소유자의 주소지)
항 공 기	「항공안전법」에 따른 등록원부에 기재된 정치장의 소재지(「항공안전법」에 따라 등록을 하지 않은 경우에는 소유자의 주소지)

② 과세기준일 및 납부기간

재산세의 과세기준일은 매년 6월 1일로 하며, 납부기간은 다음과 같다.

구 분	납부기간
토 지	매년 9월 16일부터 9월 30일까지
건 축 물	매년 7월 16일부터 7월 31일까지
주 택	해당 연도에 부과 · 징수할 세액의 2분의 1은 매년 7월 16일부터 7월 31일까지, 나머지 2분의 1은 9월 16일부터 9월 30일까지(다만, 해당 연도에 부과할 세액이 20만원 이하인 경우에는 조례로 정하는 바에 따라 납기를 7월 16일부터 7월 31일까지로 하여 한꺼번에 부과 · 징수할 수 있음)
선 박	매년 7월 16일부터 7월 31일까지
항 공 기	매년 7월 16일부터 7월 31일까지

③ 징수방법

재산세는 관할 지방자치단체의 장이 세액을 산정해 보통징수의 방법으로 부과 · 징수한다. 재산세를 징수하려면 토지, 건축물, 주택, 선박 및 항공기로 구분한 납세고지서에 과세표준과 세액을 적어 늦어도 납기개시 5일 전까지 발급하여야 한다.

④ 물납 및 분할납부

지방자치단체의 장은 재산세의 납부세액이 1천만원을 초과하는 경우에는 납세의무자의 신청을 받아 해당 지방자치단체의 관할구역에 있는 부동산에 대하여만 물납을 허가할 수 있다.

또한, 지방자치단체의 장은 재산세의 납부세액이 250만원을 초과하는 경우에는 다음의 기준을 따라 납부할 세액의 일부를 납부기한이 지난날부터 2개월 이내에 분할납부하게 할 수 있다.

납부할 세액이 500만원 이하인 경우 : 250만원을 초과하는 금액
납부할 세액이 500만원을 초과하는 경우 : 그 세액의 100분의 50 이하의 금액

2. 종합부동산세

(1) 종합부동산세란?

종합부동산세란 고액의 부동산 보유자에 대해 재산세와 별도로 세금을 부과하여 부동산보유에 대한 조세부담의 형평성을 제고하고, 부동산의 가격안정을 도모함으로써 지방재정의 균형발전과 국민경제의 건전한 발전에 이바지함을 목적으로 하는 국세를 말한다. 종합부동산세는 1)주택에 대한 종합부동산세와 2)토지에 대한 종합부동산세의 세액을 합한 금액을 그 세

액으로 하며, 별장은 종합부동산세 대상에서 제외된다. 이 경우 토지에 대한 종합부동산세의 세액은 1)토지분 종합합산세액과 2)토지분 별도합산세액을 합한 금액으로 하며, 토지에 대한 종합부동산세는 국내에 소재하는 토지에 대해 종합합산과세대상과 별도합산과세대상으로 구분하여 과세한다.

(2) 납세의무자

구분	내 용
주 택	과세기준일 현재(매년 6월 1일) 주택분 재산세의 납세의무자
	「신탁법」에 따른 수탁자의 명의로 등기 또는 등록된 신탁재산으로서 주택의 경우에는 위탁자
토 지	과세기준일 현재 토지분 재산세의 납세의무자로서 다음 어느 하나에 해당하는 자 • 종합합산과세대상인 경우 국내에 소재하는 해당 과세대상 토지의 공시가격을 합한 금액이 5억원을 초과하는 자 • 별도합산과세대상인 경우 국내에 소재하는 해당 과세대상 토지의 공시가격을 합한 금액이 80억원을 초과하는 자
	수탁자의 명의로 등기 또는 등록된 신탁재산으로서 토지의 경우에는 위탁자

(3) 과세대상 및 공제금액

주택(부속토지 포함), 종합합산토지(나대지, 잡종지 등), 별도합산토지(일반 건축물의 부속토지 등)로 구분하여 공제금액 초과 시 과세대상이 된다. 구체적으로 과세대상 부동산을 아래와 같이 유형별로 구분한 후 인별로 전국 합산한 공시가격이 아래의 공제금액을 초과하는 경우에만 과세된다.

과세대상 유형 및 과세단위 구분		공제금액
주 택	인별 전국 합산	주택공시가격 9억원 (1세대 1주택 : 주택공시가격 12억원)
종합합산토지(나대지, 잡종지 등)		토지 개별공시가격 5억원
별도합산토지(일반건축물의 부속토지)		토지 개별공시가격 80억원

여기서 투기과열지역이 아닌 지방소재 1주택 및 등록문화재 주택은 주택 수에서 제외한다. 또한, 혼인 및 노부모 보양을 하기 위해 세대를 합가하는 경우, 혼인 또는 합가한 날로부터 5년간 세대합산을 유예하여 주택 수에서 제외한다.

종합부동산세 과세대상에서 제외되는 주택

① 임대사업용으로 등록한 임대주택
② 종업원 기숙사
③ 사원용 주택
④ 주택건설 사업자가 건축하여 소유하고 있는 미분양 주택
⑤ 가정보육 시설용 주택

부동산을 종류별로 구분하여 과세대상을 나타내면 다음과 같다.

구 분		부동산의 종류	재산세	종부세
건축물	주거용	• 주택(아파트, 단독 · 다가구 · 다세대), 오피스텔(주거용)	○	○
		• 별장(주거용 건물로서 휴양 · 피서용으로 사용되는 것)	○	×
		• 일정한 임대주택 · 미분양주택 · 사원주택 · 기숙사 · 어린이집용주택	○	×
	기타	• 일반건축물(상가, 사무실, 빌딩, 공장, 기타사업용 건물)	○	×
토지	종합합산	• 나대지, 잡종지, 일부농지 · 임야 · 목장용지 등 • 재산세 분리과세대상 토지 중 기준초과 토지 • 재산세 별도합산과세대상 토지 중 기준초과 토지 • 재산세 분리과세 · 별도합산과세대상이 아닌 모든 토지 • 주택건설사업자의 일정한 주택신축용 토지	○ ○ ○ ○	○ ○ ○ ○
	별도합산	• 일반건축물의 부속토지(기준면적 범위내의 것) • 차고용 토지, 보세창고용 토지, 시험 · 연구 · 검사용 토지, 물류단지시설용 토지 등	○ ○	○ ○
	분리과세	• 일부 농지, 임야, 목장용지(재산세만 0.07% 과세) • 공장용지 일부, 공급용 토지(재산세만 0.2% 과세) • 골프장, 고급오락장용 토지(재산세만 4% 과세)	○ ○ ○	× × ×

(4) 종합부동산세 과세표준

주택은 건물 및 부속토지를 통합하여 평가한 공시가격을 기준으로 인별로 전국합산한 후 과세기준금액을 공제한 금액에 공정시장가격비율을 곱하여 과세표준을 산정한다. 구체적으로 국내에 있는 재산세 과세대상인 주택의 공시가액을 합산한 금액이 9억원을 초과하는 경우에 종합부동산세가 과세된다. 다만, 단독명의 1세대 1주택자의 경우에는 공시가액의 기준금액이 12억원이 초과되는 경우에만 과세된다.

토지는 국내에 있는 종합합산토지와 별도합산토지의 공시가격(개별공시지가)을 각각 인별로 전국합산한 후 과세기준금액을 공제하고 공정시장가격비율을 곱하여 과세표준을 산정한다.

과세대상		종합부동산세 과세표준	가격기준
주 택		[주택공시가격을 인별로 전국합산한 가액 – 9(12)억원[*1]] × 60%	주택 공시가격
토지	종합합산 과세대상	[토지공시가격을 인별로 전국합산한 가액 – 5억원] × 100%	토지 공시가격
	별도합산 과세대상	[토지공시가격을 인별로 전국합산한 가액 – 80억원] ×100%	토지 공시가격

*1. 1세대 1주택자에 해당하는 경우에는 12억원을 적용하고, 법인 또는 법인으로 보는 단체의 경우는 0원을 적용함

(5) 종합부동산세 계산

1) 산출세액 계산방법

종합부동산세액 = 종합부동산세 과세표준* × 세율 – 법정 공제세액(①, ②, ③, ④)

* 공정시장가격비율을 곱해 조정한 과세표준 사용

2) 종합부동산세 세율[*1]

과세대상	과세표준	주택(2주택 이하[*2])	주택(3주택 이상)
		세율	세율
주 택	3억원 이하	0.5%	
	3억원 초과 6억원 이하	0.7%	
	6억원 초과 12억원 이하	1.0%	
	12억원 초과 25억원 이하	1.3%	2.0%
	25억원 초과 50억원 이하	1.5%	3.0%
	50억원 초과 94억원 이하	2.0%	4.0%
	94억원 초과	2.7%	5.0%
	법인	2.7%	5.0%
과세대상	**과세표준**	**세율**	
나대지 잡종지 등 (종합합산토지)	15억원 이하	1%	
	15억원 초과 45억원 이하	2%	
	45억원 초과	3%	
일반건축물의 부속토지 등 (별도합산토지)	200억원 이하	0.5%	
	200억원 초과 400억원 이하	0.6%	
	400억원 초과	0.7%	

*1. 본 종합부동산 세율표는 과세표준 12억원 이하 및 조정대상지역 2주택에 대해서는 중과제도를 폐지하면서 세율을 조정한 결과이며, 2023년 1월 1일 이후 납세의무가 성립하는 분부터 적용함

*2. 조정대상지역 2주택 포함함

3) 법정 공제세액

① 과세기준금액 초과분에 부과된 재산세 상당액 중 일정액

주택(토지)분 과세표준 금액에 대하여 해당 과세대상 주택(토지)의 주택(토지)분 재산세로 부과된 세액은 주택(토지)분 종합부동산세액에서 이를 공제한다.

② 세부담 상한액을 초과하는 금액

종합부동산세의 납세의무자가 주택과 토지 각각에 대해 해당 연도에 납부하여야 할 총세액상당액(재산세 + 종합부동산세)이 해당 납세의무자에게 직전 연도에 해당 부동산에 대한 총세액상당액의 150%를 초과하는 경우에는 그 초과하는 세액은 없는 것으로 본다.

③ 1세대 1주택 고령자 세액공제액

과세기준일 현재 만 60세 이상인 1세대 1주택자의 공제액은 다음 표에 따른 연령별 공제율을 곱한 금액으로 한다.

연령별 공제율

연 령	공제율
만 60세 이상 65세 미만	20%
만 65세 이상 70세 미만	30%
만 70세 이상	40%

④ 1세대 1주택 장기보유자 세액공제액

1세대 1주택자로서 해당 주택을 과세기준일 현재 5년 이상 보유한 자의 공제액은 다음 표에 따른 보유기간별 공제율을 곱한 금액으로 한다.

보유기간별 공제율

보유기간	공제율
5년 이상 10년 미만	20%
10년 이상 15년 미만	40%
15년 이상	50%

(6) 종합부동산세 납세지 및 부과 · 징수

1) 납세지

종합부동산세의 납세의무자에 따른 납세지는 다음과 같다.

구 분	납세지
개인 또는 법인으로 보지 않는 단체	• 거주자의 소득세 납세지는 그 주소지(다만, 주소지가 없는 경우에는 그 거소지) • 비거주자의 소득세 납세지는 국내사업장의 소재지(다만, 국내사업장이 둘 이상 있는 경우에는 주된 국내사업장의 소재지로 하고, 국내사업장이 없는 경우에는 국내원천소득이 발생하는 장소)
법인 또는 법인으로 보는 단체	• 내국법인의 법인세 납세지는 그 법인의 등기부에 따른 본점이나 주사무소의 소재지로 함(국내에 본점 또는 주사무소가 있지 않는 경우 사업을 실질적으로 관리하는 장소의 소재지). 다만, 법인으로 보는 단체의 경우 단체의 사업장소재지 등 • 외국법인의 법인세 납세지는 국내사업장의 소재지 등

종합부동산세의 납세의무자가 비거주자인 개인 또는 외국법인으로서 국내사업장이 없고 국내원천소득이 발생하지 않는 주택 및 토지를 소유한 경우에는 그 주택 또는 토지의 소재지(주택 또는 토지가 둘 이상이면 공시가격이 가장 높은 주택 또는 토지의 소재지를 말함)를 납세지로 정한다.

2) 부과 · 징수

관할 세무서장은 납부해야 할 종합부동산세의 세액을 결정해 해당연도 12월 1일부터 12월 15일까지 부과 · 징수한다. 이때, 관할 세무서장은 종합부동산세를 징수하려면 납부고지서에 주택 및 토지로 구분한 과세표준과 세액을 기재하여 납부 기간 개시 5일 전까지 발급해야 한다. 다만, 종합부동산세를 신고납부방식으로 납부하려는 납세의무자는 종합부동산세의 과세표준과 세액을 해당연도 12월 1일부터 12월 15일까지 관할 세무서장에게 신고해야 한다. 이 경우 위의 관할 세무서장의 결정은 없었던 것으로 보며, 신고한 납세의무자는 신고기한 이내에 관할 세무서장 · 한국은행 또는 체신관서에 종합부동산세를 납부해야 한다.

03 부동산의 양도와 세금

부동산을 팔 때에는 양도에 따른 세금계산을 해보고 의사결정을 해야 나중에 세금 때문에 당황하는 일이 없게 된다. 부동산의 양도란 자산에 대한 등기 또는 등록에 관계없이 매매, 교환, 합병, 현물출자 등에 의해 타인에게 그 자산이 유상으로 이전되는 것을 의미한다. 부동산을 양도할 경우 개인에게는 양도소득세가 과세되고 법인의 경우는 법인세가 과세된다. 가끔은 조세정책의 일환으로 양도소득세를 비과세하거나 면제하는 경우가 있으므로 비과세 요건을 알아두고 그 요건에 맞춰 양도를 하면 절세를 할 수도 있다.

1. 양도소득세

(1) 양도의 의의

세법에서 정의하는 양도로 보는 경제적 사건은 다음과 같다.

1) 양도로 보는 경제적 사건

① 교환

당사자 쌍방이 별개의 자산을 서로 교환하는 경우도 양도로 본다. 예를 들어, 갑 소유 주택과 을 소유 나대지를 서로 교환한 경우, 갑은 을에게 주택을 양도하고 을은 갑에게 나대지를 양도한 것으로 본다.

② 법인에 대한 현물출자

회사를 설립할 때 금전 이외에 부동산 등을 출자하고 그 대가로 주식 또는 출자지분을 취득하는 것도 양도로 본다.

③ 부담부증여

'부담부증여'란 수증자가 재산을 무상으로 받으면서 증여자의 채무를 부담하거나 인수하는 증여를 말한다. 타인 간에 부담부증여를 하면 증여재산가액 중 수증자가 인수한 채무액에 상당하는 부분은 양도로 보고, 채무액을 제외한 순수한 증여분만 증여로 본다. 그러나 배우자나 직계존비속 간에 부담부증여를 할 때에는 원칙적으로 증여재산가액 중 채무액에 상당하는 부분도 증여로 보나, 수증자가 실제 채무를 부담하는 사실이 객관적으로 입증되는 경우에는 채무액에 상당하는 부분을 양도로 본다.

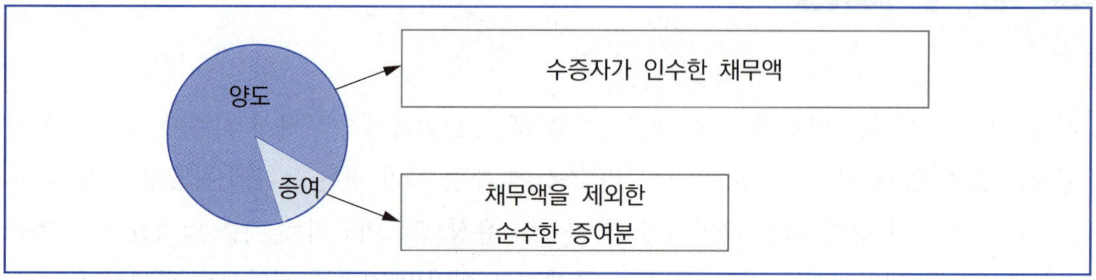

④ 담보로 제공한 자산이 경락된 경우

채무보증을 위해 담보로 제공한 자산이 경매에 의해 타인에게 소유권이 이전되는 경우 이는 직접 대가를 받고 양도한 것이 아니더라도 그에 상당하는 금액만큼 채무를 면하게 되므로 자산을 양도한 것으로 본다.

⑤ 가등기에 따라 본등기를 행한 경우

채권자가 채권담보목적으로 채무자 소유 부동산을 가등기 한 후 채무자의 채무불이행으로 채권변제에 충당하기 위하여 당해 부동산에 대한 소유권이전등기(본등기)를 이행한 때에는 본등기가 완료된 때에 채무자가 채권자에게 자산을 양도한 것으로 본다.

⑥ 이혼위자료로 부동산소유권을 넘겨준 경우

당사자 간의 합의에 의하거나 법원의 확정판결로 일정액의 위자료를 지급하기로 하고 동 위자료 지급에 갈음하여 당사자 일방이 가지고 있던 부동산의 소유권을 넘겨주면 그 자산을 양도한 것으로 본다. 따라서 위와 같은 사유로 소유권이 이전된 경우에도 양도소득세 신고 등 제반 의무를 이행해야 불이익을 받지 않는다.

2) 양도로 보지 않는 경우

다음과 같은 경우에는 자산이 유상으로 사실상 이전되었다 하더라도 양도로 보지않는다.

① 양도담보

채무의 변제를 담보하기 위한 양도(양도담보)는 양도의 형식을 지니고 있지만 그 실질이 채권의 담보에 지나지 않으므로 양도로 보지 않는다. 그러나 양도담보 계약을 체결한 후 채무불이행으로 인하여 해당 자산을 변제에 충당한 때에는 그 때에 이를 양도한 것으로 본다.

② 환지처분 또는 보류지로 충당

도시개발법이나 그 밖의 법률에 따른 환지처분으로 지목 또는 지번이 변경되거나 보류지로 충당되는 경우에는 양도로 보지 않는다. 이러한 환지처분이나 보류지로의 충당은 자산의 사실상의 유상이전을 수반하므로 본래 양도에 해당하지만, 공익사업의 원활한 수행을 위하여 이를 특별히 양도의 범위에서 제외하고 있다.

③ 지적경계선 변경을 위한 토지의 교환

다음의 요건을 모두 충족하는 토지교환의 경우에는 양도로 보지 않는다.

- 토지 이용상 불합리한 지상 경계를 합리적으로 바꾸기 위하여 「공간정보의 구축 및 관리 등에 관한 법률」이나 그 밖의 법률에 따라 토지를 분할하여 교환할 것
- 위에 따라 분할된 토지의 전체 면적이 분할 전 토지의 전체 면적의 20%를 초과하지 아니할 것

환지처분과 보류지의 뜻

① 환지처분 : 환지처분이란 도시개발법에 따른 도시개발사업, 농어촌정비법에 따른 농업생산기반정비사업, 그 의 법률에 따라 사업시행자가 사업 완료 후에 사업구역 내의 토지 소유자 또는 관계인에게 종전의 토지 또는 건축물 대신에 그 구역 내의 다른 토지 또는 사업시행자에게 처분할 권한이 있는 건축물의 일부와 그 건축물이 있는 토지의 공유지분으로 바꾸어주는 것(사업 시행에 따라 분할 · 합병 또는 교환하는 것을 포함)을 말함.

② 보류지 : 도시개발법에 따른 도시개발사업, 농어촌정비법에 따른 농업생산기반 정비사업, 그 밖의 법률에 따라 사업시행자가 해당 법률에 따라 일정한 토지를 환지로 정하지 아니하고 다음의 토지로 사용하기 위하여 보류한 토지를 말한다.

- 해당 법률에 따른 공공용지
- 해당 법률에 따라 사업구역 내의 토지소유자 또는 관계인에게 그 구역 내의 토지로 사업비용을 부담하게 하는 경우의 해당 토지인 체비지

(2) 과세대상

양도소득세의 과세대상자산은 다음의 경우에 국한한다. 그러므로 열거되어 있지 않은 자산의 양도에 대하여는 과세하지 않는다.

구 분		과세대상 자산
1그룹	부동산	① 부동산 : 토지, 건물
		② 부동산에 관한 권리 • 부동산을 이용할 수 있는 권리(지상권 · 전세권 · 등기된 부동산임차권) • 부동산을 취득할 수 있는 권리(아파트당첨권 등)
	기타자산	① 특정주식A*1 ② 특정주식B*2 ③ 영업권(사업용 고정자산과 함께 양도하는 것에 한함) ④ 특정시설물이용권(골프회원권, 콘도미니엄 이용권, 스키장 회원권 등) ⑤ 이축권*3
2그룹	주식 및 출자지분	① 국내주식 등 • 주권상장주식 중 대주주*4 양도분 및 모든 주주의 장외양도분 • 비상장법인의 주식 등
		② 국외주식 등
3그룹	파생상품	① 코스피(KOSPI)200 선물 · 옵션 ② 미니 코스피200 선물 · 옵션 ③ 코스피200 주식워런트증권(ELW) ④ 코스닥(KOSDAQ)150 선물 · 옵션 ⑤ KRX300선물 ⑥ 섹터지수 · 배당지수 선물 ⑦ 코스피200변동성지수선물 ⑧ 코스닥150 주식워런트증권(ELW) ⑨ 주가지수 관련 장외파생상품 ⑩ 해외 장내파생상품 ⑪ 차액결제거래(Contract For Difference)
4그룹	신탁 수익권	신탁의 이익을 받을 권리 (다만, 신탁 수익권의 양도를 통하여 신탁재산에 대한 지배 · 통제권이 사실상 이전되는 경우는 신탁재산 자체의 양도로 봄)

*1 법인의 자산총액 중 부동산 등의 비율이 50% 이상인 법인의 과점주주가 그 법인의 주식 등의 50% 이상을 해당 과점주주 외의 자에게 양도하는 경우에 해당 주식을 의미함. 이때 과점주주가 주식을 수회에 걸쳐 양도하는 경우에는 과점주주 중 1인이 주식을 양도하는 날부터 소급하여 3년 내에 과점주주가 양도한 주식을 합산하여 '50% 이상 양도' 여부를 판단함. 여기서 '부동산 등의 비율 요건'과 '과점주주의 범위'는 다음과 같음. ①부동산 등의 비율 요건 : 토지 · 건물 및 부동산에 관한 권리의 가액과 해당 법인이 직 · 간접적으로 보유한 다른 법

인의 부동산 등 보유비율을 보유한 주식가액에 적용하여 계산한 가액의 합계액이 해당 법인의 총자산 중 차지하는 비율이 50% 이상인 법인. ②과점주주의 범위: 주주(또는 출자자) 1인 및 기타주주(주주 또는 출자자 1인과 그의 특수관계인을 말함)가 소유하고 있는 주식의 합계액이 해당 법인의 주식 합계액의 50% 초과인 경우의 그 주주 1인 및 기타주주

*2 다음 두 가지 요건을 모두 충족한 법인의 주식을 1주 이상 보유한 후 양도한 경우를 말함. 단 1주를 보유하다가 양도해도 기타자산에 해당한다는 점에서 특정주식Ⓐ와 차별됨. ①부동산 등 비율 요건 : 토지 · 건물 및 부동산에 관한 권리의 가액과 해당 법인이 직 · 간접적으로 보유한 다른 법인의 부동산 등 보유비율을 보유한 주식가액에 적용하여 계산한가액의 합계액이 해당 법인의 총자산 중 차지하는 비율이 80% 이상인 법인 ②업종 기준 : 골프장업 · 스키장업 등 체육시설업, 관광사업 중 휴양시설관련업 및 부동산업 · 부동산개발업으로서 골프장, 스키장, 휴양콘도미니엄 또는 전문휴양시설을 건설 또는 취득하여 직접 경영하거나 분양 · 임대하는 사업을 영위하는 법인

*3 토지 · 건물과 함께 양도하는「개발제한구역의 지정 및 관리에 관한 특별조치법」에 따른 이축을 할 수 있는 권리를 이축권이라 하며, 개발제한구역의 건축물로서 취락지구로의 이축 등을 말한다. 다만, 해당 이축권 가액을 별도로 평가하여 신고하는 경우는 제외한다. 여기서 '별도로 평가하여 신고하는 경우'란「감정평가 및 감정평가사에 관한 법률」에 따른 감정평가법인등이 감정한 가액이 있는 경우 그 가액(감정한 가액이 둘 이상인 경우에는 그 감정한 가액의 평균액)을 구분하여 신고하는 경우를 말한다.

*4 대주주 : 주주 1인과 특수관계자의 주식 합계액이 총발행주식의 1%(코스닥은 2%, 코넥스는 4%) 이상 또는 시가총액 10억원 이상인 경우 당해 주주 1인과 특수관계자를 말함. 이 때 특수관계인이 최대주주인 경우에는 친족 등의 기타주주 보유주식을 합산해서 계산하나, 최대주주가 아닌 경우에는 본인 보유주식만으로 지분율을 계산함

(3) 양도시기

구 분	양도시기
대금청산일이 분명한 경우	당해 자산의 대금을 청산한 날. 단, 대금청산 전에 소유권이전 등기한 경우에는 등기 등 접수일
대금청산일이 불분명한 경우	등기 · 등록접수일, 명의개서일
장기할부조건부 매매인 경우	소유권이전등기접수일 · 인도일 또는 사용 수익일 중 빠른 날

(4) 비과세 양도소득

다음의 양도소득에 대해서는 소득세를 과세하지 않는다.

① 1세대 1주택(고가주택[*1]은 제외함)의 양도로 발생하는 소득[*2]
② 파산선고에 의한 처분으로 발생하는 소득
③ 대통령령으로 정하는 경우에 해당하는 농지의 교환 또는 분합으로 발생하는 소득
④「지적재조사에 관한 특별법」에 따른 경계의 확정으로 지적공부상의 면적이 감소되어 같은 법에 따라 지급받는 조정금

*1 고가주택은 양도 당시 실지거래가액의 합계액이 12억원을 초과하는 주택 및 그 부수토지를 의미함

*2 1세대 1주택(고가주택은 제외함)의 양도로 발생하는 소득이란 다음 중 어느 하나에 해당하는 주택과 이에 부

수되는 주택부수토지의 양도로 발생하는 소득을 의미함. ①1세대가 1주택을 보유하는 경우로서 대통령령으로 정하는 요건을 충족하는 주택 ②1세대가 1주택을 양도하기 전에 다른 주택을 대체취득하거나 상속, 동거봉양, 혼인 등으로 인하여 2주택 이상을 보유하는 경우로서 1세대 1주택의 특례에 해당하는 주택

2. 비과세되는 양도소득

(1) 양도소득세가 과세되지 않는 1세대 1주택의 개념

일반적으로 부동산을 팔 때에는 그 양도소득에 대한 양도소득세가 과세되는 것이 원칙이지만, 국민의 기본적인 주거생활을 보호하고 서민층의 세부담을 경감시켜 주려는 사회 · 정책적인 측면에서 다른 부동산과는 달리 일정한 요건을 갖추어 1세대 1주택을 양도하는 경우에는 양도소득세를 과세하지 않는다. 구체적인 기준은 다음과 같다.

[요건 1] 1세대가
[요건 2] 양도일 현재*1 국내에 1주택(주택부수토지*2 포함)을 보유하고 있는 경우로서*3
[요건 3] 해당 주택의 보유기간이 2년 이상(단, 조정대상지역 내 주택은 보유기간 2년 이상이고 그 보유기간 중 거주기간 2년 이상)일 것

*1 1세대 1주택 비과세요건의 판정은 원칙적으로 양도일 현재를 기준으로 함

*2 주택부수토지 : 주택에 딸린 토지로서 건물이 정착된 면적에 다음의 배율을 곱해서 산정한 면적 이내의 토지

구 분			배율
도시지역 내	수도권 내	주거지역 · 상업지역 · 공업지역 내	3배
		녹지지역 내	5배
	수도권 밖		5배
도시지역 밖			10배

*3 1세대 1주택 비과세 규정을 적용함에 있어서 2개 이상의 주택을 같은 날에 양도하는 경우에는 해당 거주자가 선택하는 순서에 따라 주택을 양도한 것으로 봄

그러나 1세대 1주택이라도 등기이전을 하지 않고 파는 이른바 '미등기 전매' 또는 실지거래가액이 12억원 이상인 고가주택(12억원을 초과하는 금액에 한정)에 대해서는 양도소득세를 내야 한다.

고가주택

'고가주택'이란 주택과 그 부수토지의 양도 당시의 실지거래가액의 합계액이 12억원을 초과하는 것을 말한다. 즉, 고가주택이 1세대 1주택 비과세 요건을 갖추었다면 양도차익 전체에 대하여 양도소득세가 과세되는 것이 아니라 12억원을 초과하는 부분에 대해서만 양도소득세가 과세된다.

(2) 양도소득세가 과세되지 않는 1세대의 요건

원칙 '1세대'란 거주자 및 그 배우자가 그들과 동일한 주소 또는 거소에서 생계를 같이 하는 자와 함께 구성하는 가족단위를 말한다. 배우자가 있어야 1세대가 되며, 1세대를 판단함에 있어서 부부가 단독세대를 구성하였을 경우에도 동일한 세대로 본다. 배우자의 범위에는 법률상 이혼을 하였으나 생계를 같이 하는 등 사실상 이혼한 것으로 보기 어려운 관계에 있는 사람을 포함한다. 생계를 같이하는 자란 거주자 및 그 배우자의 직계존비속(그 배우자를 포함함) 및 형제자매를 말하며, 취학, 질병의 요양, 근무상 또는 사업상의 형편으로 본래의 주소 또는 거소에서 일시 퇴거한 사람을 포함한다.

예외 다음에 해당하는 경우에는 배우자가 없어도 1세대로 본다.

① 해당 거주자의 나이가 30세 이상인 경우
② 배우자가 사망하거나 이혼한 경우
③ 종합 · 퇴직 · 양도소득이 국민기초생활 보장법에 따른 기준 중위소득의 40% 이상으로서 소유주택을 관리하면서 독립된 생계를 유지할 수 있는 경우. 다만, 미성년자의 경우를 제외함(미성년자의 결혼, 가족의 사망 등의 사유로 1세대의 구성이 불가피한 경우에는 제외하지 아니함)

(3) 양도소득세가 과세되지 않는 1주택의 요건

원칙 양도일 현재 국내에 1주택(고가주택 제외)을 보유하고 있어야 한다.

구 분	양도시기
주 택	주택이란 허가 여부나 공부상의 용도 구분과 관계없이 사실상 주거용으로 사용하는 건물을 말함[이 경우 용도가 분명하지 않으면 공부상의 용도에 따르며, 이러한 주택에는 그 부수되는 토지로서 건물정착면적의 5배(도시지역 밖의 토지는 10배) 이내의 토지를 포함함]
겸용주택*1	1세대 1주택 비과세 규정을 적용할 때 하나의 건물이 주택과 주택 외의 부분으로 복합되어 있는 경우와 주택에 딸린 토지에 주택 외의 건물이 있는 경우에는 그 전부를 주택으로 봄. 다만, 주택의 연면적이 주택 외의 부분의 연면적보다 적거나 같을 때에는 주택 외의 부분은 주택으로 보지 않음
공동소유 주택	1주택을 여러 사람이 공동으로 소유한 경우 「소득세법 시행령」에 특별한 규정이 있는 것 외에는 주택 수를 계산할 때 공동 소유자 각자가 그 주택을 소유한 것으로 봄
다가구 주택	1세대 1주택 비과세규정을 적용할 때 다가구주택은 한 가구가 독립하여 거주할 수 있도록 구획된 부분을 각각 하나의 주택으로 봄

*1 겸용주택의 판단 기준

구 분	건물	부수토지
주택 > 점포	전부를 주택으로 봄	전부를 주택부수토지로 봄
주택 ≦ 점포	주택 외의 부분은 주택으로 보지 않음	전체 토지면적을 건물면적비율로 안분하여 주택부수토지를 계산함

예외 다음의 경우에는 양도 당시 2주택을 보유하고 있는 경우에도 1주택을 보유한 것으로 본다(1세대 1주택의 특례).

구 분	1주택으로 보는 경우
일시적인 2주택	종전 주택을 양도하기 전에 신규주택을 취득함으로써 일시적으로 2주택이 된 경우, 종전 주택을 취득한 날부터 1년 이상이 지난 후 신규주택을 취득하고 신규주택을 취득한 날부터 3년 이내에 종전 주택을 양도하는 경우
동거봉양 2주택	1주택을 보유하고 1세대를 구성하는 자가 1주택을 보유하고 있는 60세 이상의 직계존속을 동거봉양하기 위해 세대를 합침으로써 1세대가 2주택을 보유하게 되는 경우 합친 날부터 10년 이내에 먼저 양도하는 주택
혼인원인 2주택	다음 중 어느 하나에 해당하는 경우에는 각각 혼인한 날부터 10년 이내에 먼저 양도하는 주택 ① 1주택을 보유하는 자가 1주택을 보유하는 자와 혼인함으로써 1세대가 2주택을 보유하게 되는 경우 ② 1주택을 보유하고 있는 60세 이상의 직계존속을 동거봉양하는 무주택자가 1주택을 보유하는 자와 혼인함으로써 1세대가 2주택을 보유하게 된 경우
상속원인 2주택	상속받은 주택과 일반주택을 1개씩 소유하고 있는 1세대가 일반주택을 양도하는 경우
지정문화재	지정문화재 · 국가등록 문화재인 주택과 일반주택을 1개씩 소유하고 있는 1세대가 일반주택을 양도하는 경우
농어촌주택*1	농어촌주택과 일반주택을 1개씩 소유하고 있는 1세대가 일반주택을 양도하는 경우
수도권 밖 주택	취학, 근무상의 형편, 질병의 요양, 그 밖의 부득이한 사유로 취득한 수도권 밖에 소재하는 주택과 일반주택을 1개씩 소유하고 있는 1세대가 부득이한 사유가 해소된 날부터 3년 이내에 일반주택을 양도하는 경우
장기저당 담보주택	1주택을 소유하고 1세대를 구성하는 자가 장기저당 담보주택을 소유하고 있는 직계존속을 동거봉양하기 위하여 세대를 합침으로써 1세대가 2주택을 소유하게 되는 경우 주택을 양도하는 경우

*1 농어촌 주택이라 함은 서울 · 인천 · 경기도를 제외한 읍 · 면지역(도시지역 내는 제외)에 소재한 다음의 주택을 말함
① 상속주택 : 피상속인이 취득 후 5년 이상 거주한 사실이 있는 주택
② 이농주택 : 농업, 어업에 종사하던 자가 취득일로부터 5년 이상 거주한 사실이 있는 주택
③ 귀농주택 : 농업 또는 어업에 종사하고자 하는 자와 그 배우자 및 그들의 직계존속의 본적 또는 원적이 있거나 5년 이상 거주한 사실이 있다는 곳에 1,000㎡ 이상의 농지와 함께 취득하여 거주하고 있는 주택(대지면적 660㎡ 이내)

(4) 1세대 1주택 비과세 판단을 위한 보유기간 · 거주기간의 요건

원칙 해당 주택의 보유기간이 2년*이상이어야 한다. 다만, 취득 당시에 조정대상지역에 있는 주택의 경우에는 해당 주택의 보유기간이 2년*이상이고, 그 보유기간 중 거주기간이 2년 이상이어야 한다.

* 비거주자가 해당 주택을 3년 이상 계속 보유하고 그 주택에서 거주한 상태로 거주자로 전환된 경우에 해당하는 거주자의 주택인 경우는 3년

1) 보유기간의 의미

① 일반적인 경우 : 그 자산의 취득일부터 양도일까지

② 배우자 또는 직계존비속으로부터 증여받은 재산에 대한 이월과세가 적용되는 경우 : 증여한 배우자 또는 직계존비속이 해당 자산을 취득한 날부터 양도일까지

③ 가업상속공제재산에 대한 이월과세가 적용되는 경우 : 가업상속공제가 적용된 비율에 해당하는 자산의 경우에는 피상속인이 해당 자산을 취득한 날부터 양도일까지

2) 거주기간의 의미 : 주민등록표 등본에 따른 전입일부터 전출일까지의 기간

3) 거주기간 또는 보유기간을 계산할 때 다음의 기간을 통산함

- 거주하거나 보유하는 중에 소실 · 무너짐 · 노후 등으로 인해 멸실되어 재건축한 주택인 경우에는 그 멸실된 주택과 재건축한 주택에 대한 거주기간 및 보유기간
- 비거주자가 해당 주택을 3년 이상 계속 보유하고 그 주택에서 거주한 상태로 거주자로 전환된 경우에는 해당 주택에 대한 거주기간 및 보유기간
- 상속받은 주택으로서 상속인과 피상속인이 상속개시 당시 동일세대인 경우에는 상속개시 전에 상속인과 피상속인이 동일세대로서 거주하고 보유한 기간(피상속인의 거주 · 보유기간은 통산하지 않음)

예외 1세대가 양도일 현재 국내에 1주택을 보유하고 있는 경우로서 아래 ① ~ ③의 어느 하나에 해당하는 경우에는 그 보유기간 및 거주기간의 제한을 받지 않으며 ④에 해당하는 경우에는 거주기간의 제한을 받지 않는다.

① 민간건설임대주택 또는 공공건설임대주택을 취득하여 양도하는 경우로서 건설임대주택의 임차일부터 해당 주택의 양도일까지의 기간 중 세대 전원이 거주한 기간이 5년 이상인 경우
② 다음 중 어느 하나에 해당하면, 이 경우 (가)에 있어서는 그 양도일 또는 수용일부터 5년 이내에 양도하는 그 잔존주택 및 그 부수토지를 포함하는 것으로 함
(가) 사업인정 고시일 전에 취득한 주택 및 그 부수토지의 전부 또는 일부가 협의매수 및 수용되는 경우
(나) 해외이주로 세대전원이 출국하는 경우(단, 출국일 현재 1주택을 보유하고 있는 경우로서 출국일부터 2년 이내에 양도하는 경우에 한함)
(다) 1년 이상 계속하여 국외거주를 필요로 하는 취학 또는 근무상의 형편으로 세대전원이 출국하는 경우(다만, 출국일 현재 1주택을 보유하고 있는 경우로서 출국일로부터 2년 이내에 양도하는 경우에 한함)
③ 학교 취학(유치원, 초 · 중학교 제외), 근무상 형편(직장변경 · 전근 등), 1년 이상 질병치료 · 요양, 학교폭력으로 인한 전학(학교폭력대책자치위원회가 전학이 필요하다고 인정하는 경우에 한함)으로 인해 세대 전원이 다른 시 · 군으로 주거를 이전하기 위해 1년 이상 거주한 주택을 양도하는 경우
④ 거주가가 조정대상지역의 공고가 있는 날 이전에 매매계약을 체결하고 계약금을 지급한 사실이 증빙서류에 의해 확인되는 경우로서 해당 거주자가 속한 1세대가 계약금 지급일 현재 주택을 보유하지 아니하는 경우

3. 비과세의 배제

(1) 미등기 양도자산에 대한 비과세 · 감면 배제

미등기양도자산에 대하여는 소득세법 또는 그 밖의 법률 중 양도소득에 대한 소득세의 비과세 또는 감면에 관한 규정을 적용하지 않는다. 여기서 '미등기양도자산'이란 토지, 건물 및 부동산에 관한 권리를 취득한 자가 그 자산 취득에 관한 등기를 하지 않고 양도하는 것을 말한다.

(2) 허위계약서 작성 시 비과세 · 감면 배제

토지 · 건물 및 부동산에 관한 권리를 매매하는 거래당사자가 매매계약서의 거래가액을 실지거래가액과 다르게 적은 경우에는 해당 자산에 대하여 양도소득세의 비과세 또는 감면에 관한 규정을 적용할 때 비과세 또는 감면받았거나 받을 세액에서 다음의 금액을 뺀다.

① 양도소득세의 비과세에 관한 규정을 적용받을 경우: 비과세에 관한 규정을 적용하지 아니하였을 경우의 양도소득 산출세액과 매매계약서의 거래가액과 실지거래가액과의 차액 중 적은 금액
② 양도소득세의 감면에 관한 규정을 적용받았거나 받을 경우: 감면에 관한 규정을 적용받았거나 받을 경우의 해당 감면세액과 매매계약서의 거래가액과 실지거래가액과의 차액 중 적은 금액

4. 취득시기와 양도시기

(1) 취득 및 양도시기

구 분	취득시기 및 양도시기
유상양도	해당 자산의 대금청산일 • 대금청산일이 불분명한 경우 : 등기 · 등록접수일 또는 명의개서일 • 대금청산 전에 소유권이전 등기한 경우: 등기접수일
장기할부조건	소유권이전등기접수일, 인도일 또는 사용수익일 중 빠른 날
자가 건설한 건축물	사용승인서 교부일 • 사용승인서 교부일 전에 사실상 사용하거나 임시 사용승인을 얻은 경우: 그 사실상 사용일 또는 임시사용승인을 받은 날 중 빠른 날 • 무허가 건축물 : 그 사실상의 사용일
상속 또는 증여로 취득한 자산	상속개시일 또는 증여일
민법에 따라 점유로 소유권을 취득한 부동산	해당 부동산의 점유를 개시한 날
법률에 따라 공익사업을 위해 수용되는 경우	대금청산일, 수용의 개시일 또는 소유권이전등기접수일 중 빠른 날(소유권에 관한 소송으로 보상금이 공탁된 경우: 소유권 관련 소송 판결 확정일)
대금청산일까지 미완성자산	완성 또는 확정되지 않은 자산을 양도 또는 취득한 경우로서 해당 자산의 대금을 청산한 날까지 그 목적물이 완성 또는 확정되지 않은 경우에는 그 목적물이 완성 또는 확정된 날
양도한 자산의 취득시기가 불분명한 경우	먼저 취득한 자산을 먼저 양도한 것으로 봄

5. 양도소득세액 계산

(1) 계산구조

양 도 가 액	실지거래가액 등
−	
취 득 가 액	실지거래가액 등
필 요 경 비	자본적지출과 양도비용 등 실제경비 또는 개산공제
=	
양 도 차 익	
−	
장기보유특별공제	등기되고 보유기간이 3년 이상인 토지 · 건물의 양도차익 × 공제율
=	
양 도 소 득 금 액	그룹별로 구분 계산
−	
양도소득기본공제	그룹별로 연 250만원 (미등기 양도자산은 적용배제)
=	
양도소득과세표준	
×	
세 율	자산별 · 보유기간별 · 등기여부에 따라 구분 적용
=	
양도소득산출세액	
−	
세액공제 + 감면세액	조세특례제한법상 감면세액
=	
양도소득결정세액	
+	
가 산 세	국세기본법 및 소득세법상 가산세
=	
양도소득총결정세액	
−	
기 납 부 세 액	예정신고산출세액 · 수시부과세액
=	
차 감 납 부 할 세 액	

(2) 양도차익의 계산

1) 양도가액과 취득가액의 결정

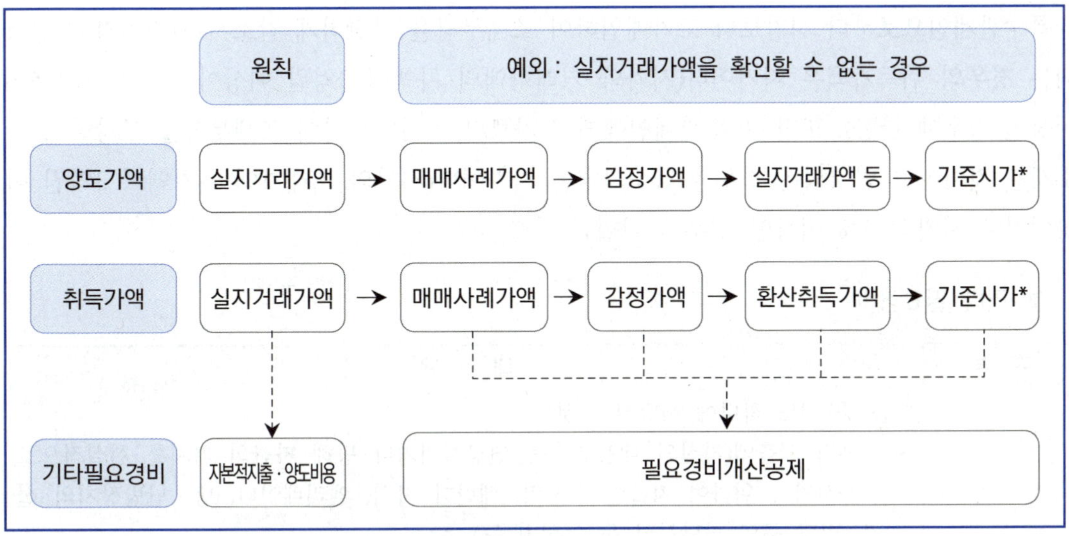

양도차익 계산의 기본원칙은 다음과 같다.

양도가액과 취득가액의 매칭

① 양도가액을 실지거래가액(매매사례가액 · 감정가액이 적용되는 경우 그 매매사례가액 · 감정가액 등을 포함함)에 따를 때에는 취득가액도 실지거래가액(매매사례가액 · 감정가액 · 환산취득가액이 적용되는 경우 그 매매사례가액 · 감정가액 · 환산취득가액 등을 포함함)에 따른다.
② 양도가액을 기준시가에 따를 때에는 취득가액도 기준시가에 따른다.
③ 실지거래가액을 자산의 양도가액으로 하여 양도차익을 산정하면서 취득가액을 자산 취득 당시의 매매사례가액 등에 의하는 경우에는 납세의무자가 자본적 지출액이나 양도비 등의 비용을 실제로 지출하였다고 하더라도 원칙적으로 필요경비개산공제액 외에 이를 필요경비로 공제할 수 없다.

2) 실지거래가액을 확인할 수 있는 경우의 양도가액·취득가액 원칙

양도소득세의 계산에 있어 양도가액과 취득가액은 양도와 취득 당시의 실지거래가액에 의한다. 실지거래가액이란 자산의 양도 또는 취득 당시에 양도자와 양수자가 실제로 거래한 가액으로서 해당 자산의 양도 또는 취득과 대가관계에 있는 금전과 그 밖의 재산가액을 말한다. 취득가액은 매입가액에 부대비용을 가산한 금액으로 하며, 취득세는 납부영수증이 없는 경우에도 필요경비로 공제한다. 하지만 보유단계의 세금인 재산세 · 종합부동산세 등은 필요경비로 공제하지 않는다.

① 고가매입 · 저가양도의 경우

특수관계인으로부터 시가보다 고가매입하여 조세부담을 부당하게 감소시킨 것이라고 인정되는 경우의 취득가액은 시가이다(시가와 거래가액의 차액이 3억원 이상이거나 시가의 5% 이상인 경우에 한함). 또한, 특수관계인에게 시가보다 저가양도하여 조세부담을 부당하게 감소시킨 것이라고 인정되는 경우의 양도가액은 시가이다(시가와 거래가액의 차액이 3억원 이상이거나 시가의 5% 이상인 경우에 한함).

② 기타 필요경비

구 분	내 용
자본적 지출액	다음 중 어느 하나에 해당하는 것 • 자본적 지출액(자산의 내용연수를 연장시키거나 당해 자산의 가치를 현실적으로 증가시키기 위하여 지출한 수선비, 베란다 샤시, 엘리베이터, 냉 · 난방장치의 설치, 빌딩 등의 피난시설 등의 설치 등) • 양도자산의 용도변경 · 개량 또는 이용 편의를 위하여 지출한 비용(재해 · 노후화 등 부득이한 사유로 인하여 건물을 재건축한 경우 그 철거비용을 포함함) • 개발부담금 및 재건축부담금 • 양도자산을 취득한 후 쟁송이 있는 경우에 그 소유권을 확보하기 위해 직접 소요된 소송비용 · 화해비용으로서 그 지출한 연도의 각 소득금액의 계산에 있어서 필요경비에 산입된 것을 제외한 금액 • 법률에 따라 토지 등이 협의 매수 또는 수용되는 경우로서 그 보상금의 증액과 관련하여 직접 소요된 소송비용 · 화해비용 등의 금액으로서 그 지출한 연고의 각 소득금액의 계산에 있어서 필요경비에 산입된 것을 제외한 금액
양도비용	다음 중 어느 하나에 해당하는 것 • 자산을 양도하기 위하여 직접 지출한 비용 : 증권거래세, 양도소득 과세표준 신고서 작성비용, 계약서 작성비용, 공증비용 · 인지대 · 소개비, 매매계약에 따른 인도 의무를 이행하기 위해 양도자가 지출하는 명도비용 등 • 토지 · 건물을 취득함에 있어서 법령에 따라 매입한 국민주택채권 및 토지개발채권을 만기 전에 양도함으로써 발생하는 매각차손(이 경우 금융기관 외의 자에게 양도한 경우에는 동일한 날에 금융기관에 양도하였을 경우 발생하는 매각차손을 한도로 함)

3) 실지거래가액을 확인할 수 없는 경우 계산방법 예외

장부나 그 밖의 증명서류에 의해 해당 자산의 양도 당시 또는 취득 당시의 실지거래가액을 인정 또는 확인할 수 없는 경우에는 아래 예외 표를 순차적으로 적용한다. 이 때 취득가액으로 매매사례가액 · 감정가액 · 환산취득가액 · 기준시가를 적용하는 경우에도 사업소득금액의 필요경비로 산입하였거나 산입할 감가상각비는 취득가액에서 공제한다.

구 분	내 용
양도가액	매매사례가액*1 → 감정가액*2 → 실지거래가액 등 → 기준시가*4
취득가액	매매사례가액*1 → 감정가액*2 → 환산취득가액*3 → 기준시가*4
기타필요경비	필요경비개산공제 → 취득가액의 3%가 아님에 주의할 것 • 토지 · 건물 : 취득당시 기준시가 × 3% (미등기자산은 0.3%) • 지상권 · 전세권 · 등기된 부동산임차권 : 취득당시 기준시가 × 7% • 위 외의 자산(주식 등) : 취득당시 기준시가의 1%

*1. 매매사례가액 : 양도일 또는 취득일 전후 각 3개월 이내에 해당 자산(상장법인의 주식 등 제외함)과 동일성 또는 유사성이 있는 자산의 매매사례가 있는 경우 그 가액

*2. 감정가액 : 양도일 또는 취득일 전후 각 3개월 이내에 해당 자산(주식 등을 제외함)에 대하여 둘 이상의 감정평가업자(감정평가법인 및 개인감정평가사)가 평가한 것으로서 신빙성이 있는 것으로 인정되는 감정가액(감정평가기준일이 양도일 또는 취득일 전후 각 3개월 이내인 것에 한함)이 있는 경우에는 그 감정가액의 평균액. 단, 기준시가가 10억원 이하인 자산(주식 등 제외함)의 경우에는 양도일 또는 취득일 전후 각 3개월 이내에 하나의 감정평가업자가 평가한 것으로서 신빙성이 있는 것으로 인정되는 경우 그 감정가액(감정평가기준일이 양도일 또는 취득일 전후 각 3개월 이내인 것에 한정함)으로 함

*3. 환산취득가액 = 양도당시 실지거래가액 · 매매사례가액 또는 감정가액 × (취득당시 기준시가/양도당시 기준시가)

*4. 기준시가 산정방법

① 토지 : 개별공시지가

② 건물 : 국제청장이 산정 · 고시한 가액

③ 오피스텔 · 상업용건물 · 국세청장이 토지 · 건물을 함께 일괄하여 산정 · 고시한 가액

④ 주택 : 별주택가격 및 공동주택가격

4) 양도차익

일반적인 양도차익은 아래와 같이 계산한다.

양도차익 = 양도가액 − 취득가액 − 필요경비

① 고가주택의 양도차익

양도소득의 비과세대상에서 제외되는 1세대 1주택에 해당하는 고가주택의 경우에는 실지거래가액 합계액 12억원 초과액에 대하여 양도소득세를 과세하므로 이 경우 양도차익은 다

음과 같이 계산한 금액으로 한다.

고가주택 등의 양도차익

$$고가주택\ 등의\ 양도차익 = 전체\ 주택의\ 실거래가\ 양도차익 \times \frac{실지\ 양도가액 - 12억원}{실지\ 양도가액}$$

② 증여받은 자산의 양도차익

- **배우자 또는 직계존비속이 증여받아 양도하는 경우** : 거주자가 양도일부터 소급하여 10년 이내에 그 배우자(양도 당시 혼인관계가 소멸된 경우를 포함한다) 또는 직계존비속으로부터 증여받은 자산의 양도차익을 계산함에 있어서 양도가액에서 공제할 필요경비 중 취득가액은 각각 그 배우자 또는 직계존비속의 취득 당시 금액으로 한다. 이 경우 거주자가 증여받은 자산에 대하여 납부하였거나 납부할 증여세상당액이 있는 경우에는 필요경비에 산입한다.
- **특수관계자가 증여받아 양도하는 경우** : 양도소득에 대한 소득세를 부당하게 감소시키기 위해 배우자와 직계존비속이 아닌 특수관계자에게 자산을 증여한 후 그 자산을 증여받은 자가 그 증여일부터 10년 이내에 다시 이를 타인에게 양도한 경우에는 증여자가 그 자산을 직접 양도한 것으로 본다. 이 경우 당초 증여받은 자산에 대하여는 「상속세 및 증여세법」의 규정에 불구하고 증여세를 부과하지 아니한다.

(3) 장기보유특별공제

1) 장기보유특별공제란?

세법의 누진세율구조에 따르면 장기간 축적된 보유이익이 양도시점에 한꺼번에 실현되므로 과도하게 높은 세율을 적용받게 되어 납부세액이 급격하게 늘어난다. 이를 방지하기 위해 3년 이상 보유한 자산에 대해서는 장기보유특별공제를 적용한다. 장기보유특별공제는 등기된 토지 및 건물 그리고 부동산을 취득할 수 있는 권리 중 조합입주권에만 적용되며, 주택의 경우 1세대 1주택만 적용되므로 미등기양도자산과 조정대상지역 내 다주택자는 장기보유특별공제를 적용받을 수 없다. 구체적인 적용대상은 다음과 같다.

적용대상 → 아래 ①, ②를 제외한 자산(주식 등)에는 적용하지 않음

① 토지 · 건물로서 보유기간이 3년 이상일 것. 단, 다음의 자산을 제외함
  a. 미등기양도자산
  b. 다주택자의 조정대상지역 내 주택
② 부동산을 취득할 수 있는 권리 중 조합원입주권(조합원으로 취득한 것은 제외) : 조합원입주권을 양도하는 경우에는 「도시 및 주거환경정비법」에 따른 관리처분계획 인가 및 「빈집 및 소규모주택 정비에 관한 특례법」에 따른 사업시행계획인가 전 토지분 또는 건물분의 양도차익으로 한정함

2) 장기보유특별공제액

장기보유특별공제는 자산의 양도차익에서 다음 표의 보유기간별 공제율을 곱하여 산출하며, 양도차익에서 장기보유특별공제를 차감하여 양도소득금액을 계산한다.

[표1] 일반적인 경우 장기보유특별공제율

일반 토지 · 건물	
보유기간	공제율(%)
3년 이상 4년 미만	6
4년 이상 5년 미만	8
5년 이상 6년 미만	10
6년 이상 7년 미만	12
7년 이상 8년 미만	14
8년 이상 9년 미만	16
9년 이상 10년 미만	18
10년 이상 11년 미만	20
11년 이상 12년 미만	22
12년 이상 13년 미만	24
13년 이상 14년 미만	26
14년 이상 15년 미만	28
15년 이상	30

*장기보유특별공제액 = 자산의 양도차익 × [표1]에 따른 보유기간별 공제율

[표2] 보유기간과 거주요건을 만족하는 1세대 1주택 장기보유특별공제율

양도소득세가 과세되는 1세대 1주택			
보유기간	공제율(%)	거주기간	공제율(%)
3년 이상 4년 미만	12	2년 이상 3년 미만 (보유기간 3년 이상에 한정함)	8
		3년 이상 4년 미만	12
4년 이상 5년 미만	16	4년 이상 5년 미만	16
5년 이상 6년 미만	20	5년 이상 6년 미만	20
6년 이상 7년 미만	24	6년 이상 7년 미만	24
7년 이상 8년 미만	28	7년 이상 8년 미만	28
8년 이상 9년 미만	32	8년 이상 9년 미만	32
9년 이상 10년 미만	36	9년 이상 10년 미만	36
10년 이상	40	10년 이상	40

* 장기보유특별공제액 = 자산의 양도차익 × {[표2]에 따른 보유기간별 공제율+[표2]에 따른 거주기간별 공제율}
* [표2]를 적용하기 위해서는 보유기간 3년 이상, 보유기간 중 거주기간 2년 이상 요건을 만족해야 함

또한, 1세대가 1주택을 보유하였으나 그 주택이 고가주택에 해당하는 경우에는 여전히 1세대 1주택의 장기보유특별공제가 적용되는데 12억원 초과 부분에 대한 것만 인정이 된다. 구체적인 산식은 아래와 같다.

$$\text{고가주택 장기보유특별공제액} = \text{1세대 1주택 장기보유특별공제액} \times \frac{(\text{양도가액} - \text{12억원})}{\text{양도가액}}$$

이것만은 꼭 기억하자

다음의 자산에 대해서는 장기보유특별공제가 적용되지 않는다.
① 부동산이 아닌 자산 ② 보유기간 3년 미만의 부동산 ③ 미등기양도자산 ④ 비사업용 토지

(4) 양도소득 기본공제

1) 공제금액

다음의 그룹별로 해당 과세기간의 양도소득금액에서 각각 연 250만원을 공제한다.

- [1그룹] 토지 · 건물 · 부동산에 관한 권리 · 기타자산의 양도소득
- [2그룹] 주식 등의 양도소득
- [3그룹] 파생상품의 거래 · 행위로 발생하는 양도소득
- [4그룹] 신탁 수익권의 양도소득

2) 공제순서

① 감면소득 외의 양도소득금액에서 먼저 공제하고, 감면소득 외의 양도소득금액 중에서는 해당 과세기간에 먼저 양도한 자산의 양도소득금액에서부터 순서대로 공제한다.

② 만약 자산을 동시에 양도한 경우에는 납세자가 선택한 자산의 양도소득금액에서 기본공제를 적용한다. → 세부담 최소화 조건이 있는 경우 높은 세율이 적용되는 자산에서 공제함

3) 적용배제

미등기양도자산에 대하여는 양도소득기본공제를 적용하지 않는다.

(5) 양도소득 산출세액

1) 양도소득 산출세액

거주자의 양도소득 산출세액은 해당 과세기간의 양도소득과세표준에 다음의 세율을 적용하여 계산한다. 이 경우 하나의 자산이 다음에 따른 세율 중 둘 이상에 해당할 때에는 해당 세율을 적용하여 계산한 양도소득 산출세액 중 큰 것을 그 세액으로 한다.

<table>
<tr><th colspan="3">구 분</th><th>세 율</th></tr>
<tr><td rowspan="10">토지, 건물, 부동산에 관한 권리, 기타자산 [1그룹]</td><td rowspan="2">① 원칙</td><td>분양권</td><td>60%</td></tr>
<tr><td>위 외의 자산</td><td>기본세율</td></tr>
<tr><td rowspan="3">② 토지 · 건물, 부동산에 관한 권리로서 보유기간이 1년 이상 2년 미만인 것</td><td>주택(부수토지 포함), 조합입주권</td><td>60%</td></tr>
<tr><td>분양권</td><td>60%</td></tr>
<tr><td>위 외의 자산</td><td>40%</td></tr>
<tr><td rowspan="3">③ 토지 · 건물, 부동산에 관한 권리로서 보유기간이 1년 미만인 것</td><td>주택(부수토지 포함), 조합입주권</td><td>70%</td></tr>
<tr><td>분양권</td><td>70%</td></tr>
<tr><td>위 외의 자산</td><td>50%</td></tr>
<tr><td colspan="2">④ 비사업용 토지</td><td>기본세율 + 10%</td></tr>
<tr><td colspan="2">⑤ 비사업용 토지 과다보유법인의 주식 등</td><td>기본세율 + 10%</td></tr>
<tr><td></td><td colspan="2">⑥ 미등기양도자산</td><td>70%</td></tr>
</table>

주식 등에 관한 양도소득세 세율

구 분				세 율
주식 등 [2그룹]	⑦ 국내 주식 등	대주주가 양도하는 주식 등	1년 미만 보유한 주식 등으로서 중소기업 외의 법인의 주식 등	30%
			위에 해당하지 않는 주식 등	20% (과세표준 3억원 초과분 25%)
		대주주가 아닌 자가 장외에서 양도하는 주식 등	중소기업 주식 등	10%
			위에 해당하지 않는 주식 등	20%
	⑧ 국외 주식 등	중소기업의 주식 등		10%
		위에 해당하지 않는 주식 등		20%
[3그룹]	파생상품			10%
[4그룹]	신탁 수익권			20%(과세표준 3억원 초과분 25%)

2) 지정지역 내 부동산에 대한 특례세율

다음 중 어느 하나에 해당하는 부동산을 양도하는 경우 아래의 세율을 적용한다.

중과대상 부동산	세 율
① 지정지역에 있는 부동산으로 비사업용 토지	기본세율 + 10% + 10%
② 그 밖에 부동산 가격이 급등하였거나 급등할 우려가 있어 부동산 가격의 안정을 위하여 필요한 경우에 대통령령으로 정하는 부동산	기본세율 + 10%

3) 다주택자의 조정대상지역 내 주택에 대한 특례세율

다음 중 어느 하나에 해당하는 주택(이에 딸린 토지를 포함함)을 양도하는 경우 아래의 세율을 적용한다.

중과대상 부동산	세 율
① 조정대상지역에 있는 주택으로서 1세대 2주택에 해당하는 주택[*1] ② 조정대상지역에 있는 주택으로서 1세대가 1주택과 조합원입주권 또는 분양권[*2]을 각각 1개씩 보유한 경우의 해당 주택[*1]	기본세율 + 10% + 10%
③ 조정대상지역에 있는 주택으로서 1세대 3주택 이상에 해당하는 주택[*1] ④ 조정대상지역에 있는 주택으로서 1세대가 주택과 조합원입주권 또는 분양권[*2]을 보유한 경우로서 그 수의 합이 3이상인 경우 해당 주택[*1]	기본세율 + 10%

*1 단, 보유기간이 2년 이상인 주택을 2022.5.10.부터 2024.5.9.까지 양도하는 경우 그 해당 주택, 대통령령으로 정하는 장기임대주택 등은 제외함

*2 2021.1.1.이후 공급계약, 매매 또는 증여 등의 방법으로 취득한 분양권부터 적용함

▸▸ 연습문제 1.

대주주가 아닌 자가 중소기업 주식을 1억 5천만원에 취득 후 1년 2개월 보유하다가 당해연도에 2억원에 양도한 경우 납부할 세액은? 단, 당해연도에 다른 주식은 양도한 것이 없다.

풀이

(200,000,000 − 150,000,000 − 2,500,000) × 10% = 4,750,000

▸▸ 연습문제 2.

5년 6개월 전 50,000,000에 취득한 미등기 토지를 100,000,000원에 양도한 경우 납부할 세액은?

풀이

미등기 토지에 대해서는 장기보유특별공제와 기본공제를 적용하지 아니한다.
(100,000,000 − 50,000,000) × 70% = 35,000,000

6. 양도소득세 신고 · 납부

(1) 예정신고

1) 예정신고 납부란?

양도소득세 과세대상 자산(국외주식 등 파생상품은 제외함)을 양도한 거주자는 다음의 과세기간에 양도소득과세표준 예정신고를 해야 한다(양도차익이 없거나 양도차손이 발생한 경우에도 예정신고를 하여야 함). 이때 예정신고 · 납부를 이행하지 않은 경우 국세기본법상 신고 관련 가산세, 납부지연가산세를 적용한다.

① 일반적인 경우
- [1그룹] 토지 · 건물 · 부동산에 관한 권리 · 기타자산 : 양도일이 속하는 달의 말일부터 2개월
- [2그룹] 주식 등의 양도소득 : 양도일이 속하는 반기의 말일부터 2개월
- [4그룹] 신탁 수익권의 양도소득 : 양도일이 속하는 달의 말일부터 2개월

② 부담부증여의 채무액에 해당하는 부분으로서 양도로 보는 경우 : 양도일이 속하는 달의 말일부터 3개월

2) 예정신고산출세액

거주자가 예정신고를 할 때 예정신고 산출세액은 다음 계산식에 따라 계산한다.

> 예정신고 산출세액 = (양도차익 − 장기보유특별공제 − 양도소득기본공제) × 양도소득세율

3) 예정신고납부

① 거주자가 예정신고를 할 때에는 예정신고산출세액에서 조세특례제한법이나 그밖의 법률에 따른 감면세액을 뺀 세액을 납세지 관할 세무서, 한국은행 또는 체신관서에 납부해야 한다. 예정신고납부를 하는 경우 수시부과세액이 있을 때에는 이를 공제하여 납부한다.

② 납부할 세액이 각각 1천만원을 초과하면 납부할 세액 일부를 납부기한 경과 후 2개월 이내에 나누어 낼 수 있다. 분납할 수 있는 세액은 다음과 같다.

- 납부할 세액이 2천만원 이하인 때 : 1천만원을 초과하는 금액
- 납부할 세액이 2천만원을 초과하는 때 : 납부할 세액의 50% 이하의 금액

(2) 확정신고

당해 연도에 양도소득이 있는 자는 그 다음 해 5월 1일부터 5월 31일 사이에 주소지 관할 세무서에 확정신고를 해야 한다. 이는 과세표준이 없거나 결손금액이 있는 경우에도 적용한다. 그러나 예정신고를 한 자는 위의 규정에도 불구하고 당해 소득에 대한 확정신고를 하지 않아도 무방하다. 다만, 다음 중 어느 하나에 해당하는 경우에는 반드시 확정신고를 하여야 한다.

① 해당 과세기간에 누진세율 적용대상 자산에 대한 예정신고를 2회 이상 한 자가 이미 신고한 양도소득금액과 합산하여 예정신고를 하지 않은 경우

② 부동산 등 또는 기타자산을 2회 이상 양도한 경우로서 양도소득기본공제의 적용순위로 인하여 당초 신고한 양도소득산출세액이 달라지는 경우

③ 국내 주식을 2회 이상 양도한 경우로서 양도소득기본공제의 적용순위로 인하여 당초 신고한 양도소득산출세액이 달라지는 경우

④ 부동산 등 또는 기타자산을 둘 이상 양도하는 경우로서 양도소득세 산출세액 계산특례(비교과세)를 적용할 경우 당초 신고한 양도소득산출세액이 달라지는 경우

(3) 양도소득세의 결정 · 경정

양도소득세도 신고납세제도를 취하고 있으므로 양도소득세의 예정신고와 확정신고는 모두 납세의무를 확정하는 효력을 갖는다. 따라서 신고를 하지 않은 경우에만 과세표준과 세액을 결정하며 신고내용에 탈루 또는 오류가 있는 경우에는 양도소득세 과세표준과 세액을 경정한다.

(4) 양도소득세의 가산세

양도소득세 과세표준확정신고납부의 경우에도 국세기본법에 따른 신고불성실가산세(무신고가산세, 과소신고가산세)와 납부지연가산세가 부과된다.

참고자료: 등기여부와 세금

1억원에 취득한 토지를 5년 보유 후 4억원에 처분하였을 경우 등기한 경우와 등기하지 않은 경우의 양도소득세 부담액을 비교하면 다음과 같다.

구 분	등기 후 양도	미등기 양도
양도가액	400,000,000	400,000,000
취득가액	100,000,000	100,000,000
양도차익	300,000,000	300,000,000
장기보유특별공제(10%)	30,000,000	해당 없음
양도소득기본공제	2,500,000	해당 없음
과세표준	267,500,000	300,000,000
세율	기본세율(38%)	70%
산출세액	81,710,000	210,000,000

위 사례에서 살펴본 것처럼 동일한 물건을 양도하였지만 등기여부에 따라 산출세액에는 큰 차이가 있다.

생활속의 세금

TOPIC 조합원입주권에 대한 특례 Tip

1. 조합입주권이란 '도시 및 주거환경정비법'에 따른 관리처분계획의 인가로 인하여 취득한 입주자로 선정된 지위을 말한다.
2. 1세대가 주택과 조합원입주권을 보유하다가 그 주택을 양도하는 경우에는 1세대 1주택으로 보지 않는다. 다만, 주택재건축사업 또는 주택재개발사업의 시행기간 중 거주를 위하여 주택을 취득하는 경우나 그 밖의 부득이한 사유로서 일정한 경우에는 그렇지 않다.
3. 조합원입주권을 1개 보유한 1세대가 다음 중 어느 하나의 요건을 충족하여 양도하는 경우 해당 조합원입주권을 양도하여 발생하는 소득에 대하여는 양도소득세를 과세하지 않는다. 다만, 조합원입주권의 양도 당시의 실지거래가액의 합계액이 12억원을 초과하는 경우에는 양도소득세를 과세한다.
   ① 양도일 현재 다른 주택을 보유하지 아니할 것
   ② 양도일 현재 1조합원입주권 외에 1주택을 소유한 경우로서 해당 1주택을 취득한 날부터 3년 이내에 해당 조합원입주권을 양도할 것
4. 주택과 조합원입주권을 소유한 경우 1세대 1주택의 특례
   ① 국내에 1주택을 소유한 1세대가 종전 주택을 양도하기 전에 조합원입주권을 취득함으로써 일시적으로 1주택과 1조합원입주권을 소유하게 된 경우 종전 주택을 취득한 날부터 1년 이상이 지난 후에 조합원입주권을 취득하고 그 조합원입주권을 취득한 날부터 3년 이내에 종전주택을 양도하는 경우에는 이를 1세대 1주택으로 본다.
   ② 위 ①이외에도 '소득세법 시행령' 제156의 2에 주택과 조합원입주권을 소유한 경우 여러 가지 1세대 1주택의 특례가 규정되어 있다.

생활속의 세금

TOPIC 부동산 관련 세금 절세 Tip

1. 부동산 실거래가액 허위신고를 하지말자.
   과거에는 부동산 매매시 공시지가 등 시가표준액을 기준으로 매매계약서를 작성하였고, 관할 시 · 군 · 구청에서도 계약서에 특별히 큰 하자가 없으면 검인을 해주는게 관행이었다. 하지만 2006년 1월 1일부터 '부동산 실거래가격 신고의무제도'가 시행되어 검인계약서를 사실과 다르게 작성한 경우에는 매도인과 매수인 및 중개업자에게 과태료가 부과되며 중개업 등록취소 또는 6개월 이내 자격정지 처분을 받는 등 큰 불이익이 따르므로 반드시 실지거래 내용대로 계약서를 작성해야 한다.

2. 부동산 취득 시 취득세를 기한 내 납부하는 것이 절세전략이다.

부동산 취득시 취득한 날로부터 60일 이내에 부동산이 소재하는 관할 시청, 군청, 구청에 신고 · 납부해야 한다. 이 기한 내에 취득세를 신고 · 납부하지 않으면 신고불성실가산세와 납부불성실가산세를 추가로 납부해야 한다.

3. 부동산을 팔 계획이 있다면 6월 1일 이전에 파는 것이 절세전략이다.

부동산을 보유하면서 내는 세금에는 재산세와 종합부동산세(고가주택의 경우)가 있는데 이 두 보유세는 매년 6월 1일이 과세기준일이다. 즉, 6월 1일 과세기준일 현재 주택, 건물 및 토지를 사실상 소유하고 있는 자에게 세금을 부과한다. 따라서 5월 31일에 부동산을 양도하고 등기하였다면 6월 1일 현재 소유자인 매수자가 당해 연도 재산세와 종합부동산세를 납부해야 하며, 6월 2일에 양도한다면 매도자가 보유한 기간이 5개월뿐이더라도 결국은 1년 치 세금을 매도자가 납부해야 한다.

반면, 매수자의 입장은 반대다. 즉 6월 1일이 지나서 부동산 등을 매입해야 재산세와 종합부동산세의 납세의무가 없다. 여기서 양도의 의미는 실제로 잔금을 받은 경우를 말하는데, 만약 잔금을 받기 전에 소유권이전등기를 마쳤다면 등기접수일을 양도일로 간주한다.

4. 부부 등이 공동명의로 부동산을 취득하면 양도 시 세부담을 줄일 수 있다.

공동명의로 취득한 부동산을 양도하는 경우 양도소득세가 공동명의자 각각에 대해 따로 계산되므로 1인 명의로 양도하는 경우에 비해 세부담이 적다.

5. 부모와 자녀가 각각 주택을 하나씩 가지고 있으면서 농촌과 도시에 따로 살고 있지만 건강보험 등의 문제로 부모의 주민등록을 자녀의 주소로 옮겨 놓는 경우가 가끔 있다. 이때 주택을 팔지 않으면 별 문제가 없지만, 부모 또는 자녀의 집 중 어느 하나를 팔게 되면 1세대 2주택자가 주택을 양도한 것으로 간주되어 양도소득세 과세문제가 발생할 수 있다. 따라서 주민등록상 동일 세대원으로 등록되어 있다 하더라도 사실상 따로 거주하고 있고 생계를 같이하지 않으면 동일 세대원으로 보지 않는다. 생계를 같이 하지 않았다는 증거는 아파트 관리사무소 관리비 고지서 명부, 교회나 성당, 절의 신자 명부, 신용카드 주요 사용지역 분석, 병원 사용내역, 인터넷 사용내역, 주변의 인후 보증서, 우유, 신문, TV등 계약서, 지역 주민센터의 회원명부 등이 있다.

6. 상가 겸용 주택을 신축하는 경우 주택 부분을 조금 더 크게 하면 전체를 주택으로 인정받는다.

1세대 1주택의 규정을 적용함에 있어서 한 동의 건물이 주택과 주택 외의 부분으로 되어 있는 겸용 주택의 경우와 한 울타리 안에 주택과 주택 외의 건물이 함께 있는 경우에는 그 전부를 주택으로 본다. 다만, 주택의 면적이 주택 외의 면적보다 작거나 같을 때에는 주택 외의 부분은 주택으로 보지 아니한다. 이 규정에 따르면 겸용 주택의 경우 주택의 면적이 주택 외의 면적보다 크면 전체를 주택으로 보므로, 1세대 1주택자의 경우 겸용 주택을 신축하고자 할 때 주택부분을 조금 크게 신축하면 양도소득세 비과세 적용을 받을 수 있을 것이다.

7. 부동산을 양도한 경우 등기를 해야 중과세를 피할 수 있다.

04 부동산과 관련된 세금상식 정리

1. 토지와 건물의 등기부 등본

우리나라에서는 토지나 건물과 같은 부동산에 대한 권리를 갖기 위해 부동산 계약뿐만 아니라 그 계약내용에 대해 국가에서 관리하는 토지등기부등본과 건물등기부등본에 기록을 해야 하는데 이러한 행위를 부동산의 등기라고 한다. 부동산 등기부란 부동산에 관한 권리관계 및 현황이 등기부에 기재되어 있는 공적장부이다. 등기부에는 대상 부동산의 지번, 지목, 구조, 면적 등의 현황과 소유권, 저당권, 전세권, 가압류 등의 권리설정 여부가 기록되어 있으며 법원 등기소에서 관리한다.

현재는 대법원 인터넷 등기소(www.iros.go.kr)를 통해 간단하게 열람 및 발급을 할 수 있다.

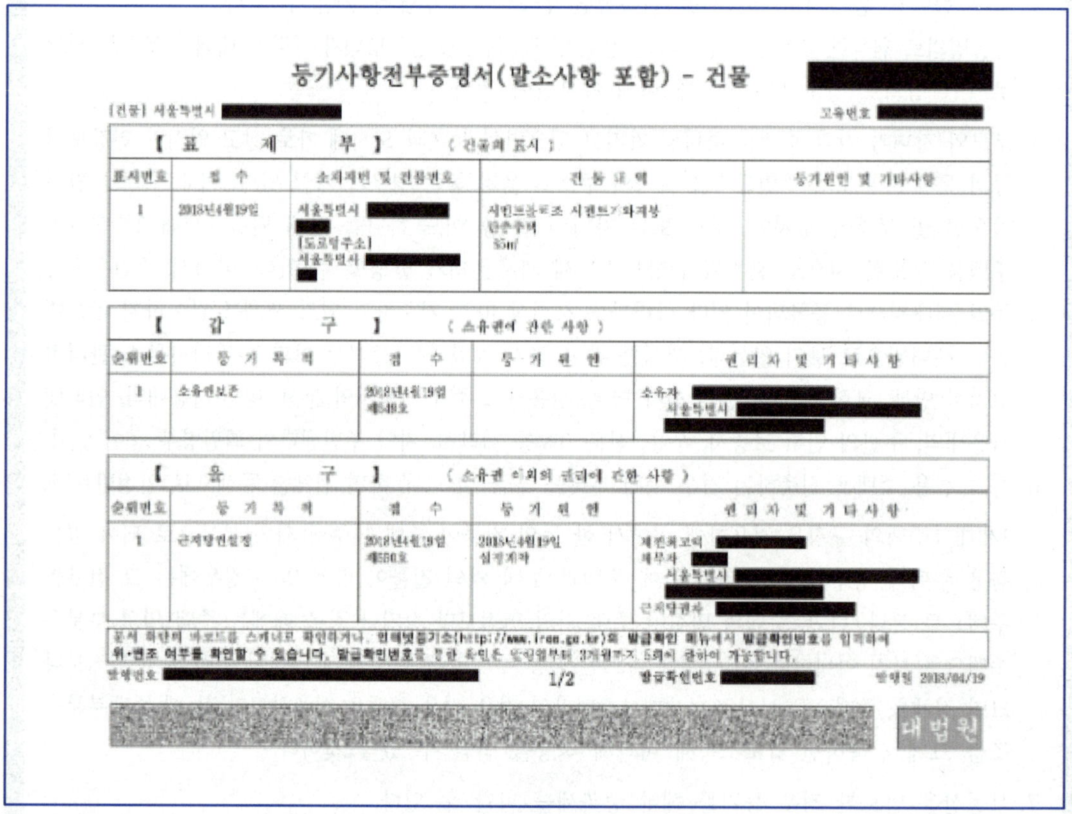

등기사항전부증명서(말소사항 포함) - 건물

[건물] 서울특별시　　　　고유번호

【 표 제 부 】 (건물의 표시)				
표시번호	접 수	소재지번 및 건물번호	건 물 내 역	등기원인 및 기타사항
1	2018년4월19일	서울특별시 [도로명주소] 서울특별시	시멘트블록조 시멘트기와지붕 단층주택 35㎡	

【 갑 구 】 (소유권에 관한 사항)				
순위번호	등 기 목 적	접 수	등 기 원 인	권리자 및 기타사항
1	소유권보존	2018년4월19일 제549호		소유자 서울특별시

【 을 구 】 (소유권 이외의 권리에 관한 사항)				
순위번호	등 기 목 적	접 수	등 기 원 인	권리자 및 기타사항
1	근저당권설정	2018년4월19일 제550호	2018년4월19일 설정계약	채권최고액 채무자 서울특별시 근저당권자

문서 하단의 바코드를 스캐너로 확인하거나, 인터넷등기소(http://www.iros.go.kr)의 발급확인 메뉴에서 발급확인번호를 입력하여 위·변조 여부를 확인할 수 있습니다. 발급확인번호를 통한 확인은 발행일부터 3개월까지 5회에 한하여 가능합니다.

발행번호　　1/2　　발급확인번호　　발행일 2018/04/19

대법원

항 목	내 용
표제부	부동산에 관한 표시 및 소재지와 그 내용을 표시한다.
갑 구	소유권 및 소유권 관련 권리관계(가등기, 가처분, 예고등기, 가압류, 압류, 경매 등)을 표시한다. 변동 시기는 등기접수일(매매와 증여), 등기원인일(상속)로 판단한다.
을 구	소유권이외의 권리관계(부동산 담보에 관한 채권 · 채무, 근저당권, 지상권, 전세권, 지역권)에 관한 사항을 표시한다.

(1) 갑 구 유의사항

① 순위 번호, 등기 목적, 접수일 등기를 한 이유와 권리자를 확인한다.

② 등기한 순서대로 기록되므로 마지막 부분에서 부동산의 현재 주인이 누군지 확인가능하다.

③ 갑 구에 가등기, 가처분, 예고등기, 압류, 경매 등 다른 등기가 있다면 소유권에 관한 분쟁에 각별히 유의해야 하는데 이는 등기 순서가 권리의 우선순위이기 때문이다.

④ 소유권 변동이 최근 잦은 경우 또는 상속받은 경우에는 향후 진정한 소유자 여부로 다툼이 있을 수 있으므로 주의해야 한다.

(2) 을 구 유의사항

① 전세 계약을 체결할 때 근저당, 즉 융자가 있는 경우에는 채권 최고액과 전세금 금액의 합이 경매 시 낙찰 예상금액보다 적어야 안전하다.

② 근저당이 설정되어 있는 건물의 전세 계약 시, 전세금으로 융자를 일부 갚아 채권 최고액을 감액하도록 계약 시 특약사항을 설정할 필요가 있다.

(3) 부동산에 관한 행위 시 필요한 등기

새로 건물을 건축하여 부동산을 소유하게 되면 그 건물에 대한 소유권 보존등기를 해야 하고, 땅이나 집을 타인으로부터 사면 소유권 이전등기를 해야 하며, 집을 철거할 때는 멸실등기를 해야 한다. 또한, 다른 사람의 집 일부나 전부를 이용하는 경우에는 지상권이나 전세권 등기를 하고 땅이나 집을 이용하여 다른 사람으로부터 돈을 빌리면 땅이나 집에 저당권 등기를 하기도 한다.

구 분	등 기
신규로 주택을 건설할 때	소유권 보전등기
타인으로부터 주택을 구입할 때	소유권 이전등기
주택 등을 철거할 때	멸실등기
타인의 주택의 이용	지상권, 전세권 등기
타인에게서 자금 대여 시	저당권 등기

부동산 등기를 하기 위해서는 집을 지어 최초로 등기를 하는 경우와 같이 거래 상대방이 없는 경우를 제외하고는 원칙적으로 부동산에 대한 권리의 전부 또는 일부를 이전하는 사람과 그 권리를 이전받는 사람이 함께 관할 등기소에 출석하여 필요한 서류를 제출하는 방법으로 등기신청을 해야 한다. 이를 공동신청이라 부른다.

2. 부동산의 등록

(1) 건축물 대장

건축물 대장은 건축물의 구조, 용도, 소재지, 번호, 소유자 등을 기록한 공적인 장부를 말한다. 건축물대장은 일반 건축물대장과 아파트와 같은 집합건축물대장으로 구분한다. 시장, 군수, 구청장이 건축물에 관한 현황을 기록 · 관리한다.

(2) 토지대장

토지대장은 토지의 위치, 면적, 지목, 소유권 및 토지등급, 개별공시지가 등에 관한 사항을 기록한 공적인 장부를 말한다. 시장, 군수, 구청장이 토지에 관한 현황을 기록 · 관리한다. 건축물대장이나 토지대장은 전자정부 민원포털에서 열람 및 발급이 가능하다.

(3) 소유자와 부동산의 현황

일반적으로 토지, 건물등기부등본과 토지대장 및 건축물대장은 그 내용이 일치하는 것이 보통이지만 소유자가 달리 표시되거나 부동산의 현황 표시가 일치하지 않은 경우가 있는데, 소유자가 불일치하는 경우에는 등기부등본으로 사실상의 소유자를 판단해야 하고, 부동산의 현황이 불일치하는 경우에는 토지 및 건축물대장으로 부동산현황을 판단해야 한다.

실생활에 쓰이는 다양한 부동산 용어 정리

용 어	용어 정리
저당권	돈이 필요한 사람이 자신의 부동산 또는 다른 사람의 부동산을 담보로 또 다른 사람으로부터 돈을 빌리는 경우에 돈을 빌려준 사람이 담보부동산에 대해 갖게 되는 권리를 말함. 만약 돈을 갚지 않게 되면 돈을 빌려준 사람은 담보부동산에 대해 법원에 경매를 신청하고 그 대금에서 빌려준 돈을 받아올 수 있음
근저당권	저당권은 이미 정해진 금액을 담보로 한 것이고, 근저당권은 담보되는 액수의 최고액과 갚을 기한만 정해놓고, 그 최고액과 갚을 기한 내에서 돈을 갚거나, 더 빌리거나를 할 수 있는 저당권을 의미. 계속적인 거래 관계를 위한 저당권이라고 할 수 있음

전용면적	공용면적을 제외한 바닥 면적(거실, 방, 주방 등 생활공간)
공급면적	전용면적과 공용면적을 합한 것(계단, 복도, 보일러실, 주차장 등 공동 사용 공간)
표준지 공시지가	대표가 되는 표준지를 선정한 후 토지가격을 국토교통부 장관이 고시
개별 공시지가	표준지공시지가를 기준으로 시장 · 군수 · 구청장이 조사하여 산정한 공시지가. 국세 및 재산세, 취득세 등의 지방세 가액 산정의 기초자료로 쓰임
건물 기준시가	토지와 건물을 함께 평가하여 고시한 공동주택, 상업용 건물, 오피스텔을 제외한 일반건축물의 양도, 상속, 증여시 기준가액을 말함. 국세청장이 매년 고시하는 계산방식의 1㎡당 가액 × 건물면적
공동주택 기준시가	공동주택(아파트), 상업용 건물, 오피스텔 등에 대한 토지와 건물까지 포함하여 평가한 가액, 공동주택등 기준시가가 있을 때에는 개별공시지가나 건물기준시가보다 우선적으로 적용함
표준단독 주택가격	대표가 되는 단독주택을 선정한 후 아파트와 다세대, 연립주택을 제외한 단독주택에 대해 국토부장관이 고시
개별단독 주택가격	표준단독주택가격을 기준으로 시장 · 군수 · 구청장이 조사하여 산정. 개별단독주택가격이 있을 때에는 개별공시지가나 건물기준시가보다 우선적으로 적용함
실거래가	실제 거래된 가격, '국토교통부 실거래가 공개시스템'에서 조회
재건축	'주택건설촉진법'에 따라 건물소유주들이 조합을 구성하여 노후주택을 헐고 새로 짓는 것으로 민간주택사업에 해당
재개발	'도시재개발법'에 근거하여 주거환경이 낙후된 지역에 기반시설을 재정비하고 주택을 신축하는 사업으로서 공공사업에 해당함
다세대주택	소유권이 구분되어 있어 구분등기가 가능함. 각각의 집주인이 살고 있을 때 다세대주택으로 분류함
다가구주택	소유권이 구분되어 있지 않아 구분등기가 불가능함. 집주인 1명이 있고 임차인으로 구성된 형태임
분양권	아파트 등 청약에 당첨되어 건설회사와 계약하면 받는 권리
입주권	재건축 및 재개발조합에서 조합원에게 주는 입주 권리
건폐율	대지면적에 대한 건물면적(1층 면적)의 비율
용적율	대지면적에 대한 건축연면적(전체 층의 면적)의 비율

[OX Quiz] 7. 부동산과 세금

01 부동산의 취득이란 매매, 신축, 교환, 상속, 증여 등의 방법에 의하여 대가를 지급하고 부동산을 취득하는 것을 말한다.

(정답 X) 부동산의 취득은 유상, 무상의 모든 취득을 말하며, 대가 없이 부동산을 취득하는 경우에도 취득으로 본다.

02 취득세 과세물건을 취득한 자(납세의무자)는 그 취득한 날부터 30일 이내에 과세표준에 세율을 적용한 세액을 신고하고 납부하여야 한다.

(정답 X) 취득세 납세의무자는 그 취득한 날부터 60일 이내에 과세표준에 세율을 적용한 세액을 신고하고 납부해야 한다.

03 취득세 계산시 취득가액은 취득자가 신고한 가액으로 하되, 신고를 하지 아니하거나 신고한 금액이 시가 표준액에 미달 또는 신고가액의 표시가 없는 때에는 시가 표준액으로 계산한다.

(정답 O)

04 종합부동산세의 과세기준일은 매년 7월 1일로 재산세 과세기준일과 동일하다.

(정답 X) 재산세는 매년 6월 1일 현재 재산의 사실상 소유자에게 부과되는 세금으로, 종합부동산세의 과세기준일도 6월 1일이 된다.

05 국내에 있는 재산세 과세대상 주택의 공시가격이 6억원을 초과하는 경우 종합부동산세 과세대상이다.

(정답 X) 종합부동산세 과세대상 주택가격의 기준은 주택의 공시가격 9억원(1세대 1주택의 경우 12억원)을 초과하는 경우이다.

06 양도란 자산에 대한 등기 또는 등록과 관계없이 매도, 교환, 법인에 대한 현물출자 등으로 인하여 그 자산이 유상 또는 무상으로 사실상 이전되는 것을 말한다.

(정답 X) 자산이 무상으로 이전되는 것은 양도로 보지 아니한다.

07 손해배상에 있어 당사자 간의 합의에 의하거나 법원의 확정판결에 의하여 일정액의 위자료를 지급하기로 하고 동 위자료 지급에 갈음하여 당사자 일방이 가지고 있던 부동산으로 대물변제한 때에는 그 자산을 양도한 것으로 본다.

(정답 O)

08 1세대가 양도일 현재 국내에 하나의 주택(고가주택 제외)만을 보유하고 있는 경우로써 해당 주택의 보유기간이 3년 이상인 주택은 양도소득세가 비과세 된다.

(정답 X) 비과세 되는 1세대 1주택의 범위는 1세대가 양도일 현재 국내에 하나의 주택만을 보유하고, 해당 주택의 거주기간이 2년 이상인 주택을 말한다.

09 상속받은 주택과 일반주택을 국내에 각각 1개씩 소유하고 있는 1세대가 상속받은 주택을 양도하는 경우에는 1주택을 소유한 것으로 본다.

(정답 X) 일반주택을 양도하는 경우에 1주택을 소유한 것으로 본다.

10 1세대 1주택자가 점포가 딸린 주택을 2년 이상 보유한 후 이 주택을 팔았을 때, 주택면적이 점포면적보다 크면 그 건물 전체를 주택으로 보아 양도소득세가 과세되지 않는다.

(정답 O)

11 양도소득세가 비과세되는 집 한 채를 가지고 있는 1세대가 이사를 가기 위하여 미리 다른 주택을 취득하고 4년 후에 기존에 거주하던 주택을 파는 경우 양도소득세가 비과세 된다.

(정답 X) 3년 안에 기존에 거주하던 주택을 양도하여야 양도소득세가 비과세된다.

12 장기보유특별공제는 투기행위를 근절하기 위하여 부동산을 최하 3년 이상 보유한 자에 대하여 세제상 혜택을 주는 것으로서, 공제대상은 양도소득세 과세대상 모두이다.

(정답 X) 장기보유특별공제는 토지나 건물을 대상으로 하며, 미등기양도자산의 경우에는 적용되지 않는다.

제 8 장

재산관리와 세금

Part I: 상속세

CONTENTS

사업가로서 500억대 재산을 소유하고 있는 김슬기 씨는 오랜 지병으로 얼마 살지 못할 것 같아서 자녀들에게 부담을 주지 않으려고 상가건물을 50억원에 처분하여 그중 일부는 거래처 채무변제 및 병원치료비 등으로 지출하고 나머지 현금은 병문안 오는 자녀들에게 용돈으로 챙겨주었다. 이로부터 몇 달 후에 김슬기 씨는 사망하였고, 자녀들은 상속받은 450억에 대해서만 상속세를 신고하였다. 하지만 얼마 후 지방국세청에서 상속세 조사를 나와 상가건물 처분대금을 어디에 사용하였는지 소명해 달라고 요구하였다. 자녀들은 관련 내용을 잘 모를 뿐만 아니라 용돈만 받았을 뿐 증빙조차 없는 상태이므로 소명하지 못하여 오히려 약 20억에 가까운 상속세를 추징당하였다. 김슬기 씨의 자녀들이 이와 같은 거액의 상속세를 물지 않기 위해서는 어떻게 해야 했을까?

01 상속세 기초개념

1. 상속세란?

우리는 일생을 살면서 일하고 벌고 소비하고 남은 재산을 사회에 환원하기도 한다. 모든 재산을 사회에 기부하는 사람도 있지만, 대부분 사람은 일정 재산을 가족에게 물려준다. 이처럼 사람(피상속인)이 사망했을 때(상속개시일) 남겨진 재산(상속재산)을 일정한 사람(상속인)에게 물려주는 행위를 '상속'이라 한다. 이때 상속인은 피상속인의 사망으로 공짜 상속재산을 받았으므로 '상속세'를 내야 한다.

상속세는 사망으로 인하여 사망자(피상속인)의 재산을 무상으로 상속인이 취득하는 경우 그 취득재산의 가액에 대하여 과세하는 세금이다. 상속세는 피상속인의 유산총액을 기준으로 과세하고 있으며, 각 상속인은 각자가 받았거나 받을 재산의 금액을 한도로 하여 공동으로 상속세를 납부하여야 한다. 세법상 상속세는 민법 중 상속에 관한 규정을 그대로 적용하고 있으므로 상속세를 정확하게 이해하기 위해서는 민법 규정을 이해하는 것이 필요하며, 기본적인 용어의 정의는 다음과 같다.

① 피상속인 : 사망한 사람 또는 실종선고 받은 사람
② 상속인 : 재산을 상속받을 사람
③ 상속개시일 : 사망일 또는 실종선고일

2. 상속재산의 분할방법

사람의 사망으로 재산상의 법률관계를 포괄적으로 승계하는 것을 상속이라고 한다. 상속에는 유언에 따라 상속재산의 귀속자를 정하는 '유언상속', 상속인 간 협의하여 귀속자를 정하는 '협의분할', 상속인 · 상속순위 · 상속분 등을 법률에 따라 정하는 '법정상속'이 있다. 민법은 유언상속을 원칙으로 하고, 유언이 없는 경우에는 법정상속을 따른다.

(1) 유언상속

유언상속의 경우 피상속인의 자유의사를 존중하고 피상속인의 각 상속인에 대한 개인적인 감정 및 상속인의 상속재산 증가에 대한 협력의 정도를 반영하고자 하는 취지이다. 유언에 의한 지정분할은 피상속인의 유언대로 상속이 원칙적으로 가능하지만, 민법에서는 유류분 제도를 두어 피상속인이 여러 사람의 상속인 중에서 1명에게만 유언으로 재산을 상속하는 경우에 각 상속인이 최소한도로 상속을 받을 수 있도록 보호하고 있다.

1) 유류분 제도

유언에 의해 재산을 상속하는 경우 피상속인의 의사가 지나치게 감정에 치우치게 되면 여러 사람의 상속인 중 한 사람에게만 재산을 상속하거나 타인에게 전 재산을 '유증'(유언에 의한 재산증여)함으로써 사회적으로 바람직하지 못한 상황이 발생할 수 있다. 그래서 민법에서는 각 상속인이 최소한도로 받을 수 있는 상속분을 법으로 정하고 있는데 이를 '유류분'이라고 한다. 상속권 있는 상속인의 유류분은 다음과 같다.

① 피상속인의 배우자 및 직계비속 : 법정상속분의 1/2

② 피상속인의 직계존속 및 형제자매 : 법정상속분의 1/3

(2) 상속인 간 협의분할

협의분할이란 유언에 의한 분할방법의 지정이 없었거나 분할방법의 위탁이 특별히 없으면 공동상속인이 언제든지 서로 협의하여 상속재산을 분할할 수 있게 하는 제도이다. 협의에 따라 상속재산을 분할할 경우에는 공동상속인 전원이 참가하여야 하며 일부의 상속인만으로 이루어진 협의 분할은 법적으로 무효처리한다.

(3) 법정상속

공동상속인 간에 상속재산의 협의분할이 이루어지지 아니한 경우에는 각 공동상속인은 가정법원에 재산분할을 청구할 수 있다.

1) 법정 상속순위와 상속지분

민법상 법정상속의 1순위는 사망한 자의 직계비속, 2순위는 직계존속, 3순위는 형제자매, 4순위는 4촌 이내의 방계혈족이다. 1순위의 상속인이 없으면 2순위로 넘어가고, 2순위의 상속인이 없으면 그다음 순위로 차례대로 넘어간다. 법정상속인이 없는 경우에 그 재산은 국고에 귀속한다.

배우자는 1순위인 직계비속과 같은 순위로 공동상속인이 되며, 직계비속이 없는 경우에는 2순위인 직계존속과 공동상속인이 된다. 직계비속과 직계존속이 모두 없는 경우에는 배우자가 단독 상속인이 된다. 상속인의 상속지분은 동일하나, 배우자에게는 직계비속이나 직계존속 상속지분의 5할을 가산한다. 여기서 주의할 점은 배우자의 경우 상속인 1인의 지분보다 50%를 가산하는 것이지 모든 상속인의 지분보다 50%를 더 가산하는 것이 아니라는 점이다. 배우자는 결국 다른 상속인의 수에 따라 자신의 상속지분이 함께 변동되는 특징이 있다.

동일한 순위에서 촌수가 다른 사람이 여러 명이면 최근친자가 상속인이 되며, 같은 순위의 상속인이 여러 명이면 모두 상속인이 된다. 이때 남녀 간의 상속비율과 미혼 · 기혼의 상속비율에는 차이가 없다. 이를 정리하면 다음 표와 같다.

법정 상속순위와 상속지분

구 분	관 계	내 용
1순위	직계비속	직계비속이 여러 명으로 촌수가 같으면 동 순위의 상속인이 되고, 촌수가 다르면 촌수가 가까운 직계비속이 우선 상속인이 된다.
2순위	직계존속	직계존속이 여러 명으로 촌수가 같으면 동 순위의 상속인이 되고, 촌수가 다르면 촌수가 가까운 직계존속이 우선 상속인이 된다.
3순위	형제자매	남녀의 차별이 없으며, 기혼 · 미혼의 구별이 없고 이복형제자매도 동일하다.
4순위	4촌 이내의 방계혈족	피상속인의 3촌부터 4촌 이내의 방계혈족이 제4순위 상속인이 되며, 이들은 피상속인의 직계비속 · 직계존속 · 배우자 및 형제자매가 없는 경우에만 상속인이 된다.
배우자		배우자는 제1순위 상속인(직계비속)과 동 순위가 되고, 제1순위 상속인이 없을 때는 제2순위 상속인(직계존속)과 동 순위가 되며, 직계비속과 직계존속이 모두 없는 경우에는 단독 상속인이 된다.
상속인이 없는 경우에는 상속재산은 국고에 귀속된다.		

법정상속분 예시

<table>
<tr><th rowspan="2">구 분</th><th rowspan="2">상 속 인</th><th colspan="2">법 정 상 속</th></tr>
<tr><th>상 속 분</th><th>배 분 율</th></tr>
<tr><td rowspan="3">피상속인의
자녀 및
배우자가
있는 경우</td><td>장남 · 배우자만 있는 경우</td><td>장 남 1
배우자 1.5</td><td>2/5
3/5</td></tr>
<tr><td>장남 · 장녀(미혼)
배우자가 있는 경우</td><td>장 남 1
장 녀 1
배우자 1.5</td><td>2/7
2/7
3/7</td></tr>
<tr><td>장남 · 장녀(출가)
차남, 차녀
배우자가 있는 경우</td><td>장 남 1
장 녀 1
2남 1
2녀 1
배우자 1.5</td><td>2/11
2/11
2/11
2/11
3/11</td></tr>
<tr><td colspan="2">피상속인의 자녀가 없고 배우자 및
직계존속(부 · 모)이 있는 경우</td><td>부 1
모 1
배우자 1.5</td><td>2/7
2/7
3/7</td></tr>
</table>

* 법정상속인의 결정에 있어서 같은 순위의 상속인이 여러 명인 경우에는 촌수가 가장 가까운 상속인을 우선순위로 하며, 촌수가 같은 상속인이 여러 명인 경우에는 공동상속인이 됨. 따라서 피상속인의 직계비속으로 자녀 2인과 손자녀 2인이 있는 경우 자녀 2인이 공동상속인이 되며 손자녀는 법정상속인이 되지 못함

* 태아는 상속순위를 결정할 때는 이미 출생한 것으로 봄

▸▸ 연습문제 1.

1) 김슬기 씨가 8억의 재산을 남기고 사망하였다. 상속인은 아들과 딸 2인만 있다고 가정하자. 법정상속지분에 따른 금액은 얼마인가?

2) 김슬기 씨가 18억의 재산을 남기고 사망하였다. 상속인은 배우자와 아들 2명과 딸 1명이 있다고 가정하자. 법정상속지분에 따른 금액은 얼마인가?

풀이

1) 자녀는 법정상속지분이 동일하다. 따라서 동일한 금액을 상속받는다.

2) 배우자 : 18억 × 1.5/4.5 = 6억원

자녀 1인당: 18억 × 1/4.5 = 4억원

∴ 1) 자녀 1인당 4억, 2) 배우자: 6억, 자녀 1인당 4억씩

대습상속제도란 무엇인가?

상속인이 될 직계비속 또는 형제자매가 상속개시 전에 사망하거나 결격자가 된 경우에 그 직계비속이 있을 때는 그 직계비속이 사망하거나 결격한 자의 순위에 갈음하여 상속인이 되는 것을 '대습상속'이라고 한다. 이때 상속개시 전에 사망 또는 결격한 자의 배우자도 그 직계비속과 함께 동 순위로 공동상속인이 되며, 그 상속인 없을 때는 단독 상속인이 된다.

동시 사망의 추정이란 무엇인가?

여행 시 비행기나 배편을 이용하여 가는 경우가 종종 있는데 이 경우 사고로 인해 가족 구성원 중 일부가 사망한 경우에는 이해관계자들이 서로의 권리를 주장할 수 있다. 이를 조정하기 위해 '동시 사망의 추정' 규정을 두고 있다.

예를 들어 시아버지, 남편, 아내, 딸 이렇게 4명으로 구성된 가족이 있다. 이중 남편과 딸이 함께 여행을 가는 길에 교통사고로 사망하였다고 가정하자. 위에서 배운 바에 따르면 ① 배우자만 있는 경우에는 배우자가 단독 상속을 하고, ② 딸과 배우자가 남으면 딸과 배우자가 공동상속을 하고, ③ 딸이 없으면 직계존속과 배우자가 공동상속한다.

첫째, 사고 당시 남편이 딸보다 먼저 사망하면 남편 재산에 대한 상속순서는 딸과 어머니가 된다. 하지만 딸도 사망하였으므로 딸의 유산을 어머니가 갖게 된다. 즉, 시아버지는 상속권이 없다.

둘째, 딸이 남편보다 먼저 사망한 경우, 딸의 상속분은 남편과 아내가 공동으로 상속한다. 이때 남편도 사망하였으므로 남편 상속분은 다시 시아버지와 아내가 공동 상속하게 되는데 결과적으로 아내가 시아버지보다 5할을 더 상속받게 되는 것이다.

이처럼 남편과 딸 중 누가 먼저 사망했는가에 따라 서로 간의 많은 논쟁이 발생할 수 있으므로 동시 사망으로 추정하여 시아버지와 아내가 공동 상속하게 규정하고 있다. 만약, 아내가 임신하고 있다면 태아도 상속권이 있으므로 시아버지는 절대로 상속권을 가질 수 없게 된다. 다만, 그 태아가 무사히 출생해야 한다는 전제가 있어야 한다.

3. 상속세의 과세방식

상속세의 계산방법은 유산총액을 과세단위로 하는 방법과 상속인이 각자 취득하는 재산가액을 과세단위로 하는 방법으로 나누어지는데, 전자를 유산과세형 과세방식, 후자를 취득과세형 과세방식이라고 한다.

(1) 유산과세형

유산과세형은 피상속인의 유산총액을 과세대상으로 한다. 즉, 상속인이 여러 명일 때 각자의 몫으로 분할하기 전의 유산총액에 누진세율을 적용하여 과세한다. 유산과세형 과세방식의 장점으로는 세수증대효과와 세무행정이 용이하다는 점을 꼽을 수 있다. 재산세적 성격이 강하며 현재 대한민국의 상속세는 미국 · 영국 등과 같이 유산과세형으로 부과되고 있으며 피상속인의 유산총액을 통합하여 과세한다.

(2) 취득과세형

취득과세형은 유산분할에 따라, 즉 유산취득자 각각의 취득재산을 과세가액으로 하여 과세하는 방식으로 수익세적 성격을 띤다. 즉, 상속인이 여러 명인 경우 먼저 상속재산을 상속분에 따라 분할하고, 분할된 각자의 몫에 누진세율을 적용하여 과세한다. 취득과세형 과세방식의 장점으로는 각자의 담세력에 상응하는 과세를 할 수 있다는 점과 부의 분산을 촉진한다는 점을 꼽을 수 있다. 대한민국 증여세의 경우 취득과세형 과세방식을 채택하고 있다.

4. 상속세 과세대상

(1) 상속재산

상속재산이란 피상속인에게 귀속되는 모든 재산을 말하며, 다음의 물건과 권리를 포함한다.

> ① 금전적으로 환산할 수 있는 경제적 가치가 있는 모든 물건
> ② 재산적 가치가 있는 법률상 또는 사실상의 모든 권리

다만, 피상속인의 일신에 전속하는 것으로 피상속인의 사망으로 인하여 소멸되는 것은 상속재산으로 보지 않는다(예 : 공인회계사 · 변호사 자격증 등).

(2) 상속세 과세대상

상속개시일 현재 다음의 구분에 따른 상속재산에 대하여 「상속세 및 증여세법」에 따라 상속세를 부과한다.

구 분	상속세 과세대상	납세의무의 범위
① 피상속인이 거주자인 경우	국내 · 외에 있는 모든 상속재산	무제한 납세의무
② 피상속인이 비거주자인 경우	국내에 있는 모든 상속재산	제한 납세의무

5. 상속세 납부의무

(1) 상속세 납세의무자[1)]

상속인(특별연고자 중 영리법인은 제외함) 또는 수유자(영리법인은 제외함)는 상속재산(상속재산에 가산하는 사전증여재산 중 상속인이나 수유자가 받은 증여 재산을 포함함) 중 각자가 받았거나 받을 재산을 기준으로 「상속세 및 증여세법 시행령」으로 정하는 비율에 따라 계산한 금액을 상속세로 납부할 의무가 있다. 이때, 유언집행자나 유산관리인은 상속세 납세의무자에 해당하지 않는다.

구 분	내 용
상속인	민법의 규정에 의한 상속인을 말하며, 동법의 규정에 의하여 상속을 포기한 자 및 특별연고자를 포함함
수유자	유언에 의해 재산을 무상으로 증여받은 자 사인증여에 의하여 재산을 취득하는 자

(2) 특별연고자 또는 수유자가 영리법인인 경우

특별연고자 또는 수유자가 영리법인인 경우로서 그 영리법인의 주주 중 상속인과 그 직계비속이 있는 경우에는 영리법인에게 면제된 상속세 중 상속인과 직계비속의 지분상당액을 그 상속인 및 직계비속이 납부할 의무가 있다.

(3) 연대납세의무

상속으로 인해 재산을 취득하는 자가 여러 사람인 경우에는 부과된 상속세에 대하여 상속재산(증여재산가액 중 상속인 또는 수유자가 받은 증여재산을 포함) 중 각자가 받았거나 받을 재산을 한도로 다음과 같이 계산한 상속세 부담비율에 따라 상속세를 납부할 의무가 있다. 따라서 상속인 각자가 받은 상속재산을 초과하여 대신 납부한 상속세액에 대하여는 다른 상속인에게 증여한 것으로 보아 증여세가 과세된다. 이 경우 상속세는 상속인 또는 수유자 각자가 받았거나 받은 재산(상속으로 인하여 얻은 자산총액에서 부채총액과 그 상속으로 인하여 부과되거나 납부할 상속세를 공제한 가액)을 한도로 연대하여 납부할 의무를 진다.

$$\text{상속세부담비율} = \frac{\text{상속인별 상속세 과세표준 상당액}}{\text{상속세과세표준} - \begin{array}{c}\text{가산한 증여재산 중 상속인 · 수유자가}\\ \text{아닌 자에게 증여한 재산에 대한 과세표준}\end{array}}$$

1) 「상속세 및 증여세법」에서는 납세의무자 대신에 납부의무자라고 표현하고 있으나, 납세의무자가 납부하기 때문에 납세의무자와 납부의무자는 동일하다고 볼 수 있다.

6. 과세관할(납세지)

상속세는 피상속인의 주소지(주소지가 없거나 분명하지 아니한 경우에는 거소지)를 관할하는 세무서장(국세청장이 특히 중요하다고 인정하는 경우에는 관할지방국세청장)이 과세한다. 다만, 상속개시지가 국외인 경우에는 국내에 있는 재산 소재지를 관할하는 세무서장 등이 과세하고, 상속재산이 둘 이상의 세무서장 등의 관할구역에 있을 경우에는 주된 재산의 소재지를 관할하는 세무서장 등이 과세한다.

생활속의 세금

TOPIC 상속세 관련 Tip

상속재산이 부채보다 많다면 별 문제가 없으나, 부채가 상속재산보다 많은 경우에도 상속인의 의사를 무시하고 자산과 부채를 모두 상속인에게 승계시킨다면 이는 매우 가혹한 일이다. 왜냐하면, 상속 재산으로 피상속인의 채무를 전부 갚지 못하므로 상속인 자기의 고유재산으로 갚아야 하기 때문이다. 따라서 민법에서는 상속포기제도를 두어 상속인을 보호하고 있다.

상속포기

상속을 포기하고자 할 때는 상속개시가 있음을 안 날로부터 3개월 이내에 가정법원에 상속포기신고를 해야 한다. 그러나 이 기간은 이해관계인 또는 검사의 청구에 따라 가정법원이 연장할 수 있다. 공동상속의 경우에도 각 상속인은 단독으로 상속을 포기할 수 있다. 상속을 포기하면 처음부터 상속인이 아니었던 것으로 간주한다. 즉, 피상속인의 재산상의 모든 권리와 의무는 상속을 포기한 자에게는 승계되지 아니한다. 포기한 상속분은 다른 상속인의 상속분의 비율로 그 상속인에게 귀속된다.

한정승인

상속재산으로 자산이 많은지 부채가 많은지 불분명한 때에는 상속으로 인하여 취득할 재산의 한도 내에서 피상속인의 채무를 변제할 것을 조건으로 상속을 승인할 수 있는데 이를 '한정승인'이라 한다. 따라서 한정승인을 하게 되면 상속재산보다 부채가 많다 하더라도 상속인 고유재산을 처분하면서까지 피상속인의 채무를 변제하지 않아도 된다.

02 상속세 과세가액

내 용	비 고
총 상 속 재 산 가 액	본래의 상속재산(민법상 상속재산+유증재산 등) + 의제상속재산가액(보험금 · 신탁재산 · 퇴직금) + 추정상속재산(상속개시일 전 재산처분액 · 예금인출액 · 채무부담액 등)
(+) 사 전 증 여 재 산 가 액	
(−) 비 과 세 재 산 가 액	
(−) 과 세 가 액 불 산 입	
(−) 과 세 가 액 공 제 액	채무 + 공과금 + 장례비용
= 상 속 세 과 세 가 액	
(−) 상 속 공 제	인적공제 + 물적공제
(−) 감 정 평 가 수 수 료 공 제	
상 속 세 과 세 표 준	
(×) 세 율	10% ~ 50%의 5단계 초과누진세율
상 속 세 산 출 세 액	
(+) 세 대 생 략 가 산 액	
상 속 세 산 출 세 액 합 계	
(−) 문 화 재 등 징 수 유 예 세 액	문화재자료 · 박물관자료 · 미술관자료
(−) 세 액 공 제	증여세액공제 · 외국납부세액공제 · 단기재상속세액공제 · 신고세액공제
(+) 가 산 세	
차 가 감 납 부 세 액	

사례 1: 김슬기 씨의 사망과 상속

50대 중반의 의료기기 제조분야 최고의 기술자 김슬기 씨가 심장마비로 사망하였다. 피상속인인 김슬기 씨는 거주하는 아파트, 골프장회원권, 임대료를 받는 10층 건물의 상가와 예금 일부를 가지고 있었다. 또한, 보험과 매월 일정 금액을 신탁상품에 가입하여 납부하고 있었다. 김슬기 씨는 1년 전에 가지고 있던 토지를 45억원에 처분하였는데, 처분대금 중 10억원은 통장에 입금하였고 20억은 그 사용처가 확인되었다. 그리고 1개월 후 통장에 입금한 10억원을 전액 인출하였는데 그 중 1억원만 사용처가 확인되고 있다. 김슬기 씨는 자녀가 없었으며 배우자와 둘이서 함께 살고 있었다. 한편 배우자 이영희씨는 가정주부로 현재 주식투자로 재테크 활동을 하고 있으며, 김슬기 씨로부터 5년 전에 코스닥 기업의 주식 10억원을 증여받아 증여세를 납부한 바 있다.

1. 총상속재산가액의 계산

상속세 계산은 상속세 과세대상을 확정하는 것에서 시작한다. 총상속재산가액은 상속개시일 현재 피상속인이 소유하고 있던 본래의 상속재산과, 상속재산으로 의제되는 의제상속재산 및 상속재산으로 추정되는 추정상속재산을 합한 것이다.

내 용	비 고
본래의 상속재산	
(+) 의제상속재산가액	→ 보험금 + 퇴직금 + 신탁재산
(+) 추정상속재산가액	
= 총상속재산가액	

(1) 본래의 상속재산

상속세가 과세되는 본래의 상속재산이란 금전으로 환가할 수 있는 경제적 가치가 있는 물건과 재산적 가치가 있는 법률상 · 사실상의 권리를 말한다. 단, 저당권, 질권, 지역권과 같이 독립된 가치가 없는 권리 및 각종 자격증과 같은 피상속인의 일신에 속하는 것은 피상속인의 사망으로 인해 소멸하므로 상속재산에 포함하지 않는다.

⇨ 김슬기 씨의 상속개시로 인한 본래의 상속재산가액은 아파트, 골프회원권, 10층 건물의 상가와 예금이다.

(2) 의제상속재산(간주상속재산)

의제상속재산이란 피상속인의 사망으로 인하여 상속인이 받는 보험금 · 신탁재산 · 퇴직금 등을 말한다. 이러한 의제상속재산은 애초부터 상속인이 바로 받는 것이므로 민법상으로는 상속받는 재산이 아니지만, 경제적 실질에서는 상속받는 재산과 달리 볼 이유가 없으므로 「상속세 및 증여세법」에서는 상속재산으로 보는 것이다.

김슬기 씨의 의제상속재산은 다니던 회사로부터 받을 퇴직금, 보험회사로부터 받을 보험금, 신탁회사로부터 받을 신탁원금과 수익금이 될 것이다.

1) 보험금

피상속인의 사망으로 받는 생명보험이나 손해보험의 보험금으로서 피상속인이 보험계약자이거나 피상속인이 실질적으로 보험료를 지불한 경우에는 다음 금액을 상속재산으로 본다.

$$\text{지급받은 보험금} \times \frac{\text{피상속인이 부담한 보험료}}{\text{납입한 보험료 총합계액}} = \text{의제상속재산인 보험금}$$

2) 퇴직금

피상속인의 사망으로 지급될 퇴직금 · 퇴직수당 · 공로금 · 연금 또는 이와 유사한 것이 피상속인의 사망으로 지급되는 경우 그 금액은 의제상속재산으로 본다. 그러나 다음은 의제상속재산으로 보지 않는다.

① 국민연금법, 공무원연금법, 공무원재해보상법, 사립학교교직원연금법, 군인연금법, 산업재해보상보험법 등 관련 법률에 따라 지급되는 유족연금, 사망으로 인하여 지급되는 반환일시금, 유족일시금 등

② 근로자의 업무상 사망으로 근로기준법 등을 준용하여 사업자가 근로자의 유족에게 지급하는 유족보상금 또는 재해보상금 등

3) 신탁재산

피상속인이 신탁한 재산은 의제상속재산으로 보되, 타인이 신탁의 이익을 받을 권리를 소유하고 있는 경우에는 그 이익에 상당하는 가액은 상속재산으로 보지 아니한다. 반면에, 피상속인이 신탁을 통해 타인으로부터 신탁의 이익을 받을 권리를 소유하고 있는 경우에는 그 이익에 상당하는 가액을 의제상속재산에 포함한다.

(3) 추정상속재산

상속개시 전에 재산을 처분하거나 채무를 부담하고 받은 금품을 현금 · 채권 등 과세자료가 노출되지 않는 재산으로 바꿔 은닉하는 경우 과세관청이 그 재산을 찾아내기란 쉬운 일이 아니다. 이에 따라 상속개시 전 일정 기간 이내에 재산처분대금이나 채무부담액을 현금 상속으로 추정하는 것이다. 이는 추정규정이므로 상속인이 재산처분대금이나 채무부담액의 사용 용도를 입증하면 상속세 과세가액에 산입하지 않게 된다.

1) 증명대상

① 피상속인의 재산처분액 또는 재산인출액이 다음 중 하나인 경우로서 용도가 객관적으로 명백하지 않은 경우

- 상속개시일 전 1년 이내에 재산종류별로 계산하여 2억원 이상
- 상속개시일 전 2년 이내에 재산종류별로 계산하여 5억원 이상

여기서 재산종류별은 1) 현금 · 예금 및 유가증권 2) 부동산 및 부동산에 관한 권리 3) 기타재산의 세 가지 구분에 따른 것을 의미한다. 재산처분액이란 재산을 처분하고 실제 수입한 금액을 말하며, 재산인출액이란 상속재산에서 실제 인출한 금액을 말한다.

② 피상속인이 부담한 채무합계액이 다음 중 하나인 경우로서 용도가 객관적으로 명백하지 않은 경우

- 상속개시일 전 1년 이내에 부담한 채무액이 2억원 이상
- 상속개시일 전 2년 이내에 부담한 채무액이 5억원 이상

채무에는 종류가 없으므로 합계액을 기준으로 증명대상인지 판단한다.

2) 추정상속재산가액

용도가 불분명한 금액에서 일정액을 차감하고 남는 금액을 추정상속재산으로 보며, 남는 금액이 음수면 추정상속재산은 없는 것으로 본다. 재산의 처분 또는 채무부담의 경우에는 용도가 객관적으로 명백하지 아니한 경우에는 이를 상속인이 상속받은 것으로 추정하여 다음의 금액을 상속세 과세가액에 산입하여 추정과세하고, 그 사용 용도에 대한 입증책임은 납세자에게 맡긴다.

추정상속재산가액
= (재산처분액 · 인출액 · 채무부담액 - 용도가 입증된 금액)
  - Min (① 재산처분액 · 인출액 · 채무부담액 × 20%, ② 2억원)

김슬기 씨는 토지 처분액과 예금인출액 중 일부가 추정상속재산가액으로 산정된다. 추정상속재산은 재산별로 각각 계산하며, 구체적인 계산과정은 다음과 같다.

① 토지 처분액 중 추정상속재산가액 : 13억원
  용도불분명 금액 : 45억원 - 10억원 - 20억원 = 15억원
  ∴ 추정상속재산가액 = 15억원 - Min(처분금액의 20%, 2억원) = 13억원
② 예금인출액 중 추정상속재산가액 : 7억원
  용도불분명 금액 : 10억원 - 1억원 = 9억원
  ∴ 추정상속재산가액 = 9억원 - Min(인출금액의 20%, 2억원) = 7억원

따라서, 추정상속재산가액의 합계는 20억원이다.

상속개시일 계산방법

상속개시일 전 1년 또는 2년을 계산할 때 초일은 산입하지 않고 말일은 산입한다. 이때, 그 기간이 오전 영시부터 시작하는 경우에는 그러하지 않는다.

- 상속개시일 : 20×9년 12월 31일
  상속개시일 전 1년 이내란? 20×8년 12월 31일 ~ 20×9년 12월 31일 사망시간 전
  상속개시일 전 2년 이내란? 20×7년 12월 31일 ~ 20×9년 12월 31일 사망시간 전

2. 상속세 과세가액의 계산

내 용	비 고
총상속재산가액	
(+) 사전증여재산가액	상속개시일 전 10년(상속인 이외의 자 5년) 이내 증여한 재산
(−) 비과세상속재산가액	
(−) 과세가액불산입	
(−) 과세가액공제액	채무 + 공과금 + 장례비용
= 상속세과세가액	

(1) 증여재산가액

생전의 재산을 증여하는 방법으로 고율의 상속세 부담을 피할 수 있으므로 상속개시일 전 일정 기간 내에 증여한 재산을 상속세 과세가액에 더한다. 이 경우 동일한 재산에 증여세와 상속세가 이중과세되므로 증여세 산출세액을 상속세 산출세액에서 공제하여 이중과세를 방지한다.

따라서 이영희씨가 김슬기 씨에게 5년 전에 받은 코스닥 기업의 주식 10억원은 증여세를 납부했음에도 불구하고 상속세 계산 시 다시 더해주어야 한다. 물론 이전에 납부한 증여세는 산출세액에서 공제해 줄 것이다.

1) 합산대상 증여재산

상속개시일 전에 피상속인이 다음 기간 내에 증여한 재산은 상속세 과세가액에 합산한다. 또한, 상속재산의 가액에 가산하는 증여재산가액은 증여일 현재의 시가에 의한다.

구 분	합산기간
① 상속인에게 증여한 재산	상속개시일 전 10년 이내 증여분
② 상속인이 아닌 자에게 증여한 재산	상속개시일 전 5년 이내 증여분

2) 합산대상이 아닌 증여재산

다음의 증여재산은 상속세 증여재산가액에 더하지 않는다.

① 비과세 증여재산

② 공익법인 등이 출연 받은 재산에 대한 과세가액 불산입 등

③ 공익신탁재산

④ 장애인이 증여받은 신탁재산의 과세가액 불산입

⑤ 합산배제증여재산

- 전환사채 등을 주식으로 전환 교환하거나 전환사채 등을 양도함으로써 얻은 이익의 증여
- 주식 등의 상장 등에 따른 이익이 증여
- 합병에 따른 상장 이익의 증여
- 재산 취득 후 재산가치 상승에 따른 이익의 증여
- 특수관계법인과의 거래를 통한 이익의 증여의제

(2) 비과세 상속재산

1) 전사자 등에 대한 상속세 비과세

전사나 그 밖에 이에 준하는 사망 또는 전쟁이나 그 밖에 이에 준하는 공무의 수행 중 입은 부상 질병으로 인한 사망으로 상속이 개시되는 경우에는 상속세를 부과하지 않는다.

2) 비과세 상속재산

다음의 재산에 대해서는 상속세를 부과하지 아니한다.

비과세 상속재산

① 국가 지방자치단체 또는 공공단체에 유증 · 사인 증여한 재산(공공단체 : 지방자치단체조합, 공공도서관, 공공박물관)

② 민법상 제사를 주재하는 상속인을 기준으로 다음에 해당하는 재산

a. 피상속인이 제사를 주재하고 있던 선조의 분묘에 속한 9,900㎡ 이내의 금양임야

b. 분묘에 속한 1,980㎡ 이내의 묘토인 농지
(a + b의 재산가액 합계액이 2억원을 초과하는 경우에는 2억원을 한도로 함)

c. 족보와 제구 (c의 재산가액의 합계액이 1,000만원을 초과하는 경우에는 1,000만원을 한도로 함)

③ 정당법에 따른 정당에 유증 · 사인증여한 재산
④ 사내근로복지기금 · 우리사주조합 · 근로복지진흥기금에 유증 · 사인증여한 재산
⑤ 사회통념상 인정되는 이재구호금품, 치료비, 불우한 자를 돕기 위하여 유증한 재산
⑥ 상속재산 중 상속인이 상속세과세표준 신고기한까지 국가 · 지방자치단체 또는 공공단체에 증여한 재산

(3) 과세가액 불산입

다음에 해당하는 재산의 가액은 상속세 과세가액에 산입하지 않는다.

1) 공익법인 출연재산에 대한 상속세 과세가액 불산입

상속재산 중 피상속인 또는 상속인이 종교 자선 학술 기타 공익을 목적으로 하는 사업을 영위하는 자(공익법인)에게 출연한 재산가액에 대해서는 상속세 과세표준 신고기한까지 출연한 경우에 한 해 상속세 과세가액에 산입하지 아니한다.

2) 공익신탁재산에 대한 상속세 과세가액 불산입

상속재산 중 피상속인 또는 상속인이 신탁법 규정에 의한 공익법인으로서 종교 · 자선 · 학술 · 기타 공익을 목적으로 하는 공익법인 등에 출연하는 재산의 가액은 상속세 과세가액에 산입하지 아니한다.

(4) 과세가액 공제액

1) 피상속인이 거주자인 경우

거주자의 사망으로 상속이 개시되는 경우에는 상속개시일 현재 피상속인이나 상속재산에 관련된 채무 · 공과금 · 장례비용을 상속재산의 가액에서 뺀다.

① 채무

채무란 명칭 여하에도 불구하고 상속개시일 현재 피상속인이 부담하여야 할 확정된 채무로서 공과금 이외의 모든 부채를 말한다. 다만, 다음의 증여채무는 제외한다.

① 상속개시일 전 10년 이내에 피상속인이 상속인에게 진 증여채무
② 상속개시일 전 5년 이내에 피상속인이 상속인 이외의 자에게 진 증여채무

② 공과금

공과금이란 상속개시일 현재 피상속인이 납부할 의무가 있는 것으로서 상속인에게 승계된 조세, 공공요금, 기타 이와 유사한 것으로서 국세기본법상 공과금을 말한다. 다만, 상속개시일 이후 상속인의 귀책사유로 인한 가산세, 가산금, 강제징수비, 벌금, 과료, 과태료 등은 공과금에 포함하지 않는다.

③ 장례비용

장례비용은 피상속인의 사망일로부터 장례일까지 장례에 직접 소요된 비용을 말한다. 장례에 소요되는 일체의 비용을 장례비용에 포함하나 봉안시설 또는 자연장지 사용 비용은 우대하고 있다. 장례비용은 다음과 같이 두 가지로 구분하여 공제액을 계산한 다음에, 이를 합한 금액으로 한다. 따라서 최대 1,500만원까지 공제할 수 있다.

구 분	장례비용	공제액
① 봉안시설의 사용비용	봉안시설 또는 자연장지의 사용에 소요된 비용	실제지출액 (최대 500만원)
② 일반 장례비용	사망일로부터 장례일까지 장례에 직접 소요된 금액(①의 봉안시설의 사용 비용 제외)	실제지출액 (최소 500만원, 최대 1,000만원)

▸▸ 연습문제 1.

다음 자료를 기초로 상속세 과세가액을 계산하면 얼마인가?

① 피상속인의 상속개시 당시의 재산가액은 10억원이 있다.

② 장례비용은 3백만원이 지출되었다.

③ 상속개시 10개월 전에 피상속인이 은행에서 3억원을 대출하였으며 이의 출처는 불분명하다. 또한 이는 상속개시 시점에서 아직 미상환 중이다.

④ 상속개시 1년 전에 피상속인은 당시 시가 4억원의 토지(상속개시 당시 시가는 5억원)를 상속인에게 증여하였다.

⑤ 상속공제의 합계는 5억원이었다.

풀이

상속세과세가액 : (10억원 + 2억4천만원 + 4억원) − 3억원 − 5백만원 = 13억3천5백만원

① 상속재산가액 : 10억원

② 추정상속재산 : 피상속인이 부담한 채무가 1년 이내에 2억원 이상이므로 이에 대한 추정상속재산 계산
→ 3억 − Min[3억 × 20%, 2억] = 2억 4천만원

③ 증여재산가액 : 증여시점의 시가로 계산 : 4억원

④ 채무 : 3억원

⑤ 장례비 : 5백만원(5백만원에 미달하여도 5백만원 공제가능)

참고자료: 장례비용

피상속인이 사망한 때부터 장례일까지 장례를 치르는데 직접 소요된 비용은 피상속인이 부담할 비용은 아니나 사망에 따른 필연적인 비용이며 사회통념상 경비로 인정받고 있으므로, 상속세를 계산할 때도 일정 한도 내의 금액은 비용으로 공제해 주고 있다. 장례비용이 500만원 미만인 경우에는 증빙이 없더라도 500만원을 공제해 주지만, 500만원을 초과하면 증빙에 의하여 지출 사실이 확인되는 것만 공제해 준다. 다만, 장례비용이 1,000만원을 초과하는 경우에는 1,000만원까지만 공제해 준다. 장례비용에는 시신의 발굴 및 안치에 직접 소요되는 비용과 묘지 구입비, 공원묘지사용료, 비석 · 상석 등 장례를 치르는데 직접 들어간 제반 비용도 포함시키고 있다. 또한, 2002년부터는 장례문화의 개선을 지원하기 위해 위 금액 외에 봉안시설의 사용에 든 금액을 500만원을 한도로 하여 추가로 공제해 주고 있다. 따라서 상속세 납부대상이 되는 자가 장례비용을 500만원 이상 지출한 경우에는 증빙서류를 꼼꼼히 챙겨야 상속세를 조금이라도 줄일 수 있다.

2) 피상속인이 비거주자인 경우

비거주자의 사망으로 상속이 개시되는 경우에는 다음 금액을 상속재산가액에서 공제한다.

① 해당 상속재산에 관한 공과금

② 해당 상속재산을 목적으로 하는 유치권, 질권, 전세권, 임차권(사실상 임대차계약이 체결된 경우 포함), 양도담보권 또는 저당권으로 담보된 채무

③ 피상속인의 사망 당시 국내에 사업장이 있는 경우로서 비치 기장한 장부에 의하여 확인되는 사업상의 공과금 및 채무

비거주자가 사망한 경우에는 장례비용을 공제하지 아니한다.

병원비 관련 Tip

피상속인이 큰 병에 걸렸거나 장기간 입원한 경우에는 병원비도 상당히 많은 금액이 든다. 이런 경우 많은 사람들이 피상속인 명의의 예금 잔액이 있다 하더라도 자녀들의 통장에서 돈을 인출하여 병원비를 납부하는 경향이 있는데, 이는 상속세 측면에서는 전혀 도움이 안 되고 오히려 안 내도 될 세금을 내는 결과가 된다. 피상속인의 재산으로 병원비를 납부하면 그만큼 상속재산이 감소하므로 감소한 분에 대한 세금만큼 적게 낼 수 있지만, 자녀들의 재산으로 병원비를 납부하면 상속재산은 변동이 없으므로 그만큼 세금을 더 내는 결과가 된다.

또한, 피상속인이 돌아가실 때까지 내지 못한 병원비는 채무로서 공제를 받을 수 있다. 그러므로 피상속인의 병원비는 돌아가시고 난 후에 내던가 그 전에 꼭 내야 하는 경우에는 피상속인의 재산에서 내는 것이 유리하다. 예를 들어 피상속인이 중병으로 장기간 입원하여 병원비가 5,000만원이 나온 경우 자녀들의 재산으로 병원비를 전액 납부하였다면 상속재산에서 한 푼도 공제를 받지 못한다. 그러나 피상속인의 재산으로 납부하거나 돌아가시고 난 후에 상속재산으로 납부하면 5,000만원을 공제받을 수 있으므로 그에 대한 상속세만큼을 절세할 수 있다. 절세 받을 수 있는 금액은 과세표준의 크기에 따라 병원비 납부액의 10 ~ 50%이다.

03 상속공제와 상속세 과세표준

내 용		비 고
	상속세과세가액	
(-)	상속공제	인적공제 · 물적공제
(-)	감정평가수수료	
=	상속세과세표준	

사례 2 : 김슬기 씨 가족의 상속공제

김슬기 씨는 본인이 경영하던 기업의 비상장주식 22억원, 정기예금 3억원, 아파트 6억원, 상가 9억원을 보유하고 있었다. 하지만 갑작스럽게 건강이 악화되었고 2020년 8월에 심장마비로 재산의 정리도 하지 못한 채 사망하였다. 당시 김슬기 씨는 75세 부친과 배우자 이영희씨 그리고 장애를 가진 25세의 딸과 15년 이상 함께 살고 있었다. 가족끼리 협의분할 결과 비상장주식은 장애인 딸에게, 정기예금, 아파트, 상가는 무주택자인 이영희씨에게 전부 상속되었다. 한편, 통계청장이 고시한 장애인의 기대여명은 50세이다.

상속재산가액에서 각종 공제와 감정평가수수료 등을 차감하면 상속세 과세표준을 구할 수 있다. 이때, 상속세 과세표준이 50만원 미만이면 상속세를 부과하지 아니하는데, 이를 '상속세 과세최저한'이라고 한다.

1. 상속공제

피상속인의 사망으로 인해 상속인들이 겪을 경제적 충격을 고려하여 상속세의 부담을 완화하고 상속인의 생활안정 및 생활기초의 유지를 위해 상속공제제도를 두고 있다.

(1) 인적공제

기초공제와 기타인적공제의 합계액이 5억원을 초과하면 그 전체 금액을 공제하고, 합계액이 5억원보다 작으면 최소공제액인 5억원(일괄공제)을 공제하면 된다.

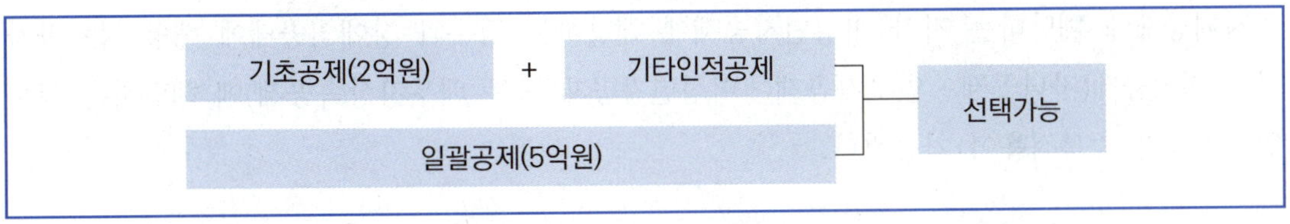

1) 기초공제

거주자나 비거주자의 사망으로 상속이 개시되는 경우 기초공제로 상속세 과세가액에서 2억원을 공제한다. 기초공제는 요건이 없으므로 무조건 공제한다. 피상속인이 비거주자인 경우에는 기초공제만 공제하고, 다른 상속공제는 하지 않는다.

김슬기 씨의 상속개시로 인해 기초공제 2억원을 공제한다.

2) 기타인적공제

① 항목별공제

거주자의 사망으로 상속이 개시된 경우에 상속인과 피상속인의 동거가족에 대하여 다음 금액을 공제하는데 이를 기타인적공제라고 한다.

기타 인적공제	공제대상자	공제액
자녀공제	자녀(태아를 포함함)	1인당 5,000만원
미성년자공제	상속인(배우자 제외) · 동거가족[*1] 중 미성년자(태아를 포함함)	1인당 1,000만원 × 19세에 될 때까지의 연수[*3]
연로자공제	상속인(배우자는 제외함) 동거가족[*2] 중 65세 이상인 자	1인당 5,000만원
장애인공제	상속인(배우자를 포함함) · 동거가족[*2] 중 장애인	1인당 1,000만원 × 기대여명의 연수[*4]

*1 상속개시일 현재 직계존비속(배우자의 직계존속 포함), 형제자매 및 태아(직계존비속 및 형제자매는 상속개시일 현재 피상속인이 사실상 부양하고 있는 경우에 한함)

*2 상속개시일 현재 피상속인이 사실상 부양하는 직계존비속(배우자의 직계존속 포함) 및 형제자매

*3 미성년자공제와 장애인공제를 적용할 때 1년 미만의 기간은 1년으로 함

*4 기대여명의 연수 : 기대여명이란 특정연령의 생존자가 앞으로 생존할 것으로 기대되는 평균 생존연수를 말하며, 기대여명의 연수는 상속개시일 현재 통계청장이 승인하여 고시하는 통계표에 따른 성별 · 연령별 기대여명의 연수를 말함

자녀공제에 해당하는 자가 미성년자공제에 해당하는 경우와 장애인공제에 해당하는 자가 다른 인적공제(자녀공제 · 연로자공제 · 미성년자공제 또는 배우자상속공제)에 해당하는 경우 인적공제의 중복적용이 가능하다.

사례 2의 경우, 자녀공제, 연로자공제, 장애인공제가 적용된다.
- 자녀공제 : 1인 × 5,000만원 = 5,000만원
- 연로자공제 : 1인 × 5,000만원 = 5,000만원
- 장애인공제 : (50 − 25) × 1,000만원 = 2억 5천만원

∴ 기타인적공제의 합은 총 3억 5천만원이다.

② 일괄공제

거주자의 사망으로 상속이 개시되는 경우에 상속인이나 수유자는 '기초공제액과 기타인적공제액을 합친 금액'이 5억원에 미달한 경우 '일괄공제 5억원'을 공제받을 수 있다. 즉, 기초공제가 2억원이므로 기타인적공제가 3억원 미만이라면 무조건 일괄공제를 적용하는 게 유리하다. 다만, 다음의 예외가 존재한다.

구 분		일괄공제액
① '상속세 신고기한 내 신고' 또는 '기한 후 신고'가 없는 경우		5억원
② 배우자만 상속재산을 받은 경우	a. 단독상속(상속인이 배우자 단독인 경우)	일괄공제 불가
	b. 공동상속인의 상속포기 또는 협의분할에 따라 배우자 혼자 상속받은 경우	5억원

일괄공제는 일정 금액까지는 일괄적으로 공제해주어 중산층의 상속세에 대한 불안감을 덜어주고자 함에 있다. 그러므로 현행 상속세법상 상속공제는 최소 5억원이며 상속자녀와 배우자가 있는 경우에는 배우자 최소공제액 5억원을 포함하여 최소 10억원의 상속공제를 받을 수 있다.

사례 2의 경우, 기초공제와 기타인적공제의 합이 5억 5천만원이므로(5억보다 큼) 이를 공제한다.

3) 배우자 상속공제

배우자가 상속인에 포함된 경우에는 기초공제와 기타인적공제, 일괄공제 외에도 배우자상속공제를 적용받을 수 있다. 배우자가 상속받는 재산은 부부가 함께 취득한 공유재산을 분할하는 것에 불과하므로 배우자가 법정상속재산 범위 내에서 상속받는 재산은 전액을 공제한다. 그러나 배우자상속공제의 한도를 설정하지 않으면 고액재산가는 과도한 공제를 받을 수

있으므로 배우자상속공제 한도를 30억원으로 하는 한편, 잔존 배우자의 생계보호를 위해 5억원을 최저공제액으로 하여 무조건 공제한다.

① 공제 요건

거주자의 사망으로 상속이 개시된 경우 배우자가 있으면 배우자상속공제를 받을 수 있다. 배우자는 법률혼 관계를 말하므로 사실혼 관계의 배우자는 배우자상속공제 대상이 아니다.

② 배우자 상속공제액

- 배우자 상속공제액 = Min (실제로 상속받은 금액, 민법상 법정상속재산가액*)
- 민법상 법정상속재산가액 범위 : 최저 5억원, 최대 30억원

* 민법상 법정상속재산의 가액 = 〔총 상속재산 + 상속인의 사전증여재산 – 상속인 아닌 자가 유증받은 재산 – 비과세 상속재산 – 공과금 · 채무 · 장례비용 – 불산입상속재산(공익법인 출연, 공익신탁재산)〕 × 배우자의 법정상속비율 – 상속재산에 가산한 증여재산가액 중 배우자에게 증여한 재산에 대한 증여세과세표준

민법상 법정상속지분율에 따르면, 배우자는 1.5이고 자녀는 1의 가중치를 준다.

∴ 민법상 배우자 상속공제액 = (22 + 3 + 6 + 9) × 1.5/(1 + 1.5) – 0원 = 24억원

∴ 이영희씨가 실제로 상속 받은 금액 = 3억 + 6억 + 9억 = 18억원

사례 2의 경우 최솟값은 18억원이므로 배우자 상속공제액은 18억원이 된다.

(2) 물적공제

1) 금융재산상속공제

거주자의 사망으로 인해 상속이 개시될 때 상속개시일 현재 상속재산가액 중 순금융재산의 가액이 있는 경우에는 다음 금액을 상속세 과세가액에서 공제한다. 상속재산 중 부동산은 시가파악이 어려우므로 개별공시지가에 의해 평가가 되며 그 평가액은 시가의 70% ~ 80% 수준에 불과하다. 하지만 금융재산의 경우 투명하게 파악되므로 100%로 평가된다. 따라서 재산 종류 간 불균형을 해소하기 위해 금융재산에 대해 상속공제를 해주는 것이다.

① 순금융재산가액

거주자의 사망으로 상속이 개시된 경우에 상속재산 중 순금융재산가액이 있는 때에는 금융재산상속공제를 적용한다. 순금융재산가액이란 금융재산에서 금융채무를 뺀 가액을 말한다.

순금융재산가액 = 금융재산가액 – 금융채무가액

금융재산가액에는 금융회사가 취급하는 예금 · 적금 · 신탁 · 예탁금 · 출자금 · 부금 · 보험금 · 공제금 · 주식 · 채권 · 수익증권 · 출자지분 · 어음 등의 금전 및 유가증권 등이 포함된다. 금융채무가액은 상속개시 당시 피상속인이 부담할 것이 서류로 확인된 금융회사 등에 대한 채무를 말한다.

② 금융재산상속공제액

순금융재산가액	금융재산상속공제액
2천만원 이하인 경우	당해 순금융재산가액* 전액
2천만원 초과인 경우	순금융재산가액 × 20% (단, 공제액이 2천만원에 미달하면 2천만원, 2억원을 초과하면 2억원)

* 순금융재산가액 = 금융재산가액 − 금융부채

사례 2의 경우 정기예금 3억원에 대해 6천만원(3억원 × 20%)의 금융자산상속공제가 가능하다.

2) 가업 · 영농상속공제

거주자의 사망으로 상속이 개시되는 경우로서 가업상속 또는 영농상속에 해당하는 경우에는 다음의 금액을 상속세 과세가액에서 공제한다. 이는 피상속인이 영위하던 가업 또는 영농이 상속인에게 승계되어 계속 영위할 수 있도록 지원해주기 위함이다. 하지만 동일한 상속재산에 대해서는 가업상속공제와 영농상속공제는 동시에 적용하지 않는다(중복적용배제).

<table>
<tr><th>구 분</th><th colspan="2">공제액</th></tr>
<tr><td rowspan="5">가업상속공제액</td><td colspan="2">Min (①, ②)
① 가업상속 재산가액
② 한도</td></tr>
<tr><th>조 건</th><th>한도액</th></tr>
<tr><td>10년 이상 20년 미만</td><td>300억원</td></tr>
<tr><td>20년 이상 30년 미만</td><td>400억원</td></tr>
<tr><td>30년 이상</td><td>600억원</td></tr>
<tr><td>영농상속공제액</td><td colspan="2">Min (①, ②)
① 영농(양축 · 영어 · 영림 포함) 상속재산가액
② 한도 : 30억원</td></tr>
</table>

사례 2의 경우 비상장주식 22억원에 대해 전액 가업상속공제가 가능하다.

3) 재해손실공제

거주자의 사망으로 상속이 개시된 후 상속세 과세표준 신고기한까지 화재 · 붕괴 · 폭발 · 환경오염사고 및 자연재해 등으로 상속재산이 멸실되거나 훼손된 경우 그 손실가액을 상속세 과세가액에서 공제한다. 다만, 손실가액에 대한 보험금 등의 수령 또는 구상권 등의 행사에 의하여 그 손실가액에 상당하는 금액을 보전받을 수 있는 경우에는 재해손실공제를 적용하지 않는다.

재해손실공제액 = 재해손실재산가액 – 보험금수령액 · 구상권행사로 인한 보전가능액

4) 동거주택상속공제

피상속인과 상속인이 상속 개시일부터 소급하여 10년 이상 계속하여 동거한 주택이 상속개시일 현재 1세대 1주택(고가주택 포함)이고, 무주택자인 상속인(직계비속 및 상속인이 된 그 직계비속의 배우자인 경우로 한정함)이 상속받은 주택의 경우에는 동거주택가액(주택에 부수되는 토지 포함)에서 해당 자산에 담보된 채무를 제외한 금액을 상속세 과세가액에서 공제한다. 이는 주택 장기보유자의 상속세 부담을 경감하여 국민의 기본권인 주거권을 보호하고자 하는 것이다.

동거주택 상속공제 = Min[(동거주택가액 – 해당자산에 담보된 채무가액), 6억원]

사례 2의 경우 주택이 배우자에게 상속되었으므로 동거주택 상속공제요건에 부합하지 않는다.

5) 상속공제 적용의 한도

상속세 과세가액에서 공제할 상속공제의 합계약은 다음의 금액을 한도로 한다. 이는 본래의 상속인이 상속당시 실제로 물려받는 재산을 한도로 상속 공제한다는 의미이다. 단, 아래 산식 중 사전증여재산가액은 상속세 과세가액이 5억원을 초과하는 경우에만 뺀다.

상속공제 종합한도

	상속세 과세가액
(−)	선순위인 상속인이 아닌 자에게 유증 · 사인 증여한 재산가액
(−)	선순위인 상속인의 상속포기로 그 다음 순위의 상속인이 상속받은 재산가액
(−)	상속세과세가액에 가산한 사전증여재산가액*
=	상속공제 종합한도

* 증여재산공제 또는 재해손실공제를 받은 금액이 있으면 그 증여재산가액에서 그 공제받은 금액을 뺀 가액을 말함

2. 감정평가수수료 공제

상속세를 신고 · 납부하기 위하여 상속재산을 감정기관이 평가함에 따라 수수료를 지급한 경우 당해 수수료를 상속세 과세가액에서 차감하며, 그 대상수수료와 한도금액은 아래와 같다. 이때, 감정평가수수료 공제는 상속세 납부목적용으로 감정을 실시하고 평가된 가액으로 상속세를 신고 · 납부하는 경우에만 적용한다.

① 감정평가법인 평가에 따른 수수료 : 500만원 한도

② 신용평가전문기관에 의한 (부동산)비상장주식의 평가에 따른 수수료 : 평가대상 법인의 수 및 평가를 의뢰한 신용평가 전문기관의 수별로 각각 1천만원 한도

③ 서화 · 골동품 등 유형재산에 대한 전문가 평가수수료 : 500만원 한도

04 | 상속세 세액계산

1. 산출세액 및 신고 · 납부세액의 계산구조

내 용	비 고
상속세과세표준	
(×) 세율	10%~50%의 5단계 초과누진세율
= 상속세산출세액	
(+) 세대를 건너뛴 상속의 할증과세	
= 상속세산출세액합계	
(−) 문화재 등 징수유예액	문화재자료 · 박물관자료 · 미술관자료
(−) 세액공제	증여세액공제 · 외국납부세액공제 · 단기재상속세액공제 · 신고세액공제
(+) 가산세	
차가감납부세액	

2. 상속세 산출세액의 계산

(1) 세율

상속세의 산출세액은 상속세 과세표준에 다음과 같이 5단계 초과누진세율을 적용하여 계산한다.

과세표준	세 율
1억원 이하	과세표준의 10%
1억원 초과 5억원 이하	1천만원 + 1억원 초과액의 20%
5억원 초과 10억원 이하	9천만원 + 5억원 초과액의 30%
10억원 초과 30억원 이하	2억4천만원 + 10억원 초과액의 40%
30억원 초과	10억4천만원 + 30억원 초과액의 50%

(2) 세대를 건너뛴 상속의 할증과세

상속세는 세대 간에 이전되는 재산에 부과하는 조세이다. 조부가 세대를 건너뛰어 손자에게 직접 재산을 이전하는 경우에는 두 번 과세될 상속세가 한 번으로 줄어든다. 이처럼 세대를 건너뛴 세대생략 재산이전에 대해서는 할증 과세한다.

상속인이나 수유자가 피상속인의 자녀를 제외한 직계비속인 경우에는 상속세 산출세액에 상속재산(상속세 과세가액에 산입한 증여재산가액 중 상속인이나 수유자가 증여받은 재산 포함)중 그 상속인이나 수유자가 받았거나 받을 재산이 차지하는 비율을 곱하여 계산한 금액의 30%에 상당하는 금액을 더한다.

세대를 건너뛴 상속의 할증과세액

$$\text{상속세산출세액} \times \frac{\text{세대를 건너뛴 상속·유증재산가액}}{\text{총상속재산가액 (상속인·수유자에 대한 사전증여재산가액 포함)}} \times 30\%^{*}$$

* 세대를 건너뛰어 상속을 받은 자가 미성년자이거나 수유자가 받았거나 받을 상속재산의 가액이 20억원을 초과하는 경우에는 40%를 적용함

다만, 민법에 따라 직계비속이 이미 사망하여 최근친 직계비속인 손자 등이 상속하는 대습상속의 경우에는 세대를 건너뛴 것에 대해 정당한 사유가 있으므로 할증과세하지 않는다.

3. 문화재자료 등에 대한 징수유예세액

상속재산에 문화재 자료(등록문화재 및 문화재 보호구역 안의 토지 포함) 또는 박물관자료(미술관자료 포함)가 포함된 경우 그 세액의 징수를 유예한다. 즉, 문화재자료 등에 대한 상속세의 과세는 문화재를 처분할 가능성과 연결되므로 다음과 같이 문화재에 대해서는 세제혜택을 주고 있다. 다만 문화재 등 징수유예를 받고자 하는 자는 그 유예한 징수유예세액에 상당하는 담보를 제공하여야 한다.

문화재종류	대 상	상속세
① 국가지정 문화재	문화재청장이 지정한 문화재	비과세
② 시 · 도 지정문화재	시 · 도지사가 지정한 문화재	
③ 문화재자료	위 이외에 시 도지사가 지정한 문화재, 등록문화재 및 문화재보호구역 안의 토지	징수유예
④ 박물관자료 · 미술관자료	박물관 미술관자료 중 박물관이나 미술관에 전시 보존 중에 있는 것	

문화재 등 징수유예세액

$$\text{상속세산출세액} \times \frac{\text{문화재자료 등의 가액}}{\text{총상속재산가액 (상속인 · 수유자에 대한 사전증여재산가액 포함)}}$$

4. 세액공제

(1) 증여세액공제

합산대상 증여재산에 대한 증여세액(증여 당시의 증여재산에 대한 증여세 산출세액을 말함)은 상속세 산출세액에서 이를 공제한다. 증여세액공제의 취지는 동일 자산에 대해 상속세와 증여세가 이중과세 되는 것을 피하기 위해서다.

(2) 외국납부세액공제

피상속인이 거주자인 경우에는 국내 · 외의 상속재산에 대하여 납세의무를 진다. 즉, 외국상속재산에 대해서는 재산 소재지국과 우리나라에서 각각 상속세를 과세하므로 외국납부세액공제를 통해 이중과세를 조정하고 있다.

국외의 상속재산에 관하여 외국의 법령에 따라 상속세가 과세된 때에는 다음 금액을 상속세 산출세액에서 공제하면 된다.

외국납부세액공제

외국납부세액공제 : Min[①, ②]

① 외국에서 부과된 상속세액

② 한도액 $= \text{상속세 산출세액} \times \frac{\text{외국법령에 따른 상속세 과세표준}}{\text{상속세 과세표준}}$

(3) 단기재상속세액공제

상속인이 단기간 내에 사망하여 다시 상속이 개시된 경우에는 동일한 재산이 두 번 상속됨에 따라 상속세의 부담이 가중된다. 이에 따라 상속개시 후 10년 이내에 상속인이나 수유자의 사망으로 다시 상속이 개시되는 경우에는 다음 계산식에 의한 세액을 상속세 산출세액에서 공제하는데, 이를 단기재상속세액공제라고 한다. 재상속기간이 1년 이내인 경우에는 100%공제가 되며, 1년이 경과할 때마다 10%의 금액이 감소된다.

부모님 중 한 분이 별세하면 자녀들 입장에서는 남아계신 부모님도 돌아가시게 되면 상속세를 이중으로 부담할 수 있으므로 대부분 자녀들 명의로 재산을 상속받는 경우가 많다. 그러나 남은 부모님께 상속하지 않으면 배우자상속공제를 받을 수가 없으므로 세금부담이 늘어날 가능성이 있다. 즉, 정상적인 상속을 통해 남아계신 부모님께 재산을 법정상속분까지 드리고 배우자상속공제를 최대한 받으면서 이후 남아계신 부모님이 별세하실 때 단기재상속세액공제를 적용받아 세금을 줄이는 것이 절세의 한 방법일 수 있다.

(4) 신고세액공제

상속세 과세표준 신고기한 이내에 과세표준 신고를 한 경우에는 다음의 금액을 상속세 산출세액에서 공제한다. 신고세액공제는 신고를 유도하기 위한 것이므로 상속세액을 납부하지 않은 경우에도 신고기한 이내에 신고만 하면 적용한다.

신고세액공제액 = (상속세산출세액* − 징수유예세액 − 공제 · 감면세액) × 3%

* 세대생략상속에 대한 할증과세로 인해 산출세액에 가산하는 금액을 포함함. 즉, 세대생략가산액은 세액공제 중 신고세액공제 계산 시에만 산출세액에 가산함

▸▸ 연습문제 1.

다음 자료를 기초로 세무서에 자진납부할 상속세액을 계산하면 얼마인가?

① 상속재산 : 주택 2억 8천만원, 토지 10억 5천만원, 채무 1,500만원

② 증빙 있는 장례비 300만원, 각종 공과금 200만원, 배우자와 자녀 2명(23세와 17세)

③ 배우자가 실제 상속받은 재산가액이 5억원 미만인 경우

④ 상속받은 지 6개월 내에 자진신고하는 경우

풀이

① 상속과세가액 : 13억 800만원

상속재산: 13억 3,000만원 − 채 무 1,500만원 − 장례비용 500만원(최소) − 공과금 200만원

② 기초공제 : 2억원

③ 배우자상속공제 : 5억원

④ 기타인적공제 : 1억 2천만원

- 자녀공제 : 1억원(자녀 1인당 5,000만원)
- 미성년자공제 : 2,000만원(연간 1,000만원 × 17세 자녀의 19세까지 기간 2년)

⑤ 일괄공제 : 5억원(② + ④ 대신 적용 가능함)

⑥ 과세표준 : 3억 800만원(① − ③ − ⑤, 일괄공제 유리)

⑦ 산출세액 : 5,160만원(1천만원 + (3억 800만원 − 1억) × 20%)

⑧ 납부할 상속세액: 4,644만원(자진신고시 ⑦의 10% 공제)

05 상속세의 신고 및 납부

1. 상속세의 부과 및 징수방법

상속세는 납세의무자가 신고한 내용을 기초로 정부가 이를 조사하고 결정하는 부과과세제도에 해당하는 국세다. 따라서 납세의무자의 신고 및 자진 납부는 일종의 협력 의무일 뿐 납세의무가 종료되는 것은 아니다. 상속세의 징수는 납세의무자의 과세표준신고와 자진 납부, 과세표준 및 세액의 결정, 과세표준 및 세액의 결정통지 등의 순서에 의하여 이루어지게 된다.

2. 상속세의 신고 · 납부기한과 제출서류

재산을 상속받은 사람은 상속개시일(사망일)로부터 6개월(피상속인이나 상속인이 외국에 주소를 둔 경우는 9개월) 이내에 사망자의 주소지 관할 세무서에 다음의 서류를 첨부한 상속세과세표준신고서 및 자진납부계산서를 관할 세무서장에게 제출해야 한다. 다만, 공동상속의 경우에는 상속인 중에서 한 사람이 상속세 신고서를 제출한 때에는 다른 상속인은 관련 서류를 제출하지 않아도 된다.

상속세 제출서류

① 상속세과세표준신고서 및 자진납부계산서
② 상속인별 상속재산 및 평가명세서(토지대장, 등기부등본, 건물대장, 예금잔액증명서 등)
③ 채무, 공과금, 장례비 등의 사실 입증서류
④ 상속재산이 분할된 경우에는 상속재산 분할명세서 및 그 평가명세서
⑤ 연부연납(물납) 허가신청서 및 납세담보제공서
⑥ 상속공제대상임을 입증할 수 있는 서류와 기타 상속세법상의 서류 : 주민등록등본, 가족관계증명서 또는 사망진단서 등

3. 상속세의 납부

상속세를 신고하는 자는 신고기한까지 상속세액을 납세지 관할 세무서, 한국은행, 우체국에 납부해야 한다. 상속세는 일시에 금전으로 납부하는 것이 원칙이지만 일시납부에 따른 과중한 세부담을 분산시키고 세수의 확보를 쉽게 하게 하도록 분납제도와 연부연납제도를 두

고 있다. 또한, 상속재산이 금전 이외의 부동산, 유가증권 등으로 구성될 경우 환가에 따른 어려움이 있으므로 상속세를 금전 이외의 상속재산으로 납부할 수 있도록 하는 물납제도를 두고 있다.

(1) 분납

납세지 관할세무서장은 상속세 납부세액이 1천만원을 초과하는 경우에는 다음의 금액을 납부기한 경과 후 2개월 이내에 분납할 수 있다. 다만, 연부연납을 허가받은 경우에는 분납할 수 없다.

① 분할납부할 세액이 2천만원 이하인 때 : 1천만원을 초과하는 금액

② 분할납부할 세액이 2천만원을 초과하는 때 : 그 세액의 50% 이하의 금액

(2) 연부연납

1) 의 의

상속세는 일시에 납부하는 것이 원칙이지만 납부할 상속세액이 큰데 일시에 납부할 것을 납세자에게 요구한다면 상속재산의 처분을 촉구할 가능성이 있다. 이는 상속인의 물적 생활기초를 위태롭게 할 우려가 있어 일시납부의 과도한 부담을 덜어주고자 일정 기간에 걸쳐 납부하는 연부연납제도를 두고 있다. 상속세 납부세액이 2천만원을 초과하는 경우에는 납세의무자가 신청에 의해 담보제공과 함께 세무서장의 허가를 받아 연부연납을 할 수 있다.

2) 연부연납기간

납세지 관할세무서장은 상속세 납부세액이나 증여세 납부세액이 2천만원을 초과하는 경우에는 납세의무자의 신청을 받아 연부연납을 허가할 수 있다. 이 경우 납세의무자는 담보를 제공해야 하며, 국세기본법에 따른 납세담보를 제공하여 연부연납 허가를 신청하는 경우에는 그 신청일에 연부연납을 허가받은 것으로 본다.

구 분	연부연납기간
가업상속관련 상속재산	가업상속 공제를 받았거나 「상속세 및 증여세법 시행령」으로 정하는 요건에 따라 중소기업 또는 중견기업을 상속받은 경우 상속세 및 증여세법 시행령」으로 정하는 상속재산 : 연부연납 허가일부터 20년 또는 연부연납 허가 후 10년이 되는 날부터 10년
그 밖의 상속재산	연부연납 허가 일부터 10년

연부연납의 기간은 다음의 구분에 따른 기간의 범위에서 해당 납세의무자가 신청한 기간으로 하며, 각 회분의 분할납부 세액이 1천만원을 초과하도록 연부연납기간을 정하여야 한다. 또한, 연부연납의 허가를 받은 자는 연부연납가산금을 각 회분의 분할납부 세액에 가산하여 납부해야 한다.

(3) 가업상속에 대한 상속세의 납부유예

상속인이 승계받은 가업을 영위하는 동안 상속세 납부 부담 없이 가업을 경영할 수 있게 하려고, 중소기업에 해당하는 가업을 상속받은 경우 상속인의 선택에 따라 가업상속공제를 받는 대신 상속에의 납부유예 허가를 받을 수 있도록 하는 가업상속에 대한 상속세 납부유예 제도를 도입하였다.

납세지 관할세무서장은 납세의무자가 다음의 두 가지 요건 즉, 1) 상속인이 가업(중소기업으로 한정함)을 상속받았을 것 2) 가업상속공제를 받지 않았을 것(가업상속공제 대신 영농상속공제를 받은 경우에는 가업상속공제를 받은 것으로 봄)을 갖추어 상속에의 납부유예를 신청하는 경우에는 대통령령으로 정하는 금액에 대하여 납부유예를 허가할 수 있다. 이때 납부유예 허가를 받으려는 납세자는 담보를 제공하여야 한다.

한편, 납세지 관할세무서장은 상속인이 대통령령으로 정하는 정당한 사유 없이 다음 중 어느 하나에 해당하는 경우 납부유예허가를 취소하거나 변경하고, 해당 세액과 대통령령으로 정하는 바에 따라 계산한 이자상당액을 징수한다.

① 소득세법을 적용받는 가업을 상속받은 경우로서 가업용 자산의 40% 이상을 처분한 경우
② 해당 상속인이 가업에 종사하지 않게 된 경우
③ 주식을 상속받은 상속인의 지분이 감소한 경우
④ 해당 상속인이 사망하여 상속이 개시되는 경우

(4) 물 납

세금은 금전으로 납부하는 것을 원칙이지만 상속재산 중 부동산과 유가증권의 금액이 많을 경우 상속세를 금전으로 납부하기 힘든 경우가 있다. 부동산이나 유가증권의 처분은 당장은 어렵고 거래 시기에 따라 실제 거래가액에 상당한 불이익이 발생할 수도 있다. 이에 납세지 관할 세무서장은 상속받은 재산 중 부동산과 유가증권의 가액이 당해 재산가액의 2분의 1을 초과하고 상속세납부세액이 2,000만원을 초과하는 경우에는 납세의무자의 신청을 받아 당해 부동산과 유가증권에 한해 물납을 허가 할 수 있다. 다만, 물납 신청한 재산의 관리 · 처분이 부적당하다고 인정되는 경우에는 물납허가를 하지 아니할 수 있다. 물납을 할 수 있

는 재산은 다음과 같다.

① 국내에 소재하는 부동산

② 국채 · 공채 · 주권 및 내국법인이 발행한 채권 또는 유가증권(단, 비상장주식은 제외하며, 주식의 경우 주식 이외에 다른 상속 재산이 없거나 부족한 경우에만 인정함)

(5) 문화재 등에 대한 물납

다음의 요건을 모두 갖춘 납세의무자는 상속재산에 문화재 등(대통령령으로 정하는 문화재 및 미술품)이 포함된 경우 납세지 관할 세무서장에게 해당 문화재 등에 대한 물납을 신청할 수 있다.

① 상속세 납부세액이 2천만원을 초과할 것

② 상속세 납부세액이 상속재산가액 중 일정한 금융재산(금전과 금융회사 등이 취급하는 예금 · 적금 · 부금 · 계금 · 출자금 · 특정금전신탁 · 보험금 · 공제금 및 어음)의 가액(상속재산에 가산하는 사전증여재산의 가액은 포함하지 않음)을 초과할 것

물납을 신청할 수 있는 납부세액은 상속재산 중 물납에 충당할 수 있는 문화재 등의 가액에 대한 상속세 납부세액을 초과할 수 없다.

[OX Quiz] 8. 재산관리와 세금 Part 1: 상속세

01 상속세 과세대상은 상속으로 인해 상속이 개시되는 경우 상속개시일 현재 피상속인의 상속재산으로하며 이를 취득과세형이라 한다.

(정답 X) 우리나라 상속세는 피상속인을 기준으로 피상속인의 유산총액을 과세대상으로 하는 유산과세형 과세방식을 채택하고 있다.

02 상속인은 상속세에 대해 상속재산 중 각자가 받았거나 받을 재산을 기준으로 계산한 비율에 의해 상속세를 납부할 의무가 있다. 단, 특별연고자 또는 수유자가 영리법인인 경우에는 그 영리법인이 납부할 상속세를 면제한다.

(정답 O)

03 피상속인이 거주자인 경우 국내외에 소재한 모든 상속재산을 과세대상으로 하며, 무제한 납세의무를 지닌다.

(정답 O)

04 배우자가 실제 상속받은 금액이 없거나 실제 상속받은 금액이 5억원 미만인 경우에는 상속세 신고여부에 관계없이 최소한 5억원을 배우자상속공제로서 공제한다.

(정답 O)

05 납세지 관할세무서장은 상속받은 재산 중 부동산과 유가증권의 가액이 해당 재산가액의 50%를 초과하고, 상속세 납부세액이 1,000만원을 초과하는 경우에는 납세의무자의 신청을 받아 그 부동산과 유가증권에 대해서만 물납을 허가할 수 있다.

(정답 X) 2,000만원을 초과하는 경우에 물납을 신청할 수 있다.

06 피상속인이 제사를 주재하고 있던 선조의 분묘에 속한 9,900㎡ 이내의 금양임야 및 분묘에 속한 1,980㎡ 이내의 묘토인 농지의 가액은 비과세재산가액에 해당한다.

(정답 X) 2억원까지만 비과세재산가액으로 인정된다.

07 상속개시일 현재 피상속인으로부터 상속인에게 승계된 공과금은 총상속재산가액에서 차감하며, 봉안시설 또는 자연장지의 사용에 소요된 금액은 500만원을 한도로 총상속재산가액에서 차감한다.

(정답 O)

08 총상속재산가액이란 상속에 의해 취득한 재산으로 과세대상이 되는 재산을 말하는데, 상속재산, 의제상속재산, 추정상속재산으로 구분되며, 의제상속재산이란 피상속인의 사망으로 인한 보험금, 신탁재산, 퇴직금 등을 말한다.

(정답 O)

09 상속개시일 전 10년 이내에 피상속인이 상속인에게 증여한 재산가액(상속인이 아닌 자에게 증여한 재산가액의 경우 5년 이내)은 상속세 과세가액에 산입한다.

(정답 O)

10 상속개시일 전 10년 이내에 피상속인이 상속인에게 증여한 재산가액(상속인이 아닌 자에게 증여한 재산가액의 경우 5년 이내)은 상속세 과세가액에 산입한다. 이때 상속재산의 가액에 가산하는 증여재산의 가액은 상속개시일 현재의 시가에 의한다.

(정답 X) 상속재산의 가액에 가산하는 증여재산의 가액은 증여일 당시의 시가에 의한다.

11 상속이 개시된 경우 상속세 납부의무가 있는 상속인은 상속개시일이 속하는 달의 말일부터 6개월(피상속인이나 상속인이 외국에 주소를 둔 경우 9개월) 이내에 상속세의 과세가액 및 과세표준을 납세지 관할세무서장에게 신고해야 한다.

(정답 O)

12 피상속인이 상속개시일 1년 10개월 전에 부담한 채무 3억원의 용도가 객관적으로 명백하지 아니한 경우 상속세 과세가액에 산입하여야 한다.

(정답 X) 피상속인이 부담한 채무의 합계액이 상속개시일 전 2년 이내에 5억 이상인 경우로써 용도가 객관적으로 명백하지 아니한 경우에 추정상속재산으로 과세가액에 산입한다.

생활속의 세금

TOPIC 상속세 절세 Tip

1. 상속재산보다 피상속인의 부채가 더 많은 경우 상속을 포기하자.

   「민법」에 따르면 "상속을 포기하면 부모의 부채를 떠안지 않아도 된다"고 한다. 상속이 개시되면 피상속인의 재산상의 모든 권리와 의무는 상속인의 의사와 상관없이 법률상 모두 상속인들이 물려받게 된다. 상속재산이 부채보다 많으면 큰 문제가 없지만, 부채가 상속재산보다 많은 경우에도 상속인의 의사를 존중하지 않고 자산과 부채를 모두 상속인에게 승계시킬 경우 이는 매우 가혹한 일일 것이다. 왜냐하면 상속재산으로 피상속인의 채무를 전부 갚지 못하기 때문에 결국엔 상속인들의 고유재산을 가지고 갚는 현상이 나타날 수 있기 때문이다. 따라서 「민법」에서는 상속포기제도를 두어 상속인을 보호하고 있다.

2. 장례비용이 500만원을 초과할 때에는 증빙서류를 잘 보관하자.

   피상속인이 사망한 때부터 장례일까지 장례를 치르는데 직접 소요된 비용은 사망으로 인해 피상속인이 직접 부담할 수는 없으나 사망에 따른 필연적인 비용이며 사회통념상 경비로 인정받고 있으므로 일정 한도 내의 금액은 비용으로 공제해주고 있다.

   장례비용에는 시신의 발굴 및 안치에 직접 소요되는 비용과 묘지구입비, 공원묘지사용료, 비석 · 상석 등 장례를 치르는데 직접 들어간 비용 등이 포함된다. 장례비가 500만원 미만일 경우 증빙이 없더라도 500만원을 공제할 수 있지만, 500만원을 초과할 경우 증빙에 의해 지출이 확인되는 것만 공제해준다. 이때, 장례비용이 1,000만원을 초과하는 경우에는 1,000만원까지만 공제된다. 또한, 2002년부터 장례문화의 개선을 지원하고자 위 금액 외에 납골시설의 사용에 소요된 금액을 500만원 한도 내에서 추가로 공제해준다.

   따라서 상속세 납부대상이 되는 자가 장례비용을 500만원 이상 지출하면 증빙서류를 꼼꼼하게 챙겨 놓도록 하자.

3. 부채 상환 시 상환자금의 출처조사를 대비하자.

   상속세를 결정할 때 과거에 공제받았던 채무나 재산취득자금에 대한 출처 소명이 끝났다고 해서 안도할 수 없다. 세무서에서는 상속세를 결정하거나 재산 취득자금의 출처를 확인하는 과정에서 인정한 부채를 상속인 또는 재산취득자가 자력으로 변제할 수 없다고 인정되거나, 다음에 해당하는 경우에는 국세청 컴퓨터에 입력해서 관리한다.

   ① 재산취득자가 30세 미만이고, 부채금액이 5천만원 이상으로서 재산취득자의 연간소득의 2배를 초과하는 경우

   ② 부채로 인정한 금액이 5천만원을 초과하는 경우

입력이 끝나면 국세청에서는 업무량 등을 고려해 일정기준 이상의 사후관리대상자를 선정하여 금융기관 등 채권자에게 채무변제 여부를 조회하며 조회결과 부채를 변제한 사실이 확인되면 '부채변제 자금원에 대한 소명자료제출 안내문'을 발송한다. 안내문을 받으면 상환자금의 출처를 소명해야 하고, 소명을 못하거나 타인이 변제한 사실이 확인되면 증여세가 과세된다. 따라서 자금출처 대비 미리 입증서류를 챙겨두는 것이 좋다.

4. 증여재산공제 한도 내에서 미리 증여하는 것도 생각해보자.
일반적으로 재산 가치는 점점 증가하므로 사전에 재산을 배우자나 자녀에게 증여하면 상속재산이 증여시점의 가치로 평가되어 상속세가 줄어드는 효과가 나타난다. 다만, 증여재산공제를 초과하는 사전증여가 있으면 상속공제 종합한도 계산 시 불리할 수 있으므로 유의하도록 하자.

5. 상속세 계산 시 공제되는 채무가 어떤 것이 있는지 알고 빠짐없이 공제받도록 하자.
상속은 피상속인의 재산에 관한 권리와 의무를 포괄적으로 승계하는 과정이므로 채무도 함께 상속받게 된다. 따라서 상속세 계산 시 상속으로 취득한 재산의 가액에서 승계한 채무를 공제하여 주고 있는데 이를 '채무공제'라고 한다. 여기서 채무란 명칭 여하에 불구하고 상속개시 당시 피상속인이 부담해야 할 확정된 채무로써 공과금 이외의 모든 부채가 포함되며, 피상속인이 부담해야 할 채무면 금액의 크기와 관계없이 공제 가능하다. 하지만 채무는 상속세를 줄이는 가장 중요한 항목이므로 납세자와 세무당국 간 분쟁이 발생할 소지가 크다. 따라서 세법에서는 채무에 관해 엄격한 규정을 두고 있다.
공제가능한 채무의 범위를 살펴보면, 미지급이자, 보증채무, 연대채무, 임대보증금, 사용인의 퇴직금상당액에 대한 채무 등이 있으며 국가 · 지방자치단체 및 금융기관이 발행한 서류나 채무부담계약서, 채권자확인서, 담보 및 이자지급에 관한 증빙 등에 의해 그 사실을 확인할 수 있다. 상속개시 당시 피상속인의 채무가 존재하는지 여부, 보증채무 및 연대채무의 경우 주채무자가 변제불능의 상태에 있어 피상속인이 부담하게 될 것이라는 사유 등에 대한 입증책임은 납세의무자에게 있다. 채무공제의 경우 가공 채무계약서를 작성하여 채무공제를 하는 사례가 빈번하기 때문에 세무당국에서는 사채의 경우 주소지관할 세무서에 통보하여 소득세 과세자료로 활용하고, 부채가 변제된 경우에는 자금의 출처 및 흐름을 조사하는 등 사후관리를 강화하고 있다.

6. 급한 경우가 아니라면 상속개시일 전후 6개월 내에 부동산 처분을 하지 말자.
상속재산의 평가는 개시일 당시의 시가로 평가하는 것이 원칙이지만, 시가를 산정하기 어려운 경우 보충적 평가방법에 의해 평가한다. 부동산의 경우에는 매매가 빈번하게 이루어지지 않는 상황에서는 시가를 알기 어려워서 개별공시지가나 기준시가를 활용하여 상속재산을 평가해야 한다. 이러한 개별공시지가나 기준시가에 따른 평가액은 대부분 시가보다 낮으므로 상속개시일 전후 6개월 내에 부동산을 처분하지 않는 것이 유리하다는 것이다.

7. 세대를 건너 뛰어 상속하면 할증된 세금을 내야한다.

세대를 건너 뛰어 손자에게 상속을 하게 되면 아들 · 딸에게 상속할 때보다 30%(40%)를 할증하여 상속세를 내야 한다. 하지만 상속인이 고령이거나 건강상의 문제가 있는 경우 할증과세를 받더라도 세대생략상속을 하는 것이 유리할지 아니면 정상적으로 상속을 받은 후 단기상속에 대한 세액공제를 받을지 따져보고 절세방법을 선택해야 한다. 또한, 배우자가 있는 경우 배우자상속공제를 최대한 활용하는 측면에서는 세대를 건너뛰지 말고 배우자에게 상속하는 것이 상속세 부담을 줄이는 방법이 될 수 있다.

8. 상속세 신고기한 내에 신고 · 납부하자.

모든 세금은 신고기한 내에 신고 · 납부하는 것이 절세의 최적 전략이겠지만, 특히 상속세의 경우 신고기한(상속개시일이 속하는 달의 말일부터 6개월 이내)내에 상속세를 신고하면 신고세액공제를 받을 수 있다. 하지만 신고기간 내에 신고하지 않거나 납부하지 않은 경우 국세기본법상 가산세(신고 및 납부 관련 가산세)와 「상속세 및 증여세법」상 가산세를 부담해야 한다.

제 9 장

재산관리와 세금

Part II: 증여세

CONTENTS

상속세를 절세하기 위해서 또는 미리 재산을 분배해 줄 목적으로 사전에 재산을 증여하는 경우가 흔히 있다. 왜냐하면 증여세를 어느 정도 물더라도 지금 자녀에게 재산을 증여해 주면 10년, 20년 후에는 그 재산이 몇 배 · 몇십 배로 늘어날 가능성이 있지만, 증여하지 않고 나중에 상속을 하게 되면 지금 증여세를 내는 것보다 훨씬 많은 상속세를 내야 하는 경우가 발생할 확률이 더욱 크기 때문이다. 예를 들어, 지금 아들(25세)에게 1억 2천만원짜리 부동산을 증여하면 자녀세액공제 5,000만원을 적용한 7,000만원에 대해 증여세가 부과되고 이에 대한 세율은 10%이지만 이 증여세를 3개월 내에 자진신고하고 납부하면 3%를 공제해주기 때문에 실제 내야할 세금은 679만원이 된다. 그런데 증여를 하지 않고 20년 후에 아버지가 사망하였다고 가정할 경우 사망 당시 상속재산이 50억원으로 가치가 상승하고 위 부동산 가액이 5억원이라면 상속세는 50%의 세율이 적용되어 위 재산에 대한 상속세만 하더라도 2억 5천만원이 된다. 따라서 세금부담이 약 40배 정도 늘어나는 셈이다. 이 사례는 재산이 증가하는 것을 전제로 하였으나 현재의 1억원이 20년 후에 얼마로 늘어날지 아니면 오히려 줄어들지는 알 수 없으며, 현재의 세율이 20년 후에도 변하지 않는다고 할 수도 없다. 하지만 증여를 하고 10년 이내에 증여자가 사망하면 증여한 재산가액을 상속재산가액에 가산한다. 그러나 이 경우에도 상속 재산가액에 가산하는 증여재산의 가액은 증여 당시의 가액으로 하므로 부동산이나 주식 등을 증여한 후 가격이 오르면 상속세는 크게 절약된다. 이처럼 사전에 증여하면 장래의 상속세를 크게 절약할 수 있을 뿐만 아니라 소득이 없거나 적은 자녀가 나중에 다른 재산을 취득할 때 증여받은 재산에서 발생된 소득을 취득자금의 소명자료로도 활용할 수 있다. 그러므로 사전계획에 따라 납부하는 증여세는 즐거운 마음으로 납부해도 된다.

(출처: 국세청 세금절약 가이드)

01 증여세 기초개념

1. 증여의 의의

(1) 증여란?

「상속세 및 증여세법」상 증여란 그 행위 또는 거래의 명칭 · 형식 · 목적 등과 관계없이 직접 또는 간접적인 방법으로 타인에게 무상으로 유형 · 무형의 재산 또는 이익을 이전하거나 타인의 재산가치를 증가시키는 것을 말한다. 다만, 유증, 사인증여, 유언대용신탁 및 수익자연속신탁은 제외한다. 그러므로 증여세는 생전에 타인으로부터 경제적 가치가 있는 재산을 무상으로 취득할 때 그 취득자에게 무상으로 취득한 재산가액을 기초로 하여 부과하는 조세를 말한다. 만일 증여와 유사한 행위인 상속의 경우에만 세금을 부과하고 증여의 행위에 대해서는 과세하지 않는다면 상속개시일 이전에 상속재산을 상속인들에게 사전 증여함으로써 상속세를 회피할 수 있게 한다. 결국, 증여세는 상속세의 보완세로서 그 의의가 있다고 할 수 있다.

2. 증여세 과세대상

(1) 증여재산

증여재산이란 증여로 인하여 수증자에게 귀속되는 모든 재산 또는 이익을 말하며, 금전으로 환산할 수 있는 경제적 가치가 있는 물건, 권리 및 이익을 포함한다.

① 금전적으로 환산할 수 있는 경제적 가치가 있는 모든 물건
② 재산적 가치가 있는 법률상 또는 사실상의 모든 권리
③ 금전으로 환산할 수 있는 모든 경제적 이익

종전의 증여세는 유형별 포괄주의를 채택하여 증여세 과세대상이 되는 증여를 유형별로 열거 규정하였다. 유형별 포괄주의는 열거된 것과 유사한 것은 과세할 수 있으나, 열거된 것과 유사하지 않은 변칙적인 증여에 대해서는 과세할 수 없는 단점이 있다. 이를 보완하기 위해 조세회피를 방지하고 공평과세를 구현하기 위해 2004년부터 완전포괄주의를 도입하였다. 완전포괄주의 과세제도 도입으로 인해 민법상 증여 및 세법상 예시된 경우뿐만 아니라, 사실상 재산의 무상 이전에 해당하는 경우에는 그 행위 또는 거래의 명칭, 형식, 목적 등에 불구

하고 증여세를 내야 하는 경우가 있으므로 부동산 등을 거래할 때는 유의할 필요가 있다. 증여세가 과세되는 거래의 예시는 다음과 같다.

1) 특수관계자 간의 거래에 한정하여 과세되는 경우

① 배우자 또는 직계존비속간에 재산을 양도하는 경우
② 부동산을 무상으로 사용하는 경우
③ 1억원 이상의 금전을 무상 또는 저율로 대부받은 경우
④ 결손 · 휴업 · 폐업법인의 주주가 재산이나 용역을 무상 또는 저가로 제공받은 경우
⑤ 기업의 합병 또는 증자 · 감자로 인하여 주주가 이익을 얻은 경우
⑥ 전환사채 등을 인수 · 취득 · 양도하거나, 주식으로 전환 · 교환 또는 주식을 인수함으로써 이익을 얻은 경우
⑦ 유 · 무상 취득한 주식이 취득 후 5년 이내 다른 상장(또는 협회등록)법인과 합병됨으로써 얻은 이익 (다만 허위, 기타 부정한 방법으로 상속 · 증여를 감소시킨 경우에는 특수관계자 및 기간에 관계없이 과세함)
⑧ 재산을 시가의 70% 이하 또는 130% 이상 가액으로 양도하거나, 시가와 대가의 차액이 3억원 이상인 경우 (다만 특수관계자가 아닌 경우에는 시가의 70% 이하 또는 130% 이상 가액으로 양도한 경우에 한함)

2) 특수관계가 없는 사람 간의 거래에도 과세되는 경우

① 다른 사람의 재산신탁으로 신탁재산이나 그 재산에서 생긴 이익을 받은 경우
② 보험료를 내지 않은 사람 및 보험계약기간에 보험금을 증여받아 불입한 사람이 보험금을 타는 경우
③ 채무의 면제를 받거나 다른 사람이 채무를 대신 갚아줌으로써 이익을 얻은 경우
④ 기업의 증자 시 저가로 실권주를 재배정받거나 제3자가 직접 배정받은 경우

3) 기 타

① 재산을 취득한 자금 또는 재무를 상환한 자금이 출처가 분명하지 않은 경우
② 위에 예시된 경우 외에 타인 재산의 무상사용 등과 법인의 자본거래 등을 통해 얻은 이익
③ 미성년자 등이 취득한 재산이 타인의 기여에 의해 재산 가치가 증가한 경우
④ 제3자를 통해 우회하거나 거래 형식을 바꿔서 상속 · 증여세를 부당하게 감소시킨 경우
⑤ 증여를 받은 사람이 비거주자이거나 주소 또는 거소가 분명하지 아니한 경우로서 조세채권의 확보가 곤란한 경우

(2) 증여세 과세대상

1) 증여재산

다음 중 어느 하나에 해당하는 증여재산에 대해서는 「상속세 및 증여세법」에 따라 증여세를 부과한다.

① 무상으로 이전받은 재산 또는 이익
② 현저히 낮은 대가를 주고 재산 또는 이익을 이전받음으로써 발생하는 이익이나 현저히 높은 대가를 받고 재산 또는 이익을 이전함으로써 발생하는 이익(다만, 특수관계인이 아닌 자 간의 거래인 경우에는 거래의 관행상 정당한 사유가 없는 경우로 한정함)
③ 재산 취득 후 해당 재산의 가치가 증가한 경우의 그 이익(다만, 특수관계자가 아닌 자 간의 거래인 경우에는 거래의 관행상 정당한 사유가 없는 경우로 한정함)
④ 예시적 규정[*1]에 의한 증여에 해당하는 경우의 그 재산 또는 이익
⑤ 증여추정[*2]에 해당하는 경우의 그 재산 또는 이익
⑥ 위 ④의 각 규정의 경우와 경제적 실질이 유사한 경우 등 ④의 각 규정을 준용하여 증여재산의 가액을 계산할 수 있는 경우의 그 재산 또는 이익

*1 예시적 규정에 의한 증여재산
  a. 신탁이익의 증여
  b. 보험금의 증여
  c. 저가양수 또는 고가양도에 따른 이익의 증여
  d. 채무면제 등에 따른 증여
  e. 부동산 무상사용에 따른 이익의 증여
  f. 합병에 따른 이익의 증여
  g. 증자에 따른 이익의 증여
  h. 감자에 따른 이익의 증여
  i. 현물출자에 따른 이익의 증여
  j. 전환사채 등의 주식전환 등에 따른 이익의 증여
  k. 초과배당에 따른 이익의 증여
  l. 주식 등의 사장 등에 따른 이익의 증여
  m. 금전 무상대출 등에 따른 이익의 증여
  n. 합병에 따른 상장 등 이익의 증여
  o. 재산사용 및 용역제공 등에 따른 이익의 증여
  p. 법인의 조직 변경 등에 따른 이익의 증여
  q. 재산 취득 후 재산가치 증가에 따른 이익의 증여

*2 증여추정에 의한 증여재산 : 다음 중 어느 하나에 해당하는 경우의 그 재산 또는 이익
  a. 배우자 등에게 양도한 재산의 증여추정
  b. 재산 취득자금 등의 증여추정

2) 증여의제

다음에 해당하는 경우에는 그 재산 또는 이익을 증여받은 것으로 보아 그 재산 또는 이익에 대하여 증여세를 부과한다.

① 명의신탁재산의 증여의제
② 특수관계법인과의 거래를 통한 이익의 증여의제
③ 특수관계법인으로부터 제공받은 사업기회로 발생한 이익의 증여의제
④ 특정법인과의 거래를 통한 이익의 증여의제

3. 증여세의 납세의무자

(1) 납세의무자

수증자는 다음의 구분에 따른 증여재산에 대해 증여세를 납부할 의무가 있다. 다만, 수증자가 영리법인인 경우에는 자산수증이익에 의한 법인세가 과세되므로 이중과세의 문제를 방지하고자 영리법인이 납부할 증여세를 면제한다. 또한, 증여자의 사망으로 효력이 발생하는 증여는 상속세가 부과되므로 증여세 과세대상에서 제외한다.

구 분	납세의무 범위	과세대상
① 수증자가 거주자 또는 비영리내국법인인 경우	무제한 납세의무자	국내 · 외에 소재한 모든 증여재산
② 수증자가 비거주자 또는 비영리외국법인인 경우	제한 납세의무자	국내 소재 증여재산

(2) 수증자가 납부능력이 없는 경우 증여세의 면제

다음의 규정에 해당하는 경우로서 수증자가 증여세를 납부할 능력이 없다고 인정되는 때에는 그에 상당하는 증여세의 일부 또는 전부를 면제한다.

① 저가 · 고가양도에 따른 이익의 증여
② 채무면제 등에 따른 이익의 증여
③ 부동산 무상사용에 따른 이익의 증여
④ 금전 무상대출에 따른 이익의 증여

(3) 증여자의 연대납세의무

증여세는 원칙적으로 수증자가 내야 하지만, 주식 등 명의신탁재산에 대해 증여세가 부과된 경우에는 증여자(실제소유자)가 납부해야 한다. 다음의 경우 증여자가 수증자와 연대하여

납부할 의무를 진다.

① 수증자의 주소 또는 거소가 분명하지 아니한 경우로서 조세 채권의 확보가 곤란한 경우
② 증여를 받은 사람이 증여세를 납부할 능력이 없어 체납처분을 하여도 조세채권의 확보가 곤란한 경우
③ 수증자가 비거주자인 경우

하지만 이외에는 증여세는 증여자의 증여의사를 묻지 않고 과세하는 점, 증여자를 쉽게 파악하기 어려운 점 등을 감안하여 증여자의 연대납부의무를 면제하고 있다.

(4) 증여세의 과세관할

증여세는 수증자의 주소지(주소지가 없거나 분명하지 아니한 경우에는 거소지를 말함)를 관할하는 세무서장 등이 과세한다. 다만, 수증자가 비거주자인 경우 또는 수증자의 주소 및 거소가 분명하지 아니한 경우에는 증여자의 주소지를 관할하는 세무서장 등이 과세한다. 한편, 다음의 경우에는 증여재산의 소재지를 관할하는 세무서장 등이 과세한다.

① 수증자와 증여자가 모두 비거주자인 경우
② 수증자와 증여자의 주소 및 거소가 분명하지 아니한 경우
③ 수증자가 비거주자이거나 주소 또는 거소가 분명하지 아니하고, 증여자가 법령에 따라 의제된 경우

02 증여세 과세가액

1. 증여세의 계산구조

내 용	비 고
증여재산가액	
(+) 합산대상재차증여재산가액	해당 증여 전 10년 이내의 증여재산
(-) 비과세증여재산	
(-) 과세가액불산입재산	공익법인출연재산 · 공익신탁재산 · 장애인증여재산
= 증여세과세가액	
(-) 증여공제	증여재산공제 · 재해손실공제
(-) 감정평가수수료공제	
= 증여세과세표준	
(×) 세율	상속세와 동일(10 ~ 50%의 초과누진세율)
= 증여세산출세액	
(+) 세대생략가산액	
= 증여세산출세액합계	
(-) 박물관자료 등 징수유예세액	박물관자료 · 미술관자료(문화재 징수유예 해당없음)
(-) 세액공제	기납부세액공제 · 외국납부세액공제 · 신고세액공제
(+) 가산세	
= 차가감납부세액	

2. 증여세 과세가액

내 용	비 고
증여재산가액	부담부 증여시 수증자가 인수한 채무액 차감
(+) 합산대상재차증여재산가액	동일인으로부터 10년 이내 증여받은 재산가액
(−) 비과세증여재산	
(−) 과세가액불산입재산	공익법인출연재산 · 공익신탁재산가액 · 장애인증여재산가액
= 증여세과세가액	

(1) 증여재산가액 계산의 일반원칙

타인에 증여에 의하여 취득하는 재산이 증여재산가액이다. 다만, 부담부증여의 경우 수증자가 채무를 함께 인수를 한 때에는 증여재산의 가액에서 인수한 채무를 뺀 금액을 증여재산가액으로 한다.

참고: 배우자 및 직계존비속 간 부담부증여의 부인

배우자 또는 직계존비속 간 부담부증여의 경우에는 수증자가 채무를 인수하였더라도 채무는 수증자에게 인수되지 아니한 것으로 추정한다. 다만, 해당 채무가 객관적으로 인정되는 경우에는 그러하지 아니한다. 사회통념상 배우자 또는 직계존비속 간에게 채무를 인계하는 경우가 드물어서 부담부증여를 인정하지 않는 것을 원칙으로 하는 것이다.

1) 증여재산을 반환할 경우의 증여재산가액의 계산

증여를 받은 후 증여받은 재산(금전제외)을 당사자의 합의에 의해 증여세 과세표준 신고기간 내에 반환하는 경우 처음부터 증여가 없었던 것으로 본다. 또한, 증여세 과세표준 신고기한이 지난 후 3개월 이내에 증여자에게 반환하거나 증여자에게 다시 증여하는 경우에는 그 반환하거나 다시 증여하는 것에 대해서는 증여세를 부과하지 않는다. 즉, 수증자가 증여계약의 해제 등에 의하여 증여받은 재산을 증여자에게 반환하거나 다시 증여하는 경우 증여세 과세는 다음 표에 따른다. 따라서 증여재산의 반환이 있을 경우 언제 반환하느냐에 따라 과세여부가 달라지므로 증여세 과세 신고 시기에 따라 증여재산가액에 영향을 미칠 수 있다.

구분	반환 · 재증여 시기		증여세 과세여부	
			당초증여 분	반환 · 재증여 분
금전	반환 또는 재증여 시기에 관계없이 과세		과세*	과세
금전 이외	① 신고기한 내에 반환		과세 제외	과세 제외
	② 신고기한 경과 후 반환	신고기한으로부터 3개월 이내	과세	과세 제외
		신고기한으로부터 3개월 후	과세	과세

* 과세시 취득세를 포함함

2) 증여재산가액에 포함하지 않는 경우

① 위자료

이혼 등에 의하여 정신적 또는 재산상 손해배상의 대가로 받는 위자료는 조세포탈의 목적이 있다고 인정되는 경우를 제외하고는 이를 증여로 보지 아니한다.

② 재산분할청구권의 행사에 의한 재산의 분할

이혼한 자 일방이 민법에 따라 재산 분할청구권을 행사하여 취득하는 재산은 이를 증여로 보지 아니한다.

③ 상속재산의 협의분할

상속인은 공동상속재산을 협의 분할하여 각 상속인의 단독재산으로 할 수 있다. 협의분할은 상속행위이므로 협의분할에 의하여 법정상속재산을 초과하여 재산을 취득하여도 증여로 보지 않는다. 그러나 상속개시 후 각 상속인의 상속분이 확정되어 등기가 된 후 공동상속인이 그 상속재산을 다시 협의 분할하여 특정 상속인이 당초 상속분을 초과하여 취득하는 재산은 증여받은 것으로 본다.

3) 증여재산가액의 계산방법

증여재산의 가액은 다음의 방법으로 계산한다.

구 분	증여재산가액
재산 또는 이익을 무상으로 이전받은 경우	증여재산의 시가 상당액
재산 또는 이익을 현저히 낮은 대가를 주고 이전받거나 현저히 높은 대가를 받고 이전한 경우	시가와 대가의 차액(단, 시가와 대가의 차액이 3억원 이상이거나 시가의 30%이상인 경우로 한정함)
재산 취득 후 해당 재산의 가치가 증가한 경우	증가사유가 발생하기 전과 후의 재산의 시가의 차액으로서 일정한 방법에 따라 계산한 재산가치상승금액(단, 그 재산가치상승금액이 3억원 이상이거나 재산가치상승비율이 30%이상인 경우로 한정함)
예시적 규정에 의한 증여 · 증여추정 · 증여의제 등에 해당하는 경우	해당 규정에 따라 계산한 증여재산가액

(2) 합산대상 재차증여재산가액

증여세는 증여재산별로 과세하는 것이 원칙이므로 수증자가 수증받은 재산별로 각각 증여세를 계산한다. 다만, 증여재산을 분할 증여함으로써 증여세의 누진부담을 회피할 수 있으므로, 동일인으로부터 증여를 받은 후 10년 이내에 재차증여를 받는 경우로서 그 증여재산가액을 합친 금액이 1,000만원 이상인 때에는 그 증여재산을 합산하여 과세한다(단, 합산배제증여재산은 합산하지 않음). 단, 창업자금 · 가업승계 주식 등 특례세율 적용재산은 다른 일반 증여재산과 합산하지 않는다.

또한, 직계존속이 증여자인 때에는 직계존속이 배우자에게 증여하고, 그 배우자가 다시 직계비속에게 증여하는 방법으로 합산과세를 피할 소지가 있으므로 그 직계존속의 배우자도 증여자와 동일인으로 판단한다.

3. 비과세되는 증여세

다음의 금액에 대해서는 증여세를 부과하지 아니한다.

비과세되는 증여세

① 국가나 지방자치단체로부터 증여받은 재산의 가액
② 우리사주조합에 가입한 자가 해당 법인의 주식을 우리사주조합을 통하여 취득한 경우로서 그 조합원이 대통령령으로 정하는 소액주주의 기준에 해당하는 경우 그 주식의 취득가액과 시가의 차액으로 인하여 받은 이익에 상당하는 가액
③ 정당법에 따른 정당이 증여받은 재산의 가액
④ 근로복지기본법에 따른 사내근로복지기금이나 그 밖에 이와 유사한 것으로서 대통령령으로 정하는 단체가 증여받은 재산의 가액
⑤ 사회통념상 인정되는 이재구호금품, 치료비, 피부양자의 생활비, 교육비, 그 밖에 이와 유사한 것으로서 일정한 것
⑥ 신용보증기금법에 따라 설립된 신용보증기금이나 그 밖에 이와 유사한 것으로서 대통령령으로 정하는 단체가 증여받은 재산의 가액
⑦ 국가 · 지방자치단체 또는 공공단체가 증여받은 재산의 가액
⑧ 장애인을 보험금 수령인으로 하는 보험으로서 대통령령으로 정하는 보험의 보험금

4. 증여세 과세가액 불산입

1) 공익법인 등이 출연받은 재산

공익법인이 출연받은 재산에 대해서는 증여세 과세가액에 산입하지 않는다.

2) 공익신탁재산

증여재산 중 증여자가 공익의 목적으로 신탁하는 공익신탁(종교, 자선, 학술 등)을 통하여 공익법인 등에 출연하는 재산의 가액은 증여세 과세가액에 산입하지 않는다.

3) 장애인이 증여받은 재산

장애인이 그의 직계비속과 친족으로부터 증여받은 재산(금전, 유가증권, 부동산 등)을 증여세 신고기한(3개월) 이내에 신탁업법에 의한 신탁회사에 신탁하여 그 신탁의 이익 전부를 당해 장애인이 지급받을 때에는 5억원까지 증여세 과세가액에 산입하지 않는다.

5. 증여추정

증여추정이란 증여의 개연성이 있는 간접사실이 조재하는 경우 증여가 있었을 것으로 추측하여 증여세를 과세하는 것을 말한다. 증여추정은 납세의무자가 적극적으로 증여가 없었다는 사실을 입증하지 않으면 증여세를 과세하는 것이므로, 납세의무자가 증여가 없었다는 반증을 제시하면 증여의 추정에서 벗어날 수 있다.

(1) 배우자 · 직계존비속에 대한 양도 시의 증여추정

1) 직접양도

배우자 또는 직계존비속에게 양도한 재산은 양도자가 당해 재산을 양도한 때에 그 재산의 가액을 배우자 등에게 증여한 것으로 추정한다. 배우자 또는 직계존비속 간에 소유권이 이전되는 경우 정상적인 대가가 지급되는 유상양도보다는 증여일 가능성이 크고, 거래의 실질을 객관적으로 파악하기 곤란하기 때문에 객관적으로 대가를 지급한 사실이 명백히 인정되는 경우를 제외하고는 증여로 과세하려는 목적이다.

2) 우회양도

특수관계인에게 양도한 재산을 그 특수관계인(양수자)이 양수일로부터 3년 이내에 당초 양도자의 배우자 또는 직계존비속에게 다시 양도한 경우, 양수자가 당해 재산을 양도한 당시의 재산가액을 당초 양도자가 그의 배우자 등에게 직접 증여한 것으로 추정하여 이를 배우자 등의 증여재산가액으로 한다(우회양도의 증여추정). 다만 당초 양도자 및 양수자가 부담한 두 번의 양도소득세의 합계액이 당해 배우자 또는 직계존비속이 증여받은 것으로 추정할 경우의 증여세액보다 큰 경우에는 그렇지 않다.

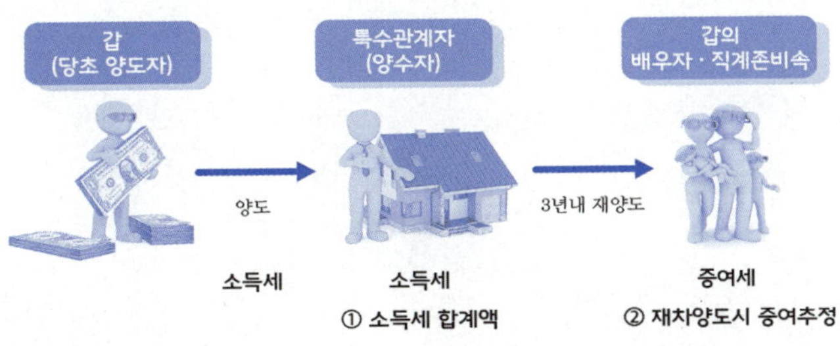

상황 1 ① > ②: 증여추정 ×, 소득세 부과 ○

상황 2 ① < ②: 증여추정 ○, 소득세 부과 ×

(2) 재산취득자금 및 채무상환자금 등의 증여추정

1) 의 의

직업, 연령, 소득 및 재산상태 등으로 보아 재산을 자력으로 취득하였다고 (또는 채무를 자력으로 상환하였다고) 인정하기 어려운 경우로서 자금출처로 입증된 금액이 취득재산의 가액에 (채무의 상환자금에) 미달하면 당해 재산을 취득한 때에 당해 재산의 취득자금을 그 재산의 취득자가 증여받은 것으로 추정하여 이를 그 재산취득자의 증여재산가액으로 한다.

2) 자금출처 입증

다음의 내용으로 자금출처를 입증할 수 있다.

① 신고하였거나 과세 받은 소득금액 또는 상속 · 수증재산가액

② 재산처분대가로 받은 금전이나 부채를 부담하고 받은 금전으로 재산취득 및 채무상환에 직접 사용한 금액

3) 미입증 기준금액

입증되지 않은 금액이 기준금액에 미달하는 때도 증여추정규정 적용을 배제한다. 기준금액을 계산하는 방식은 다음과 같다.

기준금액 = Min(취득재산가액 또는 채무상환금액의 20%, 2억원)

03 증여세 과세표준

1. 증여세 과세표준 계산구조

증여세의 과세표준은 증여세과세가액에서 증여공제(증여재산공제+재해손실공제)와 감정평가수수료공제를 차감한 금액으로 한다.

내 용	비 고
증 여 세 과 세 가 액	
(−) 증 여 재 산 공 제	배우자 6억원, 직계존비속 5,000만원 (미성년자 2,000만원), 그 밖의 친족 1,000만원)
(−) 혼인·출산증여재산공제	혼인시 1억원, 출산시 1억원
(−) 재 해 손 실 공 제	
(−) 감정평가수수료공제	500만원 한도
= 증 여 세 과 세 표 준	

증여세 과세표준이 50만원 미만인 경우에는 증여세를 부과하지 않는데, 이를 '과세최저한'이라고 한다. 증여세 과세최저한은 수증자와 증여자 간의 친족 관계 여부와 관계없이 적용한다.

2. 증여재산공제

거주자인 수증자가 다음 중 어느 하나에 해당하는 자로부터 증여를 받은 때에는 다음의 구분에 따른 금액을 과세가액에서 공제한다. 이때, 증여재산공제는 증여자별 공제가 아니라 수증자를 기준으로 각 구분별로 공제하며, 공제액은 10년간(합산기간) 누적으로 합산한다.

구 분	증여재산공제액
배우자로(사실혼 관계 제외)부터 증여를 받는 경우	6억원
직계존속[수증자의 직계존속과 혼인(사실혼은 제외) 중인 배우자 포함]으로부터 증여받은 경우	5,000만원 (미성년자 2,000만원)
직계비속(수증자와 혼인 중인 배우자의 직계비속 포함)으로부터 직계존속이 증여를 받는 경우	5,000만원
위 외에 6촌 이내의 혈족, 4촌 이내의 인척으로부터 증여	1,000만원

증여재산공제는 위와 같이 종류를 구분하여 각각 적용한다. 수증자를 기준으로 같은 종류의 것은 합산기간 동안(10년간) 한 번 공제하므로 증여 시기를 달리하는 둘 이상의 증여가 있는 경우 먼저 증여받은 증여재산가액부터 순차로 증여재산공제를 하며, 동시에 둘 이상의 증여가 있는 경우에는 증여재산가액으로 안분하여 공제한다.

3. 혼인 · 출산 증여재산공제

거주자가 직계존속으로부터 혼인일 전후 2년 이내에 증여를 받는 경우에는 직계존속으로부터의 증여로 인한 공제와 별개로 1억원을 증여세 과세가액에서 공제한다. 이 경우 그 증여세 과세가액에서 공제받을 금액과 수증자가 이미 공제받은 금액을 합한 금액이 1억원을 초과하는 경우에는 그 초과하는 부분은 공제하지 아니한다. 공제를 받은 후 약혼자의 사망 등 부득이한 사유가 발생하여 해당 증여재산을 그 사유가 발생한 달의 말일부터 3개월 이내에 증여자에게 반환하는 경우에는 처음부터 증여가 없었던 것으로 본다.

한편, 거주자가 직계존속으로부터 자녀의 출생일 또는 입양일부터 2년 이내에 증여를 받는 경우에는 직계존속으로부터의 증여로 인한 증여재산공제 및 혼인증여재산공제와 별개로 1억원을 증여세 과세가액에서 공제한다. 이 경우 그 증여세 과세가액에서 공제받을 금액과 수증자가 증여재산공제 및 혼인 증여재산공제에 따라 공제받은 금액을 합한 금액이 1억원을 초과하는 경우에는 그 초과하는 부분은 공제하지 아니한다.

4. 재해손실공제

타인으로부터 재산을 증여받은 경우로서 증여세 신고기한 내에 화재 · 붕괴 · 폭발 · 환경오염사고 · 자연재해 등의 재난으로 증여재산이 멸실 · 훼손된 경우에는 그 재난으로 손실된 증여재산가액을 증여세 과세가액에서 공제한다. 다만, 그 손실가액에 대해 보험금 등의 수령 또는 구상권의 행사로 해당 손실가액에 상당하는 금액을 보전받을 수 있는 경우 그 부분은 공제하지 않는다.

▸▸ 연습문제 1.

다음 각각의 물음에 답하시오.

① 어머니가 성인인 딸 1과 딸 2에게 동시에 각각 2억원씩 증여 시 딸들의 증여재산공제액은?
② 아버지가 딸에게 3억원, 어머니가 딸에게 4.5억원을 동시에 증여 시 과세가액과 증여재산공제액은?
③ 할머니가 3억원, 아버지가 4.5억원을 성인인 딸에게 동시 증여 시 과세가액과 증여재산공제액은?
④ 할머니가 3억원을 딸에게 2억원, 손녀에게 5,000만원, 사위에게 5,000만원 증여시 과세가액과 증여재산 공제액은?
⑤ 계모가 2억원, 친모가 2억원을 성인인 딸에게 증여시 과세가액과 증여재산공제액은?

풀이

① 딸 1 : 5,000만원, 딸 2 : 5,000만원
② 증여세 과세가액 : 7.5억원(부모는 동일인으로 보아 합산함),
증여재산공제액 : 아버지는 2,000만원, 어머니는 3,000만원을 공제하여 총 5,000만원을 공제함
③ 증여세 과세가액 : 할머니 3억원, 아버지 4.5억원(동일인이 아니므로 합산하지 않음),
증여재산공제액 : 할머니 2,000만원, 아버지 3,000만원을 공제하여 총 5,000만원을 공제함
④ 증여세 과세가액 : 딸 2억원, 손녀 5,000만원, 사위 5,000만원,
증여재산공제액 : 딸 5,000만원, 손녀 5,000만원, 사위 1,000만원
⑤ 증여세 과세가액 : 계모 1억원, 친모 1억원(계부와 친모는 동일인이 아님),
증여재산공제액 : 계모와 친모는 직계존속에 해당되므로 5,000만원을 재산가액 비율로 안분하여 계모 2,500만원, 친모 2,500만원을 공제함

▸▸ **연습문제 2.**

거주자 김슬기 씨(만 25세)는 2020년 5월 10일에 직계존속 등으로부터 재산을 증여받아 가계를 시작하였다. 증여받은 재산의 내용이 아래와 같을 때 김슬기 씨의 증여세 과세표준을 구하면 얼마인가?

① 배우자로부터 2016년 7월 10일 ₩400,000,000의 토지를 증여받았고, 금년에 아파트 ₩450,000,000을 증여받았다.

② 아버지에게서 현금 ₩50,000,000을 증여받았다.

③ 어머니로부터 토지 ₩30,000,000을 증여받았다.

④ 할아버지로부터 시가 ₩100,000,000의 토지를 ₩50,000,000에 양수하였으며 이에 대한 대가 지급 사실을 증명할 수 있다.

풀이

① 배우자 : 400,000,000 + 450,000,000 − 600,000,000 = ₩250,000,000

② 직계존속 : (50,000,000 + 30,000,000) + 20,000,000*1 − 50,000,000*2 = ₩50,000,000

*1 토지 시가의 70%인 70,0000,000과 50,000,000의 차액을 증여받은 금액으로 본다.

*2 직계존속의 배우자 포함하여 고려하고, 합산기간 동안의 공제액은 구분별(배우자, 직계존속, 직계비속, 기타친족)로 한 번만 적용가능 하다.

∴ 증여세 과세표준 : ₩300,000,000(= 250,000,000 + 50,000,000)

5. 감정평가수수료공제

증여세를 신고 · 납부하기 위해 증여재산을 평가하는데 드는 다음의 수수료는 증여세 과세가액에서 공제한다.

구 분	공제액	한도액
① 감정평가업자의 평가에 따른 수수료*	해당수수료	500만원
② 판매용이 아닌 서화 · 골동품 등 예술적 가치가 있는 유형재산 평가에 대한 감정수수료	해당수수료	500만원
③ 평가심의위원회에서 의뢰한 신용평가전문기관의 비상장주식 평가수수료	해당수수료	평가대상 법인의 수 및 평가를 의뢰한 신용평가 전문기관의 수별로 각각 1,000만원

* 증여세 납부목적용으로 감정을 실시하고 평가된 가액으로 증여세를 신고 · 납부하는 경우에 한정하여 적용함

배우자 증여재산공제

부부간에 재산을 증여하면 증여세를 계산 시 10년간 6억원을 공제해준다. 즉, 6억원까지는 증여세가 과세되지 않는다. 이를 잘 활용하면 배우자에게 사랑받고, 세금을 절약할 수 있다. 만약 김슬기 씨가 부인 명의로 6억원짜리 아파트를 구입했다고 하자. 이는 증여재산공제액(6억원) 한도 내 가격이므로 부인 명의로 아파트를 구입한 데 대해 증여세는 과세되지 않는다. 만약 이 아파트를 김슬기 씨 명의로 취득했다고 하면 나중에 이영희 씨가 사망했을 때 아파트가액 만큼 상속재산이 늘어나 상속세 부담도 그만큼 더 늘어나게 될 것이다. 이처럼 6억원 한도 내에서 부인 명의로 재산을 취득하거나 부인에게 재산을 증여해 주면 증여세를 물지 않으면서 자녀들의 상속세 부담도 덜 수 있다.

거주자가 배우자로부터 토지, 건물 및 특정시설물 이용권 등을 증여받아 증여일로부터 10년 이내에 양도하는 경우에는 증여한 배우자가 직접 양도한 것으로 보아 양도소득세를 계산한다. 즉, 이때에는 최초에 증여한 배우자가 취득한 가액을 양도자산의 취득가액으로 하고 증여 시에 납부한 증여세는 필요경비로 인정한다. 그러나 증여일로부터 10년 후에 양도하게 되면 당해 거주자가 증여받은 날이 취득일이 된다.

상속세 및 증여세법에 의하면 배우자 간의 증여에 대하여는 6억원까지는 증여재산공제로서 증여세가 면제되기 때문에 6억원 미만의 자산을 배우자로부터 증여받아 증여일로부터 10년 이후에 양도하게 된다면 그만큼 양도소득세를 절세할 수 있다.

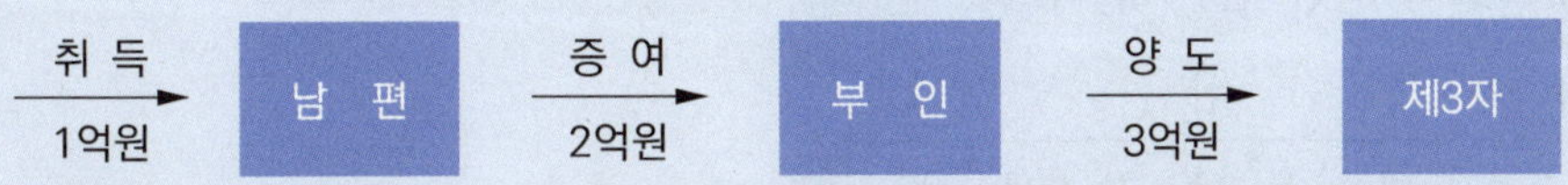

위의 사례에서와 같이 배우자로부터 증여받은 자산의 보유기간이 10년 이내 인지의 여부에 따라 양도소득세의 차이가 2배 이상 발생하다. 따라서 증여세와 양도소득세의 이러한 관계를 이용하여 자산을 배우자에게 증여한 후 양도하는 것도 효과적인 절세방법이 될 수 있다.

04 | 증여세 세액계산

1. 증여세 신고납부세액의 계산구조

내 용	비 고
증여세과세표준	
(×) 세율	상속세와 동일(10% ~ 50%의 초과누진세율)
= 증여세산출세액	
(+) 세대생략가산액	30% 할증과세
= 산출세액합계	
(−) 징수유예세액(문화재 해당 없음)	
(−) 세액공제	납부세액공제 · 외국납부세액공제 · 신고세액공제
(−) 기타 감면 공제세액	
(+) 가산세	
= 차가감납부세액	

2. 증여세 산출세액의 계산

(1) 증여세의 세율

증여세 과세표준에 세율을 적용하면 증여세 산출세액이 계산된다. 증여세의 세율은 상속세의 세율과 동일하며 아래와 같다.

과세표준	세 율
1억원 이하	과세표준의 10%
1억원 초과 5억원 이하	1천만원 + 1억원 초과금액의 20%
5억원 초과 10억원 이하	9천만원 + 5억원 초과금액의 30%
10억원 초과 30억원 이하	2억4천만원 + 10억원 초과금액의 40%
30억원 초과	10억4천만원 + 30억원 초과금액의 50%

(2) 세대를 건너뛴 증여의 할증과세

수증자가 증여자의 자녀가 아닌 직계비속인 경우에는 증여세 산출세액에 30%(수증자가 증여자의 자녀가 아닌 직계비속이면서 미성년자인 경우로서 증여재산가액이 20억원을 초과하는 경우에는 40%)에 상당하는 금액을 가산한다. 다만, 증여자의 최근친인 직계비속이 사망하여 그 사망자의 최근친인 직계비속이 증여받은 경우에는 할증과세하지 않는다(대습상속의 경우).

(3) 박물관 · 미술관자료에 대한 징수유예세액

상속세에 적용되는 박물관자료 등에 대한 징수유예규정은 증여세에도 적용된다. 다만, 그 대상에는 상속세에 적용되는 ① 문화재자료 및 국가등록문화재와 ② 국자지정문화재 및 시 · 도지정문화재는 제외하고 박물관자료 및 미술관자료의 경우에만 징수유예규정이 준용된다.

▸▸ 연습문제 1.

다음의 경우 거주자 김슬기 씨(27세)의 20×0년 증여세 산출세액은 얼마인가?

① 20×0년 3월 21일 : 어머니가 김슬기 씨에게 현금 3억원 증여

② 20×0년 5월 20일 : 누나가 동생 김슬기 씨에게 현금 2,000만원 증여

③ 20×0년 8월 16일 : 할머니가 김슬기 씨에게 현금 1억원 증여

풀이

총 5,000만원

① 어머니로부터 증여분
- 증여세 과세가액 : 3억원
- 증여세 과세표준 : 3억원 − 5,000만원 = 2억 5천만원
- 증여세산출세액 : 1,000만원 + 1억 5천만원 × 20% = 4,000만원

② 누나로부터의 증여분
- 증여세 과세가액 : 1억원
- 증여세 과세표준 : 2천만원 − 5천만원 = 0

③ 할머니로부터의 증여분
- 증여세 과세가액 : 1억원
- 증여세 과세표준 : 1억원 − 0 (어머니와 할머니는 직계존속) = 0
- 증여세 산출세액 : 1억원 × 10% = 1,000만원

(4) 세액공제

1) 납부세액공제

증여세과세가액에 가산한 증여재산의 가액에 대하여 납부하였거나 납부할 증여세액(증여 당시의 해당 증여재산에 대한 증여세 산출세액을 의미함)은 증여세 산출세액에서 공제한다.

납부세액공제 = Min[①, ②]

① 합산된 증여재산에 대한 증여세 산출세액(증여 당시 증여재산에 대한 산출세액)

② 한도액 = 증여세 산출세액 × $\frac{\text{가산한 증여재산의 과세표준}}{\text{증여세 과세표준}}$

2) 외국납부세액공제

수증자가 거주자인 경우에는 국내외의 증여재산에 대하여 납세의무를 진다. 이 경우 외국 소재 증여재산에 대해서는 이중과세문제가 발행하므로 외국납부세액공제에 의하여 이중과세를 조정하고 있다. 국외의 상속재산에 대하여 외국의 법령에 의하여 증여세가 과세된 경우에는 다음 금액을 증여세 산출세액에서 공제한다.

외국납부세액공제 = Min[①, ②]

① 한도액 = 외국에서 부과된 증여세액

② 공제액 = 증여세 산출세액 × $\frac{\text{외국법령에 의한 증여세 과세표준}}{\text{증여세 과세표준}}$

3) 신고세액공제

법정 신고기한 내에 증여세 과세표준 신고를 한 경우에는 신고세액공제를 적용하여 다음의 금액을 증여세 산출세액에서 공제한다. 신고세액공제는 산출세액에서 징수유예세액과 세액공제액을 뺀 금액의 3%로 한다.

신고세액공제 = (증여세 산출세액[*1] − 징수유예세액 − 공제 · 감면세액) × 3%

*1 세대생략증여에 대한 할증과세로 인해 산출세액에 가산하는 금액을 포함함. 이때, 세대생략가산액은 세액공제 중 신고세액공제 계산 시에만 산출세액에 가산함

▸▸ 연습문제 2.

20×1년 8월에 아버지로부터 성인인 딸이 1억 7,000만원을 증여받은 경우 자진신고 · 납부할 증여세액은 얼마인가?

풀이

- 증여재산 공제 : 5,000만원
- 과세표준 : 1억 2,000만원(1억 7천만원 − 5,000만원)
- 산출세액 : 1,400만원(1천만원 + (1억 2,000만원 − 1억) × 20%)
- 납부할 세액 : 1,358만원(자진신고 시 산출세액의 3% 공제)

∴ 1,358만원

▸▸ 연습문제 3.

거주자 김슬기 씨(16세)의 20×1년 증여받은 내역은 아래와 같다. 신고 및 납부는 법정 신고기한 내에 이루어졌을 때 20×1년 증여세 신고납부세액을 구하시오.

- 20×1년 5월 20일에 어머니로부터 토지 3필지(시가 8,000만원)을 무상으로 수증했다가 그 중 1필지(시가 1,500만원)는 20×1월 6월 30일에 반환하였고, 또 다른 1필지(시가 2,000만원)는 20×1년 11월 30일에 반환하였다.

풀이

- 증여세 과세가액 : 8,000만원 − 1,500만원 (6월 30일 반환 분) = 6,500만원
- 증여세 과세표준 : 6,500만원 − 2,000만원 = 4,500만원
- 증여세 산출세액 : 4,500만원 × 10% × (1 + 30%) = 585만원
- 증여세 신고납부세액 : 585만원 − 585만원 × 3% = 5,674,500

∴ 5,674,500

3. 이익의 증여로 보는 예시적 규정

(1) 신탁이익의 증여

신탁계약에 의하여 위탁자가 타인을 신탁의 이익의 전부 또는 일부를 받을 수익자로 지정하고 다음에 해당하는 경우 신탁의 이익을 받을 권리의 가액을 수익자에 대한 증여재산가액으로 한다.

① 원본의 이익을 받을 권리를 소유하게 한 경우에는 수익자가 그 원본을 받은 경우

② 수익의 이익을 받을 권리를 소유하게 한 때에는 수익자가 그 수익을 받은 경우

(2) 보험금의 증여

타인이 보험료를 불입한 생명보험이나 손해보험의 보험금을 수령한 경우에는 보험금을 보험료 납부자로부터 증여받은 것으로 본다. 보험료 중 일부를 보험금 수령인이 납부한 경우에는 다음 계산식에 의하여 계산한 금액을 증여재산가액으로 한다.

$$증여재산가액 = 보험금 \times \frac{타인이\ 납부한\ 보험료}{납부보험료\ 총합계액}$$

보험금 수령인이 보험계약기간에 타인으로부터 재산을 증여받은 보험료를 납부한 후 보험사고가 발생하여 보험금을 수령한 경우에는 보험금에서 보험료 납부액을 뺀 금액을 증여받은 것으로 본다. 그러나 보험금을 상속재산으로 간주하는 경우에는 이를 증여로 보지 아니한다.

(3) 저가양수 · 고가양도에 따른 이익의 증여

민법상 증여를 회피하기 위해 양도형식을 취하면서 사실상 재산을 무상으로 이전하는 것은 증여세를 회피하기 위한 목적이므로 시가와 대가의 차액을 증여재산가액으로 취급한다.

1) 특수관계인 간 양수도

특수관계인에게 시가보다 높은 가액으로 재산을 양도하거나 특수관계인으로부터 시가보다 낮은 가액으로 재산을 양수하는 경우에는 해당 재산의 양도일 또는 양수일을 증여일로 하여 다음의 금액을 그 이익을 얻은 자의 증여재산가액으로 한다. 다만, 그 대가와 시가의 차액이 시가에 대하여 30% 이상 차이가 있거나 그 차액이 3억원 이상인 때에만 이 규정을 적용한다.

- 고가양도의 경우 : (대가 − 시가) ≥ Min[시가 × 30%, 3억원]
- 저가양도의 경우 : (시가 − 대가) ≥ Min[시가 × 30%, 3억원]
- 증여재산가액 = 대가와 시가의 차액 − Min[시가 × 30%, 3억원]

2) 특수관계인이 아닌 자 간 양수도

특수관계인 이외의 자에게 현저히 높은 금액으로 재산을 양도하거나 특수관계인 이외의 자로부터 현저히 낮은 금액으로 재산을 양수한 경우로서 정당한 사유가 없는 때에는 그 대가와 시가와의 차액 중 법 소정 금액을 증여받은 것으로 추정한다. 이 경우 현저히 높은 금액 또는 현저히 낮은 금액이란 대가와 시가의 차액이 시가에 대하여 30% 이상 차이가 있는 경우를 말한다. 이 경우 증여재산가액은 다음과 같이 계산한다.

- 고가양도의 경우 : (대가 − 시가) ≥ 시가 × 30%
- 저가양도의 경우 : (시가 − 대가) ≥ 시가 × 30%
- 증여재산가액 = 대가와 시가의 차액 − 3억원

(4) 채무면제 등에 따른 이익의 증여

채권자로부터 채무를 면제받거나 제3자로부터 채무의 인수 또는 변제를 받은 자는 그 면제 · 인수 또는 변제로 인한 이익에 상당하는 금액에서 보상액을 뺀 금액을 해당 채무의 면제 · 인수 또는 변제의 이익을 받은 자에 대한 증여재산가액으로 한다.

(5) 부동산 무상사용에 따른 이익의 증여

1) 증여요건

특수관계인의 부동산(해당 부동산을 소유하는 자와 함께 거주하는 주택과 그에 딸린 토지 제외)을 무상으로 사용하게 함에 따라 이익을 얻은 경우에는 그 무상 사용을 개시한 날을 증여일로 하여 그 이익에 상당하는 금액을 부동산 무상사용자에 대한 증여재산가액으로 한다. 다만, 그 이익에 상당하는 금액이 1억원 미만인 경우는 제외한다.

2) 증여시기

부동산 무상사용에 따른 이익의 증여시기는 사실상 해당 부동산의 무상사용을 개시한 날로 한다. 한번 무상사용을 개시하면 5년간 무상사용권을 얻은 것으로 보되, 부동산에 대한 무상사용 기간에 5년을 초과하면 그 무상사용을 개시한 날부터 5년이 되는 날의 다음 날에 새로이 해당 부동산의 무상사용을 개시한 것으로 본다.

$$\text{증여재산가액(부동산무상사용이익)} = \Sigma \frac{\text{부동산의 가액} \times \text{연간사용요율}(2\%)}{(1+10\%)^n}$$

* n = 부동산무상사용기간(5년)

(6) 금전무상대출 등에 따른 이익의 증여

타인으로부터 금전을 무상으로 또는 적정이자율보다 낮은 이자율로 대출받은 경우에는 그 금전을 대출받은 날에 다음 금액을 해당 금전을 대출받은 자에 대한 증여재산가액으로 한다. 다만, 증여재산가액이 1,000만원 미만인 경우는 제외한다.

구 분	증여재산가액
① 무상으로 대출받은 경우	대출금액 × 기획재정부령이 정하는 적정이자율
② 적정이자율보다 낮은 이자율로 대출받은 경우	대출금액 × 기획재정부령이 정하는 적정이자율 − 실제 지급한 이자상당액

대출기간이 정하여지지 아니한 경우에는 그 대출기간을 1년으로 보고, 대출기간이 1년 이상인 경우에는 1년이 되는 날의 다음 날부터 매년 새로이 대출받은 것으로 보아 해당 증여재산가액을 계산한다.

(7) 기타이익의 증여

이외에 다음에 해당하면 이익을 얻은 자의 증여재산가액으로 취급한다.

① 무상으로 타인의 재산을 사용하거나 타인으로부터 용역을 제공받음으로써 얻은 이익(이 경우 증여재산가액이 1,000만원 미만인 경우에는 적용하지 않음)

② 타인에게 시가보다 낮은 대가를 지급하고 재산을 사용하거나 용역을 제공받음으로써 얻은 이익(이 경우 시가와 대가의 차액이 시가의 30% 미만인 경우에는 적용하지 않음)

③ 타인으로부터 시가보다 높은 대가를 받고 재산을 사용하게 하거나 용역을 제공함으로써 얻은 이익(이 경우 시가와 대가의 차액이 시가의 30% 미만인 경우에는 적용하지 않음)

05 증여세의 신고 및 납부

1. 증여세의 신고 및 납부절차

증여를 받은 사람은 증여를 받은 날이 속하는 달의 말일부터 3개월 이내에 증여세의 과세가액 및 과세표준을 납세지 관할 세무서장에게 신고해야 한다. 증여세를 신고하는 자는 증여세 신고기한까지 산출세액에서 징수유예세액, 공제 · 감면세액, 연부연납 · 물납신청금액, 납부유예신청금액을 뺀 금액을 납세지 관할 세무서, 한국은행 또는 우체국에 납부해야 한다.

(1) 증여세의 분납

자진 납부할 세액이 1,000만원을 초과하는 경우 납부할 세액의 일부를 납부기한 경과 후 2개월 이내에 분할 납부할 수 있다. 다만, 연부연납을 허가받은 경우에는 분납할 수 없다.

① 분할납부할 세액이 2,000만원 이하인 때 : 1,000만원을 초과하는 금액

② 분할납부할 세액이 2,000만원을 초과하는 경우 : 납부할 세액의 1/2 이하의 금액

(2) 연부연납

증여세는 일시에 납부하는 것이 원칙이지만 일시납부에 따른 과중한 세부담을 분산시키고 납세의무의 이행을 용이하도록 하기 위해 일정 요건이 성립되는 경우에 증여세를 분할하여 납부할 것을 허가하는 연부연납제도를 두고 있다.

1) 연부연납 요건

납세지 관할세무서장은 증여세 납부세액이 2,000만원을 초과하는 경우에는 납세의무자의 신청을 받아 연부연납을 허가할 수 있다. 이 경우 납세의무자는 담보를 제공해야 하며, 국세기본법에 따른 납세담보를 제공하여 연부연납 허가를 신청하는 경우에는 그 신청일에 연부연납을 허가받은 것으로 본다.

2) 연부연납 기간 : 연부연납 허가일부터 5년

증여세의 연부연납의 기간은 연부연납 허가일부터 5년으로 하되, 각 회분의 분할납부 세액이 1,000만원을 초과하도록 해야 한다.

(3) 물납

물납제도의 실효성을 확보하기 위해 2016년 1월 1일부터 증여세의 물납제도를 폐지하였다.

생활속의 증여사례

1. 자녀 명의의 주식 구입은 증여일까?

자녀 명의로 증권계좌를 개설, 입금하여 주식을 취득하는 경우 입금시점을 증여시기로 하여 증여일이 속하는 달의 말일부터 3개월 이내에 주소지 관할세무서에 증여세를 신고하는 경우 정상적인 증여로 인정받을 수 있다. 하지만 증여세를 신고하지 않을 경우 자녀가 증권계좌에서 인출하여 사용하는 시기를 증여시기로 보게 되어 주식 등이 시세차익이 발생하는 경우 시세의 증가액까지 전부 증여세 대상이 된다. 현재 미성년자의 경우 2,000만원까지, 성인인 경우 5,000만원까지는 증여재산공제가 되므로 가치상승이 예상되는 경우에는 우선적으로 증여신고를 하여 기록을 남기도록 하자.

2. 가족 간의 금전소비대차거래는 가능한가?

세법에서는 가족 간의 자금거래를 증여로 우선 추정하고 있지만 실제 가족 간에 자금을 빌려 주는 경우 실질과세원칙에 따라 증여세가 부과되지 않는다. 이때 실제로 자금 대여라는 사실을 입증해야 하며 근거 자료로 인정받을 수 있는 것이 차용증과 이자지급내역이다.

우선 차용증(금전소비대차약정서)은 가족 간에 반드시 작성해야 하는 서류는 아니지만 국세청의 경우 가족 간의 자금대여를 증여로 추정하는 경향이 높으므로 증여가 아니라는 것을 입증하기 위해 차용증을 작성해두는 게 좋다. 만약 차용증을 사후에 작성하거나 실제 차용증과 형식적 측면에서 차이가 날 경우 자금대여로 인정받지 못할 수 있으므로 차용증에는 반드시 대여자, 차입자, 자금 대여일, 이자에 대한 명시, 상환기일 등을 명확하게 기재하도록 하자. 또한, 이자 지급의 경우 반드시 통장거래를 통해 근거를 남겨야 한다. 이자를 지급하지 않거나 낮은 이자율로 이자를 지급하는 경우 자금대여로 인정되지 않을 수 있으며 실제 납부한 이자와 정상이자(4.6%)와의 차이금액에 대한 증여세까지 부담될 수 있으니 이점도 유의하자.

사례연구: 위자료 · 재산분할 · 증여

아파트 두 채와 상가 등 여러 개의 부동산을 소유하고 있는 김슬기 씨는 아내와 이혼하면서 아이들을 아내가 부양하는 조건으로 아파트 한 채와 상가의 소유권을 아내 명의로 이전해 주었다.

김슬기 씨는 대가를 받고 소유권을 넘겨준 것이 아니므로 양도소득세를 신고 · 납부하지 않았는데, 1년이 지난 후 관할 세무서로부터 약 2억원에 상당하는 양도소득세 고지서가 발부되었다. 김슬기 씨가 깜짝 놀라 내용을 알아보니, 소유권이전등기원인이 '이혼위자료 지급'으로 되어 있고 아파트와 상가 모두 양도소득세 과세대상이 되기 때문에 세금이 나왔다고 한다. 이와 같은 경우 김슬기 씨가 양도소득세를 절세할 수 있는 방법은 과연 없었을까?

위자료 명목으로 넘겨주는 부동산에 대하여 소유권이전등기를 잘못하면 위 김슬기 씨의 경우와 같이 거액의 양도소득세를 부담하는 경우가 생긴다. 이혼위자료로 부동산의 소유권을 이전해 주는데 대하여 세법에서는 다음과 같이 취급하고 있다.

1. 등기원인을 '이혼 위자료 지급'으로 하는 경우

   당사자 간의 합의에 의하거나 법원의 확정판결에 의하여 일정액의 위자료를 지급하기로 하고 동 위자료지급에 갈음하여 당사자 일방이 소유하고 있던 부동산의 소유권을 이전하여 주는 것은 그 자산을 양도한 것으로 보기 때문에 양도소득세를 내야 한다. 다만, 이전하여 주는 부동산이 1세대 1주택으로써 비과세 요건을 갖추면 등기원인을 위와 같이 하더라도 양도소득세가 과세되지 않는다.

2. 등기원인을 '재산분할청구에 의한 소유권이전'으로 하는 경우

   「민법」 제839조의 2에서 규정하는 재산분할청구로 인하여 부동산의 소유권이 이전되는 경우에는 부부 공동의 노력으로 이룩한 공동재산을 이혼으로 인하여 이혼자 일방이 당초 취득시부터 자기지분인 재산을 환원 받는 것으로 보기 때문에 양도 및 증여로 보지 아니한다. 따라서 등기원인을 위와 같이 하면 양도소득세 및 증여세를 부담하지 않고 소유권을 이전할 수 있다. 다만, 재산분할청구권은 혼인 후 형성된 재산에 대하여만 적용한다.

3. 등기원인을 '증여'로 하는 경우

   배우자로부터 증여를 받은 경우에는 6억원을 공제하고 나머지에 대하여 증여세를 과세하므로 부동산가액이 6억원 이하인 경우에는 등기원인을 증여로 하더라도 증여세가 과세되지 않는다. 다만, 이때에는 이혼을 하기 전에 증여를 해야 하며, 이혼을 하고 난 후에 증여를 하면 배우자가 아닌 타인으로부터 증여를 받는 것이 되어 증여세가 과세되므로 주의해야 한다. 그러므로 이혼위자료로 부동산을 넘겨줄 때에는 등기원인을 '재산분할청구에 의한 소유권이전'으로 해야 양도소득세나 증여세를 물지 않고 소유권을 이전해 줄 수 있다.

[OX Quiz] 9. 재산관리와 세금 Part II: 증여세

01 증여재산은 금전으로 환산할 수 있는 경제적 가치가 있는 모든 물건, 재산적 가치가 있는 법률상 또는 사실상의 모든 권리 등을 포함한다.

(정답 O)

02 수증자가 비영리내국법인을 포함한 거주자인 경우 증여받은 국내 · 외의 모든 재산이 증여세 과세대상이다.

(정답 O)

03 사회통념상 인정되는 이재구호물품, 치료비, 피부양자 생활비 등은 증여세를 부과하지 않는다.

(정답 O)

04 증여일 전 10년 이내에 동일인(직계존속이 증여 시 직계존속의 배우자는 불포함)으로부터 받은 증여재산가액을 합친 금액이 1,000만원 이상인 경우에는 그 가액을 증여세 과세가액에 가산한다.

(정답 X) 직계존속과 직계존속의 배우자는 동일인으로 간주함. 따라서 배우자를 포함한다.

05 부동산을 증여받은 경우, 그 증여받은 부동산을 당사자 간의 합의에 따라 증여세 신고기간 이내에 반환하면 처음부터 증여가 없었던 것으로 보아 증여세를 과세하지 않는다.

(정답 O)

06 금전을 증여받은 경우, 그 증여받은 금전재산을 당사자 간의 합의에 따라 증여세 신고기한 이내에 반환하면 처음부터 증여가 없었던 것으로 보아 증여세를 과세하지 않는다.

(정답 X) 금전은 그 시기와 관계없이 당초 증여 · 반환 모두 증여세를 과세한다.

07 배우자 간 부담부증여에 대해서는 배우자가 증여자의 채무를 인수한 경우에도 그 채무액은 수증자에게 인수되지 않은 것으로 추정된다. 하지만, 법정서류에 의해 객관적 입증이 된다면 채무액에 대해 부담부증여로 인정된다.

(정답 O)

08 부담부증여가 있을 경우 증여재산가액에서 그 증여재산에 담보된 채무로서 수증자가 인수한 금액은 증여재산가액에서 차감한 후 계산한다.

(정답 O)

09 증여세 과세표준이 100만원 미만이면 증여세는 부과되지 않으며, 증여세의 세율과 상속세의 세율은 동일하다.

(정답 X) 증여세 최저한은 50만원이다.

10 수증자가 증여자의 자녀가 아닌 미성년자인 손녀일 경우 증여세 산출세액의 30%를 산출세액에 가산한다. 다만, 증여자의 자녀가 사망하여 그 사망자의 딸인 손녀가 증여받은 경우에는 할증과세하지 않는다.

(정답 X) 수증자가 증여자의 자녀가 아닌 직계비속이면서 미성년자인 경우로서 증여재산가액이 20억을 초과하는 경우에는 40%를 적용한다.

11 증여세 납세의무가 있는 거주자는 증여받은 날이 속하는 달의 말일부터 3개월 이내에 증여세의 과세가액 및 과세표준을 납세지 관할 세무서장에게 신고해야 한다.

(정답 O)

12 증여세과세가액에 가산한 증여재산의 가액에 대해 납부하였거나 납부할 증여세액은 증여세 산출세액에서 공제한다.

(정답 O)

생활속의 세금

1. 증여 시 증거자료를 남기는 것이 중요하다.

김슬기 씨가 미성년자인 아들이 나중에 결혼할 때 집을 장만하는데 쓰게 하려고 아들 명의로 2,200만원을 저축하였다. 이 금액이 20년 후에 8,000만원으로 늘어났다고 가정해보자.

저축 당시 김슬기 씨가 증여세 신고를 하고 증여세 20만원을 납부하였다면 20년 후 아들이 위 저축액 8,000만원을 찾아서 집을 장만하는데 사용해도 아무런 세금 문제가 없다. 하지만 증여세를 신고하지 않았을 경우 국세청에서는 아들 명의로 저축이 되어 있다 하더라도 실질적인 소유자는 아버지로 보아 아들이 예금을 인출하여 사용하는 시점에 김슬기 씨가 아들에게 8,000만원을 증여한 것으로 추정하여 300만원[(8,000만원 − 5,000만원) × 10% = 300만원]의 증여세를 부과할 것이다.

타인으로부터 증여를 받으면 증여받은 날이 속하는 달의 말일부터 3개월 이내에 증여세를 신고하는 것이 원칙이다. 물론 당해 증여 전 10년간 동일인으로부터 증여받은 금액의 합계액이 증여재산공제액 이하이면 내야 할 증여세가 없어서 신고하지 않아도 된다. 하지만 신고를 해놓지 않으면 사실상 증여재산공제액 범위 내에서 증여가 있었다 하더라도 그 사실을 객관적으로 입증하기가 어려우므로 증여사실을 인정받지 못할 가능성이 있다. 따라서 증여사실을 인정받기 위해 반드시 증여세를 신고해야 하며, 과세미달로 신고하는 것보다는 납부세액이 나오도록 증여재산공제액보다 약간 많은 금액을 증여해서 언제, 누구로부터, 얼마만큼 증여받아 증여세를 얼마나 냈는지 알 수 있게 신고서 및 영수증을 근거로 남겨놓는 것이 좋다.

2. 현금보다는 부동산 증여가 유리할 수 있다.

증여재산은 증여 당시의 시가로 평가하는 것이 원칙이므로 현금이나 예금의 경우에는 그 액면금액이 시가에 해당한다. 하지만 부동산의 경우에는 시가 산정이 어려워서 토지 및 주택의 경우에는 개별공시지가 및 개별주택가격, 주택 이외의 건물에 대해서는 국세청 기준시가로 평가할 수 있다. 이때 개별공시지가나 기준시가는 시가를 정확히 반영하기 어렵기 때문에 통상 시가보다 20% ~ 30% 낮은 수준에서 결정된다. 따라서 부동산으로 증여하면 현금증여에 비해 시가와 기준시가와의 차액에 대한 세금만큼 절세효과를 볼 수 있다.

3. 증여일 전후 3개월 이내에는 증여재산을 팔지 말자.

부동산을 증여할 경우 증여재산은 증여 당시의 시가로 평가한다. 여기서 시가란 불특정다수인 간에 자유로이 거래가 이루어질 경우 일반적으로 성립된다고 인정되는 가액이며, 증여일 전후 3개월 이내의 기간 중 매매 · 감정 · 수용 · 경매 또는 공매가 있는 경우에는 그 가액을 시가로 하고 있다. 이때 매매가액이나 감정가액 등은 기준시가보다 높기 때문에 기준시가로 평가한 경우보다 세금부담이 늘어날 수 있다. 따라서 증여일 전후 3개월 이내에는 가급적 매매나 감정을 하지 말고 부득이 하게 매매 또는 감정을 하거나 수용 · 경매 · 공매가 있는 경우에는 그 가액으로 증여세를 신고해야 한다.

4. 6억원 범위 내에서 배우자에게 재산을 증여하자.

부부간 재산을 증여할 경우 증여세를 계산할 때 10년간 6억원을 공제할 수 있다. 이를 잘 활용하면 배우자에게 사랑받고, 세금을 절약할 수 있으며, 재산도 보존할 수 있다. 또한, 부인 명의로 재산을 취득하게 되면 남편이 빚보증을 섰다가 잘못되는 경우에도 그 재산만큼은 지킬 수 있으며, 남편이 사업을 하다가 부도 등의 사유로 세금을 체납하여 재산이 공매되는 경우에도 재산을 지킬 수 있다.

5. 자녀의 증여세를 부모가 대신 납부하면 또 다시 증여세가 과세된다.

증여세는 받은 사람이 내는 세금이므로 자녀에게 부동산이나 주식 등을 증여하는 경우 자녀가 증여세를 납부해야 한다. 하지만 자녀가 소득이 없으면 세금을 납부할 능력도 없다. 현금으로 증여를 받을 경우 증여받은 현금으로 세금을 납부하면 되지만 부동산이나 주식을 증여받으면 이를 처분하지 않는 한 세금을 납부할 방법이 없다. 그러다가 부모가 대신 세금을 납부하게 된다. 하지만 세법은 자녀를 대신하여 납부한 증여세 세금금액만큼 또다시 부모가 자녀에게 증여한 것으로 보고 당초 증여한 재산가액에 대신 납부한 증여세를 합산하여 추가로 과세한다. 따라서 자녀가 증여세를 납부할 수 있는 정도의 소득이 있는 경우 당초 의도대로 증여를 하고, 자녀가 소득이 없으면 증여세 상당액만큼의 현금을 더해 증여하면 한 번의 신고 · 납부로 증여세 문제를 해결할 수 있다. 나중에 증여세를 추징당하게 되면 그 기간까지의 가산세까지 물어야 하므로 부담만 더 늘어나게 된다.

6. 세대를 건너 뛴 증여를 하면 세금을 30% ~ 40% 더 내야한다.

일반적으로 할아버지가 아들에게, 아들이 손자에게 증여를 하는 것이 일반적이다. 하지만 할아버지가 바로 손자에게 재산을 증여하면 한 단계가 생략되므로 세금 부담이 훨씬 줄어들 것 같다. 하지만 세대를 건너 뛰어 재산을 이전함으로써 증여세를 회피하는 행위를 방지하기 위해 세법에서는 증여자의 자녀가 아닌 직계비속에게 재산을 증여할 경우 증여세액에 세액의 30%(일정조건의 미성년자는 40%)에 상당하는 금액을 더해서 내야 한다고 규정하고 있다. 쉽게 말해 일반 증여세액이 1,000만원이라면 세대를 건너 뛴 증여에 대한 세금은 1,300만원인 것이다. 따라서 세대를 건너 뛰어 증여를 하고자 한다면 할증과세를 꼭 고려하여 증여 여부를 결정해야 한다.

7. 부채를 상환할 때도 상환자금의 출처조사에 대비해야 한다.

국세청은 채무를 동반한 증여시(부담부증여) 소명한 부채내역에 관해 국세청 컴퓨터에 입력하여 관리한다. 국세청에서는 매년 정기적으로 금융회사 등 채권자에게 채무변제 여부를 조회하며, 조회결과 부채를 갚은 사실이 확인되면 부채를 갚은 자금을 소명하라는 안내문을 발송한다. 안내문을 받으면 상환자금의 출처를 소명해야 하며, 소명을 하지 못하거나 타인이 갚은 사실이 확인되면 증여세가 과세된다. 따라서 부채를 갚을 때 자금출처조사에 대비해 미리 입증서류를 챙겨두도록 하자.

제 10 장

사업자와 세금

Part I: 개인사업자의 소득

CONTENTS

만약 김슬기 씨가 사업을 하고자 하면 사업 시작일로부터 20일 이내에 사업장을 관할하는 세무서에 사업자등록을 해야 할 것이다. 따라서 서대문구에 살면서 마포구에서 치킨가게를 운영하고자 하면, 마포세무서에 사업자등록을 하는 것이 원칙이다. 하지만 2010년 이후 사업자등록 · 정정 · 휴폐업신고는 전국 모든 세무서에 접수할 수 있다. 즉, 거주지 주변 서대문구세무서에 사업자등록 신청을 해도 된다. 신청을 받은 세무서장은 신청일로부터 영업일 기준 2일 이내에 사업자등록증을 발급해줘야 한다. 이때 특별한 현지 조사가 필요할 경우 5일 정도 늦어질 수 있고, 신규로 사업을 시작하고자 한다면 사업개시 이전이라도 등록할 수 있다. 사업자등록증이 발급되면 총 10자리로 구성된 사업자등록번호가 주어진다. 이 사업자등록번호로 치킨가게의 모든 세금관리가 이루어진다고 보면 된다. 예를 들어, 치킨가게의 세금계산서를 발행하고 수령할 때 모두 이 사업자등록번호로 하며, 소득신고를 비롯한 모든 세무신고도 이 번호로 진행이 된다. 김슬기 씨 치킨가게의 세법상 주민등록번호가 생긴 것이다.

01 개인사업자의 소득과 법적의무

1. 사업소득의 개념

사업이란 개인이 영리를 목적으로 자기의 계산과 책임하에 계속적 · 반복적으로 행하는 사회적 활동을 의미한다. 또한, 소득이란 1년간 벌어들인 총수입금액에서 그동안 사용한 필요경비를 공제한 금액을 말하므로, 사업소득은 영리목적성 · 독립성 · 계속성 · 반복성을 특징으로 하는 사업 · 활동을 통해 얻는 소득이라 할 수 있다.

사업소득금액

사업소득금액 = 연간 총수입금액 – 필요경비

이렇게 산출한 사업소득금액에 소득세 기본세율인 6%에서 45%까지의 8단계 초과누진세율을 적용하여 사업소득세 산출세액을 산출하게 된다. 참고로 현재(2025년 2월 말 기준) 소득세 종합소득세율(기본세율)은 다음과 같다.

종합소득 과세표준	기본세율	누진공제액
1,400만원 이하	과세표준의 6%	
1,400만원 초과 ~ 5,000만원 이하	84만원 + 1,400만원 초과금액의 15%	126만원
5,000만원 초과 ~ 8,800만원 이하	624만원 + 5,000만원 초과금액의 24%	576만원
8,800만원 초과 ~ 1억5,000만원 이하	1,536만원 + 8,800만원 초과금액의 35%	1,544만원
1억5,000만원 초과 ~ 3억원 이하	3,706만원 + 1억5,000만원 초과금액의 38%	1,994만원
3억원 초과 ~ 5억원 이하	9,406만원 + 3억원 초과금액의 40%	2,594만원
5억원 초과 ~ 10억원 이하	1억7,406만원 + 5억원 초과금액의 42%	3,594만원
10억원 초과	3억8,406만원 + 10억원 초과금액의 45%	6,594만원

2. 개인사업자의 법적의무와 세금의 종류

(1) 개인사업자의 법적의무

개인사업자가 되면 사업자 등록을 하여 사업자등록번호를 부여받아야 한다. 이후 사업을 개시함에 따라 부가가치세, 원천징수, 종합소득세 신고 · 납부의무가 있다(단, 법인사업자의 경우 종합소득세 대신 법인세를 신고함). 구체적으로, 개인사업자는 1년 동안 벌어들인 사업소득에 대해 종합소득세를 한 번 내고, 1년에 두 번(예정신고 포함 네 번) 부가가치세를 납부한다. 사업소득에 대한 소득세는 매년 5월 1일부터 5월 31일까지 사업자의 거주지 관할 세무서에 확정신고 · 납부한다. 하지만 일시적으로 상당한 금액의 소득세를 한꺼번에 내는 것이 부담될 수 있어서 사업소득에 대해서는 소득세 중간예납제도를 두고 있다. 여기서 중간예납은 전년도 종합소득에 대한 소득세로서 납부하였거나 납부할 세액의 50%에 상당하는 금액을 중간예납세액으로 매년 11월 1일~11월 15일 사이에 고지하는 제도이다. 개인사업자의 일반적인 세법상 의무를 정리하면 다음과 같다.

사업자 등록신고	→	사업자 등록번호부여
부가가치세 신고	→	분기별신고 (예정신고와 확정신고)
원천징수	→	지급하는 근로소득 · 퇴직소득 등의 원천징수와 납부의무
종합소득세 신고	→	사업소득을 포함한 종합소득의 신고와 납부

(2) 개인사업자의 세금 종류

개인사업자가 부담해야 하는 구체적인 세금의 종류 및 납부내용은 다음과 같다.

세 목	신고대상자	신고 · 납부기한		신고 · 납부할 내용
종합소득세	모든 개인사업자	확정신고	다음 해 5. 1. ~ 5. 31.	1. 1. ~ 12. 31. 간의 연간소득
		중간예납	11. 1. ~ 11. 30.까지	전년도 납부세액의 50%
부가가치세	일반과세자	1기 확정	7. 1. ~ 7. 25.	1.1. ~ 6.30. 간의 사업실적
		2기 확정	다음 해 1. 1. ~ 1. 25.	7.1. ~ 12. 31. 간의 사업실적
		• 4월과 10월에는 예정신고(고지) 세액을 납부		
	간이과세자	확정신고	12. 31. ~ 다음 해 1. 25.	1. 1. ~ 12. 31. 간의 사업실적
		중간예납	6.30. ~ 7.25.	전년도 납부세액의 50%
개별소비세	개별소비세 과세사업자	다음 달 말일까지		1개월간의 개별소비세
사업장 현황 신고	부가가치세 면세사업자	다음 해 1.1. ~ 1.31.		1. 1. ~ 12. 31. 간의 면세수입금액(매출액)
원천징수 이행상황신고	원천징수 실적이 있는 모든 사업자	일반사업자	다음 달 10일	매월 원천징수한 세액
		반기납부자	7. 10. ~ 1. 10.	매월 원천징수한 세액

3. 사업소득의 범위와 비과세 소득

(1) 사업소득의 범위

사업소득은 일정한 사업에서 발생하는 소득을 말한다. 여기서 '사업'이란 영리를 목적으로 자기의 계산과 위험 아래에 계속적 · 반복적으로 행하는 사회적 활동을 말한다. 그러므로 사업소득은 영리목적성, 독립성, 계속 · 반복성을 특징으로 하며 사업소득이 있는 거주자를 '사업자'라고 한다. 사업의 범위와 구분은 세법에 규정하는 것을 제외하고는 통계청장이 고시하는 한국표준산업분류표를 기준으로 분류하고 있다. 현행 소득세법은 사업소득이 발생하는 사업의 범위를 다음과 같이 규정하고 있다.

사업소득의 범위

① 농업(곡물 · 기타 식량작물재배업은 제외) · 임업 · 어업 · 광업에서 발생하는 소득
② 제조업에서 발생하는 소득
③ 전기, 가스, 증기 및 수도사업에서 발생하는 소득
④ 하수 · 폐기물처리, 원료 재생 및 환경복원업에서 발생하는 소득
⑤ 건설업에서 발생하는 소득
⑥ 도매 및 소매업에서 발생하는 소득
⑦ 운수업에서 발생하는 소득
⑧ 숙박 및 음식점업에서 발생하는 소득
⑨ 출판, 영상, 방송 통신 및 정보서비스업에서 발생하는 소득
⑩ 금융 및 보험업에서 발생하는 소득
⑪ 부동산업이나 부동산임대업에서 발생하는 소득
⑫ 전문, 과학 및 기술서비스업에서 발생하는 소득(연구개발업은 제외)
⑬ 사업시설관리 및 사업지원서비스업에서 발생하는 소득
⑭ 교육서비스업에서 발생하는 소득(유치원, 초 · 중 · 고 교육법에 따른 학교 제외)
⑮ 보건업 및 사회복지서비스업에서 발생하는 소득(사회복지사업법에 따른 사회복지사업과 노인장기요양보험법에 따른 장기요양사업은 제외)
⑯ 예술, 스포츠 및 여가 관련 서비스업에서 발생하는 소득
⑰ 협회 또는 단체, 수리 및 기타 개인서비스업에서 발생하는 소득(부가가치세가 면세되는 인적용역을 제공하는 사업 포함)
⑱ 가구 내 고용 활동에서 발생하는 소득
⑲ 복식부기의무자가 차량 또는 운반구 등의 사업용 유형고정자산을 양도함으로써 발생하는 소득(소득세법상 양도소득에 해당하는 경우는 제외)
⑳ 그 밖에 위와 유사한 소득으로서 영리를 목적으로 자기의 계산과 책임으로 계속적 · 반복적으로 행하는 활동을 통하여 얻는 소득

(2) 비과세 사업소득

현행 소득세법에서 규정하고 있는 비과세 사업소득은 다음과 같다.

비과세 사업소득

① 논 · 밭 임대소득
② 1개의 주택을 소유한 자의 주택임대소득(단, 고가주택*1 및 국외 주택의 임대소득은 과세됨)
③ 농어가부업소득 : 농어가부업규모의 축산(소 50마리, 돼지 700마리 등)에서 발생하는 소득 전액이나 농어가부업규모 초과규모 축산소득 및 기타부업에서 발생하는 연 3,000만원 이하인 소득
④ 전통주 제조소득 : 전통주를 수도권 밖의 읍 · 면지역에서 제조함으로써 발행하는 소득으로서 소득금액의 합계액이 연 1,200만원 이하인 것
⑤ 임목의 벌채 · 양도소득 : 조림기간 5년 이상인 입목의 벌채 · 양도로 발생하는 소득으로서 연 600만원 이하의 금액(조림기간이 5년 미만이거나 자연림의 경우는 전액 사업소득으로 과세함)
⑥ 작물재배업소득 : 작물재배업에서 발생하는 소득으로서 해당 과세기간의 수입금액의 합계액이 10억원 이하인 것
⑦ 어로어업소득 : 연근해어업과 내수면어업에서 발생하는 소득으로서 해당 과세기간의 소득금액의 합계액이 5천만원 이하인 소득

*1 고가주택 : 과세기간 종료일 또는 해당 주택의 양도일 기준 기준시가 12억원 초과주택. 참고로 양도소득세의 고가주택은 실지거래가액 12억원 초과주택을 의미함

(3) 분리과세소득

소규모 주택임대업을 지원하기 위하여 해당 과세기간의 총수입금액이 2천만원 이하의 소규모 주택임대업에서 발생한 소득의 경우 2018. 12. 31.까지 한시적으로 비과세를 적용하였으나 2019년부터는 납세의무자의 선택에 따라 분리과세와 종합과세 중 하나를 적용하여 납세의무를 이행하여야 한다. 분리과세의 경우에는 종합소득신고는 하되, 다른 종합소득과 합산하지는 않고 주택임대소득에 14%의 세율을 적용한다.

02 사업소득금액의 계산

1. 장부를 기장한 자의 사업소득금액의 계산

사업소득금액은 해당 연도의 총수입금액에서 이에 소요된 필요경비를 공제하여 계산한다. 과세표준은 사업소득금액에서 전년도 사업소득에서 발생한 이월결손금 등을 공제하여 구한다.

> 사업소득금액 = 총수입금액 − 필요경비
> 과세표준 = 사업소득금액 − (이월결손금*, 비과세소득, 소득공제 등)

* 결손금이란 필요경비가 총수입금액을 초과하는 경우를 말하며, 이월결손금은 10년 이내의 결손금 중 먼저 발생한 것부터 공제함

참고로, 개인사업자는 장부작성 시 회계기준에 따라 당기순이익을 확정하므로, 법인세 세무조정과 마찬가지로 결산상 당기순이익에 세무조정사항을 가감함으로써 사업소득금액을 계산할 수도 있다. 즉, 소득세법상 총수입금액산입 · 필요경비불산입, 필요경비산입 · 총수입금액불산입은 법인세법의 익금산입 · 손금불산입, 익금불산입 · 손금산입과 서로 유사한 개념이다.

결산서	➡	수 익	−	비 용	=	당기순이익 (△당기순손실)
세무조정	➡	(+) 총수입금액산입 (−) 총수입금액불산입		(−) 필요경비산입 (+) 필요경비불산입		(+) 총수입금액산입 (+) 필요경비불산입 (−) 필요경비산입 (−) 총수입금액불산입
		‖		‖		‖
사업소득금액	➡	총수입금액	−	필요경비	=	사업소득금액
과세표준	➡	사업소득금액	−	이월결손금 비과세소득 소득공제	=	과세표준

(1) 총수입금액의 계산

사업소득 총수입금액은 해당 사업과 관련하여 해당 과세기간에 수입하였거나 수입할 금액의 합계액으로 법령에 열거된 것만을 포함한다.

1) 총수입금액에 포함되는 항목

거주자의 각 소득에 대한 총수입금액의 계산은 사업과 관련하여 당해 연도에 수입하였거나 수입할 금액으로 다음의 금액을 포함한다.

총수입금액산입항목

① 매출액(매출환입 · 매출에누리 · 매출할인 금액은 제외함)
② 거래상대방으로부터 받는 장려금 기타 이와 유사한 성질의 금액
③ 관세환급금 등 필요경비로 지출된 세액이 환입되었거나 환입될 경우에 그 금액
④ 사업과 관련된 자산수증이익과 채무면제이익
⑤ 확정급여형퇴직연금제도에 따른 보험계약의 보험차익과 신탁계약의 이익 · 분배금
⑥ 사업과 관련하여 해당 사업용자산의 손실로 취득하는 보험차익
⑦ 재고자산(또는 임목)을 가사용으로 소비하거나 종업원 또는 타인에게 지급한 경우 그 소비하거나 지급하였을 때의 가액(가사용재고자산)
⑧ 화폐성 외화자산 및 부채의 상환차익
⑨ 복식부기의무자가 사업용 유형고정자산(부동산 제외)을 매각하는 경우 그 매각가액
⑩ 그 밖에 사업과 관련된 수입금액으로서 해당 사업자에게 귀속되었거나 귀속될 금액

부동산임대업의 경우, 총수입금액에 임대료, 유지비, 관리비(공공요금 초과징수액 포함), 임대보증금의 간주임대료[1] 및 보험차익 등이 포함된다. 사업자가 부동산을 임대하고 임대료 외에 유지비나 관리비 등의 명목으로 지급받을 경우 이러한 금액이 총수입금액에 포함되는지 여부는 다음과 같다.

① 청소비 · 난방비 : 총수입금액에 포함함
② 전기료 · 수도료 등 공공요금 : 총수입금액에 포함하지 않음. 다만, 납부액이 지급받은 금액보다 적은 경우에는 동 초과금액을 총수입금액에 포함함(잡수익)

---

1) 부동산 또는 부동산상의 권리 등을 임대하고 임대료와 보증금 등을 함께 받는 경우 임대료는 총수입금액에 포함되지만, 보증금 등은 부채로 계산되어 총수입금액에 포함되지 않는다. 따라서 임대료와 보증금에 대한 과세의 형평성을 위해 보증금 등에 대해서도 일정한 계산식에 의하여 임대료를 계산하는데, 이를 간주임대료라고 하며 계산 값을 총수입금액에 더하게 되어 있음

2) 총수입금액에 포함하지 않는 항목

소득세법에서는 이중과세의 조정과 조세 정책적인 목적의 달성을 위하여 다음의 항목은 총수입금액에 포함하지 않는다.

총수입금액에 포함하지 않는 항목

① 거주자가 소득세 또는 주민세를 환급받았거나 환급받을 금액 중 다른 세액에 충당한 금액
② 거주자가 무상으로 받은 자산과 채무면제로 인한 부채의 감소액 중 이월결손금의 보전에 충당된 금액
③ 전년도로부터 이월된 소득금액
④ 사업자가 자가생산한 제품 등을 다른 제품의 원재료 등으로 사용한 경우
⑤ 자기의 총수입금액에 따라 납부하거나 납부할 개별소비세 및 주세
⑥ 국세환급가산금 및 그 밖의 과오납금의 환급금에 대한 이자
⑦ 부가가치세의 매출세액
⑧ 조세특례법에 따라 석유판매업자가 환급받은 세액
⑨ 사업용 유형 · 무형자산을 임의로 평가하여 그 평가차익을 장부에 계상한 경우

(2) 필요경비의 계산

필요경비란 사업소득금액을 계산할 때 해당 과세기간의 총수입금액에 대응하는 비용의 개념으로, 일반적으로 용인되는 통상적인 것의 합계액으로 계산한다.

1) 필요경비에 포함되는 항목

① 판매한 상품에 대한 원료의 매입가격(매입에누리 및 매입할인을 제외함)과 그 부대비용
② 판매한 상품의 보관료, 포장비, 운반비, 판매장려금 및 판매수당 등 판매와 관련한 부대비용
③ 부동산의 양도 당시의 장부가액(건물건설업과 부동산 개발 및 공급업의 경우만 해당함)
④ 종업원의 급여(사업주 급여는 제외), 종업원을 위한 직장체육비, 직장 보육시설의 운영비
⑤ 사업용 자산에 대한 비용 : 사업용 자산의 현상 유지를 위한 수선비, 관리비와 유지비, 사업용 자산에 대한 임차료, 사업용 자산의 손해보험료
⑥ 사업과 관련이 있는 재세공과금
⑦ 사업용 유형 · 무형자산의 감가상각비
⑧ 「국민건강보험법」 및 「고용보험법」에 의하여 사용자로서 부담하는 보험료 또는 부담금
⑨ 「국민건강보험법」에 의한 직장가입자로서 부담하는 사용자본인의 보험료
⑩ 단체순수보장성보험 및 단체환급부보장성보험의 보험료
⑪ 광고 · 선전을 목적으로 견본품 · 달력 · 수첩 · 컵 · 부채 기타 이와 유사한 물품을 불특정다수인에게 기증하기 위하여 지출한 비용(연간 5만원 이내의 금액)
⑫ 영업자가 조직한 단체로서 법인이거나 주무관청에 등록된 조합 또는 협회에 지급하는 회비

2) 필요경비에 포함하지 않는 항목

거주가가 해당 과세기간에 지급하였거나, 지급할 금액 중 다음에 규정하고 있는 항목은 필요경비에 포함하지 않는다.

① 소득세와 개인지방소득세
② 벌금 · 과료와 과태료
③ 국세징수법이나 그 밖에 조세에 관한 법률에 따른 가산금과 강제징수비
④ 조세에 관한 법률에 의해 징수의무 불이행으로 인하여 납부하였거나 납부할 세액(가산세액 포함)
⑤ 사업자가 가사와 관련하여 지출하였음이 확인되는 경비
⑥ 각 연도에 계상한 감가상각비 또는 접대비 또는 기부금 한도를 초과하는 금액
⑦ 반출하였으나 판매하지 아니한 제품에 대한 개별소비세, 주세 또는 교통 · 에너지 · 환경세의 미납액(제품가액에 그 세액 상당액을 가산한 경우는 제외함)
⑧ 재고자산 등 자산 외의 자산의 평가차손
⑨ 차입금 중 건설자금에 충당한 금액의 이자
⑩ 채권자가 불분명한 차입금의 이자
⑪ 법령에 의하여 의무적으로 납부하는 것이 아니거나 법령에 의한 의무의 불이행 또는 금지 · 제한 등의 위반에 대한 제재로서 부과되는 공과금
⑫ 각 연도에 지출한 경비 중 직접 그 업무에 관련이 없다고 인정되는 금액

(3) 사업소득에 대한 과세방법

사업소득에 대한 과세방법은 다른 소득과 함께 사업연도 다음연도 5월 1일부터 5월 31일까지 납세의무자가 스스로 다른 소득과 함께 과세표준과 세액을 산출하여 신고 · 납부해야 한다. 대부분의 사업소득은 원천징수 대상이 아니므로, 사업소득 금액을 종합소득에 합산하여 신고 · 납부하는 것이 원칙이며 이를 종합과세라 한다. 다만, 다음에 해당하는 사업소득은 원천징수의 대상이 되므로, 이 경우 반드시 확정신고 또는 연말정산을 통하여 따로 정산해야 한다.

사업소득의 원천징수

구 분		원천징수 세율
[원칙] 원천징수 X	일반적인 사업소득	–
[예외] 원천징수 O	의료보건용역 및 인적용역(접대부, 댄서 등의 용역 제외)	수입금액의 3%
	부가가치세 면세대상인 봉사료 수입금액	수입금액의 5%
[예외] 신청시 연말정산	보험모집인 · 방문판매원(간편장부대상자 한정)	–

(4) 사업소득의 수입시기

사업소득이 있는 거주자의 각 연도의 총수입금액과 필요경비는 권리의무확정주의에 따라 귀속시기를 결정하므로 귀속연도는 총수입금액과 필요경비가 확정된 날이 속하는 연도로 한다. 거래형태별 수입시기는 다음과 같다.

구 분	수입시기
상품, 제품 또는 기타의 생산품의 판매	그 상품 등을 인도한 날
상품 등의 시용판매	상대방이 구입 의사를 표시한 날
상품 등의 위탁판매	수탁자가 그 위탁품을 판매하는 날
장기할부조건에 의한 상품 등의 판매	• 원칙 : 그 상품 등을 인도한 날 • 특례 : 회수기일도래기준 또는 현재가치평가에 의한 회계처리 수용
무인판매기에 의한 판매	당해 사업자가 무인판매기에서 현금을 인출하는 때
인적용역의 제공	용역 대가를 지급 받기로 한 날 또는 용역의 제공을 완료한 날 중 빠른 날 * 단, 연예인 및 직업운동선수 등이 계약기간 1년을 초과하는 일신전속계약에 대한 대가를 일시에 받는 경우에는 계약기간에 따라 해당 대가를 균등하게 안분한 금액을 각 과세기간 종료일에 수입한 것으로 함
자산의 임대(지역권 · 지상권 설정 · 대여 포함)로 인하여 발생하는 소득	• 계약 또는 관습에 따라 지급일이 정해진 것: 그 정해진 날 • 계약 또는 관습에 따라 지급일이 정해지지 않은 것: 그 지급을 받은 날
위에 해당하지 않는 자산의 매매	대금을 청산한 날, 소유권이전등기 · 등록일, 사용수익일 중 빠른 날

2. 장부를 기장하지 않는 사업자의 사업소득금액 계산

(1) 단순경비율제도(소규모 사업자)

장부를 기록하지 않은 사업자 중에서 직전 연도 수입금액이 일정 수입금액에 미달하는 사업자와 해당연도 신규사업자는 단순경비율을 적용하여 사업소득금액을 계산한다. 다만, 신규사업자 중에서 수입금액이 일정 규모를 초과하여 복식부기 의무자에 해당하는 사업자는 단순경비율 적용대상에서 제외된다. 단순경비율을 적용하여 사업소득금액을 구하는 산식은 다음과 같다.

추계사업소득금액 = 수입금액 - 수입금액 × 단순경비율

수입금액에는 고용노동부 장관이 기업의 고용유지에 필요한 비용의 일부를 지원하기 위해 지급하는 일자리안정자금을 제외한다. 구체적으로, 단순경비율 제도를 사용하는 사업자는 직전 과세기간의 수입금액의 합계액이 다음의 금액에 미달하는 사업자를 의미한다.

단순경비율 적용대상 사업자의 판정기준금액

구 분	직전 연도 수입금액
가. 농업 및 임업, 어업, 광업, 도매업 및 소매업, 부동산매매업 및 그 밖에 아래 '나' 및 '다'에 해당하지 않는 사업	6천만원 미만
나. 제조업, 숙박, 음식업, 전기 · 가스 · 수도사업, 건설업, 운수업 및 창고업, 부동산 개발 및 공급업, 금융 · 보험업, 상품 중개업	3천6백만원 미만
다. 부동산임대업, 부동산업(부동산매매업은 제외), 전문 · 과학 및 기술서비스업, 사업시설관리 · 사업지원 및 임대서비스업, 교육서비스업, 보건업 및 사회복지서비스업, 예술 · 스포츠 및 여가 관련 서비스업, 협회 및 단체, 가구 내 고용활동	2천4백만원 미만

(2) 기준경비율제도

단순경비율 적용 대상자 외의 무기장 사업자는 기준경비율 제도를 적용한다. 즉, 장부를 기장하지 않는 사업자 중 직전 과세기간의 수입금액이 위 표의 단순경비율 적용대상 사업자의 판정기준금액 이상인 경우로서 사업의 기본적인 경비(매입비용, 인건비, 임차료)는 증빙서류를 통해 필요경비로 인정하여 공제하고 기본적인 경비 이외 기타 비용은 표준경비 비율인 기준경비율을 적용한다. 이때, 주요경비는 실제 비용을 지출했다 하더라도 증빙서류가 없으면 필요경비로 인정받지 못한다.

1) 기준경비율 제도의 계산방법

기준경비율 제도의 소득금액 계산방법은 다음과 같이 정리할 수 있다.

추계소득금액 = Min (①, ②)
① 추계소득금액 = 수입금액 -수입금액 × 기준경비율 - 증빙서류로 확인되는 주요경비
② 한도 : 단순경비율 적용시 추계소득금액 × 기획재정부령으로 정하는 배율[*1]

*1 복식부기의무자인 경우 3.4배, 간편장부대상자인 경우 2.8배

만약, 복식부기 의무자가 장부가 없어 추계과세(장부가 없는 경우 국세청에서 일방적으로 소득금액을 결정하는 행위)를 해야 할 경우는 기타경비에 대해 기준경비율의 50%를 적용하여 필요경비를 계산하게 된다. 즉, 복식부기 의무자가 기준경비율을 적용하여 필요경비를 계산하면 '수입금액 × 기준경비율 × 1/2'과 같고, 복식부기의무자의 기장에 의한 신고를 통한 과세표준 양성화를 위해 2011년부터 적용해오고 있다.

① 증빙서류로 확인되는 주요경비의 범위

- 매입비용(사업용 유형, 무형자산의 매입비용은 제외)과 외주가공비 및 운송업(추계사업자인 내가 운송업을 영위하는 경우를 말함)의 운반비
- 사업용 유형, 무형자산에 대한 임차료
- 종업원의 급여 · 임금 · 퇴직급여(사업자 인건비는 제외함)

② 증빙서류의 종류

- 매입비용 및 임차료 : 세금계산서, 계산서, 신용카드매출전표, 현금영수증 등
- 인건비 : 원천징수영수증이나 지급명세서 또는 지급 관련 증빙서류
  (증명서류를 수취하지 않으면 주요경비지출명세서를 종합소득과세표준 확정신고 시 첨부하여 제출해야 함)

2) 지출 증빙 수취 및 보관

재화나 용역을 공급하거나 공급받으면 반드시 세금계산서, 계산서(부가가치세 면제분), 신용카드 매출전표 또는 현금영수증을 주고받아야 한다. 지출 증빙이 없는 경우에는 실제 지출 내용을 입증하기 곤란할 뿐만 아니라 실제 지출 사실이 밝혀진다고 하더라도 일정 금액을 초과한 거래에 대해서는 증빙을 받지 않은 금액에 대해 가산세가 부과된다. 또한, 신용카드를 사용하더라도 다른 가맹점 명의로 발행된 신용카드매출전표를 받으면 접대비로 인정받을 수 없으므로 신용카드매출전표 상의 주소 및 상호가 맞는지를 꼭 확인할 필요가 있다.

03 개인사업자의 기장의무

1. 장부의 비치 및 기장

(1) 기장의무

소득세는 사업자가 스스로 본인의 소득을 계산하여 신고 · 납부하는 세금이므로, 모든 사업자는 장부를 비치 · 기장하여야 한다. 사업자는 납부세액 또는 환급세액과 관계되는 거래 사실을 장부에 기록하고 사업장에 비치해야 하며, 과세사업과 면세사업을 겸하고 있을 때는 이를 구분해서 기장해야 한다. 만약 장부를 작성할 의무가 있는 사업자가 기장하지 않으면 무기장한 금액 또는 종합소득금액의 20%만큼의 가산세(장부의 기록 보관 불성실)를 부과한다.

(2) 장부를 기장해야 할 대상

사업자는 장부를 비치 · 기장해야 하며 5년간 보관할 의무가 있다. 사업자는 해당 과세기간의 수입금액이 직전 과세기간의 업종별 수입금액을 기준으로, 다음의 금액보다 낮으면 간편장부를 기장하고 높으면 복식부기장부를 작성한다.

간편장부대상자와 복식부기의무자의 판정기준 수입금액

업 종	직전 연도 수입금액
가. 농업 · 임업 및 어업, 광업, 도매 및 소매업(상품중개업 제외), 부동산매매업, 그 밖에 아래 '나' 및 '다'에 해당하지 않는 사업	3억원
나. 제조업, 숙박 및 음식점업, 전기 · 가스 · 증기 및 공기조절 공급업, 수도 · 하수 · 폐기물처리 · 원료재생업, 건설업(비주거용 건물 건설업 제외), 부동산 개발 및 공급업(주거용 건물 개발 및 공급업에 한정), 운수업, 창고업, 정보통신업, 금융 및 보험업, 상품중개업, 욕탕업	1억5천만원
다. 부동산임대업, 부동산업(부동산매매업은 제외), 전문 · 과학 및 기술서비스업, 사업시설관리 · 사업지원 및 임대서비스업, 교육서비스업, 보건업 및 사회복지서비스업, 예술 · 스포츠 및 여가 관련 서비스업, 협회 및 단체, 수리 및 기타 개인서비스업, 가구 내 고용 활동	7천5백만원

(3) 간편장부에 의한 기장

1) 간편장부의 의의

'간편장부'란 소규모 사업자를 위하여 국세청에서 특별히 고안한 장부로, 회계지식이 없는 사람이라도 쉽고 간편하게 작성할 수 있으며, 사업자 스스로 종합소득세와 부가가치세의 신고도 할 수 있다.

간편장부 양식

일자	거래 내용	거래처	수입(매출)		비용 (원가관련매입포함)		고정자산 증감(매매)		비고
			금액	부가세	금액	부가세	금액	부가세	

간편장부는 모든 사업자가 사용할 수 있는 것은 아니며, 해당 과세기간에 신규로 사업을 개시한 사업자나 해당 과세기간의 수입금액이 직전 과세기간의 수입금액을 기준으로 일정 금액에 미달하는 사업자만 사용할 수 있다.

단, 전문직 사업자는 2007년 1월 1일 이후 발생하는 소득분부터 수입금액에 상관없이 복식부기 의무가 부여된다. 간편장부대상자 이외의 자를 '복식부기의무자'라 하는데, 복식부기 의무자는 간편장부 작성대상이 아니며, 간편장부 또는 추계에 의해 신고하는 경우 장부의 기록·보관 불성실 가산세(무기장가산세 : 산출세액의 20%와 수입금액의 7/10,000중 큰 금액)를 부담해야 한다.

전문직 사업자란?

- 부가가치세 간이과세배제 대상 사업서비스 : 변호사, 심판변론인, 변리사, 법무사, 공인회계사, 세무사, 경영지도사, 기술지도사, 감정평가사, 손해사정인, 통관업, 기술사, 건축사, 도선사, 측량사, 공인노무사
- 의료·보건용역을 제공하는 자 : 의사, 치과의사, 한의사, 수의사, 약사, 한약사

2) 간편장부 기장 시 혜택

간편장부를 기장하면 다음과 같은 혜택이 있다.

① 이월결손금 공제 : 결손이 발생 시 앞으로 15년 내 발생한 소득에서 공제 가능

② 기타 필요경비 인정 : 감가상각비 · 대손충당금 · 퇴직급여충당금을 필요경비로 인정받을 수 있음

③ 기장세액 공제 : 산출세액의 20%를 100만원 한도로 공제 받을 수 있음

(간편장부는 거래가 발생한 날짜 순서로 기록만 하면 된다. 간편장부는 국세청 홈페이지(www.nts.go.kr) ➡ 성실신고 지원 ➡ 종합소득세 ➡ 간편장부 안내에 수록된 작성요령과 간편장부를 다운받아 작성하거나, 본인의 필요와 편리에 따라 가까운 문구점에서 구입하거나 시중에 판매되는 전산프로그램을 구입하여 사용할 수 있음)

(4) 복식부기 의무자

간편장부대상자 이외의 모든 사업자는 재산상태와 손익거래 내용의 변동을 빠짐없이 이중으로 기록한 장부를 기록 · 보관하여야 하며, 이를 기초로 작성된 재무제표를 신고서와 함께 제출하여야 한다. 복식부기 의무자란 업종별로 직전 연도 수입금액의 합계액이 일정 금액 이상인 자와 전문직 사업자를 말한다.

(5) 장부를 기장하지 않을 경우 불이익

1) 무기장가산세 부과

직전 연도 수입금액이 4,800만원 이상인 사업자가 기장하지 않을 때는 산출세액에 무기장소득금액을 곱한 금액의 20%에 상당하는 무기장가산세를 물어야 한다.

2) 신고불성실가산세 부과

복식부기의무자가 기장을 하지 않고 추계로 신고한 경우에는 신고를 하지 않은 것으로 간주해 가산세를 적용한다(①, ②, ③ 중 큰 금액 : ① 무신고 납부세액의 20%, ② 수입금액의 0.07%, ③ 산출세액 × [무(미달)기장소득금액/종합소득금액] × 20%).

3) 이월결손금 공제 배제

실제소득에 따라 소득세를 계산할 수 없어 적자(결손)가 발생한 경우에 그 사실을 인정받지 못한다.

4) 소득탈루 목적의 무기장자인 경우 세무조사 등 세무간섭을 받을 수 있다.

생활속의 세금

TOPIC 소득금액 계산방법

아파트 상가에서 슈퍼마켓을 운영하는 김슬기 씨는 그동안 꽤 많은 돈을 벌었으나 세금에 대해서는 그다지 신경 쓰지 않았다. 부가가치세는 종전 신고금액과 비슷한 수준으로 매년 신고하였고, 종합소득세는 안내문에 기재된 대로 신고했으나 부담이 그리 크지 않았다. 그런데 최근 들어 신용카드로 결제하는 사람이 늘어나고, 대리점에도 자료를 꼬박꼬박 갖다 주며, 주류구매 전용 카드사용으로 주류구매 자료도 전부 국가에 노출되기 때문에 세금부담이 많이 늘어날까 봐 매우 긴장하고 있다. 오랜 생각 끝에 김슬기 씨는 장부를 기장하여 자신의 실제 소득에 기초하여 떳떳하게 세금을 내기로 결심하였다.

소득금액 계산방법

소득금액을 계산하는 방법에는 사업자가 비치 · 기장한 장부에 의하여 계산하는 방법과 정부에서 정한 방법에 따라 소득금액을 추산하여 계산하는 방법(추계과세)이 있다.

1) 기장에 의한 소득금액 계산 : '기장'이란 영수증 등 증빙서류를 근거로 하여 거래내용을 일일이 장부에 기록하는 것을 말한다. 기장하면 총수입금액에서 수입금액을 얻기 위해 지급의무가 확정된 비용을 공제하여 소득금액을 계산하므로, 자기의 실질 소득에 대해 세금을 내게 된다. 그러나 기장을 하기 위해서는 세금계산서나 영수증 등 관련 증빙자료를 빠짐없이 챙겨야 하는 불편이 있으며, 직접 기장할 능력이 부족하여 세무대리인에게 위탁하는 경우 기장수수료 등 별도의 비용이 필요하다.
2) 추계에 의한 소득금액 계산 : 소득금액은 수입금액에서 필요경비를 공제하여 계산하는데, 필요경비는 장부에 의해 확인된 금액을 공제하는 것이 원칙이다. 그러나 장부가 없는 경우에는 필요경비를 계산할 수 없으므로 이때에는 정부에서 정한 방법인 '기준경비율'에 의해 소득금액을 계산한다. '기준경비율'제도란 매입경비 · 인건비 · 임차료 등 기본적인 경비는 증빙서류가 있어야만 필요경비로 인정해주고 나머지 경비는 정부에서 정한 기준경비율에 의해 필요경비를 인정받는 제도이므로 기장을 하지 않거나 증빙서류를 수취하지 않으면 더 많은 세금을 부담할 수도 있다.

[국세청, 세금절약가이드 Ⅰ]

04 사업소득 신고 및 납부 방법

1. 사업소득 신고 · 납부절차

(1) 사업소득의 신고

사업소득세는 사업자가 매년 1월 1일부터 12월 31까지 얻은 소득에 대하여 다음 해 5월 1일부터 5월 31일까지 주소지 관할 세무서에 신고하여야 한다.

사업자는 회계기준에 의하여 장부 및 증빙서류를 작성하여 5년간 비치하여야 하며, 이를 근거로 작성한 재무상태표, 손익계산서, 그 부속서류 및 합계잔액시산표와 조정계산서를 작성하여 소득세 신고서에 첨부해야 한다. 만약, 사업자가 사업소득 이외에 다른 종합소득(이자 · 배당소득 · 근로소득 · 연금소득 · 기타소득)이 있으면 이를 합산하여 종합소득세로 신고 · 납부해야 한다.

(2) 소득세 자진신고, 납부 시 혜택

소득세를 자진신고 · 납부하는 경우에는 소득공제(기본공제, 추가공제, 특별공제 등)가 가능하며, 각종 세액공제(기장세액공제, 배당세액공제 등) 및 감면(중소기업특별세액감면 등)을 받을 수 있다. 또한, 중소기업에 해당하면서 당기에 결손금이 있으면 전기에 낸 세금의 환급을 받을 수 있다.[2)]

(3) 세금계산서합계표 등 제출 및 신고납부

사업자는 부가가치세 예정신고와 확정신고(개인 일반과세자와 간이과세자는 예정신고 대신 직전 기납부세액 1/2납부)를 해야 하며, 부가가치세 신고 시 세금계산서합계표도 함께 제출해야 한다. 만약 이를 불이행하는 경우 다음과 같은 불이익이 있다.

① 제출되지 않은 세금계산서합계표에 대해서는 매입세액을 불공제한다.

② 사기 · 기타 부정한 방법으로 환급 또는 공제 시에는 3년 이하의 징역 또는 부가가치세액 3배 이하의 벌금이 부과된다.

③ 신고불성실가산세, 납부불성실가산세, 지급명세서 제출불성실가산세 등의 각종 가산세를 부담하게 된다.

---

2) 기장한 결과 결손이 났을 때도 반드시 신고하여야 그대로 인정받을 수 있음

(4) 신고 시 제출할 서류

제출서류 목록

① 종합소득세 · 농어촌특별세 과세표준확정신고 및 자진납부계산서
② 소득공제신고서
③ 주민등록등본 또는 호적등본
④ 간편장부소득금액계산서(간편장부를 기장한 경우)
⑤ 조정계산서, 재무상태표, 손익계산서, 합계잔액시산표 등(복식부기의무자)
⑥ 기타 장애인증명서류 등 해당자만 제출하는 서류 등

(5) 중간예납

① 대상자 : 전년도에 종합소득이 있는 거주자

② 납부 방법 : 세무서에서 발송한 중간예납고지서(전년도 납부세액의 1/2)에 의하여 11월 16일부터 11월 30일 까지 납부

(6) 종합소득세 신고를 잘못한 경우

이미 신고한 과세표준 및 세액 등이 실제보다 적게 신고된 경우 수정신고하여야 한다. 법정신고기한이 지난 후 6개월 이내에 수정신고를 하고, 추가로 낼 세금을 납부한 경우에는 신고불성실가산세가 50% 감소한다. 만약, 신고 · 결정 · 경정된 과세표준 및 세액 등이 너무 많은 경우 경정청구를 할 수 있다.

(7) 신고기한 내에 신고하지 못한 경우

신고기한 내에 신고하지 못한 경우 관할 세무서장이 부가가치세를 결정하여 통지하기 전까지 과세표준과 세액을 신고하는 기한 후 신고를 하면 된다. 기한 후 신고를 하면, 신고 · 납부 불성실가산세는 더 적게 부과될 수 있다.

(8) 지방소득세의 납부

소득세와는 별도로 지방소득세를 함께 납부하여야 한다. 지방소득세도 별도의 과세표준을 산정하여 계산하여야 하지만, 일반적으로 소득세액의 약 10% 정도이다. 매년 소득세 신고 · 납부기일인 5월 31일까지 소득세신고서와 함께 기재하여 신고하고 납부해야 한다.

2. 사업자의 원천징수

사업소득금액은 대부분 종합과세하며 분리과세되지 않는다. 따라서, 사업소득의 원천징수는 예납적 원천징수로서 과세표준확정신고의무가 면제되지는 않는다. 하지만 보험모집수당이나 방문판매수당 등 연말정산대상소득만 있는 경우에만 과세표준확정신고를 하지 않을 수 있다.

(1) 원천징수 대상 소득

참고로 소득세법상 소득에 대한 원천징수 여부는 다음과 같다.

소득종류	내 용	여부
이자소득	국내에서 받는 이자 및 할인액	○
배당소득	내국법인으로부터 받은 이익이나 잉여금의 배당액	○
사업소득	일반적인 소득	×
	부가가치세 면세대상인 의료보건용역, 일정한 인적용역	○
	음식 · 숙박업, 이용원, 안마시술소, 유흥주점 등의 봉사료 소득	○
근로소득	근로계약에 의하여 근로를 제공하고 받는 대가	○
연금소득	연금으로 지급받는 소득	○
기타소득	일시적 · 우발적으로 발생한 소득으로 소득세법에서 과세소득으로 열거된 소득	○
퇴직소득	퇴직으로 인하여 지급받는 소득	○
양도소득	부동산 또는 부동산상의 권리, 주식 등의 양도로 인하여 발생하는 소득	×

(2) 사업소득의 원천징수 대상 소득

법인이 아닌 개인이 독립된 자격으로 다음과 같은 용역을 제공하고 법인이나 사업자로부터 대가를 받는 경우 원천징수의 대상이 된다.

1) 의료보건용역 및 인적용역에 대한 원천징수

국내에서 거주자 또는 비거주자에게 원천징수대상 사업소득(부가가치세 면세대상인 일정용역소득)을 지급하는 자는 지급금액의 3%를 원천징수하여 징수일의 속하는 달의 다음 달 10일까지 납부하여야 한다. 그 대상 소득은 다음과 같다.

① 의료보건용역(수의사의 용역 포함)

② 저술가 · 작곡가 등 일정한 자가 직업상 제공하는 인적용역(접대부 · 댄서와 기타 이와 유사한 용역은 제외)

2) 봉사료에 대한 원천징수

부가가치세 면세대상인 접대부 · 댄서와 이와 유사한 용역을 제공하는 자에게 지급하는 일정한 봉사료에 대해서는 봉사료 지급금액의 5%를 원천징수한다.

'일정한 봉사료' 요건은 다음과 같다.

① 사업자가 음식 · 숙박, 안마시술소 · 이용원 · 스포츠마사지업소 그 외 유사한 장소 또는 개별소비세 과세유흥장소(유흥주점 등)에서 용역을 제공하고 그 공급가액과 봉사료를 세금계산서(또는 영수증, 계산서, 신용카드매출전표 등)에 구분하여 기재할 것

② 구분하여 기재한 봉사료금액이 공급가액의 20%를 초과할 것

③ 사업자가 봉사료를 자기의 수입금액으로 계상하지 않을 것

(3) 기타사항

1) 납세조합징수

농 · 축 · 수산물 판매업자 등 일정한 사업자는 납세조합을 조직할 수 있는데 이 경우 조합은 조합원의 사업소득에 대한 소득세에서 납세조합공제(소득세의 5%)를 매월 징수하여 징수일이 속하는 달의 다음 달 10일까지 납부하여야 한다.

2) 보험모집인 · 방문판매원(간편장부대상자에 한정) 등의 연말정산

간편장부대상자인 보험모집인 · 방문판매원 · 음료품배달원에게 모집수당 또는 판매수당 등의 사업소득을 지급하는 원천징수의무자는 해당 소득자가 직접 소득세를 신고하는 대신 연말정산을 선택하는 경우 사업소득세의 연말정산을 하여야 한다.

연말정산의 시기는 해당 과세기간의 다음 연도 2월분의 사업소득을 지급할 때 이루어진다. 이것은 해당 사업소득만 있다고 가정할 때 소득세의 결정세액을 계산한 후 기납부세액(원천징수세액)을 정산하는 과정이다. 이처럼 연말정산된 사업소득 외의 다른 소득이 없는 경우 해당 소득자는 해당 과세기간에 대한 과세표준확정신고를 하지 않아도 된다.

3. 원천징수의 신고 및 납부

(1) 원천징수 시기

원천징수의무자(지급자)는 소득금액 또는 수입금액을 지급하는 때에는 소득세와 지방소득세를 함께 원천징수하고, 납세의무자(돈을 받는 사람)에게 '원천징수영수증'을 교부하여야 한다.

(2) 신고 및 납부

원천징수한 세금은 다음 달 10일까지 은행 · 우체국 등의 가까운 금융기관에 납부하고, 원천징수이행상황신고서는 세무서에 제출하여야 한다. 원천징수의무자는 원천징수할 때 작성한 지급명세서(원천징수영수증)를 보관하였다가, 다음 해 2월 말까지 세무서에 제출해야 하며, 근로소득을 지급할 때는 다음 해 2월분 급여지급 시 연말정산을 하여야 한다.

(3) 반기별 납부

소규모사업자의 납세 편의를 제공하고자 원천징수 대상소득 및 시기는 동일하나 원천징수이행상황신고 및 납부횟수를 반기별 1회로 줄인 제도이다. 반기별 납부대상자는 직전 연도 상시 고용인원이 10인 이하인 사업자(금융보험업 제외)로서 세무서장의 승인 또는 지정을 받은 자이다. 신청기간은 다음과 같다.

① 상반기부터 반기별 납부를 하고자 하는 경우 : 12. 1. ~ 12. 31.

② 하반기부터 반기별 납부를 하고자 하는 경우 : 6. 1. ~ 6. 30.

③ 반기별 납부 방법 : 상반기 원천징수한 세액은 7월 10일까지, 하반기에 원천징수한 세액은 다음 해 1월 10일까지 납부하여야 하며, 원천징수이행상황신고서도 반기별로 제출하여야 한다.

(4) 지급명세서 제출

이자 · 배당 · 사업 · 근로 · 기타 · 퇴직소득에 대한 원천징수 후 그 소득자에게 원천징수영수증을 교부하며, 원천징수영수증 또는 지급명세서는 이자 등의 지급일이 속하는 연도의 다음연도 2월 말까지 관할 세무서에 제출하여야 한다. 사업자는 일용근로자에게 지급하는 급여내역을 분기별로 관할 세무서에 제출하여야 한다.

05 기타소득의 원천징수

1. 기타소득의 원천징수

(1) 기타소득의 범위

기타소득이란 일시적 · 우발적인 소득으로서 이자소득 · 배당소득 · 사업소득 · 근로소득 · 연금소득 · 퇴직소득 · 양도소득 이외의 소득으로 다음의 소득을 말한다.

① 상금, 현상금, 포상금 또는 이에 준하는 금품
② 복권 등에 의한 당첨금품
③ 한국마사회법에 따른 승마투표권, 경륜 · 경정법에 따른 승자투표권, 전통소싸움경기에 관한 법률에 따른 소싸움경기투표권 및 국민체육진흥법에 따른 체육진흥투표권의 구매자가 받는 환급금(발생 원인 행위의 적법 · 불법 여부는 고려하지 않음)
④ 저작자 또는 실연자 · 음반제작자 · 방송사업자 외의 자가 저작권 또는 저작인접권의 양도 또는 사용의 대가로 받는 금품
⑤ 광업권 · 어업권 · 산업재산권 · 산업정보, 산업상 비밀, 상표권, 영업권(점포임차권 포함), 토사석의 채취허가에 따른 권리, 지하수의 개발 · 이용권, 그밖에 이와 유사한 자산이나 권리를 양도하거나 대여하고 그 대가로 받는 금품
⑥ 물품 또는 장소를 일시적으로 대여하고 사용료로서 받는 금품(통신판매중개업자를 통해 대여하여 발생하는 연 수입금액 500만원 이하의 사용료도 포함)
⑦ 공익사업과 관련된 지역권 · 지상권(지하 · 공중에 설정된 권리를 포함)을 설정하거나 대여하고 받는 금품
⑧ 재산권에 대한 계약의 위약 또는 해약으로 인하여 받는 위약금, 배상금, 그리고 부당이득 반환 시 지급받은 이자
⑨ 사무처리 또는 역무의 제공 등과 관련하여 사례의 뜻으로 상대방으로부터 지급받는 금품(사례금)
⑩ 서화 · 골동품의 양도로 발생하는 소득(점당 양도가액이 6,000만원 이상인 것에 한하며, 양도일 현재 생존해 있는 국내 원작자의 작품은 제외하며 골동품은 제작 후 100년 초과되어야 함)
⑪ 문예 · 학술 · 미술 · 음악 또는 사진에 속하는 창작품에 대한 원작자로서 받는 소득으로서 원고료, 저작권사용료인 인세, 미술 · 음악 또는 사진에 속하는 창작품에 대하여 받는 대가(문예창작소득)
⑫ 고용관계 없이 다수인에게 강연을 하고 강연료 등 대가를 받는 용역
⑬ 뇌물, 알선수재 및 배임수재에 의하여 받는 금품
⑭ 종교 관련 종사자가 종교 관련 활동과 관련하여 종교단체로부터 받는 소득(2018. 1. 1. 이후 발생한 분에 대하여 과세하고 있음)
⑮ 가상자산을 양도 · 대여함으로써 발생하는 소득(2027.1.1. 이후 분부터 적용)

소득별 특징

- 사업소득 : 계속성 · 반복성 · 독립성
- 근로소득 : 계속성 · 반복성 · 종속성
- 기타소득 : 일시성 · 우발성 · 독립성

(2) 비과세

다음에 열거하는 기타소득에 대해서는 소득세를 비과세한다.

① 「국가유공자 등 예우 및 지원에 관한 법률」에 따라 받는 보훈급여금 · 학습보조비 및 「북한이탈주민의 보호 및 정착지원에 관한 법률」에 따라 받는 정착금 · 보로금
② 국가보안법에 의하여 받는 상금과 보로금
③ 상훈법에 따른 훈장과 관련하여 받는 부상, 그밖에 국가나 지방자치단체로부터 받는 상금과 부상
④ 종업원 등(종업원, 법인의 임원 · 공무원을 말함) 또는 대학의 교직원이 퇴직한 후에 지급받는 직무발명보상금으로서 연 700만원*1 이하의 금액
⑤ 「국군포로의 송환 및 대우 등에 관한 법률」에 따라 국군포로가 받는 정착금과 그 밖의 금품
⑥ 문화재보호법에 따라 국가지정문화재로 지정된 서화 · 골동품의 양도소득
⑦ 서화 · 골동품을 박물관 · 미술관에 양도함으로써 발생하는 소득
⑧ 공무원제안 규정에 따라 채택제안으로 선발되어 받는 부상
⑨ 국가 또는 지방자치단체로부터 받는 상금과 부상*2

*1 해당 과세기간에 근로소득으로 비과세되는 금액이 있는 경우에는 700만원에서 해당 금액을 차감한 금액으로 함
*2 공무원이 공무수행과 관련하여 국가 또는 지방자치단체로부터 받는 상금과 부상은 근로소득에 해당하며 연간 240만원 이하의 금액은 비과세됨

(3) 기타소득금액의 계산구조

기타소득금액은 총수입금액에서 필요경비를 차감하여 계산하는데, 기타소득을 얻기 위하여 실제 지출한 것으로 확인되는 비용의 합계액을 필요경비로 인정한다.

(4) 기타소득의 과세방법

1) 소득의 지급자(원천징수)

국내에서 거주자 또는 비거주자에게 기타소득을 지급하는 자는 다음의 세액을 원천징수하여 그 징수일이 속하는 달의 다음 달 10일까지 납부해야 한다.

구 분	원천징수세액
일반적인 기타소득(종교인소득 제외)	기타소득금액 × 20%
복권당첨소득	기타소득금액 × 20% (3억원 초과분은 30%)
연금계좌에서 연금외 수령한 자기불입분 및 운용수익	기타소득금액 × 15%
① 뇌물, 알선수재 · 배임수재에 의해 받는 금품 ② 계약의 위약 · 해약으로 인한 위약금 · 배상금 중 계약금이 위약금 · 배상금으로 대체되는 경우	원천징수하지 않음

2) 소득의 귀속자

기타소득의 귀속자는 다음의 구분에 따라 분리과세, 종합과세 또는 조건에 따라 분리과세 및 종합과세 여부를 결정한다.

구 분	대상소득
무조건 분리과세 대상	• 연금계좌에서 연금외 수령한 자기불입분 및 운용수익 • 서화 · 골동품의 양도로 발생하는 기타소득 • 복권당첨소득 • 승마투표권 및 승자투표권의 구매자가 받는 환급금 • 슬롯머신 등을 이용하는 행위에 참가하여 받는 당첨금품 등
무조건 종합과세 대상 (유형1)	• 뇌물, 알선수재 및 배임수재에 의하여 받는 금품 → 무조건 종합과세하지만 300만원 초과 여부 판단시에는 제외함
무조건 종합과세 대상 (유형2)	• 비과세대상 · 무조건 분리과세대상 · 무조건종합과세대상(유형1)외의 기타소득으로서 원천징수되지 않은 기타소득(단, 계약금이 위약금 · 배상금으로 대체되는 경우를 제외함)(예 : 종교인소득을 지급한 종교단체에서 원천징수 및 연말정산을 행하지 않은 경우의 종교인소득
조건부 과세 대상	• 비과세대상 · 무조건 분리과세대상 · 무조건종합과세대상(유형1)외의 기타소득으로서 원천징수된 기타소득(계약금이 위약금 · 배상금으로 대체되어 원천징수되지 아니하는 경우를 포함함)

3) 원천징수할 세액의 계산

기타소득금액 = 총수입금액 − 필요경비

납부할 원천징수세액 = 기타소득금액 × 원천징수 세율 (20%)

기타소득을 얻기 위하여 실제 지출한 것으로 확인되는 비용의 합계액을 필요경비로 하나, 일정한 경우에 해당하면 실제 필요경비가 확인되지 아니할 때에도 60% ~ 80%의 필요경비를 인정받을 수 있다. 이는 다음과 같다.

<table>
<tr><th>구 분</th><th>필요경비</th></tr>
<tr><td>• 승마투표권 등의 구매자가 받는 환급금</td><td>구매자가 구입한 투표권 중 적중된 투표권의 단위투표금액만을 필요경비로 함</td></tr>
<tr><td>• 슬롯머신 등을 이용하는 행위에 참의 경우</td><td>당첨 당시에 슬롯머신 등에 투입한 금액만을 필요경비로 함</td></tr>
<tr><td>• 공익법인의 설립 · 운영에 관한 법률의 적용을 받는 공익법인이 주무관청의 승인을 얻어 시상하는 상금과 부상
• 위약금과 배상금 중 주택입주지체상금</td><td>Max[수입금액 × 80%, 실제 필요경비]</td></tr>
<tr><td>• 광업권, 어업권, 산업재산권, 상표권, 영업권 등의 양도 또는 대여하고 대가로 받는 금품
• 통신판매중개업자를 통해 대여하여 발생하는 연 수입금액 500만원 이하의 사용료
• 공익사업과 관련된 지역권, 지상권 등의 설정 · 대여 소득
• 일시적인 문예창작소득
• 일시적인 인적용역 제공대가</td><td>Max[수입금액 × 60%, 실제 필요경비]</td></tr>
<tr><td>• 서화 · 골동품의 양도로 발생하는 소득</td><td>Max[수입금액 × 필요경비율*, 실제 필요경비]
* 필요경비율
<table>
<tr><th>양도가액</th><th>필요경비율</th></tr>
<tr><td>1억원 이하</td><td>90%</td></tr>
<tr><td>1억원 초과</td><td>1억원 까지: 90%
1억원 초과분:80%</td></tr>
</table>
- 보유기간 10년 이상인 경우는 90%
- 거주자가 받은 금액의 90%(또는 80%)에 상당하는 금액을 필요경비로 함</td></tr>
</table>

생활속의 세금

김갑수 씨는 공장을 지방으로 이전하기 위해 현재의 공장을 팔려고 매매계약을 체결한 후 계약금 5,000만원까지 받았으나, 이전하려고 하는 공장부지 취득에 문제가 있어 부득이 매매계약을 해지하고 계약금 외에 위약금으로 5,000만원을 추가로 지급한 적이 있다. 이와 같이 위약금을 지급하는 경우에도 원천징수를 해야 하나?

기타소득은 일반 국민들에게는 자주 발생하는 소득이 아니므로 대부분의 사람들은 기타소득에 대하여 잘 모르고 있으나, 국내에서 개인에게 기타소득을 지급하는 경우에도 소득세를 원천징수하여야 한다. 원천징수세액은 지급금액에서 필요경비를 뺀 금액에 원천징수세율(20%)을 곱하여 계산한다. 이때에는 소득세의 약 10%인 개인지방소득세도 함께 원천징수하여야 한다. 위의 사례에서 김갑수 씨의 경우는 소득세 1,000만원(위약금은 필요경비가 인정되지 않으므로 5,000만원 전액에 대해 원천징수 세율을 적용함)과 개인 지방소득세 100만원을 원천징수하여야 한다(위약금, 배당금 중 주택 입주 지체상금만 지급금액의 80%가 필요경비로 인정됨). 원천징수 대상이 되는 기타소득을 지급하고도 원천징수를 하지 아니하면 지급하는 자가 세금을 물어야 한다. 따라서, 기타소득을 지급할 때는 원천징수 대상인지를 반드시 확인해 보아야 한다.

[국세청, 세금절약가이드 Ⅰ]

TOPIC 기타소득 관련 Tip

대학교수인 김슬기 씨는 종종 수업이 없는 시간을 이용하여 기업체나 각종 단체의 요청을 받아 강연하고 있다. 지금까지는 강사료를 받을 때 세금을 공제하고 받았기 때문에 세금에 대하여 더는 신경을 쓰지 않았는데, 주위의 동료 교수로부터 5월에 소득세를 신고하면 세금을 돌려받을 수도 있다는 말을 듣고는 앞으로 세금에 대해서 신경을 쓰려고 한다. 소득세 확정신고를 하면 김슬기 씨도 세금을 돌려받을 수 있을까?

기타소득에 대한 과세방법

고용관계가 없는 자가 다수인에게 강연을 하고 받는 강사료는 일시적인 인적용역을 제공하고 받은 대가이므로 기타소득에 해당한다. 기타소득은 다른 소득과 합산하여 과세하는 것이 원칙이다. 하지만, 기타소득금액의 연간합계액이 300만원 이하인 경우에는, 납세자가 원천징수에 의하여 납세의무가 종결되는 분리과세를 택하든지, 다른 소득과 합하여 종합과세를 적용하던지 선택을 할 수 있다. (단, 기타소득금액이 300만원을 초과하는 경우에는 선택의 여지가 없이 종합과세됨)

기타소득금액(300만원) = 750만원 − (750만원 × 60%)

여기서 기타소득금액이 300만원이라 하면, 강연료의 경우 60%를 필요경비로 공제한 금액이므로 실제 수령한 강연료는 750만원이다(다만, 실제 소요된 필요경비가 60% 초과할 경우 실제 소요경비). 문제는 분리과세가 유리한지 아니면 종합과세가 유리한지를 따져 보아야 하는데, 원천징수 세율은 20%이고 종합소득세율은 최저 6%에서 최고 45%까지 있으므로 자신의 다른 소득금액이 얼마나 되느냐에 따라 달라질 것이다. 기타소득과 근로소득만이 있는 경우, 기타소득금액의 합계액과 연말정산한 근로소득원천징수영수증 상의 과세표준을 합한 금액 (종합소득과세표준)이 5,000만원 이하인 경우에는 종합과세를 적용받으면 세액의 일부를 환급받을 수 있다. 왜냐하면 종합소득과세표준이 1,400만원 이하면 6%, 5,000만원 이하면 15%의 세율이 적용되나 원천징수를 할 때는 20%의 세율을 적용하기 때문이다. 종합소득과세표준이 5,000만원을 초과하면 24%의 세율이 적용되므로 분리과세를 받는 것이 유리하다. 기타소득과 근로소득 외에 부동산임대소득이 있는 때에는 기타소득금액 및 부동산임대소득금액의 합계액과 근로소득원천징수 영수증상의 과세표준을 합한 금액이 5,000만원을 초과하는지 여부를 보고 판단하면 된다. 분리과세를 적용받을 경우에는 강사료 등을 받을 때 소득세를 원천징수 했으므로 별다른 조치가 필요 없으며, 종합과세를 적용받고자 할 경우에는 다음 해 5월에 종합소득세 확정신고를 하면 된다.

[국세청, 세금절약가이드 I]

[OX Quiz] 10. 사업자와 세금 Part I: 개인사업자의 소득

01 사업소득이란 개인이 영리를 목적으로 본인 책임하에 계속적, 반복적으로 하는 사업에서 발생하는 소득으로 1년간 총수입금액을 사업소득금액으로 한다.

(정답 X) 사업소득금액은 1년간 총수입금액에서 원가 등 필요경비를 공제한 금액을 의미하며, (사업소득금액 = 연간 총수입금액 – 필요경비)의 산식으로 계산할 수 있다.

02 농가부업규모의 축산에서 발생하는 소득이나 연 2,000만원 이하의 민박, 특산물제조, 전통차 제조 등에서 발생하는 사업소득은 비과세 한다.

(정답 O)

03 사업소득금액 계산 시 사업자 본인에 대한 급여 및 가사관련경비는 필요경비로 인정된다.

(정답 X) 각 연도에 지출한 경비 중 직접 그 업무에 관련이 없다고 인정되는 금액은 필요경비불산입한다.

04 의료보건용역 및 인적 용역과 접대부, 댄서 등의 용역을 제공하는 자에게 지급하는 일정한 봉사료에 대해서는 봉사료 지급금액의 3%를 원천징수한다.

(정답 X) 접대부, 댄서 등의 용역을 제공하는 자에게 지급하는 일정한 봉사료에 대해서는 봉사료 5%를 원천징수한다.

05 저술가 · 작곡가 등 일정한 자가 직업상 제공하는 인적용역에 대해서는 지급금액의 5%를 원천징수한다.

(정답 X) 저술가 · 작곡가 등 일정한 자가 직업상 제공하는 인적용역에 대해서는 지급금액의 3%를 원천징수한다.

06 '간편장부'란 소규모 사업자를 위하여 국세청에서 특별히 고안한 장부로, 사업자 누구나 사용할 수 있다.

(정답 X) 당해연도에 새로 사업을 시작하였거나 직전연도 수입금액이 일정 금액 미만에 해당하는 사업자만이 사용할 수 있으며, 전문직사업자는 수입금액에 상관없이 복식부기 의무자다.

07 기타소득은 기타소득을 얻기 위하여 실제 지출한 것으로 확인되는 비용의 합계액을 필요경비로 하나, 일정한 경우에 해당되면 실제 필요경비가 확인되지 않은 경우에도 80%를 필요경비로 인정한다.

(정답 O)

08 상품 등의 시용판매의 사업소득 수입 시기는 그 상품 등을 인도한 날로 한다.

(정답 X) 상품 등의 시용판매의 수입 시기는 상대방이 구입의 의사를 표시한 날이 수입 시기가 된다.

09 각종 복권의 당첨소득, 승마투표권 · 승자투표권의 환급금, 슬롯머신 등의 당첨금품 및 체육진흥투표권의 환급금은 종합소득에 합산하지 않고 분리과세하나 그 밖의 기타소득은 종합소득에 합산하여 과세된다.

(정답 X) 선택적 분리과세가 가능한 기타소득금액의 합계가 연 300만원 이하로서 납세의무자가 분리과세를 선택한 경우에 분리과세를 적용받을 수 있다.

10 기타소득을 지급하는 자는 반드시 기타소득금액의 20%를 원천징수하여야 한다.

(정답 X) 원천징수되지 않는 기타소득도 있으며, 5%나 15%의 원천징수세율이 적용되는 기타소득도 있다.

제 11 장

사업자와 세금

Part II: 법인사업자의 소득

CONTENTS

법률적인 정의에 따르면 인격은 '권리능력이 있고, 법률상 독자적 가치가 인정되는 자격'을 말한다. 민법에 따른 인격체는 자연인과 법인 두 가지이며, 자연인은 출생과 동시에 자연적으로 인격을 취득하고, 법인은 법률에 따라 인격을 취득한다는 차이가 있다. 우리 주변을 보면 자연인으로 분류되는 개인이 직접 창업하여 경영활동을 하다가 사업 규모가 커지고 매출이 증가하면서 법인전환을 시도하는 경우를 흔히 볼 수 있다. 이는 법인설립을 통해 법인격을 부여받는 방법으로 법인사업자로서의 장점을 누릴 수 있기 때문이다.

우선, 개인은 수명이 유한하므로 사망과 동시에 거래의 단절이 생길 수 있지만, 법인사업자의 경우에는 해산하지 않는 한 지속할 수 있으므로 법률관계의 단절이 없다. 또한, 법인사업자의 경우 법률관계의 진행 및 처리가 단순해진다. 이는 자연인들과의 거래 시에는 여러 사람으로 구성되는 단체와의 거래로 진행되지만, 법인과의 거래 시에는 한 인격체와 거래를 하는 것이기 때문이다. 그리고 법인 또는 주식회사는 불특정다수의 투자자로부터 각각의 소액자금을 모아 대규모 경제활동을 진행할 수 있으며 투자자들이 투자한 범위 내에서만 각자 책임을 지므로 개인이 사업할 때보다 위험이 감소하여 대규모 자금유치가 쉽다는 장점이 있다. 마지막으로 개인사업자가 법인으로 사업체를 전향하는 가장 큰 이유는 '절세'에 있다고 할 수 있다. 현재 개인의 종합소득세는 최저 6%에서 최고 45%의 세율이 적용되지만, 법인은 이보다 상대적으로 낮은 9%에서 24%의 세율이 적용되므로 단순 세율만 비교해봤을 때에도 큰 장점이 있다. 물론 정확한 세금계산은 사업자인 개인이 법인에 근무하면서 받게 되는 근로소득과 주주로서 받게 되는 배당소득에 대한 각각의 세금을 계산해야 정확한 세금 비교가 될 것이다. 일반적으로는 사업의 규모가 커지면 법인의 형태로 사업체를 운영하는 것이 여러 가지 장점이 있다고 알려져 있다.

01 | 법인세의 기본 개념

1. 법인세의 의의 및 특징

법인이라 불리는 회사는 법에 의해 인격이 부여된 눈에 보이지 않는 경제활동을 하는 경제주체이다. 경제주체로서 대부분의 법인은 경제활동을 통한 영리추구에 그 목적이 있으므로 영리법인이라 불린다. 법인의 경제활동으로 축적한 모든 종류의 경제적 이익을 법인소득이라고 하며, 법인세(법인소득세)는 이러한 소득을 법인세법에 근거하여 과세한 세금이라 할 수 있다.

원래 법인소득에 대한 세금을 정확히 계산하려면 법인이 설립되어 경제활동을 하다가 해산하여 소멸할 때까지의 총수입금액을 합산해야 하겠지만, 현실적으로 법인의 소멸 시점까지 세금납부를 이연시키는 것은 불가능한 일이다. 이에 법인세법에서는 1년을 기본 과세단위로 하여 법인의 세금을 계산하며, 1년 단위의 과세기간을 '사업연도'라고 부른다. 법인세는 법인의 소득에 대하여 그 법인에게 부과하는 조세로 국세이자 직접세이면서 보통세에 해당한다. 납세의무자인 법인은 사업연도 종료일이 속하는 달의 말일부터 3개월 이내에 스스로 세액을 계산하여 본점 소재지 관할세무서에 스스로 신고 · 납부한다. 국내에 본점 소재지가 있으면 내국법인, 국외에 본점 소재지가 있으면 외국법인으로 구분되며, 내국법인의 경우 국내 · 외에서 발생하는 모든 소득에 대해 법인세 납세의무가 있고, 외국법인의 경우에는 국내에서 발생한 소득에 대해서만 법인세 납세의무가 있다. 우리나라 법인세의 일반적인 특징을 요약하면 다음과 같다.

① 과세권이 국가에 있는 국세
② 납세자와 담세자가 동일한 직접세
③ 법인의 소득을 과세대상으로 하는 법인소득세
④ 4단계 초과누진세율 구조로 되어 있는 누진세

2. 법인세의 과세대상 소득

여기서 법인의 소득은 ① 각 사업연도 소득, ② 청산소득, ③ 토지 등 양도소득, ④ 미환류소득의 4가지 종류가 있다.

(1) 각 사업연도 소득

법인은 경제활동을 하면서 비용을 지출하고 수익을 창출하는데, 이러한 경제활동의 결과 얻어진 결과물이 이익이다. 이러한 이익을 1년마다 측정하여 법인세를 과세하도록 하고 있으며 매 1년의 기간을 각 사업연도라 한다. '각 사업연도 소득'이란 계속적인 기업활동을 통하여 법인이 얻은 각 사업연도 익금총액에서 법인이 사용한 손금총액을 공제한 소득으로 기업회계상 당기순이익에 대응되는 세무상 당기순이익을 의미한다.[1)]

사실 회계학에서의 수익과 비용의 범위와 세법상 익금과 손금의 범위는 서로 차이가 있으므로 각 사업연도의 소득을 구하는 방법에는 두 가지가 있다. 첫 번째는 법인세법에서 정의하는 익금총액에서 손금총액을 공제하는 방법이고, 두 번째는 회계학상의 수익과 비용에 대해 세무조정과정을 거쳐 세법상 익금과 손금으로 수정하여 각 사업연도 소득을 산출하는 방법이다. 첫 번째 방법은 사실상 세무상 장부를 따로 작성해야 하는 방법이므로 비용과 효익 관점에서 실무적으로 거의 불가능하다고 할 수 있다. 일반적으로 각 사업연도 소득은 장부에 기록된 회계상 이익을 기초금액으로 하여 세무조정과정을 통해 두 번째 방법으로 구한다.

회계학	세무조정	법인세
수익	→	익금
(−) 비용	→	(−) 손금
이익	→	각 사업연도 소득

(2) 청산소득

'청산소득'이란 법인이 해산(합병 · 분할에 의한 해산은 제외)으로 인하여 소멸할 때 발생하는 것으로 단 1회 발생하는 소득이다. 법인 자산의 실제 처분가액에서 부채를 상환하고 남은 부분을 잔여재산이라고 하는데, 청산소득금액은 해산하는 법인의 잔여 재산가액에서 주주 등이 출자한 투자원금에 해당하는 세무상 자기자본총액을 공제한 금액을 의미한다. 다시 말해, 청산소득금액은 법인이 해산하는 시점에서 법인의 실질 가치가 세무상 가치를 초과하는 금액을 일컫는다. 이러한 청산소득을 규정하는 이유는 법인의 각 사업연도 소득에 대해 과세기간 동안 완전한 과세가 이루어지지 않았을 가능성이 존재하기 때문이다. 이에 청산소득은 주로 자산가치의 상승분이나 과세누락액 등으로 구성된다. 청산소득에 대한 과세로 인해 법인소득에 대한 법인세가 최종적으로 종결되며, 잔여재산가액 확정일이 속하는 달의 말일부터 3개월 이내에 청산소득에 대한 신고 · 납부를 완료해야 한다.

1) 익금은 기업 회계상 수익, 손금은 기업 회계상 비용에 대응되는 개념임

(3) 토지 등 양도소득

'토지 등 양도소득'이란 법인이 토지 등(주택, 별장과 비사업용 토지를 말함)을 양도함으로써 발생한 소득을 말한다. 구체적으로, 주택과 별장에 대한 세율은 20%, 비사업용토지는 10%, 조합원입주권과 분양권에 대한 세율은 20%를 적용하며, 미등기 부동산의 경우는 40%의 높은 세율을 적용하여 과세한다. 토지 등 양도소득은 법인의 부동산투기를 방지하기 위하여 각 사업연도 소득에 대한 법인세에 가산하여 과세하고 있다.

(4) 미환류소득

'미환류소득'이란 자기자본이 500억원을 초과하는 법인(중소기업 제외)이나 상호출자제한 기업집단에 속하는 법인이 소득의 일정액 중 투자, 임금증가 등으로 환류하지 않은 소득을 말한다. 미환류소득은 법인의 소득이 가계소득으로 흘러 들어가는 선순환 구조 정착을 위하여 각 사업연도 소득에 대한 법인세에 추가하여 과세하는 소득이며, 미환류소득에 20%의 단일세율을 곱한 금액을 법인세로 과세하고 있다.

3. 법인세의 납세의무자

법인세의 납세의무자는 법인이며, 다음과 같은 구분기준에 따라 '내국법인'과 '외국법인' 그리고 '영리법인'과 '비영리법인'으로 분류한다. 또한, 국세기본법에 따른 법인으로 보는 단체도 '비영리내국법인'으로 의제가 되어 법인세의 납세의무를 진다.

(1) 내국법인과 외국법인

법인은 그 본점 · 주사무소 또는 사업의 실질적 관리장소의 소재지에 따라 내국법인과 외국법인으로 구분한다. '내국법인'이란 국내에 본점 · 주사무소 또는 사업의 실질적 관리장소를 둔 법인을 말하며, '외국법인'이란 외국에 본점 · 주사무소 또는 사업의 실질적 관리장소를 둔 법인을 말한다. 여기서 '본점'이란 영리법인의 영업상 본거지를 말하며, '주사무소'는 비영리법인의 영업상 본거지를 말한다. 또한, '사업의 실질적 관리장소'란 법인이 사업을 수행할 때 중요한 관리 또는 상업적 의사결정이 실질적으로 이루어지는 장소를 의미한다.

(2) 영리법인과 비영리법인

법인은 그 설립목적에 따라 '영리법인'과 '비영리법인'으로 구분된다. 이 경우 영리법인과 비영리법인을 구분하는 기준은 단순히 이윤을 추구하는지에 따라 판정하는 것이 아니라 법인이 획득한 이윤을 구성원에게 분배할 것인지에 따라 판정한다. 영리법인이란 영리를 목적으로 설립된 법인으로 상법상의 주식회사, 유한회사, 합자회사, 합명회사 등을 말한다. 비영리법인이란 학술 · 종교 · 자선, 기예, 사교 기타 영리가 아닌 사업을 목적으로 하는 사단 또는 재단으로서, 민법 제32조에 따라 설립된 법인, 사립학교법이나 그 밖에 특별법에 따라 설립된 법인으로서 이와 유사한 목적을 가진 법인 및 국세기본법에 따른 법인으로 보는 법인 아닌 단체 등이 이에 해당한다.

4. 법인의 종류별 납세의무

영리법인은 해당 법인에 귀속되는 모든 소득에 대하여 각 사업연도 소득에 대한 법인세 납세의무를 지지만, 비영리법인은 법인세법에서 규정하는 수익사업에서 발생하는 소득에 대해서만 각 사업연도 소득에 대한 납세의무를 진다.

내국법인 중 국가 및 지방자치단체(지방자치단체조합 포함)에 대해서는 법인세를 부과하지 않는다. 그러나 외국정부나 지방자치단체는 비영리외국법인으로서 우리나라에 법인세 납세의무를 진다. 이를 정리하면 다음과 같다.

법인의 종류별 납세의무의 범위

법인의 종류		각 사업연도의 소득	청산소득	토지 등 양도소득	미환류소득
내국법인	영리법인	국내외 모든 소득	과 세	과 세	과 세
	비영리법인	국내외 수익사업소득	비과세	과 세	비과세
외국법인	영리법인	국내원천 모든 소득	비과세	과 세	비과세
	비영리법인	국내원천 수익사업소득	비과세	과 세	비과세
비과세법인(국가 · 지방자치단체)		비과세(단, 외국의 정부, 지방자치단체는 비영리외국법인으로 의제하여 과세)			

02 사업연도와 납세지

1. 사업연도

(1) 의 의

법인의 소득은 기업회계의 계속기업의 가정에 따라 계속해서 발생하지만, 과세를 위해서는 이를 일정한 기간 단위로 파악해야 하는데 이렇게 법인의 과세소득을 구분하는 일정 기간을 '사업연도'라고 한다.

(2) 법인세법의 규정

1) 기본원칙

법인의 사업연도는 법령 또는 법인의 정관 등에서 정하는 1회계기간으로 한다. 다만, 그 기간은 1년을 초과하지 못한다. 이는 법인이 정관 등에 사업연도를 길게 지정함으로써 법인세 납부를 지연시키는 것을 방지하기 위해서다. 또한, 사업연도를 1년을 초과하지 않는 범위에서 임의로 정할 수 있게 하면, 일반적인 회계 기간과 일치시킬 수 있어서 과세소득 산정을 쉽게 할 수 있는 이점이 있다.

2) 사업연도의 신고

법령 또는 정관 등에 사업연도에 관한 규정이 없는 경우에는 법인이 따로 정하여 법인설립신고 또는 사업자등록과 함께 납세지 관할 세무서장에게 신고해야 한다. 만약, 법인이 신고하지 않으면 매년 1월 1일부터 12월 31일까지를 그 법인의 사업연도로 한다.

3) 신설법인의 최초 사업연도 개시일

내국법인의 경우 최초 사업연도 개시일은 설립등기일이다. 다만, 최초 사업연도의 개시일 전에 발생한 손익을 사실상 그 법인에 귀속시킨 것이 있는 경우 조세포탈의 우려가 없을 때는 최초 사업연도의 기간이 1년을 초과하지 않는 범위 내에서 이를 해당 법인의 최초 사업연도의 손익에 산입할 수 있다. 이 경우 최초 사업연도의 개시일은 그 손익이 최초로 발생한 날로 한다.

4) 사업연도의 변경

사업연도를 변경하려는 법인은 그 법인의 직전 사업연도 종료일부터 3개월 이내에 납세지 관할 세무서장에게 신고하여야 하며, 기한 내에 신고하지 않았으면 그 법인의 사업연도는 변경되지 않은 것으로 본다. 사업연도를 변경한 경우 종전 사업연도의 개시일로부터 변경한 사업연도 개시일의 전일까지를 1사업연도로 본다. 다만, 그 기간이 1개월 미만이면 해당 기간을 변경된 사업연도에 포함한다.

5) 사업연도의 의제

'사업연도의 의제'란 법인에게 해산, 합병, 분할 등 특수한 사유가 발생하는 경우 본래의 사업연도에도 불구하고 이외의 일정한 기간을 법인세법상 하나의 사업연도로 간주하는 것을 말한다. 이를 정리하면 다음과 같다.

type	구 분	의제사업연도
I	내국법인이 합병 · 분할에 따라 소멸하는 경우	사업연도 개시일 ~ 합병등기일 · 분할등기일
	사업연도 중에 설립무효 · 설립취소 판결을 받은 경우	사업연도 개시일 ~ 확정판결일
	내국법인이 사업연도 중에 연결납세방식을 적용받은 경우	사업연도 개시일 ~ 연결사업연도 개시일 전날
II	내국법인이 사업연도 중에 해산하는 경우 (합병 · 분할에 따른 해산, 조직변경은 제외)	사업연도 개시일 ~ 해산등기일 해산등기일 다음 날 ~ 사업연도 종료일
	청산 중에 있는 내국법인의 사업연도 • 잔여재산가액이 사업연도 중 확정된 경우 • 상법에 따라 사업을 계속하는 경우	 • 사업연도 개시일 ~ 잔여재산가액 확정일 • 사업연도 개시일 ~ 계속등기일 계속등기일 다음 날 ~ 사업연도 종료일
III	내국법인이 상법 기타 법령에 따라 사업연도 중에 조직변경을 한 경우	조직변경 전의 법인해산등기 또는 조직변경 후의 법인설립등기에 관계없이 조직변경 전의 사업연도가 계속되는 것으로 봄

2. 법인세의 납세지

'납세지'란 납세의무자가 신고 · 납부 등 세법에 의한 의무를 이행하고 과세권자가 부과징수를 행하는 기준이 되는 장소를 말한다. 원칙적인 법인세의 납세지는 다음과 같다. 한편, 원천징수한 법인세의 납세지는 해당 원천징수의무자의 소재지로 한다.

구 분	법인세의 납세지
① 내국법인	해당 법인의 등기부상 본점이나 주사무소의 소재지(국내에 본점 · 주사무소가 소재하지 않으면 사업의 실질적 관리장소의 소재지)
② 법인으로 보는 단체	• 주된 사업장의 소재지(주된 소득이 부동산 임대소득이면 주된 부동산의 소재지) • 사업장이 없는 경우 해당 단체의 정관 등에 기재된 주사무소의 소재지(정관 등에 주사무소에 관한 규정이 없는 경우 대표자 또는 관리인의 주소)
③ 외국법인	• 국내사업장의 소재지(국내사업장이 둘 이상이면 주된 사업장[*1]의 소재지) • 국내사업장이 없으나 부동산소득 또는 양도소득이 있는 경우에는 각각 그 자산의 소재지(둘 이상의 자산이 있는 경우 국내원천소득이 발생하는 장소 중 해당 외국법인이 납세지로 신고하는 장소)

*1 '주된 사업장'이란 사업수입금액이 가장 많은 사업장을 말하며, 이의 판정은 최초로 납세지를 정하는 경우에만 적용함

3. 납세지의 지정

관할 지방국세청장은 법인의 납세지가 적당하지 않다고 인정되는 경우 납세지를 지정할 수 있다. 납세지를 지정하는 경우에는 해당 법인의 사업연도 종료일부터 45일 이내에 이를 통보하여야 하며, 기한 내에 알리지 않으면 종전의 납세지를 그 법인의 납세지로 한다.

4. 납세지 변경신고

법인의 납세지가 변경된 경우 변경된 날로부터 15일 이내에 변경 후 납세지의 관할 세무서장에게 이를 신고하여야 하며(이때 납세지 변경 법인이 부가가치세법에 따라 납세지 변경을 신고한 경우에는 법인세법상 납세지 변경신고를 한 것으로 본다), 신고를 받은 세무서장은 그 내용을 변경 전 납세지의 관할 세무서장에게 통보하여야 한다.

03 각 사업연도 소득에 대한 법인세 계산구조

1. 각 사업연도 소득에 대한 법인세의 계산구조

구분	항목	비고
	결산서상 당기순손익	기업회계상 당기순손익
+	익금산입·손금불산입	소득금액조정합계표상의 세무조정 합계금액
−	손금산입·익금불산입	소득금액조정합계표상의 세무조정 합계금액
=	차가감소득금액	
+	기부금한도초과액	
=	각 사업연도 소득금액	
−	이월결손금	• 당해 사업연도 개시일 전 15년 이내에 발생한 세무상 결손금 • 각 사업연도 소득금액 중 80%까지 이월결손금 공제가능
−	비과세소득	
−	소득공제	
=	과세표준	
×	세율	2억원까지는 9%, 2억원 초과 200억원 이하분은 19%, 200억원 초과 3,000억원 이하분은 21%, 3000억원 초과분은 24%로 계산함
=	산출세액	토지 등 양도소득에 대한 법인세액과 미환류소득에 대한 법인세액이 있으면 가산
−	세액감면	
−	세액공제	
+	가산세	
+	감면분추가납부세액	
=	총부담세액	
−	기납부세액	중간예납세액 · 원천징수세액 · 수시부과세액
=	차감납부할세액	

* 각 사업연도 소득에 대한 법인세 계산구조는「법인세 과세표준 및 세액조정계산서」작성으로 구성

2. 세무조정

(1) 세무조정의 의의

법인의 각 사업연도의 소득은 익금 총액에서 손금 총액을 차감하여 계산한다(손금의 총액이 익금의 총액을 초과하는 경우에 그 초과한 금액은 '결손금'이라고 한다). 이는 기업 회계상 당기순이익을 수익에서 비용을 차감하여 도출하는 방식과 같다.

그러나 실제로는 익금 총액과 손금 총액을 별도로 산정하여 각 사업연도의 소득금액을 계산하는 것(법인세법에서 직접법이라 함)이 아니라, 법인의 결산서(손익계산서)상의 당기순이익을 출발점으로 하여 법인세법 규정과의 차이를 조정하여 각 사업연도의 소득금액을 계산한다(법인세법 시행규칙 별지서식에서 간접법이라 함). 이는 기업 회계상 수익 · 비용과 법인세법상 익금 · 손금이 상당 부분 일치하기 때문이다. 이처럼 결산서 상 당기순이익으로부터 수익 · 비용과 익금 · 손금의 차이를 조정하여 각 사업연도의 소득금액을 구하는 과정을 '세무조정'이라 한다.[2)]

결산서(회계장부)	세무조정		법인세법
수 익	(+)익금산입, (−)익금불산입	=	익 금
(-) 비 용	(+)손금산입, (−)손금불산입	=	(-) 손 금
당기순이익	(+)익금산입 및 손금불산입 (−)손금산입 및 익금불산입	=	각 사업연도 소득금액

(2) 세무조정의 유형

1) 가산조정

'가산조정'이란 결산서상 당기순이익보다 각 사업연도 소득금액을 증가시키는 세무조정을 의미하며, '익금산입'과 '손금불산입'의 2가지 종류로 구분된다.

① 익금산입 : 법인세법에서 익금으로 규정하는 항목을 결산서에 수익으로 계상하지 않은 경우에 수익에 가산함으로써 소득금액이 증가하는 세무조정
② 손금불산입 : 법인세법에서 손금으로 인정되지 않는 항목을 결산서에 비용으로 계상한 경우에 비용에서 차감함으로써 소득금액이 증가하는 세무조정

2) 위의 세무조정사항은 모두 「소득금액조정합계표」에 집계됨

2) 차감조정

'차감조정'이란 결산서상 당기순이익보다 각 사업연도 소득금액을 감소시키는 세무조정을 의미하며, '손금산입'과 '익금불산입'의 2가지 종류로 구분된다.

> ① 손금산입 : 법인세법에서 손금으로 규정하는 항목을 결산서에 비용으로 계상하지 않은 경우에 비용에 가산함으로써 소득금액이 감소하는 세무조정
> ② 익금불산입 : 법인세법에서 익금으로 인정되지 않는 항목을 결산서에 수익으로 계상한 경우에 수익에서 차감함으로써 소득금액이 감소하는 세무조정

3) 세무상 동일한 효과를 나타내는 익금산입과 손금불산입의 구별 또는 손금산입과 익금불산입의 구별은 그 실익이 없다. 중요한 것은 가산조정과 차감조정의 구별이다.

(3) 결산조정사항과 신고조정사항

'결산조정사항'이란 회사가 결산서 상에 수익 또는 비용으로 계상하는 형식에 의한 조정을 말하며, '신고조정사항'이란 회사가 결산서 상에 수익 · 비용으로 계상되지 않은 경우 세무조정계산서에 익금 · 손금에 산입하는 것을 말한다.

1) 결산조정사항

결산조정사항은 특정 손비 항목에 대해 법인이 결산서에 비용으로 계상한 때에만 손금으로 인정한다. 즉, 결산조정사항은 법인세법에 의해 손금산입이 강제되지 아니하며, 회사가 임의로 손금산입 여부를 결정할 수 있는 항목들이므로(이를 '임의계상항목'이라 함) 결산서에 비용으로 계상하지 않으면 신고조정에 의해 손금산입할 수 없다. 결산조정사항은 주로 현금지출 등이 수반되지 않고, 손금계상 여부가 법인 자신의 의사에 맡겨져 있는 선택사항들이며, 감가상각비, 대손충당금 등이 그 예이다. 구체적인 항목은 아래와 같다.

결산조정사항	비 고
① 감가상각비	국제회계기준 적용법인은 신고조정도 허용됨
② 퇴직급여충당금 · 대손충당금	퇴직부담금의 손금산입은 신고조정사항임
③ 일시상각충당금(또는 압축기장충당금)	신고조정도 허용됨
④ 법인세법상 준비금	고유목적사업준비금 · 비상위험준비금은 잉여금처분에 의한 신고조정도 허용됨
⑤ 조세특례제한법상 준비금	잉여금처분에 의한 신고조정도 허용됨

<table>
<tr><td>⑥ 대손금</td><td>소멸시효 완성 등 청구권이 소멸된 경우 신고조정사항임</td></tr>
<tr><td>⑦ 감가상각의 즉시 상각</td><td rowspan="3">해당 사유가 발생한 날이 속하는 사업연도에만 손금산입할 수 있는 결산조정사항임</td></tr>
<tr><td>⑧ 재고자산 · 고정자산 및 주식 등의 감액손실</td></tr>
<tr><td>⑨ 소액미술품의 취득가액 즉시 손금산입</td></tr>
</table>

만약 결산조정사항에 대해 손금산입을 허용한다면, 경영자는 비용을 적게 계상하여 당기순이익을 높게 보고함과 동시에 손금산입을 통해 각 사업연도 소득금액은 줄일 수 있게 되어 법인세를 낮출 수 있다. 경영자의 이러한 재량적인 이익보고 및 세금조정 행태를 방지하기 위해 법인세법은 비용 계상에 경영자의 재량권이 부여된 결산조정사항에 대해서는 손금산입을 할 수 없도록 하였다.

2) 신고조정사항

신고조정사항이란 회사가 결산서에 계상하지 않거나 과대 또는 과소 계상한 경우에 법인세법에 따라 반드시 세무조정계산서에 신고조정을 해야 하는 익금 항목과 손금 항목을 말한다. 즉, 신고조정사항은 결산서에 비용으로 계상한 경우에도 손금으로 인정하고, 결산서에 비용으로 계상하지 않은 경우에는 신고조정에 의해 강제로 손금산입하는 사항을 말한다. 결산조정사항 이외의 익금 · 손금 항목은 모두 신고조정사항이다.

<table>
<tr><th colspan="2">구 분</th><th>결산서상 처리</th><th>세무조정</th></tr>
<tr><td rowspan="2">익금항목</td><td rowspan="2">신고조정사항</td><td>수익 과소계상</td><td>익금산입</td></tr>
<tr><td>수익 과대계상</td><td>익금불산입</td></tr>
<tr><td rowspan="4">손금항목</td><td rowspan="2">신고조정사항</td><td>비용 과대계상</td><td>손금불산입</td></tr>
<tr><td>비용 과소계상</td><td>손금산입</td></tr>
<tr><td rowspan="2">결산조정사항</td><td>비용 과대계상</td><td>손금불산입</td></tr>
<tr><td>비용 과소계상</td><td>없 음</td></tr>
</table>

3. 익금과 익금불산입

(1) 익금의 범위

법인세법에서는 수익(익금)의 범위를 다음과 같이 규정하고 있다. 그러나 이것은 예시적인 열거사항에 불과하며 여기에 열거되지 않은 것이라도 순자산을 증가시키는 거래로 인하여 발생하는 수익의 금액이면 모두 익금에 해당할 수 있다. 다만, 자본 또는 출자의 납입 및 법에서 규정한 익금불산입 항목은 제외한다.

① 사업수입금액(매출액)
② 자산의 양도금액
③ 자기주식의 양도금액
④ 자산의 임대료 : 일시적으로 자산을 임대하고 받는 임대료
⑤ 자산수증이익과 채무면제이익
⑥ 손금에 산입한 금액 중 환입된 금액
⑦ 자산의 평가이익
⑧ 불공정 · 불균등 자본거래로 인하여 특수관계인으로부터 분여받은 이익
⑨ 임대보증금 등에 대한 간주익금
⑩ 특수관계인인 개인으로부터의 유가증권 저가매입에 따른 이익
⑪ 간접외국납부세액으로서 외국납부세액공제의 대상이 되는 금액
⑫ 의제배당
⑬ 동업기업으로부터 배분받은 소득금액
⑭ 보험업법에 따른 보험회사의 책임준비금 감소액으로서 보험감독회계기준에 따라 수익으로 계상된 금액
⑮ 기타 수익으로서 그 법인에 귀속되었거나 귀속될 금액(포괄주의 과세방식)

(2) 익금불산입의 범위

법인세법에서는 순자산을 증가시키는 거래임에도 불구하고 조세정책적인 목적 등에 의하여 다음의 항목들은 익금으로 보지 않는다.

구 분	익금불산입항목
자본거래로 인한 순자산 증가	① 주식발생초과금(출자전환시 채무면제이익은 제외) ② 감자차익 ③ 합병차익 ④ 분할차익 ⑤ 자산수증이익과 채무면제이익 중 이월결손금 보전에 충당된 금액 ⑥ 상법에 따라 자본준비금을 감액하여 받는 배당(단, 의제배당으로 과세되는 자본준비금의 배당은 제외함)
이중과세 방지	① 각 사업연도의 소득으로 이미 과세된 소득 ② 지출시 손금으로 인정받지 못한 조세를 환급받았거나 환급받을 금액을 다른 세액에 충당한 금액 ③ 수입배당금액 익금불산입
기 타	① 국세 · 지방세 과오납금의 환급금에 대한 이자 ② 부가가치세 매출세액 ③ 연결모법인이 연결자법인으로부터 지급받았거나 지급받을 연결법인세액

4. 손금과 손금불산입

(1) 손금의 범위

손금이란 법인의 순자산을 감소시키는 거래로 인하여 발생하는 손비의 금액을 말한다. 다만, 자본 또는 출자의 환급, 잉여금의 처분 및 법에서 규정한 손금불산입 항목은 제외한다.

법인세법 시행령에서는 손비의 범위를 다음과 같이 규정하고 있다. 그러나 이것은 예시적인 열거사항에 불과하며 여기에 열거되지 않은 것이라도 순자산을 감소시키는 거래로 인하여 발생하는 금액은 원칙적으로 손금에 해당한다.

① 판매한 상품 또는 제품에 대한 원료의 매입가액과 그 부대비용(매출원가)
② 양도한 자산의 양도 당시 장부가액
③ 인건비
④ 유형자산의 수선비
⑤ 유형 · 무형자산에 대한 감가상각비
⑥ 자산의 임차료
⑦ 차입금이자
⑧ 대손사유를 충족한 대손금
⑨ 자산의 평가손실
⑩ 재세공과금
⑪ 영업자가 조직한 단체로서 법인 또는 주무관청에 등록된 조합 · 협회에 지급한 회비

세금과 공과금은 순자산감소액이므로 손금에 산입함을 원칙으로 한다. 다만 세금의 성격 또는 정책적인 목적에 따라 제한적으로 열거된 특정 세금과 공과금은 손금에 산입하지 않는데 이를 요약하면 다음과 같다.

구 분	손금으로 인정되는 세금과 공과금		손금으로 인정되지 않는 세금과 공과금
	지출 사업연도에 손금인정	원가에 가산 후 추후 손금인정	
조 세	① 인지세 ② 재산세 ③ 자동차세 ④ 주민세 등 ⑤ 종합부동산세	취득세 · 등록면허세 등	① 법인세 및 지방소득세 · 농어촌특별세 ② 부가가치세 매입세액 공제액 ③ 개별소비세, 주세, 교통세 · 환경세 ④ 세법에 따른 의무불이행으로 인한 세액(가산세 포함) · 강제징수비
공과금	① 상공회의소 회비 ② 대한적십자사 회비	개발부담금 등	① 벌금 · 과료 · 과태료 ② 공과금(교통유발금 · 폐기물처리부담금)

(2) 손금불산입

법인의 순자산을 감소시키는 거래임에도 손금에 산입하지 아니하는 항목을 손금불산입 항목이라 한다. 손금불산입 항목은 법인세법상 제한적으로 열거되어 있는데, 그 내용은 다음과 같다.

① 주식할인발행차금
② 잉여금처분을 손비로 계상한 금액
③ 감자차손
④ 세금과 공과금 중 일정한 것
⑤ 자산의 평가손실
⑥ 과다경비 등의 손금불산입액
⑦ 업무와 관련 없는 비용, 업무용승용차 관련비용 중 손금불산입액
⑧ 감가상각비 한도초과액
⑨ 기부금 손금불산입액, 접대비 손금불산입액
⑩ 징벌적 목적의 손해배상금

5. 소득처분

(1) 소득처분의 의의

회사(법인)는 기업회계상 당기순이익을 주주총회의 결의에 의해 배당 · 상여 등과 같이 사외로 유출하는 처분(사외유출)과 사내로 유보하는 처분(사내유보)을 함으로써 해당 사업연도에 대한 경영성과에 보고업무를 사실상 종결한다(상법상 이익처분이라 부른다). 즉, 결산서상 당기순이익은 상법상 이익처분에 의해 사내유보(이익준비금 · 기타법정적립금 및 이익잉여금 등의 적립)와 사외유출(이익처분에 의한 배당 · 상여 등)로 그 귀속이 결정된다.

이와 마찬가지로 각 사업연도의 소득금액에 대해서도 그 귀속이 확정되어야 하는데 결산서상 당기순이익에 대해서는 상법상 이익처분에 의해 그 귀속이 결정되므로, 당기순이익과 각 사업연도의 소득의 차이인 세무조정금액의 귀속만을 추가로 확인하면 된다. 이처럼 결산서상 당기순이익과 법인세법상 각 사업연도 소득금액의 차이인 세무조정사항에 대한 귀속을 확정하는 절차를 소득처분이라 한다. 이는 「소득금액조정합계표」의 '처분'란에 표시되는데, 사외유출된 세무조정사항에 대한 소득처분은 귀속자의 소득세 납세의무를 발생시키며, 사내유보된 세무조정사항에 대한 소득처분은 세법상 자본을 계산하는데 사용된다.

(2) 소득처분의 유형

법인세법상 소득처분도 상법상 이익처분과 유사하게 사외유출과 유보(또는 음(-)의 유보; 이하 △유보라 함) 및 기타로 구분할 수 있다. 이를 요약하면 다음과 같다.

세무조정	소득처분의 유형	효 과
익금산입 및 손금불산입	(1) 사외유출, 배당, 상여, 기타소득	소득귀속자에게 소득세 과세
	(2) 기타사외유출	사후관리 불필요
	(3) 유 보	세무상 자본을 증가시킴
	(4) 기 타	사후관리 불필요
손금산입 및 익금불산입	(1) △유보	세무상 자본을 감소시킴
	(2) 기 타	사후관리 불필요

1) 사외유출

'사외유출'이란 익금산입 · 손금불산입으로 세무조정한 금액이 기업 외부로 유출된 것이 분명한 경우에 행하는 소득처분이다. 이 경우 소득의 귀속자에게 소득세 또는 법인세의 납세 의무가 부과된다.

소득의 귀속자	소득처분	소득의 귀속자에 대한 과세	원천징수의무
⑴ 주주 등*1	배 당	배당소득으로 소득세 과세	○
⑵ 임원 또는 임직원	상 여	근로소득으로 소득세 과세	○
⑶ 법인 · 개인사업자 및 국가 · 지방자치단체*2	기타사외유출	추가적인 조세부담 없음*3	×
⑷ 그 외의 자	기 타 소 득	기타소득으로 소득세 과세	○

*1 여기서 '주주 등'이란 주주 · 사원 · 출자자를 말하며, 임원 또는 임직원인 주주, 법인주주는 제외함

*2 그 분여된 이익이 내국법인의 각 사업연도 소득이나 거주자의 사업소득을 구성하는 경우에 한정함

*3 법인 · 개인사업자에게 귀속되는 경우 동 금액은 이미 그 사업자의 소득금액을 구성하여 법인세나 소득세가 과세되므로 추가적으로 소득세를 과세하지 않으며(이중과세방지), 국가 · 지방자치단체에게 귀속되는 경우 국가 등이 비과세법인이므로 추가적인 과세가 불필요함.

사외유출된 것은 분명하나 그 귀속자가 불분명한 경우에는 대표자에 대한 상여로 처분한다. 그 취지는 법인이 소득의 귀속을 밝히지 못할 때는 법인의 대표자에게 징벌적 소득세를 부과하도록 규정함으로써 법인의 소득이 누구에게 귀속되었는지를 명확하게 밝히도록 강제하기 위해서다.

한편, 다음의 세무조정사항은 소득의 귀속자를 확인할 수 없거나 또는 정책목적상 추가적인 조세부담을 지울 필요가 없는 경우로서 무조건 '기타사외유출'로 처분하도록 열거하고 있다.

① 임대보증금 등의 간주익금
② 접대비 한도초과액 및 건당 1만원 초과분 접대비 중 법정증빙 미수취분
③ 특례기부금, 우리사주조합기부금, 일반기부금 한도초과액 및 비지정기부금의 손금불산입액
④ 업무무관자산 등에 대한 지급이자 손금불산입액(단, 채권자 불분명 사채이자, 비실명 채권·증권이자, 건설자금이자 손금불산입액은 제외)
⑤ 사외유출된 금액의 귀속이 불분명한 경우 또는 추계에 의한 경우 대표자에게 상여처분을 하게 되는데, 상여처분 금액에 대한 소득세 등을 해당 법인이 대납하고 이를 손비로 계상하거나 대표자와 특수관계가 소멸될 때까지 회수하지 않음에 따라 손금불산입한 금액
⑥ 업무용승용차 임차료 중 감가상각비 상당액 한도초과액(800만원 초과분)과 업무용승용차 처분손실 중 한도초과액(800만원 초과분)의 손금불산입액
⑦ 불공정자본거래 및 이에 준하는 행위 또는 계산으로 인한 부당행위계산부인 규정에 따라 익금에 산입한 금액으로서 귀속자에게 상속세 및 증여세법상 증여세가 과세되는 금액 등

2) 유보(또는 △유보)

① 유보(또는 △유보)의 개념

'유보(또는 △유보)'란 세무조정금액이 사외로 유출되지 않고 법인 내부에 남아 기업회계상 자산·부채와 세무회계상 자산·부채에 차이를 발생시키는 경우에 행하는 소득처분이다. 유보란 세무조정으로 인해 세무상 순자산(자본)이 증가되거나 부채가 감소하는 것을 의미하는 소득처분이며, △유보란 세무조정으로 인해 세무상 순자산(자본)이 감소되거나 부채가 증가하는 것을 의미하는 소득처분이다.

② 유보(또는 △유보)의 사후관리

유보(또는 △유보)로 처분된 금액은 결산서상 과대·과소계상된 자산·부채가 소멸되어 손익으로 대체되는 각 사업연도의 소득금액을 계산할 때에 당초의 세무조정과는 반대의 세무조정을 유발시킨다. 이 경우 당초 유보(또는 △유보)의 처분은 반대의 세무조정을 통해 △유보(또는 유보)의 처분으로 상쇄된다. 이를 유보(또는 △유보)의 '추인'이라 한다. 이처럼 차

기 이후의 적정한 세무조정을 수행하기 위해서는 유보금액을 잘 관리하여야 하는데, 이 유보금액의 변동은 「자본금과 적립금 조정명세서(을)」표에서 관리된다.

3) 기 타

'기타'란 익금산입 · 손금불산입(또는 손금산입 · 익금불산입)한 세무조정사항이 사외유출되지 않고 사내에 남아있음에도 불구하고 기업회계상 자산 · 부채와 세무회계상 자산 · 부채의 차이를 발생시키지 않을 때 행하는 소득처분이다. 따라서 기타의 소득처분은 소득의 귀속자에 대한 추가적인 조세 부담이 발생하지도 않고 차기 이후 반대의 세무조정도 필요하지 않다. 이 처분은 사실상 아무런 기능이 없는 예외적인 유형이라 할 수 있다.

04 과세표준과 세액의 계산

1. 과세표준의 계산

법인세의 과세표준은 각 사업연도의 소득금액에서 다음의 금액을 순차 공제하여 계산한다.

과세표준 = 각 사업연도 소득금액 − 이월결손금 − 비과세소득 − 소득공제

이 경우 이월결손금 중 '각 사업연도의 소득금액'을 초과하는 금액은 공제시한이 남아있으면 차기로 이월하여 공제받을 수 있다. 반면, 비과세소득과 소득공제액은 과세표준 계산 시 공제되지 못한 경우에는 다음 사업연도에 이월하여 공제할 수 없다.

(1) 이월결손금 공제

각 사업연도의 손금총액이 익금총액을 초과하는 경우 그 초과하는 금액을 '결손금'이라 하며, 이러한 결손금이 차기로 이월된 경우 그것을 '이월결손금'이라 한다. 과세표준 계산상 공제되는 이월결손금은 각 사업연도의 개시일 전 15년 이내에 개시한 사업연도에서 발생한 세무상 결손금으로서 그 후의 각 사업연도의 과세표준을 계산할 때 공제되지 않은 금액을 말한다. 결손금이 매년 계속 발생하여 누적되어 온 경우에는 먼저 발생한 결손금부터 순차로 공제해야 한다.

한편, 이월결손금은 자산수증이익 및 채무면제이익과 상계할 수 있는데, 일단 상계된 후에는 해당 이월결손금은 소멸하게 되므로 그 이후 각 사업연도 소득에서 공제되지 않는다. 또한, 법인세 과세표준을 추계결정 · 경정하는 경우 이월결손금 공제규정을 적용하지 않는다(단, 천재 · 지변 등으로 장부나 그 밖의 증빙서류가 멸실되어 추계하는 경우에는 그렇지 않다).

(2) 비과세소득

'비과세소득'이란 조세정책적 목적으로 법인세 과세표준 계산 시 제외시키는 소득 즉, 과세권을 포기한 소득을 말하며, 법인세법상 비과세소득으로는 '공익신탁의 신탁재산에서 생기는 소득'이 있으며, 그 외 조세특례제한법에서 일정한 주식양도차익과 배당소득을 비과세소득으로 정하고 있다. 비과세소득은 소득공제와 달리 별도의 신청 없이 적용가능하다. 비과세

소득은 각 사업연도 소득금액에서 이월결손금을 차감한 금액을 한도로 공제하며, 이를 초과하여 공제하지 못한 비과세소득은 차기로 이월하지 않고 소멸한다.

(3) 소득공제

'소득공제'란 과세표준 계산상 과세소득의 일부를 공제해줌으로써 세 부담을 경감시켜 주는 제도를 말하며, 법인세법상 유동화전문회사 등에 대한 소득공제가 있으며, 그 외 조세특례제한법에서 고용유지기업에 대한 소득공제 및 자기관리부동산투자회사 등에 대한 소득공제 등을 정하고 있다.

2. 산출세액의 계산

(1) 법인세의 세율

내국법인의 각 사업연도에 소득에 대한 법인세 산출세액은 과세표준에 다음의 세율(4단계 초과누진세율)을 적용한 금액으로 한다.

과세표준		산출세액
	2억원 이하	2억원 이하 과세표준 × 9%
2억원 초과	200억원 이하	1천 800만원 + 2억원 초과금액 × 19%
200억원 초과	3,000억원 이하	37억 8천만원 + 200억원 초과금액 × 21%
3,000억원 초과		625억 8천만원 + 3천억원 초과금액 × 24%

(2) 사업연도가 1년 미만인 경우

사업연도가 1년 미만이면 다음의 계산식에 의하여 산출세액을 계산한다. 이러한 계산방법은 법인세의 세율구조가 4단계 초과누진세율 형태이기 때문에, 1년 미만의 사업연도의 과세표준을 1년으로 환산하여 세율을 적용하는 데에 목적이 있다.

$$\text{산출세액} = (\text{과세표준} \times \frac{12}{\text{사업연도의 월수}^{*}} \times \text{세율}) \times \frac{\text{사업연도의 월수}^{*}}{12}$$

* 여기서 월수는 역에 따라 계산하되, 1월 미만의 일수는 1월로 함

3. 세액감면과 세액공제

(1) 세액감면

세액감면은 세액면제와 세액경감으로 구분된다. 세액면제는 특정 소득에 대해 사후적으로 세금을 완전히 면제하는 것을 말하며, 세액경감은 일정한 비율만큼 경감해 주는 것을 말한다. 이 경우 감면(면제)세액은 다음의 산식에 의하여 계산한다. 현행 법인세법에는 세액감면 규정이 없고, 조세특례제한법에 여러 가지 세액감면을 규정하고 있다.

$$\text{감면세액(또는 면제세액)} = \text{법인세 산출세액}^{*} \times \frac{\text{감면(면제)소득}}{\text{과세표준}}(100\%\ \text{한도}) \times \text{감면비율}$$

* 토지 등 양도소득에 대한 법인세액은 제외함

(2) 세액공제

세액공제는 산출세액에서 일정액을 공제하는 것을 말하는데, 현행 법인세법 및 조세특례제한법에 따른 세액공제는 다음과 같다. 참고로 세액감면과 달리 세액공제는 이월공제가 가능하다.

구 분	종 류	이월공제 여부
법인세법상 세액공제	① 외국납부세액공제	10년간 이월공제 가능
	② 재해손실세액공제	이월공제 불가능
	③ 분식회계로 인한 경정에 따른 세액공제	5년 이상 이월공제 가능
조세특례제한법상 세액공제	① 투자세액공제	10년간 이월공제 가능
	② 연구 및 인력개발비에 대한 세액공제	10년간 이월공제 가능
	③ 기타 세액공제	대부분 10년간 이월공제 가능

1) 외국납부세액공제

내국법인이 국외에서 얻는 소득에 대해서는 우리나라의 법인세와 함께 그 원천지국의 법인세를 동시에 부담하게 되어 이중과세문제가 발생한다. 우리나라는 이러한 국제적 이중과세를 조정하기 위하여 외국납부세액공제를 적용받을 수 있도록 하였고 그 계산방법은 다음과 같다.

외국납부세액공제액 : Min(①, ②)

① 외국납부세액

② (한도) 법인세 산출세액 $\times \dfrac{\text{과세표준에 포함된 국외원천소득}}{\text{과세표준}}$

2) 재해손실세액공제

내국법인이 각 사업연도 중 천재 · 지변, 그 밖의 재해로 인하여 자산총액의 20% 이상을 상실하여 납세가 곤란하다고 인정되는 경우에는 다음에 해당하는 법인세액에 자산상실비율(재해상실비율)을 곱하여 계산한 금액(상실된 자산의 가액을 한도로 함)을 그 세액에서 공제한다.

① 재해발생일 현재 부과되지 않은 법인세와 부과된 법인세로서 미납된 법인세(가산금 포함)

② 재해발생일이 속하는 사업연도의 소득에 대한 법인세산출세액에 가산세를 가산하고 다른 법률에 의한 공제 · 감면세액을 차감한 금액

$$\text{자산상실비율} = \frac{\text{재해로 인하여 상실된 자산가액}}{\text{상실 전의 사업용 자산총액}}$$

3) 분식회계로 인한 경정에 따른 세액공제

분식회계에 의하여 수익 또는 자산을 과다계상하거나 손비 또는 부채를 과소계상하는 등 사실과 다른 회계처리가 금융감독원 등에 의하여 그 사실이 적발된 경우, 법인은 과다신고한 세액을 환급받기 위하여 경정청구를 하게 된다. 관할 세무서장이 분식회계 사실을 확인하여 세액을 경정하여 환급세액을 결정한 경우, 환급세액은 즉시 환급하지 않고 과다 납부한 세액의 100분의 20을 한도로 납부할 세액에서 과다 납부한 세액을 먼저 공제하고, 공제 후 남은 세액은 이후 사업연도로 이월하여 공제한다.

그 취지는 기업이 분식회계를 통하여 사실을 왜곡하는 경우 투자자 등에게 큰 피해를 줄 뿐만 아니라 국가의 대외신인도를 하락시키므로 분식회계를 제재하여 기업의 투명성을 높이

는 데 있다.

생활속의 세금

정보통신 관련 기업에 다니고 있는 김슬기 씨는 더 나이가 들기 전에 자신의 회사를 차리려고 준비 중이다. 그런데 막상 사업을 시작하려고 하니 고민거리가 한 두 가지가 아니다. 그 중 가장 기본적인 문제가 사업형태를 개인기업으로 할 것인가 법인으로 할 것인가이다. 개인기업으로 하자니 신인도가 떨어지는 데다 법인보다 세금도 더 많이 낸다고 하고, 법인으로 하자니 설립비용도 많이 들고 절차도 까다로운 것 같고……. 고민 끝에 더욱 확실하게 알고 결정을 하기 위해 세무서를 찾아가 양자의 차이점에 대해 알아보았다.

창업절차와 설립비용

개인기업으로 사업을 할 경우에는 설립절차가 비교적 쉽고 비용이 적게 들어 사업규모나 자본이 적은 사업을 하기에 적합한 반면, 법인기업은 법원에 설립등기를 해야 하는 등 절차가 다소 까다롭고 자본금과 등록면허세 · 채권매입비용 등의 설립비용이 필요하다.

자금의 조달과 이익의 분배

개인기업은 창업자 한 사람의 자본과 노동력으로 만들어진 기업이므로 자본조달에 한계가 있어 대규모 자금이 소요되는 사업에는 무리가 있다. 그러나 사업자금이나 사업에서 발생한 이익을 사용하는 데는 제약을 받지 않는다. 예를 들어 사업자금을 사업주 개인의 부동산 투자에 사용하든 자신의 사업에 재투자하든, 혹은 영업에서 발생한 이익을 생활비로 쓰던 전혀 간섭을 받지 않는다. 법인기업은 주주를 통해서 자금을 조달하므로 대자본 형성이 가능하나, 법인은 주주와 별개로 독자적인 경제주체이므로 일단 자본금으로 들어간 돈과 기업경영에서 발생한 이익은 적법한 절차를 통해서만 인출할 수 있다. 즉, 주주총회에서 배당결의를 한 후 배당이라는 절차를 통해서만 인출이 가능하고, 주주가 법인의 돈을 가져다 쓰려면 적정한 이자를 낸 후 빌려가야 한다.

사업의 책임과 신인도

개인기업은 경영상 발생하는 모든 문제와 부채, 그리고 손실에 대한 위험을 전적으로 사업주 혼자서 책임을 져야 한다. 따라서 만약 사업에 실패해서 은행부채와 세금 등을 다 해결하지 못하고 다른 기업체에 취직해서 월급을 받는 경우, 그 월급에 대해서도 압류를 당할 수 있다. 법인기업의 경우 주주는 출자한 지분의 한도 내에서만 책임을 지므로 기업이 도산할 경우 피해를 최소화 할 수 있다. 대외신인도 면에서, 개인기업의 신인도는 사업자 개인의 신용과 재력에 따라 평가받으므로 법인기업보다는 현실적으로 낮다고 보아야 한다.

세법상 차이

• 세율

개인기업의 종합소득세율은 6%에서 45%까지 초과누진세율로 되어 있고, 법인기업의 각 사업연도 소득에 대한 법인세율은 9%에서 24%의 초과누진세율로 되어 있다. 그러므로 세율 측면만 본다면, 과세표준이 1,400만원 이하인 경우는 개인기업이 유리하고 1,400만원을 초과하는 경우에는 법인기업이 유리하다. 물론 확실한 것은 법인운영 시 발생하는 근로소득 또는 배당소득에 대한 세금까지 모두 고려하여야 정확한 세금 상의 차이를 따져볼 수 있다.

• 과세체계

개인기업의 소득에 대하여는 종합소득세가 과세된다. 사업주 본인에 대한 급여는 비용으로 인정되지 않으며, 사업용 고정자산이나 유가증권 처분이익에 대하여는 과세를 하지 않는다. 법인기업의 소득에 대하여는 법인세가 과세된다. 법인의 대표이사는 법인과는 별개의 고용인이므로 대표이사에 대한 급여는 법인의 비용으로 처리할 수 있다. 그러나 고정자산이나 유가증권 처분이익에 대해서도 법인세가 과세된다.

[출처: 국세청, 세금절약가이드]

05 법인세의 신고와 납부절차

1. 사업연도 중의 신고 · 납부

법인세는 사업연도 단위로 과세되므로 사업연도 종료 후에 자진신고 · 납부를 통하여 납부하는 것을 원칙으로 한다. 이에 대한 예외로서 법인세법은 사업연도 중에 납부하는 제도인 중간예납 · 원천징수 · 수시부과제도를 두고 있는데 이는 세수를 조기에 확보하고 납세자의 조세 부담을 시간상으로 경감시키기 위함이다.

(1) 중간예납

각 사업연도의 기간이 6개월을 초과하는 법인은 당해 사업연도 개시일부터 6개월을 '중간예납기간'으로 하여 중간예납기간이 경과한 날로부터 2개월 이내에 그 기간에 대한 법인세를 중간예납세액으로 납부해야 한다. 단, 직전 사업연도를 중심으로 산출세액 기준 계산 금액이 50만원 미만인 법인은 중간예납 의무가 면제된다.

중간예납세액의 계산은 직전 사업연도의 실적을 기준으로 하는 방법과 당해 중간예납 기간의 실적을 기준으로 하는 방법(이를 통상 '가결산 방법'이라 함) 중 법인이 선택할 수 있다.

① 직전 사업연도의 실적을 기준으로 하는 방법 : 직전 사업연도에 부담한 세액(가산세 포함, 토지 등 양도소득에 대한 법인세와 미환류소득에 대한 법인세 제외)의 50%를 중간예납세액으로 하는 방법이다.

② 실적을 기준으로 하는 방법(가결산 방법) : 중간예납기간을 1사업연도로 보아 세액을 계산하는 방법으로 가결산하여 과세표준과 산출세액을 계산한다.

다만, 다음의 경우에는 반드시 가결산방법에 따라 중간예납세액을 계산해야 한다.

① 직전 사업연도의 법인세로서 확정된 산출세액(가산세는 제외)이 없는 경우(소득공제를 적용받는 유동화전문회사 등은 제외)

② 해당 중간예납기간 만료일까지 직전 사업연도의 법인세액이 확정되지 아니한 경우

③ 분할신설법인 또는 분할합병의 상대방 법인의 분할 후 최초의 사업연도인 경우

(2) 원천징수

내국법인에 대하여 다음 소득을 지급하는 자(이를 '원천징수의무자')가 그 금액을 지급하는 때에는 그 지급하는 금액에 해당 원천징수세율을 적용하여 계산한 금액에 상당하는 법인세를 원천징수하여 그 징수일이 속하는 달의 다음 달 10일까지 이를 납세지 관할 세무서에 납부해야 한다.

① 이자소득금액 : 14%(단, 비영업대금의 이익은 25%)

② 집합투자기구로부터의 이익 중 투자신탁의 이익 : 14%

(3) 수시부과

법인세의 납세의무는 사업연도가 종료하는 때에 성립하는 것이 원칙이다. 그러나 법인세를 포탈할 우려가 있는 것으로 인정되는 다음의 사유가 발생되는 경우에는 수시부과에 의하여 징수하게 된다. 이 경우에도 각 사업연도의 소득에 대하여 법인세 과세표준 신고를 하여야 한다.

① 신고하지 않고 본점 또는 주사무소를 이전한 때

② 사업부진 기타의 사유로 인하여 휴업 또는 폐업상태에 있을 때

③ 기타 조세를 포탈할 우려가 있다고 인정되는 상당한 이유가 있을 때

2. 법인세의 신고 · 납부

(1) 법인세의 신고

1) 신고기한

납세의무가 있는 내국법인은 각 사업연도의 종료일이 속하는 달의 말일부터 3개월 이내에 해당 사업연도의 소득에 대한 법인세의 과세표준과 세액을 납세지 관할 세무서장에게 신고해야 한다. 각 사업연도의 소득금액이 없거나 결손금이 있는 법인의 경우에도 신고의무가 있다.

2) 제출서류

법인세의 신고는 「법인세 과세표준 및 세액신고서」에 의하되, 다음의 서류를 첨부해야 한다.

① 필수적 첨부서류 : 재무상태표, 포괄손익계산서, 이익잉여금처분(결손금처리)계산서, 법인세과세표준 및 세액조정계산서

② 임의적 첨부서류 : 현금흐름표, 세무조정계산서 부속서류

여기서 법인세 과세표준 및 세액조정계산서를 '세무조정계산서'라고 하는데, 세무사법에 따라 세무사등록부에 등록한 세무사, 세무사법에 따라 세무사등록부(또는 세무대리업무등록부)에 등록한 공인회계사, 세무사법에 따른 세무사등록부에 등록한 변호사에 해당하는 자로서 조정반)에 소속된 자가 작성한 세무조정계산서를 '외부조정계산서'라고 한다. 일반적인 과세표준 및 세액 신고의 경우에는 외부조정계산서를 첨부할 필요는 없으나, 기업회계와 세무회계의 정확한 조정 또는 성실한 납세를 위하여 반드시 필요하다고 인정하는 내국법인의 경우에는 외부조정계산서를 반드시 첨부하여야 한다.

(2) 법인세의 납부

1) 자진납부

법인은 각 사업연도의 소득에 대한 법인세 산출세액에서 다음의 법인세액(가산세 제외)을 공제한 금액을 각 사업연도의 소득에 대한 법인세로서 과세표준 신고기한까지 납세지 관할 세무서, 한국은행 또는 체신관서에 납부해야 한다.

① 해당 사업연도의 감면세액 · 세액공제액

② 해당 사업연도의 중간예납세액

③ 해당 사업연도의 수시부과세액

④ 해당 사업연도의 원천징수된 세액

2) 분납

법인이 자진납부할 세액이 1천만원을 초과하는 경우에는 이의 일부를 납부기한이 경과한 날부터 1개월(중소기업의 경우에는 2개월) 이내에 분납할 수 있다. 이때 분납할 금액은 다음과 같다.

① 납부할 세액이 1천만원 초과 2천만원 이하인 경우 : 1천만원을 초과하는 금액
② 납부할 세액이 2천만원 초과하는 경우 : 그 세액의 50% 이하의 금액

[OX Quiz] 11. 사업자와 세금 Part II: 법인사업자의 소득

01 법인세법상 외국법인이라 함은 외국법에 근거하여 설립된 법인을 말한다.

(정답 X) 법인세법상 법인의 구분은 본점 · 주사무소 또는 사업의 실질적 관리장소가 국내에 있으면 내국법인, 국외에 있으면 외국법인으로 분류한다.

02 영리법인과 비영리법인은 법인이 영리목적으로 사업을 하는지 아닌지에 따라 구분된다.

(정답 X) 영리법인과 비영리법인을 구분하는 기준은 영리를 목적으로 하는지 여부에 따라 판정하는 것이 아니라 법인이 획득한 이윤을 구성원에게 분배할 것인지에 따라 판정하는 것이다.

03 토지 등 양도소득에 대한 법인세는 내국법인뿐만 아니라 외국법인도 납세의무를 진다.

(정답 O)

04 외국의 정부 또는 지방자치단체에 대해서는 법인세를 부과하지 않는다.

(정답 X) 외국의 정부 또는 지방자치단체에 대해서는 비영리외국법인으로 의제하여 법인세 납세의무를 진다.

05 사업연도의 기간은 원칙적으로 1년을 초과하지 못하며, 내국법인의 최초 사업연도 개시일은 사실상의 사업개시일이다.

(정답 X) 내국법인의 최초 사업연도 개시일은 설립등기일이다.

06 세무조정이란 기업회계상 수익 · 비용과 법인세법상 익금 · 손금의 차이를 조정하는 과정을 말한다.

(정답 O)

07 법인세법은 순자산증가설을 채택하고 있으므로, 법에서 열거하지 않는 것이더라도 회사의 순자산을 증가시키는 거래로 인한 금액은 익금의 범위에 포함한다.

(정답 O)

08 결산조정사항은 회사가 결산서에 수익 혹은 비용으로 계상한 경우에만 세법에서도 익금 또는 손금으로 인정하는 항목을 말한다.

(정답 X) 결산조정사항은 손금항목에 한하며 익금항목은 결산조정사항이 없다.

09 소득처분은 세무조정사항에 대하여 그 귀속을 확인하는 절차를 말한다.

(정답 O)

10 유보(또는 △유보)는 손금산입 · 익금불산입에 의한 세무조정금액이 기업 외부의 자에게 귀속된 경우의 소득처분이다.

(정답 X) '유보(또는 △유보)'란 세무조정금액이 사외로 유출되지 않고 법인 내부에 남아 기업 회계상자산, 부채와 세무회계상 자산 · 부채에 차이를 발생시키는 경우에 행하는 소득처분이다.

11 법인세 과세표준은 각 사업연도 소득에서 이월결손금, 비과세소득, 소득공제를 순차적으로 공제하여 계산하며, 모두 이월공제가 가능하다.

(정답 X) 이월결손금은 공제시한이 남아있는 한 차기로 이월공제 받을 수 있으나, 비과세소득과 소득공제액은 이월공제할 수 없다.

12 내국법인은 각 사업연도의 종료일이 속하는 달의 말일부터 3개월 이내에 법인세의 과세표준과 세액을 납세지 관할세무서장에게 신고하여야 한다.

(정답 O)

TOPIC 사업자의 세금을 줄일 방법은 없을까?

1. 사업 시작일로부터 20일 이내에 반드시 사업자 등록을 신청하자.
   사업을 시작한 날로부터 20일 이내에 사업자 등록을 신청하지 아니하거나, 사업을 시작한 날로부터 등록을 신청한 날이 속하는 예정신고 기간이 지나면 당해 과세기간까지의 매출액에 대해 1%의 가산세를 부담해야 한다. 또한, 사업을 시작하기 전에 실내장식용품 등을 살 수 있는데, 비품 등을 구매한 날로부터 20일을 지나서 사업자 등록을 신청하는 경우에는 그 매입세액을 공제받지 못한다. 따라서 늦어도 최초 비품 등을 구매한 날로부터 20일 이내에는 사업자 등록을 신청해야 불이익을 받지 않는다. 또한, 비품을 구매할 때 사업자 등록은 하지 않았더라도 사업자의 주민등록번호를 기재하여 세금계산서를 교부받을 수 있으니 추후 매입세액공제를 위해 꼭 받도록 한다.

2. 공동사업자가 유리할 수 있다.
   사업자 등록을 1인 앞으로 내면 현행 누진세율구조에서는 조세 부담이 증가한다. 따라서 동업을 한다면 동업자들과 함께 공동사업자로 사업자 등록을 하는 것이 유리하다. 단, 동업에 따른 투자금 및 비용 증빙자료를 잘 보관하는 것이 유리하다. 물론 공동사업이 항상 유리한 것은 아니다. 이는 성실신고확인제도 때문인데, 사업장별로 판단했을 때 공동사업자의 매출액이 높으면 성실신고 확인 대상자로 편입될 가능성이 생긴다. 이때는 신고의무뿐만 아니라 확인의무가 추가되므로 세무 부담이 오히려 늘어날 수 있으니 이를 고려해서 결정해야 한다.

3. 절세 전략을 크게 3가지에 초점을 두고 짜라.
   1) 기간 배분 전략
      과세기간 단위로 과세하는 것이 원칙이므로 한 과세기간에 소득이 집중적으로 발생하면 세금이 많이 나오게 된다. 세금 대부분은 세율이 누진구조로 되어 있어서 소득이 높을수록 세금을 많이 내는 식이다.
   2) 명의 배분 전략
      한 사람의 명의로 소득과 재산을 몰아주는 것보다는 여러 사람으로 분산하는 것이 절세효과가 크다.
   3) 소득 종류의 분배
      근로의 제공 등으로 인하여 받는 대가에 대해서는 근로소득으로 과세하며, 퇴직으로 인한 경우에는 퇴직소득으로 과세한다. 이는 합산하지 않는다. 이를 세법에서는 분류과세라고 하며 합산되지 않기 때문에 세금을 절세할 수 있다. 또한, 주식을 보유함으로 받는 소득으로는 배당소득이 있는데 이는 이자소득과 합산하여 2,000만원을 넘지 않으면 원천징수(15.4%)로 납세의무가 종결되므로 이 또한 소득을 배분하게 되어 절세할 수 있는 전략이 된다. 따라서 이를 적절히 혼합하는 전략을 취할 필요가 있다.

4. 증빙을 위해 세금계산서를 받거나 신용카드로 결제하는 습관을 갖자.
매입에 대해 부가가치세 매입세액공제를 받으려면 증빙이 필요하다. 세금계산서를 받거나 법인명의의 신용카드로 결제하면 세금계산서로 간주되어 증빙처리가 되므로 부가가치세 환급을 받을 수 있다.
5. 소득공제와 세액공제 사항을 적극 활용하라.
세금이 줄어드는 소득공제, 세액공제 제도가 많으므로 이를 고려하여 세금을 절세하는 것이 중요하다. 특히, 사업자 본인 명의로 가입한 국민연금보험료는 납부한 금액이 전액 소득에서 공제되니 국민연금에 꼭 가입하자.

제 12 장

사업자와 세금

Part III: 부가가치세

CONTENTS

영수증

상품명	단가	수량	금액
1. 서울우유*	2,250	1	2,250
2. 딸기우유	1,500	1	1,500
3. 오렌지(미국산)*	1,130	4	4,520
4. 밀폐 용기	3,700	1	3,700
5. 종이쇼핑백	100	1	100
* 표시 상품은 부가세 면세품목입니다.			
	과세물품		4,728
	부가세		472
	면세물품		6,770
	포장재 외		100
구매금액			12,070

마트에서 물건을 구매한 후 받은 영수증에는 김슬기 씨가 실제로 지급한 구매금액 외에 과세물품, 부가세(부가가치세), 면세물품 등 다양한 정보가 적혀 있었다. 가장 눈에 띄는 것은 면세물품에 해당하는 품목 뒤에 표시된 '*'였다. 영수증에는 과세재화와 면세재화를 구분하기 위한 특정 기호가 표기되어 있었다. 김슬기 씨는 물건을 구매할 때마다 일정한 세금이 부과된다는 것을 알고 있었지만 어떤 기준으로 세금(부가가치세)을 사업자(판매자)에게 내고 있는지 궁금해졌다. 도대체 부가가치세는 무엇이며, 부가세 과세물품과 면세물품은 무엇일까? 그리고 같은 우유인데 흰 우유는 면세품목이고 딸기우유는 왜 과세품목인지도 궁금해졌다.

01 | 부가가치세의 기초

1. 부가가치세의 기본개념

(1) 의의

'부가가치세(Value Added Tax : VAT)'는 사업자가 창출한 부가가치를 과세대상으로 하는 조세로서, 납세의무자와 세금을 실제 부담하는 담세자가 다른 대표적인 간접세이자 국세이다. '부가가치'란 물건의 제조나 판매 등의 기업활동에 의한 산출물의 가치가 투입물의 가치보다 높아진 부분을 말하며, 재화 또는 용역의 매출액에서 중간재 등의 매입액을 차감하여 계산한다. 부가가치세는 여기서 구한 부가가치에 일정세율(대한민국 : 10%)을 곱해서 계산한다. 또한, 부가가치는 재화 또는 용역이 생산되거나 유통되는 각 단계에 사용된 요소인 노동, 자본, 토지, 경영에 대한 보수가 되어 임금, 이자, 지대, 이윤의 형태로 분배될 것이므로 요소소득의 합과도 일치한다. 이러한 부가가치는 물건값에 포함되어 소비자에게 과세하므로, 사업자는 물건을 팔 때 소비자에게서 받아낸 세금에서 물건을 매입할 때 지불한 세금을 차감한 금액을 대신 국가에 내면 된다. 이처럼 부가가치세는 소비자가 부담한 세금을 사업자가 잠시 보관했다가 국가에 내는 세금으로 사업자의 소득에서 내는 세금이 아니다. 즉, 부가가치세는 최종소비자가 부담하며, 생산자 등의 유통업자는 단순히 세금을 징수하여 관할 세무서에 대신 납부하는 납세자의 역할만을 담당한다.

부가가치세는 그 계산방식에 따라 가산법과 공제법으로 나눌 수 있다. 현재 우리나라는 공제법, 이 중 '전단계세액공제법'을 채택하고 있다. 전단계세액공제법이란 일정한 과세기간의 매출액에 세율을 곱하여 매출세액을 계산한 다음 전 단계 매입액에 세율을 곱하여 계산한 매입세액을 공제하여 부가가치세를 계산하는 방법이다[1].

$$\text{부가가치세} = (\text{매출액} \times \text{세율}) - (\text{매입액} \times \text{세율})$$

1) 전단계세액공제법을 사용하는 경우 매입자는 전단계 거래할 때 부담한 매입세액을 돌려받기 위하여 세금계산서를 수수하려 하므로 사업자 간의 상호견제를 통해 부가가치세의 탈루를 방지할 수 있다. 또한, 세금계산서에 부가가치세를 표시함으로써 품목별로 면세나 세액의 경감 등을 설정할 수 있고, 국경세 조정을 정확히 할 수 있는 장점이 있다. 현재 부가가치세를 채택한 우리나라를 포함한 대부분 국가는 이러한 장점 때문에 전단계세액공제법을 사용하고 있다.

(2) 부가가치세의 특징

1) 일반소비세

원칙적으로 모든 재화나 용역의 소비행위에 대하여 과세한다. 특정 재화나 용역의 소비에 과세하는 개별소비세 · 주세 등과는 구별된다.

2) 간접세

'간접세'란 법률상의 납세의무자와 실질적인 세금부담자가 일치하지 않는 조세이다. 부가가치세의 법률상 납세의무자는 재화나 용역을 공급하는 사업자이지만 이를 최종소비자에게 전가하며, 경제적인 실질로 볼 때 귀착이 이루어져 실제 담세자(세금을 실제로 부담하는 자)는 최종소비자가 된다.

3) 물세

부가가치세는 과세물건을 중심으로 그 물적 측면에 주안점을 두어 부과되는 조세로서 납세의무자의 인적사항이 고려되지 않는다는 점에서 인세와는 차이가 있다.

4) 다단계과세(전단계세액공제법)

부가가치세는 재화 · 용역이 최종소비자에게 도달할 때까지의 모든 거래단계에서 창출된 부가가치에 대하여 단계별로 과세하는 다단계과세방식을 취하고 있다. 그러나 부가가치세는 간접세로서 각 단계에서 부과된 조세가 다음 단계로 전가되므로 결국 최종소비자가 전체 부가가치에 대한 조세를 부담하게 된다.

5) 소비지국 과세원칙

우리나라의 부가가치세는 국제거래되는 상품에 대하여 수입하는 나라에서 과세하는 '소비지국 과세원칙'을 채택하고 있다. 이를 구현하기 위해 현행세법에서는 수출하는 재화에 대해서 영세율을 적용하여 부가가치세를 과세하지 않고, 수입하는 재화에 대해서는 내국 물품과 동일하게 과세대상으로 규정하여 부가가치세를 과세한다.

(3) 과세대상

부가가치세는 다음의 거래에 대해서 과세한다.

① 재화 또는 용역의 공급
② 재화의 수입

1) 재화의 공급

'재화'란 재산적 가치가 있는 물건 및 권리를 말하며, 부가가치세법상 과세대상이 되는 재화의 범위를 구체적으로 예를 들면 다음과 같다. 이러한 재화는 재산 가치가 있는 것만 재화의 범위에 포함되므로 재산 가치가 없는 것(예 : 수표, 어음, 상품권, 주식, 채권, 가상자산)은 재화의 범위에 포함되지 않는다.

구 분	범 위
유체물	상품, 금, 제품, 원료, 기계, 건물 등의 모든 유형적 물건
자연력	전기, 가스, 열 등 관리할 수 있는 자연력
권 리	광업권, 특허권, 저작권 등 재산적 가치가 있는 권리
기 타	선하증권, 창고증권, 화물상환증 등

'재화의 공급'이란 계약상 또는 법률상 모든 원인에 의하여 재화를 인도 또는 양도하는 것을 말하며, 다음의 유형으로 구분하여 설명할 수 있다.

① 매매계약 : 현금판매 · 외상판매 · 할부판매 · 장기할부판매 · 조건부 및 기한부 판매 · 위탁판매 기타 매매계약에 따라 재화를 인도 또는 양도하는 것

② 가공계약 : 자기가 주요자재의 전부 또는 일부를 부담하고 상대방으로부터 인도받은 재화에 공작을 가해 새로운 재화를 만들어 인도하는 것

③ 교환계약 : 재화의 인도대가로서 다른 재화를 인도받거나 용역을 제공받는 것

④ 현물출자, 사인에 따른 경매, 일정한 수용

2) 용역의 공급

'용역'이란 재화 이외의 재산적 가치가 있는 모든 서비스 및 기타 행위를 말한다. 구체적으로 다음의 사업에 해당하는 모든 역무와 그 밖의 행위로 한다.

① 건설업

② 숙박 및 음식점업

③ 부동산업 및 임대업(다만, 전 · 답 · 과수원 · 목장용지 · 임야 또는 염전임대업 및 공익사업 관련 지역권 · 지상권 설정 및 대여사업은 제외함)

④ 기타 열거된 사업(운수업, 통신업, 금융 및 보험업 등)

이때, '용역의 공급'이란 계약상 또는 법률상의 모든 원인에 따라 역무를 제공하거나 시설물 · 권리 등 재화를 사용하게 하는 것을 말한다. 이 경우 계약상의 원인이란 일반 상거래에

서와같이 거래당사자 간의 의사표시에 따른 원인을 의미하고, 법률상의 원인이란 당사자 간의 의사표시와 관계없이 법률의 규정에 따른 원인을 의미한다. 다음 중 어느 하나에 해당하는 것도 용역의 공급으로 본다.

① 건설업의 경우 : 건설업자가 건설자재의 전부 또는 일부를 부담해도 용역의 공급으로 본다.

② 단순가공용역 : 상대방으로부터 인도받은 재화에 주요자재를 전혀 부담하지 않고 단순히가공만 해주는 경우 용역의 공급으로 본다. 만약 주요자재의 전부 또는 일부를 부담하는 경우 재화의 공급에 해당한다.

③ 노하우(know-how)의 제공 : 산업상 및 상업상 또는 과학상의 지식 · 경험 또는 숙련에 관한 정보를 제공하는 것은 용역의 공급으로 본다.

3) 재화의 수입

'재화의 수입'이란 다음에 해당하는 물품을 우리나라에 인취하는 것(보세구역을 거치는 것은 보세구역에서 인취하는 것)을 말한다.

① 외국으로부터 우리나라에 도착된 물품(외국의 선박에 의하여 공해에서 채취된 수산물 포함)

② 수출신고가 수리된 물품으로서 선적(기적 포함)이 완료된 물품

재화의 수입은 소비지국 과세원칙이 적용되기 때문에, 수입한 자가 사업자인지 여부를 불문하고 세관장이 관세징수의 예에 의하여 부가가치세를 징수하고 있다.

02 부가가치세 납세의무

1. 납세의무자

(1) 의의

부가가치세법에 따라 부가가치세를 납부할 의무가 있는 자는 다음 중 어느 하나에 해당하는 개인, 법인(국가 · 지방자치단체와 지방자치단체조합을 포함함[2]), 법인격이 없는 사단, 재단 또는 그 밖의 단체이다.

① 사업자 → 재화 · 용역의 공급에 대한 납세의무자
② 재화를 수입하는 자 → 재화의 수입에 대한 납세의무자

(2) 사업자의 납세의무

1) 사업자의 개념

현행 부가가치세법상 '사업자'란 사업목적이 영리이든 비영리이든 관계없이 사업상 독립적으로 재화 또는 용역을 공급하는 자를 말한다.

2) 사업자의 요건

① 영리 목적 불문

부가가치세는 세부담이 전가되는 세금이므로 사업자를 판정하는 데 영리성이 필요하지 않다. 그러므로 국가 · 지방자치단체와 지방자치단체조합도 재화나 용역을 공급하는 경우 부가가치세의 납세의무자가 될 수 있다.

② 사업성

부가가치를 창출해 낼 수 있는 정도의 사업형태를 갖추고 계속적이고 반복적인 의사로 공급해야 한다. 즉, 단순히 1~2회의 재화와 용역을 공급하는 것으로는 사업성이 인정될 수 없다.

2) 국가 · 지방자치단체 · 지방자치단체조합도 부가가치세 납세의무를 진다. 다만, 국가 등이 공급하는 재화 · 용역은 일부를 제외하고는 거의 대부분 면세하고 있다.

③ 독립성

인적독립성과 물적독립성을 의미한다. '인적독립성'이란 자기책임 및 자기계산 하에 재화 또는 용역을 공급하여야 한다. 따라서 고용 관계에 따른 근로의 제공은 종속성을 띠므로 과세되지 않는다. '물적독립성'이란 독립된 사업을 의미한다. 따라서 둘 이상의 사업을 겸영하는 경우 한 사업이 다른 사업의 단순한 연장에 불과하거나 다른 사업에 부수되는 정도에 그치는 경우 독립된 사업으로 보지 않는다.

④ 재화와 용역의 공급

부가가치세의 과세대상인 재화 또는 용역을 공급해야 한다. 따라서 부가가치세 면세대상 재화 또는 용역을 공급하는 자는 부가가치세 납세의무자가 아니다.

3) 사업자의 분류

일반적으로 사업자는 크게 과세사업자와 면세사업자로 구분되는데 이를 살펴보면 다음과 같다. 여기서 면세사업자는 부가가치세법상 사업자는 아니므로 매출세액의 거래징수와 매입세액의 공제가 불가능하며 부가가치세법상 사업자등록, 세금계산서 교부, 과세표준 신고 등의 의무가 없다(단, 면세사업자에게도 소득세법상 사업자등록 의무는 있음).

<table>
<tr><th colspan="2">유 형</th><th>구분기준</th><th>납부세액의 계산구조</th></tr>
<tr><td rowspan="4">과세
사업자</td><td rowspan="2">일반과세자</td><td>법인사업자</td><td rowspan="2">매출세액 - 매입세액</td></tr>
<tr><td>개인사업자</td></tr>
<tr><td>간이과세자</td><td>개인사업자</td><td>공급대가 × 부가가치율 × 10%</td></tr>
<tr><td>겸영사업자</td><td>과세사업과 면세사업을 겸영하는 자
(과세사업에 대해서만 납세의무가 있음)</td><td>매출세액 - 매입세액
(과세사업에 대해서만 계산)</td></tr>
<tr><td>면세
사업자</td><td colspan="3">부가가치세법상 납세의무자가 아님
(소득세법상 사업자등록 의무는 있음)</td></tr>
</table>

(3) 재화를 수입하는 자의 납세의무

재화를 수입하는 자는 사업자인지의 여부와 용도 및 목적에 관계없이 과세재화의 수입에 대한 부가가치세 납세의무가 있다. 이는 재화가 수입되는 경우에는 공급자가 국외에 있으므로 이자에게 부가가치세의 납세의무와 징수의무를 부여할 수가 없기 때문이다. 따라서 재화가 수입되는 경우에는 수입자를 납세의무자로 정하고, 수입재화는 세관을 거치기 때문에 관세를 징수하는 세관장에게 부가가치세의 징수의무를 부여한 것이다.

2. 과세기간

'과세기간'이란 부가가치세의 과세표준 계산에 기초가 되는 기간을 말하며 납세의무의 성립 시기, 과세표준 및 납부세액의 계산 기간 및 신고·납부기한을 정하는 기준이 된다.

(1) 일반과세자의 과세기간

일반과세자는 1.1.~6.30.을 제1기 과세기간, 7.1.~12.31.을 제2기 과세기간으로 하여 각각의 과세기간별로 신고·납부하도록 하고 있다. 다만, 국가의 재정수요 측면과 사업자의 자금 사정 등을 고려하여 분할 납부하도록 하기 위하여 각 과세기간의 초일부터 3개월씩을 예정신고기간으로 하여 그 기간의 세액을 미리 납부하도록 하고 있다.

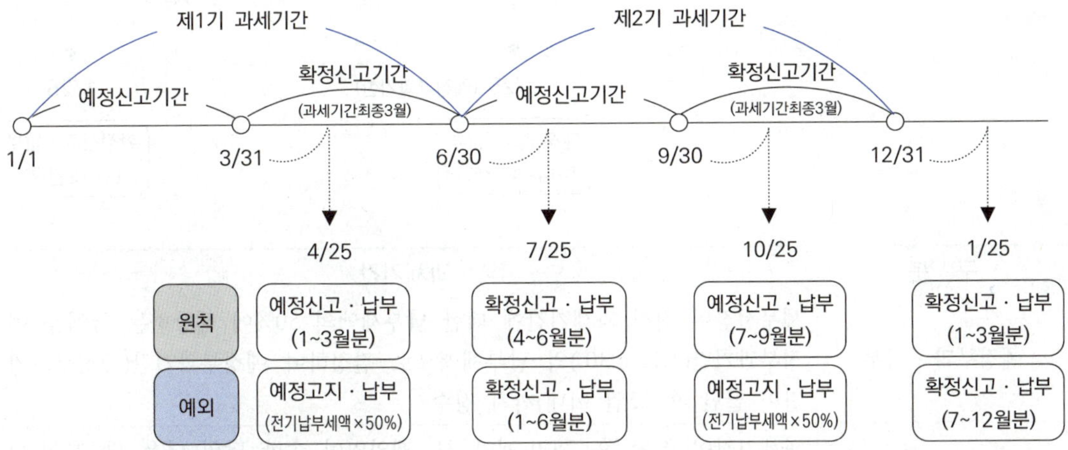

구 분		과세기간
원칙	예정신고 · 납부	예정신고 기간이 끝난 후 25일 이내 신고 · 납부
	확정신고 · 납부	과세기간이 끝난 후 25일(폐업 시, 폐업일이 속한 달의 다음 달 25일)이내 신고 · 납부
예외	예정고지 · 납부	개인사업자 및 영세법인사업자(직전 과세기간 공급가액의 합계액이 1억 5천만원 미만인 법인사업자)에 대해서는 세무서장이 예정신고기간마다 직전 과세기간에 대한 납부세액의 50%에 해당하는 금액을 결정하여 예정신고기한까지 징수
	확정신고 · 납부	과세기간이 끝난 후 25일(폐업 시, 폐업일이 속한 달의 다음 달 25일)이내 신고 · 납부

(2) 간이과세자의 과세기간

개인사업자 중 간이과세 적용대상자는 과세기간 직전 1년(1월 1일~12월 31일)의 공급대가(부가가치세 포함)가 10,400만원(과세유흥장소 및 부동산임대업 사업자는 4천8백만원) 미만인 경우에 간이과세자가 된다. 간이과세자는 납세편의를 위하여 1.1.~12.31.을 과세기간으로 하여 1년에 1회 신고 · 납부하도록 하고 있다. 다만, 1회 납부에 따른 납세부담을 완화하기 위해 1.1.~6.30.을 예정부과기간으로 하여 그 기간의 세액을 미리 납부하도록 하고 있다.

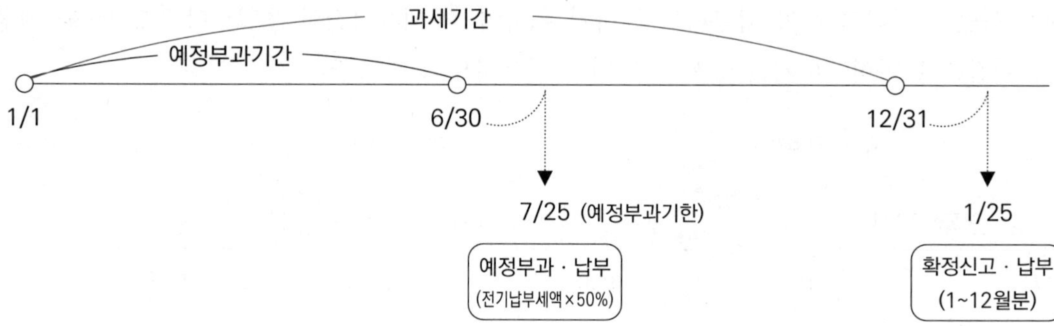

구 분	과세기간
예정부과 · 납부	세무서장이 직전 과세기간에 대한 납부세액의 50%에 해당하는 금액을 예정부과기간(1.1.~6.30.)의 납부세액으로 결정하여 예정부과기간(예정부과기간이 끝난 후 25일 이내)까지 징수
확정신고 · 납부	과세기간이 끝난 후 25일(폐업 시, 폐업일이 속한 달의 다음 달 25일)이내 신고 · 납부

(3) 특수한 경우

구 분	과세기간
신규사업 개시자의 최초과세기간	사업개시일(사업개시일 이전에 사업자등록을 신청한 경우는 신청일) ~ 과세기간 종료일
폐업자의 최종과세기간	과세기간 개시일 ~ 폐업일
과세유형이 변경되는 경우	간이과세자에 관한 규정이 적용되거나 적용되지 않게 되어 일반과세자가 간이과세자로 변경되거나, 간이과세자가 일반과세자로 변경되는 경우, 그 변경되는 해에 간이과세자에 관한 규정이 적용되는 기간의 과세기간은 다음의 기간으로 함 • 일반과세자가 간이과세자로 변경되는 경우 : 그 변경 이후 7.1.~12.31. • 간이과세자가 일반과세자로 변경되는 경우 : 그 변경 이전 1.1.~6.30.
간이과세를 포기한 경우	간이과세자가 간이과세를 포기함으로써 일반과세자로 되는 경우 다음의 기간을 각각 하나의 과세기간으로 함 • 과세기간 개시일 ~ 간이과세포기신고일이 속하는 달의 마지막 날 → 간이과세자의 과세기간 • 간이과세포기신고일이 속하는 달의 다음 달 1일 ~ 과세기간 종료일 → 일반과세자의 과세기간

3. 납세지

(1) 원칙: 사업장별 과세

'납세지'란 납세의무자가 납세의무 및 협력의무를 이행하고 과세관청이 부과권과 징수권을 행사하는 기준이 되는 장소를 말한다. 부가가치세는 소득에 부과되는 법인세나 소득세와 달리 재화·용역의 공급이라는 거래행위에 대하여 과세하는 것이므로, 거래가 발생하는 사업장마다 부가가치세의 납세의무를 이행하도록 규정하고 있다(사업장단위과세원칙). 부가가치세법상 사업장은 납세지로서 사업자가 부가가치세법에 따른 납세의무 및 협력 의무를 이행하고 과세관청이 부과권과 징수권을 행사하는 기준이 되는 장소로서 납세지를 관할하는 세무서장 또는 지방국세청장이 과세관할을 가진다. 사업자는 사업장마다 사업자등록을 해야 하며, 사업장별로 구분하여 세금계산서를 발급·수취하고, 사업장별로 각각 세액을 계산하여 각 사업장 관할 세무서장에게 신고·납부해야 한다. 따라서 각 사업장은 독립한 하나의 과세단위가 되며 이를 사업장별 과세원칙이라고 한다. 다만, 동일한 사업자에게 2 이상의 사업장이 있는 경우 사업자의 자금 부담을 경감하고 조세행정의 능률을 제고하기 위하여 '주사업장총괄납부제도'와 '사업자단위과세제도'를 두고 있다.

구 분		납세지	과세관할
사업자의 부가가치세	원칙	각 사업장 소재지 → 2 이상의 사업장이 있는 사업자는 사업장마다 신고 · 납부를 해야 함. 다만, 주사업장총괄납부사업자는 주사업장에서 총괄하여 납부 · 환급	사업자의 납세지를 관할하는 세무서장 또는 지방국세청장
	특례	사업자단위과세사업자는 각 사업장 대신 사업자의 본점 · 주사무소 소재지	
재화를 수입하는 자의 부가가치세	관세법에 따라 수입을 신고하는 세관의 소재지		재화를 수입하는 자의 납세지를 관할하는 세관장

(2) 납부의 예외 : 주사업장총괄납부

1) 의의

원칙적으로 부가가치세는 사업장 단위로 납부해야 한다. 그러나 한 사업자가 둘 이상의 사업장이 있는 경우 각 사업장의 납부세액 또는 환급세액을 통산하여 주된 사업장에서 납부하거나 환급받을 수 있도록 주사업장총괄납부제도를 운영하고 있다. '주사업장총괄납부'는 납부(또는 환급)만의 총괄이므로 사업자등록이나 부가가치세의 신고 및 세금계산서의 발급 · 수취 등 다른 의무는 각 사업장별로 이행하여야 한다. 사업장별로 납부 · 환급할 경우에는 납부세액은 신고기한까지 납부하여야 하고 환급세액은 신고기한 경과 후 30일(조기환급의 경우 15일)이내 환급하게 된다. 그러나 주사업장총괄납부를 선택하면 사업장을 총괄하여 납부하게 되므로 일부 사업장에 대하여 환급세액이 발생하면 환급세액을 차감한 후 부가가치세를 납부하면 되므로 자금관리에 도움이 된다. 다만, 총괄납부하는 경우에도 사업자등록 및 과세표준의 신고 등은 각 사업장마다 이행하여야 한다.

2) 주된 사업장의 범위

구 분	내 용
법인사업자	본점(주사무소 포함) 또는 지점(분사무소 포함) 중 선택한 장소
개인사업자	주사무소

3) 총괄납부의 신청

주된 사업장에서 총괄하여 납부하려는 자는 그 납부하려는 과세기간 개시 20일 전에 주된 사업장의 관할 세무서장에게 총괄납부를 신청하여야 한다. 다만, 신규사업자가 총괄납부를 신청하는 경우에는 주된 사업장의 사업자등록을 받은 날부터 20일 이내에 신청하여야 하며 해당 신청일이 속하는 과세기간부터 총괄하여 납부한다.

4) 총괄납부의 효력 및 제반 의무의 이행

총괄납부사업자는 각 사업장별로 계산된 납부세액 또는 환급세액을 통산한 후의 잔액을 주된 사업장 관할 세무서장에게 납부하거나 환급받을 수 있다.

총괄납부는 납부(또는 환급)에 국한되는 것일 뿐이며 사업장별 과세원칙을 변경시키는 것은 아니다. 그러므로 다음의 제반 의무는 각 사업장별로 이행하여야 한다.

① 사업자등록

② 세금계산서의 발급과 수취, 영수증의 작성 · 발급

③ 과세표준 및 납부세액(환급세액)의 계산 및 신고

④ 결정 · 경정

5) 총괄납부의 적용제외 및 포기

총괄납부사업자가 주된 사업장의 이동이 빈번하거나 사업내용의 변경 등으로 총괄납부가 적당하지 않게 되는 경우 그 적용을 하지 않게 된 날이 속하는 과세기간의 다음 과세기간부터 총괄납부를 적용하지 않는다.

민약, 총괄납부사업자가 각 사업장에서 납부하려고 할 때는 총괄납부를 포기할 수 있다. 이 경우에는 각 사업장에서 납부하려는 과세기간 개시 20일 전에 주된 사업장 관할 세무서장에게 포기신고를 하여야 한다.

(3) 신고 · 납부의 예외 : 사업자단위과세제도

1) 의의

둘 이상의 사업장이 있는 사업자가 사업자 단위로 사업자등록을 하는 경우 그 사업자의 본점 또는 주사무소에서 총괄하여 신고 · 납부할 수 있는데 이것을 '사업자단위과세'라고 한다. 주사업장총괄납부에 있어서는 납부 또는 환급만을 주사업장에서 총괄하는 데 비하여, 사업자단위과세 하에서는 납부 또는 환급뿐만 아니라 신고, 결정 · 경정 및 징수까지도 본점 또는 주사무소에서 통산하여서 하게 되며, 본점과 지점은 하나의 사업자등록번호를 사용하고 세금계산서도 하나의 등록번호로 발행하게 된다.

2) 사업자단위과세 적용사업장

사업자단위과세를 총괄하는 사업장은 법인의 본점(주사무소 포함) 또는 개인의 주사무소로 한다. 법인이 주사업장 총괄납부를 하는 경우에는 지점도 주된 사업장으로 할 수 있지만, 사업자단위적용 사업장은 본점만이 된다는 점에서 차이가 있다.

3) 사업자단위과세의 신청

사업자단위과세사업자로 적용받으려면 과세기간개시 20일 전까지 사업과의 본점 또는 주사무소 관할 세무서장에게 변경등록을 신청하여야 한다. 사업자단위로 사업자등록을 한 사업자는 둘 이상의 사업장이 있는 경우에도 본점 또는 주사무소에 대하여만 사업자등록을 한다. 따라서 본점 또는 주사무소를 제외한 다른 기존사업장의 사업자등록은 말소되며, 신설하는 사업장은 별도의 사업자등록을 하지 않는다. 결국 사업자단위과세를 신청하게 되면 부가가치세법에 따른 납세의무에 관한 사항을 사업자단위로 이행하게 된다.

4) 사업자단위과세의 효력

사업자단위로 신고 · 납부를 하는 경우 사업자의 본점 또는 주사무소에서 부가가치세를 총괄하여 신고 및 납부를 할 수 있다.

5) 사업자단위과세의 포기

사업자단위과세사업자가 각 사업장별로 신고 · 납부하거나 주사업장총괄납부를 하려는 경우에는 그 납부하려는 과세기간이 시작하기 20일 전에 사업자단위과세포기신고서를 사업자단위과세적용 사업장 관할 세무서장에게 제출하여야 한다. 이 경우 포기신청일이 속하는 과세기간까지는 사업자단위과세를 적용하고 다음 과세기간부터는 사업장별 과세로 전환된다.

03 사업자등록

1. 사업자등록 개요

'사업자등록'이란 부가가치세 업무의 효율적인 운영을 위하여 납세의무자의 사업에 관한 일련의 사항을 세무관서의 공부에 등재하는 것을 말한다. 사업자등록은 과세관청으로 하여금 납세의무자와 사업내용 등을 쉽게 파악할 수 있게 하므로 사업자등록제도는 과세자료의 양성화에 이바지함으로써 근거과세 및 공평과세를 실현하는 역할을 하고 있다. 하지만 사업자등록증의 발급이 해당 사업자에게 사업을 허용하거나 경영을 할 권리 자체를 인정하는 것은 아니다.

(1) 사업자등록의 신청

신규사업개시자 중 사업자단위과세사업자가 아닌 자는 사업장마다, 사업자단위과세사업자는 당해 사업자의 본점 또는 주사무소에서 사업개시일부터 20일 이내에 사업자등록신청을 해야 한다. 다만, 새로 사업을 시작하려는 자는 사업개시일 전이라도 등록할 수 있는데 이를 '사업개시 전 등록'이라 한다. 이는 신규 사업개시 준비 기간에 발생하는 매입세액을 공제받을 수 있도록 하기 위해서다.

(2) 사업자등록증의 발급

등록신청을 받은 세무서장은 그 신청내용을 조사하여 적법한 경우 신청일로부터 2일 이내(토요일과 공휴일 또는 근로자의 날은 제외함)에 등록번호가 부여된 사업자등록증을 신청자에게 발급해야 한다. 다만, 사업시설이나 사업 현황을 확인하기 위하여 국세청장이 필요하다고 인정하는 경우에는 발급기한을 5일 이내(토요일과 공휴일 또는 근로자의 날은 제외함)에서 연장하고 조사한 사실에 따라 사업자등록증을 발급할 수 있다. 그리고 관할 세무서장은 등록신청의 내용을 보정할 필요가 있다고 인정될 때에는 10일 이내의 기간을 정해서 보정을 요구할 수 있다.

(3) 사업자 유형

1) 사업형태에 따른 구분

사업자 유형은 사업형태에 따라 개인사업자와 법인사업자가 있다.

① 개인사업자 : 개인사업자란 회사를 설립하는 데 별도의 상법적 절차가 필요하지 않아 그 설립 절차가 간편하고 휴 · 폐업이 비교적 간단한 부가가치세와 소득세 납부의무가 있는 사업자를 말한다.

② 법인사업자 : 법인사업자란 법인설립등기를 함으로써 법인격을 취득한 법인뿐만 아니라 국세기본법의 규정에 따라 법인으로 보는 법인격 없는 단체 등으로 부가가치세 및 법인세 납부의무가 있는 사업자를 말한다.

개인과 법인의 세제상 주요 차이

구 분	개인기업	법인기업
납 부 세 금	소득세	법인세/소득세
세 율 구 조	6 ~ 45%(8단계 초과누진세율)	9 ~ 24%(4단계 초과누진세율)
납 세 지	사업자 주소지	본점/주사무소 소재지
기 장 의 무	간편장부/복식부기	복식부기
외부감사제도	없음	자산총액 120억원 이상 법인 등

2) 과세유형에 따른 구분

개인사업자 중 부가가치세의 납부 여부에 따라 과세사업자와 면세사업자로 구분된다. 다만, 과세 · 면세 겸영 사업자이면 사업자등록은 과세사업자로 발급한다.

① 과세사업자 : 과세사업자는 부가가치세 과세대상 재화 또는 용역을 공급하는 사업자로서 부가가치세법상 납세의무가 있는 개인사업자를 말한다.

② 면세사업자 : 면세사업자는 부가가치세가 면제되는 재화 또는 용역을 공급하는 사업자로서 부가가치세법상 납세의무가 없는 개인사업자를 말한다.

(4) 사업자등록의 사후관리

1) 사업자등록증의 정정

사업자는 사업자등록사항이 변경되면 지체 없이 사업자등록 정정신고서를 세무서장(관할 세무서장이나 그 밖에 신고인의 편의에 따라 선택한 세무서장)에게 제출해야 한다. 신고를 받은 세무서장은 다음의 기한 이내에 변경 내용을 확인하고 사업자등록증의 기재사항을 정정하여 재발급해야 한다.

신청일 당일 재발급 사유

① 상호를 변경하는 경우
② 통신판매업자가 사이버몰의 명칭 또는 인터넷 도메인이름을 변경하는 경우

신청일로부터 2일 이내 재발급 사유(중요한 정정사항)

① 법인 또는 법인으로 보는 단체 외의 단체로서 기획재정부령으로 정하는 단체가 대표자를 변경하는 경우
② 사업의 종류에 변경이 있을 때
③ 사업장을 이전하는 경우(사업자단위과세사업자의 경우에는 사업자단위과세적용 사업장을 이전하는 경우)
④ 상속(증여 아님)으로 사업자의 명의가 변경되는 때
⑤ 공동사업자의 구성원 또는 출자지분의 변경이 있는 때
⑥ 임대인, 임대차 목적물 · 면적, 보증금, 임차료 또는 임대차기간이 변경되거나 새로 상가건물을 임차한 경우
⑦ 사업자단위과세사업자가 사업자단위과세적용 사업장을 변경하는 경우
⑧ 사업자단위과세사업자가 종된 사업장을 신설하거나 이전하는 경우
⑨ 사업자단위과세사업자가 종된 사업장의 사업을 휴업하거나 폐업하는 경우

2) 휴업 · 폐업신고와 사업자등록의 말소

사업자가 휴업 또는 폐업하거나 사업개시일 이전에 사업자등록을 한 자가 사실상 사업을 시작하지 않게 될 때에는 지체 없이 휴업(폐업)신고서를 세무서장(관할 세무서장 또는 그 밖의 세무서장 중 어느 한 세무서장)에게 제출(국세정보통신망에 의한 제출 포함)해야 한다. 폐업신고서에는 사업자등록증을 첨부해야 한다. 또한, 사업자 관할 세무서장은 등록된 사업자가 폐업하거나 사업개시일 이전에 사업자등록신청을 하고 사실상 사업을 시작하지 않으면 지체 없이 사업자등록을 말소해야 한다. 등록을 말소하는 경우 관할 세무서장은 지체 없이

등록증을 회수해야 하며, 등록증을 회수할 수 없는 경우에는 등록말소 사실을 공시해야 한다. 관할 세무서장은 부가가치세의 업무를 효율적으로 처리하기 위해 필요하다고 인정되면 사업자등록증을 갱신하여 발급할 수 있다.

(5) 사업자등록 의무위반에 대한 불이익

사업자등록의 의무위반에 대해서는 다음과 같은 불이익이 있다.

미등록시 불이익

구 분		내 용
미등록시 불이익	등록 전 매입세액불공제	• 사업자등록을 신청하기 전에 매입세액은 매출세액에서 공제하지 않음
	미등록 가산세 부과	• 사업자가 사업개시일로부터 20일 이내에 등록을 신청하지 아니한 경우 가산세(공급가액의 1%) 부과

타인 명의 등록시 불이익

구 분		내 용
타인명의 등록시 불이익	타인명의의 등록가산세 부과	• 타인 명의로 사업자등록을 하거나 그 타인 명의의 사업자등록을 이용하여 사업을 하는 것으로 확인되는 경우 가산세(공급가액의 1%) 부과
	조세범으로 처벌	• 조세의 회피 또는 강제집행의 면탈을 목적으로 타인의 성명을 사용하여 사업자등록을 한 자는 2년 이하의 징역 또는 2천만원 이하의 벌금에 처함 • 조세의 회피 또는 강제집행의 면탈을 목적으로 자신의 성명을 사용하여 타인에게 사업자등록을 할 것을 허락한 자는 1년 이하의 징역 또는 1천만원 이하의 벌금에 처함

생활속의 세금

TOPIC 사업자등록 관련 Tip

처음으로 사업을 시작하는 김슬기 씨는 3월 1일 가게를 임차하여 실내공사를 마치고 3월 20일부터 영업을 시작하였으나, 여러 가지 바쁜 일 때문에 7월 23일이 되어서야 사업자등록을 신청하러 세무서를 방문하였다. 그런데 담당 직원은 사업자등록 신청서를 검토해 보더니 "사업자등록신청을 제때 하지 않았기 때문에 가산세를 물어야 하고, 매입세액도 공제받을 수 없다"라고 하지 않는가? 김슬기 씨가 깜짝 놀라 "그게 무슨 얘기냐"고 묻자 담당 직원은 다음과 같이 설명해 주었다. 새로 사업을 시작하는 자는 사업을 개시한 날부터 20일 이내에 사업자등록을 하여야 하며, 이 기간 내에 사업자등록을 신청하지 않으면 다음과 같은 불이익을 받게 된다.

가산세 부담

사업자가 사업을 개시한 날부터 20일 이내에 사업자등록을 신청하지 아니한 경우에는, 사업을 개시한 날부터 등록을 신청한 날의 직전일까지의 매출액에 대하여 1%(단, 간이과세자는 매출액의 0.5%와 5만원 중 큰 금액)를 가산세로 부담해야 한다.

매입세액 불공제

사업을 개시하기 전이라도 실내장식을 하거나 비품 등을 구입할 수 있는데, 내부공사가 완료되거나 비품 등을 구입한 날이 속하는 과세기간이 끝난 후 20일이 지나서 사업자등록을 신청하는 경우에는 그 매입세액을 공제받을 수 없다. 김슬기 씨의 경우 공급 시기가 속하는 과세기간이 끝난 후 20일이 지나서(7월 23일) 사업자등록을 신청했으므로 실내 공사대금과 개업을 위하여 구입한 비품 및 물품 구입 대금과 관련한 매입세액은, 세금계산서를 받았더라도 공제를 받을 수 없다. 즉, 공급 시기가 속하는 과세기간이 끝난 후 20일 이내에 등록 신청한 경우 등록 신청일로부터 공급 시기가 속하는 그 과세기간 내 매입세액은 공제할 수 있다.

[국세청, 세금절약가이드]

04 | 부가가치세 과세거래

부가가치세 과세대상은 재화 또는 용역의 공급과 재화의 수입이다. 재화 또는 용역의 공급의 경우에는 공급자가 사업자이고 거래장소가 국내인 것에 한하여 과세한다. 재화의 수입의 경우에는 국내에서 생산된 재화를 공급받는 경우와 동일한 조세부담이 되도록 하기 위하여 수입자가 사업자인지 여부 및 수입 용도의 내용에 관계없이 모든 수입자를 과세대상으로 한다. 다만, 용역의 수입에 대하여는 과세대상으로 규정하지 않고 있으나 국내에서 제공되는 용역과 동일한 조세부담이 되도록 하기 위하여 용역 또는 무체물(이하 '용역 등'이라 칭함)의 대가를 지급하는 자가 용역 등을 공급하는 자를 대리하여 부가가치세를 자가징수하여 납부하도록 하고 있다(대리납부제도).

부가가치세 과세대상은 소비에 대한 조세 부담의 역진성을 회피하기 위하여 과세 대상거래와 면세대상 거래로 구분한다. 과세대상 거래는 외국에서 사용 · 소비될 재화 또는 용역의 공급에 대한 부가가치세의 부담을 완전배제하기 위하여 영의 세율을 적용하는 영세율 과세대상 거래와 일반세율 과세대상 거래로 구분한다.

1. 재화의 공급

'재화의 공급'이란 계약상 또는 법률상의 모든 원인에 따라 재화를 인도 또는 양도하는 것으로, 대가를 받고 재화를 거래 상대자에게 인도하거나 양도하여 실질적으로 소유 관계가 변하거나 장소가 이동되는 것을 말한다.

여기서 '재화'란 재산 가치가 있는 물건 및 권리를 말한다. 여기서 물건은 상품, 제품, 원료, 기계, 건물 등 모든 유체물과 전기, 가스, 열 등 관리할 수 있는 자연력으로 하고, 권리는 광업권이나 특허권, 저작권 등 물건 외에 재산적 가치가 있는 모든 것으로 한다. 다만, 수표나 어음 등의 화폐대용증권과 주식, 채권 등의 유가증권 그리고 상품권은 그 자체가 소비대상이 아니므로 과세대상 재화에 해당하지 않는다.

(1) 재화의 실질공급

'재화의 실질공급'이란 계약상 또는 법률상의 모든 원인에 의하여 재화를 인도 또는 양도하고 그 대가를 받는 것(유상공급)을 말하고, 다음의 유형으로 구분하여 설명할 수 있다.

<table>
<tr><th>원 인</th><th colspan="2">내 용</th></tr>
<tr><td rowspan="4">계약상 원인</td><td>① 매매 계약</td><td>현금판매, 외상판매, 할부판매, 장기할부판매, 조건부 및 기한부 판매, 위탁판매와 그 밖의 매매계약에 따라 재화를 인도하거나 양도하는 것</td></tr>
<tr><td>② 가공 계약</td><td>자기가 주요 자재의 전부 또는 일부를 부담하고 상대방으로부터 인도받은 재화를 가공하여 새로운 재화를 만드는 가공계약에 따라 재화를 인도하는 것</td></tr>
<tr><td>③ 교환 계약</td><td>재화의 인도 대가로서 다른 재화를 인도받거나 용역을 제공받는 교환계약에 따라 재화를 인도하거나 양도하는 것</td></tr>
<tr><td colspan="2">④ 현물출자 그 밖의 계약상 원인에 따라 재화를 인도하거나 양도하는 것</td></tr>
<tr><td>법률상 원인</td><td colspan="2">경매, 수용 그 밖의 법률상의 원인에 따라 재화를 인도하거나 양도하는 것</td></tr>
</table>

(2) 재화의 간주공급

사업자가 자기의 과세사업과 관련하여 생산하거나 취득한 재화를 매입하는 경우에는 그 매입세액을 매출세액에서 공제받지만, 사업자가 과세사업 외의 용도로 사용·소비하기 위하여 재화를 매입하는 경우에는 매입세액을 공제받지 못한다. 그런데, 만약 사업자가 과세사업을 위하여 재화를 매입해 매입세액을 공제받은 후 이를 과세사업 외의 용도로 사용·소비(사업자가 최종소비자의 지위에서 사용·소비하거나 면세사업에 사용하는 것 또는 타인에게 증여하는 것 등)하는 경우에는 부당하게 매입세액만 공제받고 부가가치세 부담 없이 재화를 사용·소비하게 된다. 따라서 부가가치세법에서는 이러한 경우에도 부가가치세를 부담하게 하려고 이를 재화의 공급으로 의제하고 있다. 이를 '재화의 간주공급'이라 한다. 이러한 재화의 간주공급은 다음과 같이 자가공급, 개인적 공급, 사업상 증여, 폐업 시 잔존재화의 4가지로 구분된다.

1) 자가공급

'자가공급'이란 사업자가 자기의 사업과 관련하여 생산하거나 취득한 재화를 자기의 사업을 위하여 직접 사용·소비하는 것을 말한다. 과세대상 자가공급은 다음과 같이 3가지 경우로 구분된다.

① 면세사업에 전용하는 재화 : 과세사업을 위하여 생산·취득한 재화를 면세사업을 위하여 사용·소비하는 것[다만, 처음부터 매입 시 매입세액이 공제되지 않은 경우(불공제되는 원인 불문)는 재화의 공급으로 보지 않음]

② 영업 외의 용도로 사용하는 개별소비세 과세대상 자동차와 그 유지를 위한 재화 : 자기의 사업과 관련하여 생산하거나 취득한 재화를 비영업용 목적으로 사용하거나 그 유지를 위하여 사용 또는 소비하는 것

③ 판매 목적으로 다른 사업장에 반출하는 재화 : 2 이상의 사업장이 있는 사업자가 자기의 사업과 관련하여 생산 또는 취득한 재화를 판매할 목적으로 자기의 다른 사업장에 반출하는 것

2) 개인적 공급

'개인적 공급'이란 사업자가 자기의 사업과 관련하여 생산 · 취득한 재화를 사업과 직접적인 관계없이 개인적인 목적이나 그 밖의 다른 목적을 위하여 사용 · 소비하거나 그 사용인 또는 그 밖의 자가 사용 · 소비하는 것으로서 사업자가 그 대가를 받지 않거나 시가보다 낮은 대가를 받는 경우에는 재화의 공급으로 간주한다. 명절, 근로자의 날 등을 맞이하여 종업원에게 기념품을 무상으로 지급하는 경우가 그 예이다.

3) 사업상 증여

사업자가 자기의 사업과 관련하여 생산 · 취득한 재화를 자기의 고객이나 불특정 다수에게 증여하는 경우는 재화의 공급으로 본다. 처음부터 매입 시 매입세액이 공제되지 않은 경우(불공제되는 원인 불문)는 재화의 공급으로 보지 않는다. 기부나 접대를 위한 재화의 무상공급은 증여에 해당하나 사업자가 자기 사업의 광고 선전 목적으로 불특정다수인에게 무상배포하는 것(광고선전물)이나 자기의 제품이나 상품을 구입하는 자에게 구입 당시 구입가액 비율에 따라 기증품을 증여하는 경우에는 사업상 증여에 해당하지 않는다. 하지만, 사업자가 자기 재화의 판매촉진을 위해 거래상대자의 판매실적에 따라 일정률의 장려금품을 재화로 공급하거나 자기 고객 중 추첨을 통해 당첨된 자에게 재화를 경품으로 제공하는 경우가 사업상 증여에 해당한다.

4) 폐업 시 잔존재화

사업자가 폐업할 때 자기의 사업과 관련하여 생산 · 취득한 재화 중 남아 있는 재화는 자기에게 공급하는 것으로 본다. 이는 사업개시일 이전에 사업자등록을 신청한 자가 사실상 사업을 시작하지 않게 되는 경우에도 동일하다.

(3) 재화의 공급으로 보지 않는 경우

담보의 제공, 조세의 물납, 신탁재산의 소유권 이전, 사업의 양도, 경매 · 공매 · 수용, 그리고 특정 창고증권의 양도의 경우는 재화의 공급으로 보지 않기 때문에 과세대상에서 제외된다.

2. 용역의 공급

(1) 용역의 정의

용역이란 재화 외의 재산 가치가 있는 모든 역무 및 그 밖의 행위를 말한다. 구체적으로 다음의 사업에 해당하는 모든 역무와 그 밖의 행위로 한다.

① 건설업
② 숙박 및 음식점업
③ 부동산업(다만, 다음의 사업은 제외함)
- 전 · 답 · 과수원 · 목장용지 · 임야 또는 염전임대업
- 「공익사업을 위한 토지 등의 취득 및 보상에 관한 법률」에 따른 공익사업과 관련해 지역권 · 지상권(지하 또는 공중에 설정된 권리를 포함함)을 설정하거나 대여하는 사업

④ 그 밖에 부가가치세법 시행령에 열거된 사업(운수업, 통신업, 금융 등)

(2) 용역의 공급(용역의 실질적 공급)

용역의 공급은 계약상 또는 법률상의 모든 원인에 따른 것으로서 다음 중 어느 하나에 해당하는 것으로 한다.

① 역무를 제공하는 것(노동력에 의한 활동 및 서비스)
② 시설물, 권리 등 재화를 사용하게 하는 것
- 테니스장, 냉장창고, 자동차 정류장 등의 시설물 등을 사용하게 하고 대가를 받는 것
- 특허권, 상표권, 광물탐사권, 브랜드 등의 무형재산권을 소유한 자가 이를 제3자에게 사용할 수 있는 권한을 부여하고 로열티 등의 사용료를 받는 것

(3) 용역 공급의 특례

1) 용역의 자가공급(용역의 간주공급)

사업자가 자신의 용역을 자기의 사업을 위해 대가를 받지 않고 공급함으로써 다른 사업자와의 과세형평이 침해되는 경우에는 자기에게 용역을 공급하는 것으로 본다. 이 경우 그 용역의 범위는 대통령령으로 정한다. 하지만 현재 대통령령으로 정한 바가 없으므로 현실적으로 용역의 자가공급에 대해서는 부가가치세가 과세되지 않는다.

2) 용역의 공급으로 보지 않는 거래

구 분	내 용
① 용역의 무상공급	[원칙] 사업자가 대가를 받지 않고 타인에게 용역을 공급하는 것은 용역의 공급으로 보지 않음 [예외] 사업자가 특수관계인에게 사업용 부동산의 임대용역을 무상으로 공급하는 경우에는 용역의 공급으로 봄
② 근로의 제공	고용 관계에 따라 근로를 제공하는 것은 용역의 공급으로 보지 않음

사업자가 대가를 받지 아니하고 타인에게 용역을 공급하는 것은 용역의 공급으로 보지 않는다. 왜냐하면, 용역의 무상공급을 포착하기 어렵고, 과세표준산정에 어려움이 있기 때문이다. 다만, 예외로 사업자가 대가를 받지 않고 특수관계에 있는 자에게 사업용 부동산의 임대용역을 공급하는 경우에는 용역의 공급으로 보고, 공급한 용역의 시가를 과세표준으로 부가가치세를 부과한다. 또한, 고용 관계에 의한 근로의 제공은 용역의 공급으로 보지 않는데 이는 근로의 제공이라는 의미는 사업상 독립적으로 용역을 제공하는 것이 아닌 종속적 지위에서 제공하는 의미를 가지고 있기 때문이다.

3. 재화의 수입

재화의 수입은 다음 중 어느 하나에 해당하는 물품을 국내에 반입하는 것(보세구역을 거치는 것은 보세구역에서 반입하는 것을 말함)으로 한다.

① 외국으로부터 국내에 도착된 물품(외국의 선박에 의하여 공해에서 채집되거나 잡힌 수산물 포함)으로서 수입신고가 수리되기 전의 것
② 수출신고가 수리된 물품(수출신고가 수리된 물품으로서 선적되지 아니한 물품을 보세구역에서 반입하는 경우는 제외함) → 즉, 수출신고가 수리된 물품으로서 선적된 물품

(1) 보세구역

보세구역이란 우리나라의 영토 중 관세의 부과를 유예한 일정 구역을 말한다. 따라서 외국으로부터 재화가 보세구역으로 반입된 시점에서는 수입으로 보지 않으며, 보세구역으로부터 인취된 시점에서 수입으로 본다.

(2) 재화의 수입으로 보지 않는 것

① 재화의 수출시점을 선적일(또는 기적일)을 기준으로 판단함에 따라 아직 선적(또는 기적)되지 않은 물품에 대하여는 영세율이 적용되지 않았기 때문에 수출신고가 수리된 물품으로서 선적(기적 포함)되지 아니한 것을 보세구역으로부터 인취하는 것은 수입으로 보지 아니한다.

② 외국에서 보세구역으로 재화를 반입하는 것

4. 공급시기와 장소

(1) 공급시기의 의의

공급시기란 재화 · 용역의 공급이 어느 시점에서 이루어진 것으로 할 것인지를 결정하는 시간적 기준으로서 세금계산서의 발급, 부가가치세의 거래징수 및 신고 · 납부시기 등을 결정하는 요소이다.

1) 재화의 공급 시기

재화가 공급되는 시기는 다음에 따른 때로 한다.

① 재화의 이동이 필요한 경우 : 재화가 인도되는 때
② 재화의 이동이 필요하지 않은 경우 : 재화가 이용가능하게 되는 때
③ 위의 기준을 적용할 수 없는 경우 : 재화의 공급이 확정되는 때

거래형태별 공급시기는 다음과 같다.

일반적인 거래

구 분	공급시기
① 현금판매, 외상판매, 할부판매	재화가 인도되거나 이용가능하게 되는 때 (대금이 지급된 때가 아님)
② 상품권 등을 현금 또는 외상으로 판매한 후 해당 상품권 등이 현물과 교환되는 경우	재화가 실제로 인도되는 때 (상품권이 인도되는 때가 아님)
③ 재화의 공급으로 보는 가공	가공된 재화를 인도하는 때 (가공이 완료된 때가 아님)

조건부판매 · 기한부 판매

구 분	공급시기
반환조건부 판매, 동의조건부 판매, 그 밖의 조건부 판매 및 기한부 판매	조건이 성취되거나 기한이 지나 판매가 확정되는 때

기타

구 분	공급시기
할부판매, 장기할부판매	계약에 따라 대가의 각 부분을 받기로 한 때
면세사업전용	재화가 사용 또는 소비되는 때
무인 판매기에 의한 재화의 공급	현금을 인취하는 때
수출 재화의 경우	수출 재화의 선적일
상품권 등에 의한 공급	재화가 실제로 인도되는 때

2) 용역의 공급 시기

용역의 공급 시기는 역무가 제공되거나 재화 · 시설물 또는 권리가 사용되는 때로 한다.

① 일반적인 공급의 경우 : 역무의 제공이 완료되는 때
② 시설물, 권리 등 재화가 사용되는 때
③ 장기할부 등 : 그 대가의 각 부분을 받기로 한때
④ 위의 규정을 적용할 수 없는 경우 : 역무의 제공이 완료되고 공급가액이 확정되는 때

3) 세금계산서와 공급시기

세금계산서는 재화 또는 용역의 공급시기에 발급하는 것을 원칙으로 한다. 따라서, 공급시기 도래 전에 세금계산서를 미리 발급하는 것은 허용되지 않는다. 다만, 사업자가 공급시기가 도래하기 전에 대가의 전부 또는 일부를 받고 이와 동시에 받은 대가에 대하여 세금계산서 등을 발급하면, 동일 과세기간 이내로서 그 발급하는 때를 공급시기로 본다.

또한, 공급시기 도래 후에 세금계산서를 발급하는 것도 허용되지 않는다. 다만, 거래처별로 1역월의 공급가액을 합계하여 해당 월의 말일 자를 발행 일자로 하여 세금계산서를 발급하거나 거래처별로 1역월 이내에서 사업자가 임의로 정한 기간의 공급가액을 합계하여 그 기간의 종료 일자를 발행 일자로 하여 세금계산서를 발급하는 것은 가능하다.

(2) 공급장소

공급장소는 소비지국과세원칙에 따라 재화 또는 용역이 국내에서 공급된 것인지 국외에서 공급된 것인지를 구분하여 부가가치세 과세 여부를 판단하기 위한 기준이 되는 것이다. 부가가치세는 우리나라가 과세권을 행사할 수 있는 곳에서 이루어지는 거래에 대하여 과세하는 것이 원칙이다.

- 공급장소 – 국내 : 부가가치세 과세권 있음
- 공급장소 – 국외 : 부가가치세 과세권 없음

공급장소

<table>
<tr><th colspan="2">구 분</th><th>공급장소</th></tr>
<tr><td rowspan="2">재화</td><td>재화의 이동이 필요한 경우</td><td>재화의 이동이 개시되는 장소</td></tr>
<tr><td>재화의 이동이 필요하지 아니한 경우</td><td>재화가 공급되는 시기에 재화가 있는 장소</td></tr>
<tr><td rowspan="3">용역</td><td>일반적인 용역</td><td>역무가 제공되거나 시설물 · 권리 등 재화가 사용되는 장소</td></tr>
<tr><td>국내 · 외에 걸쳐 용역이 제공되는 국제운송의 경우 사업자가 비거주자 또는 외국법인인 경우</td><td>여객이 탑승하거나 화물이 적재되는 장소</td></tr>
<tr><td>전자적 용역을 공급하는 국외사업자에 대한 특례규정에 따른 전자적 용역</td><td>용역을 공급받는 자의 사업장 소재지, 주소지 또는 거소지</td></tr>
</table>

05 영세율과 면세

1. 영세율

(1) 의의

'영세율'은 특정한 재화 또는 용역의 공급에 대하여 영(0%)의 세율을 적용하고 그 전단계에서 부담한 부가가치세(매입세액)를 공제 · 환급함으로써 부가가치세 부담을 완전히 면제하는 완전면세제도이다. 영세율을 적용받는 재화와 용역을 수출하는 경우에는 부가가치세만큼 낮은 가격으로 공급할 수 있어 가격조건이 유리하므로 수출을 촉진하는 효과가 있다.

	일반적인 경우	영세율 적용 시
납부세액	매출세액(매출액 × 10%) − 매입세액(매입액 × 10%)	매출세액(매출액 × 0%) − 매입세액(매입액 × 10%) = 0 − 매입세액 = △매입세액(환급세액)

(2) 영세율 적용대상자

1) 적용대상 사업자

① 사업자가 거주자 또는 내국법인인 경우 : 무조건 영세율을 적용함
② 사업자가 비거주자 또는 외국법인인 경우 : 그 해당 국가에서 대한미국의 거주자 또는 내국법인에 대하여 동일하게 면세하는 경우에만 영세율을 적용함(우리나라 기업들의 상대적인 가격경쟁력 제고를 위함) → 영세율에 대한 상호주의 적용

2) 사업자별 영세율 적용여부

사업자 분류			영세율 적용 여부
사업자	과세사업자	일반과세자	영세율적용 ○
		간이과세자	영세율적용 ○ (단, 매입세액 환급 ×)
	면세사업자	−	영세율적용 × (단, 면세포기시 영세율 적용 ○)

영세율 적용대상자는 우선 과세사업자이어야 하며, 원칙적으로 거주자 또는 내국법인만 가능하다. 영세율 제도는 세율을 '0%'로 적용하는 차이점 외에는 일반적인 부가가치세법상 납세자와 동일하므로 사업자등록 · 세금계산서 발급 등의 납세의무자로서의 모든 의무를 이행

해야 한다. 영세율 첨부서류를 제출하지 않은 경우에도 영세율 대상임이 확인되는 경우 영세율을 적용받을 수 있지만, 영세율 과세표준 신고불성실가산세가 적용되는 점에 유의해야 한다. 한편 면세사업자는 부가가치세법상 사업자가 아니므로 면세를 포기하지 않는 한 영세율을 적용받을 수 없다.

(3) 영세율 적용대상 거래

① 재화의 수출
② 용역의 국외공급(용역의 수출)
③ 선박 또는 항공기의 외국 항행용역의 공급
④ 기타 외화를 취득하는 재화 · 용역의 공급

생활속의 세금

TOPIC 영세율 관련 Tip

부가가치세 영세율이 적용되면 매출세액이 '0'이 되므로 매입세액을 전액 환급받게 되는 등 혜택이 크다. 그러므로 부가가치세법에서는 영세율 적용요건이 충족되었는지를 검증하기 위해 각종 증빙서류를 제출하도록 하고 있다. 제출서류는 경우마다 다르다. 사후에 증빙서류를 수집하려면 어려움이 크므로, 영세율이 적용대상이 되면 제출해야 할 서류가 무엇인지를 정확히 알아 두고 미리 준비하는 것이 좋다. 부가가치세를 신고할 때 영세율 첨부서류를 제출하지 않으면 다음과 같은 불이익이 따르므로 반드시 제출해야 한다.

1) 영세율을 적용받지 못하고 부가가치세를 납부하게 된다. 증빙서류를 제출하지 않으면 영세율 적용대상인지가 확인되지 않기 때문이다.
2) 영세율 적용대상 매출액의 0.5%를 가산세로 물게 된다. 제출된 다른 증빙서류에 의하여 영세율 적용대상임이 확인되는 경우에는 영세율을 적용하나, '영세율과세표준신고불성실가산세' 0.5%(국세기본법 47의 3①단서)를 물게 된다.

[국세청, 세금절약가이드]

2. 면세

(1) 의의

'면세제도'란 일정한 재화 또는 용역의 공급에 대한 부가가치세의 납세의무를 면제하는 제도이다. 따라서 면세사업자는 과세표준의 신고, 세금계산서 발급 등의 의무가 없다. 면세사업자는 재화 또는 용역을 생산 · 취득하기 위하여 부담한 부가가치세(매입세액)는 환급받지 못하므로 그 매입세액은 원가에 가산되어 다음 거래상대방에게 전가된다. 이처럼 면세제도는 당해 거래에서 창출된 부가가치에 대해서는 과세하지 않지만, 그 이전 단계에서 창출된 부가가치까지 면제하는 것은 아니므로 이를 '부분면세'라고 한다. 대부분 면세가 적용되는 경우 공제받지 못한 매입세액만큼은 매입원가 등에 가산하여 최종소비자에게 전가된다.

현행 부가가치세법은 10%의 단일세율구조를 취하고 있어서 역진적인 조세라고 할 수 있다. 이러한 부가가치세의 역진성을 완화하기 위하여 기초생활필수품 등에 부가가치세를 면제하여 최종소비자의 부담을 덜어주는 것이 면세의 취지라 할 수 있다.

(2) 면세대상이 되는 재화 또는 용역의 공급

구 분	면세대상
기초 생활 필수 재화 · 용역	미가공식료품 : 식용 농 · 축 · 수 · 임산물 포함(국산 · 외산 불문)
	국내생산 비식용 미가공 농 · 축 · 수 · 임산물(외산은 과세)
	수돗물(전기는 과세)
	연탄 · 무연탄(유연탄, 갈탄, 착화탄은 과세)
	여객운송용역(지하철, 시내버스, 시외버스, 일반고속버스 등)
	주택과 그 부수토지 임대용역(사업용 건물과 그 부수토지 임대용역은 과세)
	공동주택 어린이집의 임대용역
국민 후생 재화 · 용역	의료보건용역과 혈액(의약품조제용역은 면세, 의약품 단순판매는 과세)
	주무관청의 허가 · 인가를 받거나 주무관청에 등록 · 신고된 교육용역
문화 관련 재화 · 용역	도서(도서대여 및 실내도서열람 용역 포함), 신문 · 인터넷신문 · 잡지 · 관보 · 뉴스통신 · 방송(광고는 과세)
	예술창작품 · 예술행사 · 문화행사 · 아마추어운동경기
	도서관 · 과학관 · 박물관 · 미술관 · 동물원 · 식물원 · 민속문화자원을 소개하는 장소 · 전쟁기념관에의 입장(오락 · 유흥 시설과 함께 있는 동 · 식물원 및 해양수족관은 과세)

부가가치 구성요소	금융 · 보험용역
	토지의 공급(건물의 공급은 과세)
	일정한 인적용역(저술가 · 작곡가 등이 작업상 제공하는 인적용역 등) →회계사 · 세무사 등 전문자격사의 인적용역은 과세, 국선변호 · 법률구조 · 국선대리 · 후견사무용역 등은 면세
기 타	우표 · 인지 · 증지 · 복권 · 공중전화(수집용 우표는 과세)
	특정한 제조담배(200원 이하 소액담배 · 특수용담배)
	공익단체(종교 · 자선 · 학술 · 구호 그 밖의 공익목적 단체)가 공급하는 재화 · 용역(학술 · 기술 발전을 위하여 학술 · 기술의 연구 · 발표를 주된 목적으로 하는 단체가 그 연구와 관련하여 실비 또는 무상으로 공급하는 재화 · 용역)
	국가 · 지방자치단체 · 지방자치단체조합이 공급하는 재화 · 용역
	국가 · 지방자치단체 · 지방자치단체조합 · 일정한 공익단체에 무상으로 공급하는 재화 · 용역(유상공급은 과세)
조세특례제한법에 따른 면세	국민주택 및 그 주택의 건설용역(국민주택규모 초과 주택의 공급은 과세)
	영유아용 기저귀 · 분유
	온실가스 배출권과 외부사업 온실가스 감축량 및 상쇄배출권
	개인택시운송사업용으로 간이과세자에게 공급하는 자동차

(3) 면세의 포기

일정한 면세대상 재화 또는 용역에 대해서는 사업자의 자유의사에 따라 면세를 포기할 수 있다. 면세포기에 의해 면세사업자는 과세사업자로 전환되므로 전환 후에는 과세사업자의 의무를 이행해야 한다. 면세제도는 최종소비자의 세부담을 경감하기 위한 제도이므로, 면세를 포기해도 최종소비자에게 조세 부담이 전가되지 않을 때만 면세를 포기할 수 있다. 구체적으로 다음과 같은 두 가지 경우에만 면세포기가 가능하다.

> ① 영세율 적용대상이 되는 경우(면세대상 재화를 수출하는 경우)
> ② 학술 · 기술 발전을 위해 학술 · 기술의 연구 · 발표를 주된 목적으로 하는 단체가 그 연구와 관련하여 실비 또는 무상으로 공급하는 재화 또는 용역

면세포기를 하려는 사업자는 관할 세무서장에게 면세포기신고를 해야 하고, 지체 없이 사업자등록을 해야 한다. 이때는 신규개업과 마찬가지로 새로이 납세의무자가 되는 것이므로 면세포기의 시기 제한은 없으며, 승인도 불필요하다.

면세포기 신고를 한 사업자는 과세사업자로 전환되었으므로 부가가치세법상 사업자의 제

반 의무를 모두 이행하여야 하며, 거래 징수당한 매입세액을 공제받을 수 있다. 또한, 면세 포기신고를 한 날부터 3년간은 부가가치세를 면제받지 못하며, 3년이 지난 뒤 부가가치세를 면제받고자 할 때는 관할 세무서에 면세적용신고서를 제출하고, 사업자등록증을 반납해야 한다. 이때, 면세적용신고서를 제출하지 않으면 계속하여 면세를 포기한 것으로 간주한다.

3. 영세율과 면세의 비교

영세율을 적용받는 자는 부가가치세법상 납세의무가 있는 사업자인 데 반하여 면세대상 재화 또는 용역을 공급하는 자는 부가가치세법상 납세의무가 있는 사업자가 아니다. 따라서 면세사업자의 매출액은 부가가치세 과세표준에 포함되지 않지만, 영세율 적용 사업자는 세율이 0%일 뿐 매출액은 부가가치세 과세표준에 포함된다. 영세율과 면세를 비교하면 다음과 같다.

구 분		영세율	면 세
취 지		소비지국 과세원칙의 실현, 수출촉진, 외화획득, 국제적 이중과세 방지	부가가치세의 역진성 완화
적용범위		수출, 외화획득사업 등	기초생활 필수 재화 · 용역 등
성 격		완전면세	부분면세
계 산	매 출	과세표준 × 0%세율	거래징수 없음(면세)
	매 입	환급(매입세액공제)	환급 안됨(매입세액불공제)
부가가치세법상 제반 의무 이행		사업자등록, 세금계산서 교부, 신고납부 의무, 세금계산서 합계표 제출 등 제반 의무 이행	소득세 · 법인세에 따른 계산서 발행, 매입처별 세금계산서 합계표 제출의무만 있음

생활속의 세금

TOPIC **면세포기 관련 Tip**

농산물 도매업을 하는 김슬기 씨는 10개월 전부터 대만으로 사과를 수출하고 있다. 그동안 수출을 하면서 운송료, 창고사용료, 포장비 등으로 1억 1천만원을 지출하였으나, 면세사업자이기 때문에 이에 대한 매입세액 1천만원을 공제받거나 환급받지 못했다. 면세사업자도 매입세액을 환급받을 수 있다고 하는데 어떤 경우인가?

부가가치세가 면제되는 재화나 용역을 공급하는 사업자를 '면세사업자'라 하는데, 면세사업자는 부가가치세를 내지 않지만, 물건 등을 구매할 때 부담한 매입세액도 공제받지 못한다. 따라서 매입세액이 원가에 가산되기 때문에 가격경쟁력 면에서 그만큼 불리하게 된다. 이러한 불이익을 제거하기 위하여 부가가치세법에서는 특정한 재화 또는 용역을 공급하는 경우 면세를 포기하고 과세사업자로 전환할 수 있도록 하고 있다.

면세포기

면세사업자가 수출하는 경우, 관할 세무서장에게 '면세포기신고서'를 제출하고 과세사업자로 사업자등록을 정정하면, 사업자등록을 정정한 이후 거래분부터 매입세액을 공제받을 수 있도록 하고 있다. 면세 포기는 영세율이 적용되는 부분만 할 수도 있으므로, 수출품에 대해서만 면세 포기를 하면 이에 대해서는 영세율이 적용되므로 관련 매입세액을 전액 환급받을 수 있고, 국내 판매분은 계속해서 면세적용을 받을 수 있다. 과세사업(수출분)과 면세사업(국내판매분)을 겸업하는 경우, 면세사업에 관련되는 매입세액은 공제받을 수 없으므로, 과세사업과 면세사업을 구분 기장하여 과세사업에 관련된 매입세액과 면세사업에 관련된 매입세액을 구분할 수 있어야 한다. 과세사업과 면세사업에 공통으로 사용되어 구분할 수 없는 경우에는 다음과 같이 계산한다.

면세사업에 관련된 매입세액 = 공통매입세액 × (면세공급가액 / 총 공급가액)

면세 포기를 하면 3년간은 부가가치세 면제를 받지 못하므로, 일시적으로 수출을 할 때는 면세 포기를 하는 것이 유리한지 아니면 면세적용을 받는 것이 유리한지를 따져보고 판단하는 것이 좋다.

[국세청, 세금절약가이드]

06 부가가치세 과세표준 및 세액계산

1. 과세표준의 계산

우리나라 부가가치세법은 사업자가 공급한 매출세액(공급가액 × 세율)에서 공급받은 매입세액(공급받은 가액 × 세율)을 공제한 금액을 납부세액으로 하는 전단계세액공제법을 채택하고 있으므로 재화 · 용역의 공급가액이 과세표준이 된다.

(1) 과세표준의 계산

재화 또는 용역에 대한 부가가치세의 과세표준은 거래 상대자로부터 대금, 요금, 수수료 등 대가로 받은 금전적 가치가 있는 것의 합계액인 '공급가액'으로 한다. 부가가치세 과세표준에는 재화나 용역의 판매액, 개별소비세, 주세, 교육세, 농어촌특별세 등이 포함되지만 부가가치세 자체는 공급가액에 포함되지 않는다. 사업자가 재화 · 용역을 공급하고 대가로 받은 금액에 공급가액과 세액이 별도로 표시되어 있지 않은 경우와 부가가치세 포함여부가 불분명한 경우에는 부가가치세가 포함되어 있는 것으로 보아 거래금액의 110분의 100을 과세표준으로 한다. 부가가치세가 포함되지 않은 금액을 공급가액이라고 하며, 부가가치세가 포함된 금액을 '공급대가'라고 한다. 공급가액의 구체적인 범위는 다음과 같다.

구 분	과세표준
금전으로 대가를 받는 경우	그 대가
금전 이외의 대가를 받는 경우	사업자가 공급한 재화 또는 용역의 시가
재화 · 용역의 공급에 대해 부당하게 낮은 대가를 받는 경우(저가공급)	
용역의 공급에 대해 대가를 받지 아니한 경우(무상공급)	
자가공급, 사업상 증여, 폐업 시 잔존재화	그 공급으로 보는 재화의 시가

(2) 과세표준에 포함되지 않는 항목

① 부가가치세
② 매출 에누리 · 매출환입 · 매출할인액
③ 공급받는 자에게 도달되기 전에 파손 · 훼손되거나 멸실한 재화의 가액
④ 재화 · 용역의 공급과 직접 관련되지 않은 국고보조금 및 공공보조금
⑤ 사업자가 음식 · 숙박용역 등을 공급하고 그 대가와 함께 받는 종업원 봉사료를 세금계산서 나 영수증에 용역의 대가와 구분하여 기재한 경우로서 봉사료를 종업원에게 지급한 사실이 확인되는 경우의 그 봉사료(∵사업자가 공급한 음식 · 숙박용역의 공급가액이 아니므로)
⑥ 공급에 대한 대가의 지급이 지연되어 받는 연체이자
⑦ 반환조건부 용기대금과 포장비용
⑧ 공급자가 부담하는 원자재 등

(3) 그 밖의 거래유형별 과세표준의 계산

① 외상판매 : 공급한 재화의 총가액
② 할부판매 또는 장기할부판매 : 계약에 따라 받기로 한 대가의 각 부분
③ 수입 재화의 수입에 대한 과세표준 : 재화에 대한 관세의 과세가격 + 관세 + (개별소비세, 주세, 교통 · 에너지 · 환경세) + (교육세, 농어촌특별세)

2. 세액의 계산

(1) 세율

부가가치세율은 10%의 '단일비례세율' 제도를 채택하고 있다. 이러한 단일비례세율제도는 세액의 계산이 간편하고, 납세자의 편의와 세무행정의 효율화를 기할 수 있으며 조세의 중립성을 유지할 수 있다는 장점이 있지만, 저소득 계층에 대한 간접세 부담이 고소득 계층과 비교하면 상대적으로 높다는 단점이 있다.

(2) 거래징수

'거래징수'는 사업자가 재화 또는 용역을 공급하는 때에 공급받는 자로부터 당해 재화 또는 용역에 대한 과세표준에 세율을 적용하여 계산한 부가가치세를 그 공급을 받는 자로부터 징수하는 것이다. 거래징수 의무자는 과세대상이 되는 재화 또는 용역을 공급하는 사업자로서 납세의무자이면서 동시에 거래징수자가 된다. 거래징수는 세금계산서 발급을 원칙으로 하지만, 직전 연도 공급대가 합계액이 4,800만원 미만인 자, 신규사업개시자로서 간이과세자로

하는 최초의 과세기간 중에 있는 자는 세금계산서 대신 영수증을 발급한다. 또한, 세금계산서 발급대상 일반과세자 및 간이과세자 중 주로 사업자가 아닌 자에게 재화나 용역을 공급하는 소매업, 음식점업, 숙박업, 미용, 욕탕 및 유사 서비스업, 여객운송업 등의 사업자인 경우에는 세금계산서 대신 영수증을 발급할 수 있다. 단, 영세율과 면세대상이 되는 재화와 용역을 동시에 공급하는 경우에는 영수증을 발급할 수 없다.

(3) 납부세액의 계산

사업자가 납부해야 할 부가가치세액(납부세액)은 사업자 자신이 과세기간에 공급한 재화나 용역의 공급가액에 대해 거래징수 한 매출세액에서 자기가 재화 · 용역을 공급받을 때 징수당한 매입세액을 공제한 금액이다. 매입세액이 매출세액을 초과하면 그 초과액만큼 정부로부터 환급받게 된다.

(4) 매출세액의 계산

매출세액의 계산구조는 다음과 같다.

<table>
<tr><td colspan="7">❶ 신고내용</td></tr>
<tr><td colspan="4">구분</td><td>금액</td><td>세율</td><td>세액</td></tr>
<tr><td rowspan="9">과세표준및매출세액</td><td rowspan="4">과세</td><td>세금계산서발급분</td><td>①</td><td></td><td>10%</td><td></td></tr>
<tr><td>매입자발행세금계산서</td><td>②</td><td></td><td>10%</td><td></td></tr>
<tr><td>신용카드 · 현금영수증발행분</td><td>③</td><td></td><td rowspan="2">10%</td><td></td></tr>
<tr><td>기타(정규영수증 외 매출분)</td><td>④</td><td></td><td></td></tr>
<tr><td rowspan="2">영세율</td><td>세금계산서발급분</td><td>⑤</td><td></td><td>0%</td><td></td></tr>
<tr><td>기타</td><td>⑥</td><td></td><td>0%</td><td></td></tr>
<tr><td colspan="2">예정신고누락분</td><td>⑦</td><td></td><td></td><td></td></tr>
<tr><td colspan="2">대손세액가감</td><td>⑧</td><td></td><td></td><td></td></tr>
<tr><td colspan="2">합계</td><td>⑨</td><td></td><td>㉮</td><td></td></tr>
</table>

* 과세 란에는 해당 신고 기간에 부가가치세가 과세되는 사업실적을 적는다. 이 경우 세액 란에는 '공급가액 합계액 × 10%'를 기대하여야 하며, 세금계산서상의 세액을 합계하여 기재하면 안된다.

* 영세율 칸에는 해당 신고 기간에 영세율이 적용되는 사업실적을 적는다. 영세율적용대상의 경우 세액은 없지만 과세표준은 반드시 신고해야 하며, 불이행시 가산세가 부과된다.

* 기타(정규영수증 외 매출분) : 세금계산서 교부대상임에도 불구하고 세금계산서를 발행하지 않은 부분, 세금계산서 교부의무가 없는 공급 부분 등이 이에 포함된다.

* 예정신고 누락분 : 예정신고 시 누락된 금액을 확정신고하는 경우에 적는다. 부가가치세는 과세기간에 따라 신고하기 때문에 예정신고누락분에 대하여 확정신고할 때에 신고하는 것에 대해서는 정상적인 신고로 본다. 다만,

예정신고 시 의무 불이행에 대하여 일부 가산세를 부담시키는 차이가 있다.

* 대손세액가감 : 부가가치세가 과세되는 재화 · 용역의 공급에 대한 외상매출금 등이 대손되어 대손세액을 공제받는 사업자가 적는다. 대손세액은 세액에만 가감하며 과세표준에서는 가감하지 않는다.

(5) 매입세액의 계산

매입세액은 사업자가 자기의 사업을 위하여 사용하기 위한 재화 · 용역을 구매할 때 거래상대방에게 징수당한 세액을 포함한다. 부가가치세법상 매입세액공제액은 세금계산서를 수취한 매입세액에 기타 공제매입세액을 가산하고 공제받지 못할 매입세액을 차감하여 계산한다.

매입세액	세금계산서 수취분	일반매입	⑩			
		고정자산매입	⑪			
	예정신고누락분		⑫			
	매입자발행세금계산서		⑬			
	기타공제 매입세액		⑭			
	합계(⑩ + ⑪ + ⑫ + ⑬ + ⑭)		⑮			
	공제받지 못할 매입세액		⑯			
	차감 계(⑮ - ⑯)		⑰		㉯	

1) 기타공제 매입세액

① 신용카드매출전표 등 수령분 매입세액

사업자가 세금계산서 발급의무가 있는 사업자로부터 재화 · 용역을 공급받고 부가가치세액이 별도로 구분되는 신용카드매출전표 등을 발급받은 경우로서 다음의 요건을 모두 충족하는 경우 그 부가가치세액은 공제할 수 있는 매입세액으로 본다.

① 신용카드매출전표 등 수령명세서를 제출할 것
② 신용카드매출전표 등을 그 거래 사실이 속하는 과세기간에 대한 확정신고를 한 날로부터 5년간 보관할 것
③ 간이과세자가 영수증을 발급해야 하는 기간에 발급한 신용카드매출전표가 아닐 것

② 의제매입세액

원칙적으로 사업자가 매입세액을 징수당하지 아니하고 매입한 농 · 축 · 수 · 임산물을 원재료로 사용하여 과세대상이 되는 재화 또는 용역을 제공한 경우에는 부담한 매입세액이 없고 세금계산서도 없으므로 매입세액을 공제받지 못한다. 이때 면세농산물의 매입가액의 일정 비율에 해당하는 금액을 매입세액으로 의제하여 매출세액에서 공제 해주는 제도를 '의제매

입세액공제'라고 한다. 의제매입세액의 적용요건은 다음과 같다.

> ① 과세사업자일 것
> ② 면세로 농 · 축 · 수 · 임산물을 공급받을 것
> ③ 면세로 공급받은 농 · 축 · 수 · 임산물을 제조 · 가공한 재화 · 용역이 과세대상일 것
> ④ 면세농산물 등을 공급받은 사실을 증명하는 서류를 제출할 것

의제매입세액을 계산하는 산식은 아래 표와 같다. 아래 표의 의제매입세액 계산 시 면세농산물 등의 매입가액은 운임 · 보험료 등의 부대비용을 제외한 가액을 말하며, 수입농산물 등의 경우에는 관세의 과세가격을 말한다. 의제매입세액은 의제매입세액공제한도 내에서 공제가 허용된다.

> 의제매입세액 = 면세농산물 등의 가액 × 공제율

대상 업종	공 제 율
일반 업종	2/102
과자점업, 도정업, 제분업, 떡방앗간을 운영하는 개인과 같이 최종소비자 대상 개인제조업 및 간이과세자	6/106
중소 제조업 (개인사업자 포함)	4/104
음식점	개인 8/108(9/109*1), 법인 6/106
유흥장소 (개인, 법인 모두)	2/102

*1 연매출 2억원 이하인 개인음식점업자(2026년까지, 간이과세자 포함)

의제매입세액은 면세농산물 등을 공급받거나 구매한 날이 속하는 과세기간의 매출세액에서 공제한다. 즉, 구매 시점에서 공제하므로 사용시점을 기준으로 공제하는 것은 아니다. 또한, 예정신고 기간에 구입하였으나 그 기간에 공제받지 못한 것은 확정신고시에 의제매입세액공제를 받을 수 있다.

③ 대손세액공제

부가가치세가 과세되는 재화 또는 용역을 공급하는 경우 공급을 받는 자의 파산 · 강제집행 · 기타 대손사유로 인하여 당해 재화 또는 용역의 공급에 대한 외상매출금 · 기타 매출채권의 전부 또는 일부가 대손되어 회수할 수 없는 경우에는 해당 대손세액을 그 대손이 확정된 날이 속하는 과세기간의 매출세액에서 차감할 수 있다.

$$\text{대손세액} = \text{대손금액(부가가치세 포함)} \times \frac{10}{110}$$

대손세액 공제를 받기 위해서는 부가가치세확정신고서에 대손세액공제신고서와 대손 사실을 입증할 수 있는 서류를 첨부하여 관할 세무서장에게 제출하여야 한다. 대손세액 공제는 확정신고 시에만 적용받을 수 있으며, 예정신고 시에는 적용할 수 없다.

2) 공제받지 못하는 매입세액

다음의 매입세액은 매출세액에서 공제하지 않는다.

① 세금계산서 미수취 및 필수적 기재사항의 전부 또는 일부를 기재하지 아니하였거나 그 내용이 사실과 다른 경우의 매입세액

② 매입처별 세금계산서합계표의 미제출 및 기재사항이 부실한 경우 동 부분에 대한 매입세액

③ 사업과 직접 관련이 없는 지출에 대한 매입세액

④ 개별소비세 과세대상 승용차의 구입 · 유지 · 임차에 관한 매입세액

⑤ 접대비 및 이와 유사한 비용의 지출에 관련된 매입세액

⑥ 부가가치세가 면세되는 재화 또는 용역을 공급하는 사업에 관련된 매입세액

⑦ 사업자등록 전의 매입세액(단, 등록 신청일부터 역산하여 20일 이내의 매입세액은 공제받을 수 있음)

⑧ 토지 관련 매입세액

⑨ 면세사업 등 관련 매입세액

3) 납부세액과 차가감 납부할 세액의 계산

납부세액(또는 환급세액)은 매출세액에서 매입세액을 차감하여 계산한다. 이때 매출세액을 초과하는 부분의 매입세액이 있으면 환급세액으로 한다. 납부세액이 결정되면, 이 금액에 다음의 4가지 경감 · 공제세액을 반영하여 최종 '차가감 납부할 부가가치세 세액(또는 환급받을 세액)'을 계산할 수 있다.

① 신용카드매출전표 등 발행공제

② 전자신고세액공제(조세특례제한법)

③ 전자세금계산서 발급 전송 세액공제

④ 예정신고미환급세액

생활속의 세금

TOPIC 제출서류 관련 Tip

중소기업체에서 경리업무를 보고 있는 김슬기 씨는 부가가치세 신고를 앞두고 세금계산서를 정리하다가, 매출세금계산서 1매(공급가액 5천만원)와 매입세금계산서 1매(공급가액 3천만원)가 없어진 것을 알았다. 매출세금계산서가 없으면 가산세 50만원을 물어야 하고, 매입세금계산서가 없으면 매입세액 3백만원을 공제받지 못하게 된다. 이런 경우에는 어떻게 해야 하나?

세금계산서는 사업자가 재화 또는 용역을 공급하고 상대방으로부터 부가가치세를 거래 징수하였다. 이러한 세금계산서는 재화 또는 용역을 공급받고 상대방에게 부가가치세를 지급하였다는 사실을 확인해 주는 증빙서류이므로 잘 보관하여야 한다. 세금계산서를 분실하게 되면 공급자는 가산세를 물어야 하고, 공급받는 자는 매입세액을 공제받지 못한다. 세금계산서를 분실한 경우에는 다음과 같이 처리하면 된다.

매출세금계산서를 분실한 경우

장부 및 증빙서류에 의해 내용을 확인하여 공급자 보관용 세금계산서를 사본으로 작성하여 보관하면 된다.

매입세금계산서를 분실한 경우

공급자에게 의뢰하여 세금계산서 사본을 발급받아 보관하면 된다. 공급자의 폐업 등으로 세금계산서 사본을 교부받지 못하면 매입세액 공제를 받을 수 없게 되므로, 매입세금계산서는 더욱 철저히 보관하여야 한다.

[국세청, 세금절약가이드]

07 부가가치세의 신고와 납부

1. 신고와 납부

부가가치세는 사업자가 각 과세기간에 해당하는 과세표준과 세액을 신고 · 납부함으로써 납세의무가 확정되는 신고납세방식의 조세이다. 부가가치세 과세기간은 1년을 반으로 나누어 제1기 과세기간과 제2기 과세기간으로 하여 확정신고 · 납부를 하도록 하고 있다. 또한, 각각의 과세기간에 앞의 3개월을 예정신고 기간으로 하여 예정신고 · 납부를 하므로 1년 중 4번의 신고 · 납부를 하고 있다.

<table>
<tr><th>신고대상자</th><th colspan="2">신고 · 납부기한</th><th>과세기간과 신고 · 납부할 내용</th></tr>
<tr><td rowspan="5">일 반
과 세</td><td>제1기 예정</td><td>4.1. ~ 4.25.</td><td>1.1 ~ 3.31. 간의 사업실적</td></tr>
<tr><td>제1기 확정</td><td>7.1. ~ 7.25.</td><td>1.1 ~ 6.30. 간의 사업실적</td></tr>
<tr><td>제2기 예정</td><td>9.1. ~ 9.25.</td><td>7.1 ~ 9.30. 간의 사업실적</td></tr>
<tr><td>제2기 확정</td><td>1.1. ~ 1.25.</td><td>7.1 ~ 12.31. 간의 사업실적</td></tr>
<tr><td colspan="3">• 예정고지 · 징수 : 개인사업자의 경우에는 납세지 관할 세무서장이 직전 과세기간 납부세액의 50%를 고지하여 징수
• 관할 세무서장은 제1기 예정신고 기간분은 4.10.까지, 제2기 예정신고기간분은 10.10.까지 납세고지서를 발부하여야 함
• 예정신고 · 납부 : 법인사업자, 신규사업자, 직전 과세기간의 납부세액이 없는 자, 주사업장총괄납부자, 사업자단위신고납부자, 예정신고기간에 간이과세자에서 일반과세자로 변경된 자
• 선택적 신고 · 납부 : 사업 부진자, 조기환급 발생자는 예정 신고납부와 예정 고지납부 중 하나를 선택하여 납부</td></tr>
<tr><td rowspan="3">간 이
과 세 자</td><td>예정</td><td>7.1. ~ 7.25.</td><td>1.1. ~ 6.30. 간의 사업실적</td></tr>
<tr><td>확정</td><td>1.1. ~ 1.25.</td><td>7.1. ~ 12.31. 간의 사업실적</td></tr>
<tr><td colspan="3">• 예정고지 · 징수 : 납세지 관할 세무서장이 직전 과세기간 납부세액의 50%를 고지하여 징수함. 관할 세무서장은 예정 부과기간(1.1. ~ 6.30.)의 납부세액에 대하여 7.10.까지 납세고지서를 발부하여야 함
• 선택적 신고 · 납부 : 휴업 또는 사업부진 등으로 인하여 예정부과 기간의 공급대가가 직전 과세기간의 공급가액 또는 납부세액의 1/3에 미달하는 간이과세자는 신고 · 납부할 수 있음.</td></tr>
</table>

2. 예정신고와 납부

(1) 일반적인 경우

일반과세자는 원칙적으로 각 예정신고기간에 대한 과세표준과 납부세액을 그 예정신고기간이 끝난 후 25일 이내에 신고하고 해당 예정신고기간의 세액을 납부해야 한다.

(2) 개인사업자의 경우(예정고지에 의한 징수)

일반과세자인 개인사업자에 대해서는 관할 세무서장이 각 예정신고기간마다 직전 과세기간에 대한 납부세액의 1/2에 해당하는 금액을 결정하여 해당 예정신고기한까지 징수한다. 다만, 예정고지에 의해서 징수해야 할 금액이 50만원 미만이거나 간이과세자에서 일반과세자로 변경된 경우에는 이를 징수하지 않는다. 일반과세자인 개인사업자라 하더라도 다음과 같은 경우 예정신고를 할 수 있다. 이때, 예정신고를 한 후 납부를 하는 경우 예정고지세액의 결정은 없었던 것으로 본다.

① 휴업 또는 사업 부진으로 인하여 각 예정신고기간의 공급가액(또는 납부세액)이 직전 과세기간의 공급가액(또는 납부세액)의 1/3에 미달하는 자

② 각 예정신고기간분에 대해 조기환급을 받고자 하는 자

3. 확정신고와 납부

(1) 계속사업자의 경우

일반과세자는 각 과세기간에 대한 과세표준과 납부세액을 그 과세기간이 끝난 후 25일 이내에 각 사업장 관할 세무서장에게 신고하고, 당해 과세기간의 납부세액을 납부해야 한다. 다만, 예정신고 및 조기환급신고를 할 때 이미 신고한 내용은 확정신고의 대상에서 제외한다. 그리고 예정신고한 환급세액은 확정신고시의 납부세액에서 공제한다.

(2) 폐업자의 경우

폐업하는 자는 폐업을 하는 날이 속하는 달의 말일부터 25일 이내에 확정신고해야 한다.

4. 예정신고와 확정신고시 제출서류

부가가치세 과세사업자는 부가가치세 신고시 부가가치세신고서와 함께 해당하는 첨부서류를 제출하여야 한다.

① 매출 · 매입처별 세금계산서 합계표(전자세금계산서를 발급하고 국세청장에게 발급명세를 전송한 경우에는 제출대상에서 제외함)

② 신용카드매출전표 등 수취명세서

③ 영세율 첨부서류

④ 신용카드매출전표발행명세서(신용카드발행에 대한 세액공제를 받는 경우)

⑤ 대손세액공제신고서(확정신고 시에만 첨부)

⑥ 기타 부속서류

5. 결정 및 경정

부가가치세는 신고납세제도이므로 납세의무자의 신고에 따라 세액이 확정되지만, 확정신고를 하지 아니한 경우에는 정부에서 결정한다. 한편 신고내용에 오류 또는 탈루가 있는 등의 경우에는 신고에 의하여 확정된 국세를 정부의 조사에 의하여 경정한다.

6. 환 급

(1) 일반환급

부가가치세 납부세액을 계산할 때 매입세액이 매출세액을 초과하면 환급세액이 발생하게 되는데, 이 경우 사업장 관할 세무서장은 각 과세기간별로 당해 과세기간에 대한 환급세액을 그 확정신고기한 경과 후 30일 이내에 사업자에게 환급하여야 한다. 그러므로 예정신고 기간에 대한 환급세액은 원칙적으로 이를 환급하지 않고 확정신고 시 납부할 세액에서 정산하게 된다.

(2) 조기환급

사업장 관할 세무서장은 사업자가 다음 중 어느 하나에 해당하는 경우에는 위의 일반환급 절차에도 불구하고 그 환급세액을 사업자에게 조기환급할 수 있다.

① 영세율을 적용받는 경우

② 사업설비(건물 · 기계장치 등의 감가상각자산)의 신설 · 취득 · 확장 · 증축하는 경우

③ 조기환급기간, 예정신고기간 또는 과세기간의 종료일 현재 재무구조개선계획을 이행중인 사업자

조기환급을 받고자 하는 사업자가 예정신고서 또는 확정신고서를 제출한 경우에는 환급에 관하여 신고한 것으로 본다. 이 경우 예정신고기한 또는 확정신고기한 경과 후 15일 이내에 사업자에게 환급하여야 한다.

생활속의 세금

TOPIC 재고매입세액이란?

그동안 간이과세자로 약국을 경영하여 오던 김슬기 씨는 일반과세자로 전환된다는 통지서를 받았다. 통지서를 보니, 일반과세자로 전환되는 경우에는 전환 당시에 보유하고 있는 재고품 및 감가상각 자산에 대해 재고매입세액을 공제받을 수 있으니 신고하라고 한다. 재고매입세액이란 무엇이며, 재고품을 신고하면 어떠한 혜택이 있는 것일까?

재고매입세액 공제제도

부가가치세법에서는 간이과세자에서 일반과세자로 변경되는 경우, 재고품에 대한 매입세액을 공제받지 못하는 불이익이 없게 하려고 '재고매입세액 공제제도'를 채택하고 있다. 재고매입세액을 공제하여 주는 이유는, 일반과세자로 바뀌면 재고품을 판매하는 때도 10%의 세율이 적용되나, 재고품을 매입한 당시에는 간이과세자였기 때문에 매입세액을 전액 공제받지 못하고 일부(매입세액에 업종별 부가가치율을 곱한 금액)만 공제받았기 때문에 그 차액을 매출세액에서 추가로 공제해 주기 위해서이다.

공제대상 자산 및 세액계산 방법

- 공제대상 자산은 일반과세자로 변경되는 날 현재의 재고품 및 감가상각 자산(매입세액 공제대상인 것에 한함)이다.
- 상품, 제품, 반제품, 재공품, 원재료, 부재료
- 감가상각 자산
  - 건물 또는 구축물은 10년 이내에 취득한 것
  - 기타의 감가상각 자산은 2년 이내에 취득한 것에 한함
- 세액계산 방법

  재고매입세액 = 재고금액 × 10/110 × (1 − 간이과세자의 업종별 부가가치율)
  - 감가상각 자산의 경우 보유 기간에 따라 일정 비율을 감액한다.
  - 간이과세자의 업종별 부가가치율은, 재고품의 경우에는 일반과세자로 변경되기 직전 과세기간의 업종별 부가가치율을 적용하며, 감가상각 자산의 경우에는 취득일이 속하는 과세기간의 업종별 부가가치율을 적용한다.

업 종	부가가치율
전기 · 가스 · 증기 · 수도	5%
소매업, 재생용 재료수집 및 판매업, 음식점업	10%
제조업, 농 · 임 · 어업, 숙박업, 운수 및 통신업	20%
건설업, 부동산임대업, 기타 서비스업	30%

재고매입세액 공제를 받으려면 일반과세자로 변경되는 날 현재의 재고품 및 감가상각 자산을 변경되는 날의 직전 과세기간에 대한 확정신고와 함께 「일반과세 전환 시 재고품 및 감가상각 자산 신고서」에 의하여 신고하여야 한다. 재고매입세액은 일반과세자로 변경되는 날이 속하는 예정신고 기간 또는 과세기간의 매출세액에서 공제한다.

[국세청, 세금절약가이드]

7. 가산세

부가가치세법에서는 사업자등록, 세금계산서, 세액의 신고 · 납부 등과 관련하여 다음의 가산세 규정을 두고 있다.

(1) 미등록가산세 · 허위등록가산세

구 분	요 건	가산세
미 등 록 가 산 세	사업개시일로부터 20일 이내에 사업자등록을 신청하지 않은 경우	공급가액 × 1% ('공급가액'이란 사업개시일로부터 사업자등록일 전일까지의 공급가액을 말한다)
타인 명의 등록가산세	타인 명의로 사업자등록을 하고 실제 사업을 영위 하는 것으로 확인되는 경우	공급가액 × 1% ('공급가액'이란 사업개시일부터 실제 사업을 하는 것으로 확인되는 날이 속하는 기간까지의 공급가액을 말한다)

(2) 세금계산서 불성실가산세

1) 미발급 등

① 미발급 : 공급자가 해당 재화 · 용역의 공급시기가 속하는 과세기간에 대한 확정신고기한 까지 세금계산서를 발급하지 않은 경우 공급가액의 2%의 가산세가 적용된다. (단, 공급시기가 속하는 과세기간 내 종이세금계산서를 발급한 경우에는 공급가액의 1%의

가산세가 적용됨) 세금계산서 발급시기가 지난 후 해당 재화 · 용역의 공급시가가 속하는 과세기간에 대한 확정신고 기한까지 세금계산서를 발급하는 경우 그 공급가액의 1%의 가산세를 적용한다(지연발급).

② 가공발급(가공수취) : 재화 용역을 공급하지 않고 세금계산서 또는 신용카드매출전표 등을 발급한 경우(세금계산서 등에 적힌 공급가액에 대해 가산세를 부과함) 가공발급 금액의 3%의 가산세가 적용된다.

③ 허위발급(허위수취) : 재화 · 용역을 공급하고 실제로 재화 · 용역을 공급하는 자가 아닌 자(실제로 공급받는 자가 아닌 자)의 명의로 세금계산서 또는 신용카드매출전표 등을 발급한 경우 허위발급금액의 2%의 가산세가 적용된다.

2) 부실기재(불명)

사업자가 발급한 세금계산서의 필요적 기재사항의 전부 또는 일부가 착오 또는 과실로 적혀 있지 않았거나 사실과 다른 경우 다음의 가산세를 부과한다. 다만, 세금계산서의 필요적 기재사항 중 일부가 착오나 과실로 기재되었으나 당해 세금계산서의 그 밖의 필요적 기재사항 또는 임의적 기재사항으로 보아 거래 사실이 확인되는 경우는 제외한다.

세금계산서 불성실 가산세 = 부실기재공급가액 × 1%

공급가액을 일부러 부풀린 경우 공급가액의 2%의 가산세가 적용된다.

3) 지연수취 등

공급시기까지 세금계산서를 발급받지 않았으나 해당 공급일이 속하는 과세기간에 대한 확정신고기한까지 세금계산서를 발급받아 매입세액을 공제받는 경우

(3) 세금계산서합계표 관련 가산세(지연 · 미제출 및 부실제출)

1) 매출처별세금계산서합계표 제출불성실가산세

① 미제출 및 부실기재의 경우

매출처별세금계산서합계표를 제출하지 아니하거나 제출한 매출처별세금계산서합계표의 기재사항 중 거래처별 등록번호 또는 공급가액의 전부 · 일부가 기재되지 아니하거나 사실과 다르게 기재된 때 다음의 가산세를 부과한다.

매출처별세금계산서합계표 불성실가산세 = 미제출 · 부실기재분공급가액 × 0.5%

② 지연제출의 경우

예정신고시 제출하지 아니한 매출처별세금계산서합계표를 확정신고시 지연제출한 경우로서 부실기재에 해당하지 않는 경우 다음의 가산세를 부과한다.

매출처별세금계산서합계표 불성실가산세 = 지연제출분 공급가액 × 0.3%

예정신고분에 대하여만 지연제출가산세가 적용되므로 확정신고분을 지연제출하는 경우에는 미제출가산세가 적용된다.

2) 매입처별세금계산서합계표 제출불성실가산세

매입처별세금계산합계표 지연제출(예정신고시 제출할 합계표는 확정신고시 제출, 수정, 경정청구 또는 기한 후 신고시 제출)시는 매입세액공제를 허용하며 가산세는 없다.

다음의 경우에는 공급가액의 0.5%의 가산세가 적용된다.

① 경정시 제출 : 매입처별세금계산서합계표의 미제출 · 불명으로 인하여 경정시에 사업자가경정기관의 확인을 거친 세금계산서에 따라 매입세액을 공제받는 경우 또는 예정 · 확정시에 신용카드매출전표 등 수취명세서를 제출하지 않고 경정시 사업자가 발급받은 신용카드매출전표 등을 경정기관의 확인을 거쳐 신용카드매출전표 등 수취명세서를 제출하여 매입세액을 공제받는 경우

② 과다기재 : 매입처별세금계산서합계표 및 신용카드매출전표등 수령명세서상의 공급가액을 사실과 다르게 과다기재하여 신고한 경우

(4) 현금매출명세서 등 제출불성실가산세

사업자가 예정신고 또는 확정신고를 할 때 현금매출명세서 또는 부동산임대공급가액명세서를 제출하지 않거나 제출한 수입금액이 사실과 다르게 적혀 있는 경우에는 다음의 금액을 납부세액에 가산하거나 환급세액에서 공제한다.

제출기한이 지난 후 1개월 이내에 제출하는 경우 해당 가산세의 50%를 감면한다.

구 분	현금매출명세서 등 제출불성실가산세
미제출	미제출분 수입금액 × 1%
사실과 다르게 기재된 경우	(실제 수입금액 − 제출한 수입금액) × 1%

(5) 영세율과세표준 신고불성실가산세

사업자가 영세율이 적용되는 과세표준을 예정신고 또는 확정신고를 하지 않았거나 신고한 과세표준이 신고하여야 할 과세표준에 미달하는 경우(영세율 첨부서류를 제출하지 아니한 경우 포함)에는 다음의 금액을 납부세액에 가산하거나 환급세액에서 차감한다.

영세율과세표준 신고불성실가산세 = 무신고 · 미달신고한 영세율 과세표준 × 1%

(6) 가산세 중복적용의 배제

다음의 경우에는 가산세의 중복적용이 배제된다.

우선적용되는 가산세	적용배제 가산세
미등록 · 허위등록	• 세금계산서 불명분 • 매출처별세금계산서합계표 제출불성실
세금계산서 ① 미발급 · 가공 · 허위발급 ② 가공 · 허위수취분	• 미등록 · 허위등록 • 매출처별세금계산서합계표 제출불성실 • 매입처별세금계산서합계표 가산세 중 지연수취 · 경정시 제출 및 과다기재분
세금계산서 미발급 · 지연발급	• 세금계산서 불명분
세금계산서 불명분	• 매출처별세금계산서합계표 미제출 • 불명가산세

세금계산서에 대한 가산세와 합계표에 대한 가산세가 동시에 적용될 경우 가산세율이 높은 세금계산서 불성실가산세가 적용된다.

생활속의 세금

TOPIC 부가가치세 신고관련 Tip

부가가치세 신고기한이 되었는데도 세금 낼 돈을 준비하지 못해 신고마저 하지 않는 사업자가 가끔 있다. 그러나 신고를 하지 않으면 다음과 같은 불이익을 받게 되므로, 납부는 하지 못하더라도 신고는 반드시 해 두는 것이 좋다.

신고하지 않는 경우의 불이익

1) 매입세액을 공제받지 못한다.
2) 가산세를 물어야 한다.

예를 들어, 도매업을 하는 일반과세자 김슬기 씨의 2025년 제1기 사업 현황이 다음과 같은 경우, 신고한 경우와 신고를 하지 않은 경우의 세금부담을 비교해 보면 아래와 같다.

- 매출액 : 1억원
- 매입액 : 7천만원
- 신고하고 납부하지 아니한 세액은 50일 후에 고지서를 발부하고, 신고 · 납부하지 아니한 세액은 180일 후에 고지서를 발부한 것으로 함.
- 매입세액은 경정 결정 시 매입 사실이 확인되어 공제함.

신고한 경우

- 납부세액 = (1억원 × 10%) − (7천만원 × 10%) = 3백만원
- 납부불성실가산세 = 3백만원 × 50일 × 3/10,000 = 45,000원
- 총부담세액 = 3,045,000원

신고하지 않은 경우 (일반 무신고인 경우로 계산)

- 납부세액 = (1억원 × 10%) − (7천만원 × 10%) = 3백만원
- 매출처별세금계산서합계표 미제출가산세 = 1백만원 (1억원 × 1%)
- 매입처별세금계산서합계표 미제출가산세 = 7십만원 (7천만원 × 1%)
- 신고불성실가산세 = 3백만원 × 20% = 6십만원
- 납부불성실가산세 = 3백만원 × 180일 × 3/10,000 = 162,000원
- 총부담세액 = 5,462,000원

이처럼 신고를 하지 않으면, 나중에 매입세액을 전액 공제받은 것으로 간주한다 하더라도 신고한 경우에 비하여 훨씬 더 많은 세금을 부담해야 한다.

[국세청, 세금절약가이드]

[OX Quiz] 12. 사업자와 세금 Part III: 부가가치세

01 부가가치세는 특정 재화나 용역의 소비에 대해 부과되는 조세로, 대표적인 간접세이자 국세이다.

(정답 X) 특정 재화나 용역의 소비에 과세하는 것은 개별소비세이며, 부가가치세는 모든 재화나 용역의 소비행위에 대하여 과세한다.

02 부가가치세는 납세의무자의 인적사항이 고려되지 않는 물세이다.

(정답 O)

03 부가가치세는 최종소비자에 이르기까지 모든 거래단계에서 창출된 부가가치에 대하여 각 단계별로 과세하는 다단계 과세방식을 취하고 있다.

(정답 O)

04 우리나라 부가가치세법은 전단계세액공제법을 채택하고 있으므로 실질적으로 부가가치세를 부담하는 사람은 납세의무자인 사업자이다.

(정답 X) 부가가치세의 법률상 납세의무자는 재화나 용역을 공급하는 사업자이며, 실질적으로 부가가치세를 부담하는 사람은 최종소비자이다.

05 고용된 지위에서 재화 또는 용역을 공급하는 자는 사업자로 본다.

(정답 X) 사업자의 독립성이란 자기계산 또는 자기의 책임하에 주된 사업에 부수하지 아니하고 대외적으로 독립하여 재화 또는 용역을 공급하는 것을 말한다. 따라서 고용된 지위에서 공급하는 자는 사업자가 될 수 없다.

06 신규사업 개시자는 사업개시일부터 5일 이내에 사업자등록 신청을 하여야 하며, 등록 신청일부터 공급 시기가 속하는 과세기간 기산일까지 역산한 기간 이내의 매입세액은 공제가 가능하다.

(정답 X) 신규사업 개시자는 사업개시일부터 20일 이내에 사업자등록 신청을 하여야 한다.

07 부가가치세 과세대상은 재화의 공급 · 재화의 수입 · 용역의 공급 · 용역의 수입이다.

(정답 X) 부가가치세법에서는 재화와 용역의 공급, 재화의 수입에 대하여 과세하고 있다.

08 영세율 사업자들은 부가가치세 신고 및 부가가치세법상의 제반 의무를 준수할 의무가 있으나, 영세율 사업자들도 영세율을 포기하면 면세를 적용받을 수 있다.

(정답 X) 영세율사업자는 영세율을 포기하고 면세를 적용받을 수 없으나 면세사업자는 면세를 포기하고 일반과세자로 전환할 수 있다. 영세율 사업자는 일반과세자 중 0%의 세율만 적용받는 사업자인 것이다.

09 면세사업자는 부가가치세법상 납세의무를 지지 않으며, 매입세액공제를 받을 수 없다.

(정답 O)

10 일반과세자인 법인은 부가가치세와 관련한 신고를 1년에 예정신고 2회, 확정신고 2회를 하여야 한다.

(정답 O)

11 사업자인 내국법인은 각 과세기간에 대한 과세표준과 납부세액을 그 과세기간이 끝난 후 25일 이내에 신고 · 납부해야 한다.

(정답 O)

12 조기환급대상자가 조기환급을 신청한 경우 신고기한 경과 후 15일 이내에 사업자에게 환급하여야 하며, 일반환급의 경우 신고기한 경과 후 25일 이내에 사업자에게 환급해야 한다.

(정답 X) 조기환급은 15일인데 반해, 일반환급은 30일 이내에 환급을 해주고 있다.

제 13 장

유용한 생활세금 정보

본 내용은 국세청에서 발간한 [생활세금 시리즈]에서 필요한 내용을 발췌, 요약 정리한 것입니다.

1. 국세상담센터

(1) 국세상담센터란?

「국세상담센터」란 납세자의 국세에 대한 궁금증을 풀어 주기 위한 국세청의 전문 상담서비스 기관으로 전국 어디에서나 세무상담을 요청하면 전문적인 지식과 실무경험이 많은 국세조사관이 친절하게 상담을 해준다.

국세청은 납세자의 납세편의를 위해 종전 국세청, 지방청, 세무서로 분산되어 있던 세무상담 창구를 한 곳으로 통합하여 상담서비스를 제공하고 있으며, 세정서비스와 관련한 고충, 불만 등을 신속히 처리하고 적극적으로 반영하여 납세자를 섬기는 세정을 구현하고자 「고객의 소리(VOC) 통합관리 시스템」을 운영하고 있다.

- **VOC시스템 이용방법** : 세정서비스에 대한 고충, 불만, 건의, 칭찬 등을 전화(국번없이 126) 또는 직접 방문하여 제기할 수 있다.
- **VOC처리결과 회신** : 제기된 VOC에 대해서는 접수 및 처리상황을 휴대폰 SMS와 E-mail을 통해 알려주고 처리결과 회신과 함께 E-mail 또는 전화로 신뢰성과 신속성에 대한 고객평가를 받는다.

(2) 국세상담센터 이용안내

국세상담센터에서 전화, 인터넷(모바일)을 통해 홈택스 및 세법상담을 받을 수 있다. 다만, 납세자의 개별 과세정보 조회가 필요한 사항은 관할세무서로 문의해야 한다.

1) 전화상담

전국 어디서나 국번없이 126번으로 전화하면 자동응답시스템(ARS)의 안내에 따라 현금영수증, 전자세금계산서, 전자신고 납부 · 증명발급, 학자금상환, 연말정산간소화, 증명발급, 세법상담, 세금고충상담, 탈세 제보 등 원하는 서비스를 선택할 수 있다.

국세 상담이 필요할 땐 국번없이 126번

<table>
<tr><th colspan="10">국세 상담이 필요할 땐 국번없이 126번</th></tr>
<tr><th colspan="7">1(홈택스 상담)</th><th rowspan="2">2</th><th rowspan="2">3</th><th rowspan="2">4</th></tr>
<tr><th>1</th><th>2</th><th>3</th><th>4</th><th>5</th><th>6</th><th>7</th></tr>
<tr><td>현금
영수증</td><td>전자세금
계산서</td><td>신고 / 납부</td><td>학자금
상환</td><td>연말정산
간소화</td><td>사업자등록
신청 / 정정</td><td>증명
발급</td><td>세법
상담</td><td>각 세무서 납세자
보호담당관(세금고충상담)</td><td>탈세 등
각종제보</td></tr>
</table>

2) 인터넷상담

'홈택스'에서 국세에 관한 궁금한 사항을 질의하면 신속하고 정확하게 답변을 받을 수 있다.

- '홈택스(hometax.go.kr)'접속 → 상담/제보 → 인터넷 상담하기
- 모바일 홈택스(손택스)앱접속 → 상담/제보 → 모바일 상담하기

2. 홈택스(Hometax) 이용안내

(1) 홈택스(Hometax)란?

납세자가 세무서나 은행에 가지 않고 집이나 사무실에서 인터넷을 이용하여 세금(국세)의 신고 · 납부 및 민원증명을 발급받을 수 있는 인터넷 국세 종합 서비스로, www.hometax.go.kr에 접속하면 된다.

(2) 홈택스 이용 시 장점

세금신고 및 납부, 민원증명 발급, 전자세금계산서 발급, 현금영수증 사용 내역 조회, 연말정산 자료 조회 등을 집이나 사무실에서 할 수 있으므로 세무서나 은행 등에 가지 않고 세무업무를 처리할 수 있어 시간과 비용이 절약된다. 민원증명 등을 직접 출력하거나 인터넷을 통하여 확인할 수 있어 매우 편리하며, 시간에 쫓기지 않고 집이나 사무실에서 편안하게 세금신고를 할 수 있다. 홈택스를 이용하기 위해서는 먼저 홈택스의 회원으로 가입하여 이용하거나, 회원가입을 하지 않고 비회원으로도 이용이 가능하다.

- 홈택스 누리집 또는 모바일 홈택스 앱에서 회원가입
  - (개인) 공인인증서 (주민등록번호 발급분), 본인명의 휴대전화 · 신용카드로 가입
  - (법인 · 세무대리인) 공인인증서 (사업자등록번호 발급분), 보안카드 (전자세금계산서발급분)로 가입
- 가까운 세무서 방문 가입
  - 세무서 민원봉사실에 「홈택스 이용신청서」를 작성하여 제출
  - 본인(법인은 대표자)이 직접 가입 신청하는 경우 : 홈택스 이용신청서 1부, 신청자의 신분증
  - 대이인이 신청하는 경우 : 홈택스 이용신청서 1부, 위임장 1부, 위임자의 신분증(법인은 법인인감증명서) 1부, 위임받은 자의 신분증

• 비회원으로 이용하는 방법
  - 개인은 회원가입 없이 본인 공인인증서(주민등록번호 발급분)을 이용하여 간편하게 홈택스를 이용할 수 있다.
  - 이용가능 서비스: 종합소득세 · 양도소득세 · 증여세 신고/납부, 연말정산 소득공제자료 조회, 사업장 현황 신고서 등

(3) 홈택스 주요 서비스 내용

1) 전자신고

각종 세금에 대한 신고서를 서면으로 작성하여 세무서에 제출하는 대신 인터넷으로 신고하는 서비스로 부가가치세, 법인세, 종합소득세 등 세금신고(14종) 및 사업장현황 신고서, 공익법인보고서, 종합부동산세 과세특례신고 등 주요 일반신고(17종)에 대하여 전자신고를 제공한다.

전자신고 혜택으로는 부가가치세(확정신고) 1만원, 법인세(정기신고) 2만원, 종합소득세(확정신고) 2만원의 세액 공제 혜택이 있으며, 각 세금에 대한 법정신고 기간 중 매일 06:00 ~ 24:00 동안 이용가능하다.

2) 전자납부

납세자가 세무서나 은행 등을 방문하지 않고 홈택스에서 금융결제원 인터넷지로 시스템을 연계하여 국세를 납부할 수 있는 서비스로, 공인인증서로 로그인 후 본인명의 계좌, 신용카드 또는 간편결제로 세금을 납부할 수 있다.

3) 전자고지

납세자가 납세고지서를 우편으로 받는 대신 홈택스에서 전자고지를 신청하면 고지 내용을 열람할 수 있는 서비스이다. 공인인증서로 로그인 후 이용가능하다. 이때 전자고지를 2회 연속 미 열람 시 전자고지 신청이 자동철회되고, 그 이후는 우편으로 발송된다. 전자고지 해지 후 전자고지 재신청은 해지일로부터 30일이 지난날부터 신청가능하다. 회원 가입 시 등록한 이메일 또는 휴대전화번호로 전자고지 사실이 안내된다.

4) 민원증명

인터넷으로 민원증명발급을 신청하고 납세자의 PC에서 증명서를 직접 프린터로 출력하여 공문서로 사용할 수 있는 「인터넷민원증명발급서비스」를 제공하고 있으며, 사업자등록증명, 휴업사실증명, 폐업사실증명, 납세증명서, 납부내역증명, 소득금액증명, 부가가치세과세표준

증명, 부가가치세면세사업자수입금액증명, 표준재무제표증명, 사업자단위과세적용 종된사업장증명, 연금보험료 등의 소득·세액공제 확인서, 모범납세자증명, 소득확인증명서, 근로(자녀) 장려금수급사실증명, 사실증명 등 17유형에 대하여 서비스를 제공한다.

5) 조회 서비스

납세자 본인의 신고내역과 납부내역 및 사업자등록상태 조회 등 세무정보를 인터넷으로 조회할 수 있는 서비스로, 신고내역 5종(부가가치세, 종합소득세, 원천세, 양도소득세, 지급명세서) 및 납부내역, 기타내역 15종(사업자등록상태조회, 환급금조회, 부가세예정고지 세액조회, 세금포인트조회, 신용카드매출자료조회 등)에 대한 정보를 제공한다.

6) 생활세금 서비스

양도소득세 자동계산, 1세대 1주택 양도소득세 비과세 확인, 증여세 자동계산 등 홈택스 사용자의 세무처리 등에 도움을 주기 위해 제공하는 서비스이다.

7) 과세자료 전자 제출

각종 과세자료를 홈택스에서 직접 작성하거나 파일을 변환하여 제출하는 서비스이다. 제출 가능한 자료는 근로소득·사업소득 지급명세서 등의 지급명세서, 승용차 조건부 면세, 주류 판매기록부 등 소비세제 자료, 영업권 등에 대한 보상금 지급자료, 손해사정 보고에 관한 자료 등이 있다. 자료를 제출하고자 하면, 홈택스에 접속한 후 직접 입력하여 제출하면 된다.

8) 전자(세금)계산서

사업자(매출자)가 전자적 방법으로 거래 상대방(매입자)에게 세금계산서 또는 계산서를 발급하고 조회할 수 있는 서비스이다. 주요 서비스로는 전자(세금)계산서 건별·수정·일괄·반복 발급, 발급 목록 조회, 건별 상세 조회, 월·분기별 목록 조회, 합계표 및 명세서 조회, 부가가치세 신고용 합계표 조회, 전자세금계산서 수신용 이메일 및 거래처 관리 등이 있다. 이 서비스를 이용하려면 은행 또는 공인인증기관을 통해 발급한 공인인증서나 가까운 세무서에 방문하여 발급한 보안카드를 이용하면 된다. 이때, 거래상대방(매입자)에게 전자(세금)계산서를 발송하기 위한 이메일 주소를 사전 확보할 필요가 있다.

9) 현금영수증

소비자가 현금과 함께 인증수단(카드, 휴대폰 번호 등)을 제시하면 가맹점은 현금영수증을 발급하고 그 내역은 국세청으로 전송되어 소비자 등이 조회할 수 있다.

10) 연말정산간소화 서비스

근로소득세 연말정산에 필요한 각종 소득 · 세액공제 자료(영수증)를 제공하는 납세자 편의 서비스로, 근로소득자는 홈택스에서 출력하거나 내려받은 소득 · 세액공제 증명서류를 소속 회사(원천징수의무자)에 제출하면 된다. 주요 서비스로는 소득 · 세액공제 자료 인쇄 및 내려받기(PDF), 자료 제공동의(부양가족이 본인의 연말정산간소화 자료를 근로자에게 제공), 의료비 · 신용카드 신고센터(소득, 세액공제 자료가 누락되거나 사실과 다른 경우 신고)가 있다.

11) 편리한 연말정산

근로자는 연말정산간소화에서 선택한 공제금액과 직접 수집한 금액으로 공제신고서를 작성하여 홈택스를 통해 회사에 온라인 간편제출하고, 회사는 제출받은 공제신고서를 이용하여 연말정산 및 지급명세서를 제출할 수 있는 서비스이다. 주요 서비스로는 공제신고서 작성, 예상세액 계산, 간편 제출, 맞벌이 근로자 절세 안내 등이 있다.

3. 현금영수증 · 신용카드 이용 안내

현금영수증 또는 신용카드를 이용하면 근로소득자 연말정산 시 소득공제와 가맹점 세액공제(개인사업자)의 혜택을 받을 수 있다.

(1) 근로소득자 연말정산 시 소득공제

현금영수증 수취금액과 신용카드 등의 사용금액이 총급여액의 25%를 초과하는 경우 그 초과금액의 15% ~ 40%까지 소득공제 받을 수 있다.

1) 공제대상

공제대상 금액에는 연간소득금액 100만원 이하인 근로자의 배우자 및 생계를 같이하는 직계 존 · 비속(배우자의 직계존속 및 입양자 포함)의 사용금액이 포함된다.

현금영수증 · 신용카드 · 직불카드 · 기명식 선불카드 · 전통시장 · 대중교통의 사용금액

2) 결제수단별 소득공제율

결제수단 및 추가공제 구분	공제율
신용카드	15%
직불 · 선불카드 · 현금영수증	30%
도서 · 공연 · 박물관 · 미술관(총급여액이 7천만원 미만)	30%
전통시장 · 대중교통	40%

(2) 가맹점 세액공제(개인사업자)

현금영수증이나 신용카드 등의 발행금액의 1.3%를 연간 1,000만원 한도로 부가가치세에서 세액공제를 받을 수 있다(음식 또는 숙박업을 영위하는 간이과세자는 2.6%를 적용함).

1) 공제대상

현금영수증 · 신용카드 · 직불카드 · 전자화폐 · 기명식 선불카드의 매출액

4. 현금영수증 발급 의무화

전문직, 병 · 의원, 일반교습학원, 예술학원, 골프장업, 장례식장업, 예식장업, 부동산중개업 사업자 등은 건당 10만원 이상 거래금액(부가세포함)에 대하여 그 대금을 현금으로 받은 경우 소비자가 요청하지 않아도 현금영수증을 발급해야 한다(사업자에게 (세금)계산서를 발급하는 경우 제외함).

(1) 적용대상업종

구 분	업 종
사 업 서 비 스 업	변호사업, 공인회계사업, 세무사업, 변리사업, 건축사업, 법무사업, 심판변론인업, 경영지도사업, 기술지도사업, 감정평가사업, 손해사정인업, 통관업, 기술사업, 측량사업, 공인노무사업
보 건 업	종합병원, 일반병원, 치과병원, 한방병원, 요양병원, 일반의원(일반과, 내과, 소아청소년과, 일반외과, 정형외과, 신경과, 정신건강의학과, 피부과, 비뇨의학과, 안과, 이비인후과, 산부인과, 방사선과 성형외과), 기타의원(마취통증의학과, 결핵과, 가정의학과, 재활의학과 등 달리 분류되지 아니한 병과), 치과의원, 한의원, 수의업
숙 박 및 음 식 점 업	일반유흥 주점업(단란주점포함), 무도 유흥 주점업, 일반 및 생활 숙박시설 운영업, 출장 음식 서비스업
교육서비스업	일반 교습학원, 예술학원, 외국어학원 및 기타 교습학원, 운전학원, 태권도 및 무술교육기관, 기타 스포츠 교육기관, 기타 교육지원 서비스업, 청소년 수련시설 운영업(교육목적용만), 기타 기술 및 직업훈련학원, 컴퓨터 학원, 그 외 기타 분류 안된 교육기관
그 밖의 업종	골프장 운영업, 골프 연습장 운영업, 장례식장 및 장의 관련 서비스업, 예식장업, 부동산 중개 및 대리업, 부동산 투자 자문업, 산후 조리원, 시계 및 귀금속 소매업, 피부 미용업, 비만 관리 센터 등 기타 신체 관리 서비스업, 마사지업(발 마사지업 및 스포츠 마사지업으로 한정), 실내건축 및 건축마무리 공사업(도배업만 영위하는 경우는 제외), 인물사진 및 행사용 영상 촬영업, 결혼 상담 및 준비 서비스업, 의류 임대업, 포장이사운송업, 자동차 부품 및 내장품 판매업, 자동차 종합 수리업, 자동차 전문 수리업, 전세버스 운송업, 가구 소매업, 전기용품 및 조명장치 소매업, 의료용 기구 소매업, 페인트, 창호 및 기타 건설자재 소매업, 주방용품 및 가정용 유리, 요업 제품 소매업, 안경 및 렌즈 소매업, 운동 및 경기용품 소매업, 예술품 및 골동품 소매업, 중고자동차 소매업 및 중개업, 악기 소매업, 자전거 및 기다 운송장비 소매업, 손톱, 발톱 관리 미용업 등 기타 미용업, 체력단련시설 운영업, 화장터 운영, 묘지 분양 및 관리업, 특수여객자동차 운송업, 가전제품 소매업, 의약품 및 의료용품 소매업

소비자가 현금영수증 발급을 요청하지 않아 인적사항을 확인할 수 없는 경우 국세청 지정번호(010-000-1234)로 현금영수증을 자진 발급하여 소비자에게 교부해야 한다.

(2) 발급 의무 위반에 대한 제재

현금영수증 발급 의무를 위반한 자에 대해 현금영수증 미발급 금액의 100분의 20에 상당하는 가산세(2018.12.31. 이전 거래분에 대하여는 미발급 금액의 100분의 50에 상당하는 과태료)를 부과한다.

5. 전자(세금)계산서 제도

(1) 전자세금계산서를 발급해야 하는 사업자

전사세금계산서를 발급해야 하는 사업자는 법인사업자 및 직전 연도 과세 공급가액과 면세공급가액의 합계액이 2억원 이상인 개인사업자이다. 만약 전자세금계산서 발급의무자가 전자세금계산서를 발급하지 않거나 전송하지 않을 때에는 다음과 같은 가산세가 부과된다.

① 전자세금계산서 미(지연)발급 가산세 : 공급가액의 2%(1%)
② 전자세금계산서 미(지연)전송 가산세 : 공급가액의 0.5%(0.3%)

(2) 전자계산서(면세)를 발급해야 하는 사업자

전자계산서(면세)를 발급해야 하는 사업자는 다음과 같다.

발급의무 개시일	발급의무 대상
2015.7.1.	• 법인사업자 및 직전연도의 사업장별 재화 및 용역의 공급가액의 합계액이 3억원 이상인 개인사업자
2016.1.1.	• 직전 과세기간의 총수입금액이 10억원 이상인 개인사업자
2017.1.1.	• 직전 과세기간의 총수입금액이 10억원 이상인 개인사업자
2019.7.1.	• 직전 과세기간의 총수입금액이 3억원 이상인 개인사업자
2022.7.1.	• 직전 과세기간의 총수입금액이 2억원 이상인 개인사업자
2023.7.1.	• 직전 과세기간의 총수입금액이 1억원 이상인 개인사업자
2024.7.1.	• 직전 과세기간의 총수입금액이 8천만원 이상인 개인사업자

여기서 총수입금액이란 사업장별 부가가치세 과세 공급가액 및 면세 수입금액의 합계액을 말한다.

(3) 전자(세금)계산서 발급

1) 전자(세금)계산서 발급방법

① 국세청에서 무료로 운영하는 홈택스(www.hometax.go.kr) 및 스마트폰을 이용하여 모바일 홈택스에서 발급

② 국세청에 등록된 전자(세금)계산서 발급업무 대행 사업자(ASP)가 일정수수료를 받고 운영하는 사이트 또는 자체 구축한 전자(세금)계산서 발급시스템(ERP)을 이용하여 발급

③ 기타 발급방법(인터넷 사용이 어려운 경우)

- 세무서에서 보안카드 수령 후 전화ARS(Tel. 126-1-2-2)를 이용하여 발급

2) 전자(세금)계산서 발급 · 전송기한

① 발급기한 : 재화 또는 용역의 공급시기(단, 월합계(세금)계산서의 경우 공급시기가 속하는 달의 다음달 10일)

② 전송기한 : 전자(세금)계산서 발급일의 다음날

3) 전자(세금)계산서 발급 · 전송 혜택

① 세금계산서 보관의무 면제

② 부가가치세 등 신고 시 합계표 개별명세 작성 불필요

6. 근로 · 자녀장려금

근로 · 자녀장려금은 일은 하지만 소득이 적어 생활이 어려운 근로자, 사업자(전문직 제외) 또는 종교인 가구에 대하여 가구원 구성과 근로소득, 사업소득 또는 종교인 소득에 따라 산정된 근로장려금을 지급함으로써 근로를 장려하고 실질소득을 지원하는 제도이다.

(1) 근로 · 자녀장려금 신청자격

근로소득 또는 사업소득이 있는 거주자로서 아래(1~3) 요건을 모두 갖추어야 한다.

1) 소득요건

전년도 부부합산 연간 총소득이 아래의 기준금액 미만이어야 한다.

구 분	단독가구	홑벌이가구	맞벌이가구
근로장려금	2,200만원	3,200만원	4,400만원
자녀장려금	–	7,000만원	

2) 재산 요건

가구원 모두가 그해 6월 1일 현재 가구원 모두가 소유하고 있는 주택 · 토지 · 건물 · 예금 등 재산합계액이 2억4천만원 미만이어야 한다.

3) 기타요건

장려금을 받기 위해서는 신청일 현재 대한민국 국적을 가진 자(외국인 중에 대한민국 국적을 가진 자와 혼인한 자 및 대한민국 국적의 부양자녀가 있는 자 포함)여야 한다. 또한, 자녀장려금의 경우는 신청한 해에 다른 거주자의 부양자녀가 아니어야 한다. 그리고 거주자 본인 또는 그 배우자가 전문직 사업을 영위하는 자가 아니어야 한다. 마지막으로, 근로장려금은 국민기초생활보장법에 따른 생계급여를 받아도 적용할 수 있지만, 자녀장려금은 생계급여를 받으면 지급되지 않는다.

(2) 근로 · 자녀장려금 산정방법

가구 유형별로 '총급여액 등'은 근로소득(총급여액)과 사업소득(총수입금액Ⅹ업종별조정률) 및 종교인 소득을 말한다. 총급여액을 '장려금산정표'의 해당 구간에 적용한 후, 감액요인(자녀세액 공제 등)을 반영하여 산정한다.

(3) 근로 · 자녀장려금 신청 기간 및 방법

1) 신청 기간

2025년 3월 1일 ~ 3월 15일까지(2024년 하반기 소득 대상)

2025년 9월 1일 ~ 9월 15일까지(2025년 상반기 소득 대상)

2) 신청방법

모바일 안내문을 받은 경우 : 카카오톡 · 문자메시지에 첨부된 안내문을 열람하여 '신청하기' 버튼 누름 → '손택스 신청화면' 연결 → 주민등록번호 뒤 7자리 입력 → 신청완료 또는 장려금 상담센터 (1566-3636)로 상담한다.

3) 근로·자녀장려금 지급

장려금 신청자에 대해서는 자격요건 등 심사를 거쳐 9월에 지급된다.

4) 허위 신청자에 대한 불이익

신청요건 등에 관한 사항을 고의 또는 중대한 과실로 사실과 다르게 신청한 경우에는 장려금 환수와 2년 또는 5년간 지급제한 등의 불이익을 받게 된다.

(4) 근로장려금 반기별 신청 및 지급

1) 반기별 지급 신청자격

소득귀속연도에 근로소득만 있는 거주자(배우자 소득 포함)로, 소득 귀속연도 전년도 부부합산 총소득 및 소득귀속연도 부부합산 근로소득이 기준금액 미만이고, 전년도 6월 1일 현재 가구원 모두의 재산 합계액이 2.4억원 미만이어야 한다.

2) 근로소득 등 지급명세서 제출

근로소득 · 원천징수사업소득은 지급일이 속하는 반기 마지막 달의 다음 달 말일, 일용근로소득은 분기 마지막 달의 다음 달 말일까지 원천징수의무자가 근로소득간이 · 일용근로소득지급명세서를 제출해야 한다.

3) 반기별 지급 및 정산

장려금 산정액의 35%를 반기별로 지급 받고, 소득 귀속연도 다음 연도에 정기 신청했을 경우의 지급액과 비교하여 정산한다. 반기별 지급액이 15만원 미만인 경우 또는 하반기 근로장려금 환급 시 정산할 때 환수가 예상되는 경우에는 정산 시 지급한다. 상반기신청자는 상반기 총급여를 12개월로 환산하여 근로장려금 지급액을 산정한다.

- 사용근로자 중 계속근무자 : 상반기총급여 + (상반기총급여 ÷ 근무월수) × 6
- 일용근로자, 상용근로자 중 중도퇴직자 : 상반기총급여 × 2

하반기신청자는 상반기와 하반기의 총급여를 합산하여 근로장려금 지급액을 산정한다.

구 분	신청기간	지급시기	지급액
하반기	2025.3.1. ~ 2025.3.15.	2025년 6월 중	추가지급 또는 환수
상반기	2025.9.1. ~ 2025.9.15.	2025년 12월 중	산정액의 35%

7. 취업 후 학자금 상환제도

'취업 후 학자금 상환제도'란 대학생이 재학 중 등록금을 대출받아 학업에 전념할 수 있도록 해주고, 그 대출원리금은 소득 발생 후 소득수준에 따라 상환하는 제도이다. 이때, 채무자는 대출시점부터 원리금상환의무를 부담하되, 소득금액이 상환기준소득을 초과할 때까지 상환의무가 자동 유예된다.

(1) 대출대상자

학자금 지원구간 8구간(기초생활수급자 및 차상위계층 포함) 이하 가정의 대학생으로 대학입학 허가를 획득한 자도 가능하며 대출 당시 35세 이하여야 한다. 지원 4구간 대학원생은 만 40세 이하여야 한다. 이때, 다자녀(3인 이상) 가구 학생은 지원 구간에 관계 없이 대출 이용이 가능하다. 구체적인 기준은 다음과 같다.

- 성적 'C학점'이상 이고, 직전학기 12학점 이상 이수
- 교내 · 외 장학금 및 대출을 받는 경우 이중 수혜 금지
- 교육부와 협약을 체결한 대학에 재학 중 또는 입학하는 자

(2) 대출한도

등록금 소요액 전액과 생활비 연간 400만원까지 대출이 가능하다. 구체적으로 생활비 대출은 기초생활수급자, 차상위계층 및 학가금 지원구간 4구간 이하자의 경우 의무 상환개시 전까지 무이자, 그 외는 정상이자로 계산한다. 대출금리는 물가상승률, 실질금리 및 재원조달 금리 등을 고려하여 매 학기 결정한다.

(3) 의무상환액

대출자의 연간소득금액이 상환기준소득을 초과하는 경우 그 초과금액의 20%를 의무적으로 상환해야 한다. 자발적 상환은 국세청에 납부가 불가능하며, 소득발생에 상관없이 대출자의 선택에 따른 자발적 상환은 한국장학재단에 납부한다.

의무상환액 = (연간소득금액 − 상환기준소득[*1]) × 20%(상환율) − 소득귀속연도의 자발적상환액[*2]

*1 2025년 귀속 상환기준소득: 1,898만원(총급여 기준 2,851만원)

*2 소득 귀속연도에 채무자가 한국장학재단을 통해 자발적으로 상환한 금액으로 근로 · 사업소득에 따른 의무상환액을 한도로 함(상환기준소득은 매년 교육부 장관이 고시)

* 취업 후 학자금 상환 누리집(www.icl.go.kr) '의무상환액 간편계산' 코너에서 간편하게 확인할 수 있다.

연간소득금액이 상환기준소득을 초과하여 산출된 의무상환액이 36만원 미만인 경우 최소액인 36만원을 상환한다.

(4) 원천공제 대상자

근로소득, 퇴직소득, 연금소득, 보험모집인 · 방문판매원으로 연말정산하는 사업소득자는 매월 원천공제를 납부한다. 국세청이 전년도 근로소득을 기준으로 계산된 원천공제 대상 금액을 원천공제(7월 ~ 다음 해 6월)가 시작되기 전 대출자(5월) 및 고용주(6월)에게 각각 통지한다. 만약, 국세청이 고용주에게 원천공제대상자를 통지하기 전, 대출자가 원천공제 1년분 상환액을 일시에 또는 분할하여 미리 납부하면 상환의무가 종료되어 고용주에게 원천공제대상자로 통지되지 않는다. 1년 분을 선납하려면 5월 말까지 원천공제 통지액(1년 분)을 일시에 납부하고, 분할납부 하려면 50%는 5월 말까지, 나머지는 11월 말까지 납부하면 된다.

매월 원천 공제하여 납부하던 중이라도 원천공제 통지액에서 이미 납부된 상환액을 차감한 잔여액은 일시에 납부 가능하며 잔여액 납부 시 고용주가 원천공제를 중단한다.

(5) 고지 · 납부 대상자

종합 · 양도소득 또는 상속 · 증여 재산이 발생한 경우 신고된 국세소득금액에 따라 의무상환액을 계산하여 대출자에게 납부고지서를 발송한다. 이때, 대출자는 납부고지서에 기재된 가상계좌로 납부만 하면 된다. 은행창구는 수납이 안되며 납부고지서의 가상계좌로만 납부가 가능하다. 납부가능시간은 평일 오전 9시에서 오후 7시까지이다.

(6) 자율상환제

근로 및 사업소득이 있는 채무자가 소득이 발생한 연도에 미리 자발적으로 상환하면 해당 소득에 대한 의무상환액을 납부한 것으로 인정한다.

(7) 상담 및 문의

- 국세상담센터 : 126번 → 1번 → 4번
- 국세청 취업 후 학자금 상환 누리집(www.icl.go.kr)

8. 1세대 1경차의 유류비 지원

경차유류세 환급제도란 1세대에 1경차를 소유한 경우 '유류구매카드'로 연간 30만원의 유류비를 지원받을 수 있는 제도이다.

(1) 지원대상

배기량 1,000cc미만의 경차(승용 · 승합) 소유자 및 주민등록표상 동거가족이 소유한 경차 각각의 합계가 1대인 경우에 해당한다.

- 경형승용차 1대만 소유한 경우
- 경형승합차 1대만 소유한 경우
- 경형승용차와 경형승합차 각 1대씩만 소유한 경우
- 길이 3.6m, 너비 1.6m, 높이 2.0m 이하

하지만 다음의 경우는 지원받을 수 없다.

- 장애인 · 국가유공자 유류비 지원을 받고 있는 경우
- 법인 차량 또는 개인명의 단체 차량
- 경형승용차 2대 이상 또는 경형승합차 2대 이상 소유한 경우
- 경형승용차와 다른 승용차 동시 소유
- 경형승합차와 다른 승합차 동시 소유 등

(2) 유류구매카드 발급방법

차량등록증과 신분증 사본을 구비하여 아래의 방법으로 카드발급을 신청할 수 있다.

구 분	롯데카드	신한카드	현대카드
인 터 넷	www.lottecard.co.kr 누리집→카드→신용카드→제휴(복지/공공)→'경차 smart롯데카드'	www.shinhancard.com 누리집→카드→신용카드→공공/단체→'경차사랑life카드'	www.hyundaicard.com 누리집→카드안내 · 신청→제휴카드→주유(공공)→'경차전용카드(유류세환급)'
전 화	1899-9955 → 카드 신청 접수	080-800-0001 → 2번 경차사랑 간편 접수	1577-6982 → 1번 카드신청 접수
방문(본인)	롯데카드 영업점 및 롯데백화점 카드 센터	신한카드 · 신한은행영업점 신협 전국 영업점	

(3) 혜택

연간 30만원 한도 내에서 유류 결제금액에서 일정금액이 차감된다. 만약 신용카드로 결제하면 결제금액에서 리터당 할인금액을 차감하고 청구한다.

(4) 주의사항

신용카드는 모든 물품을 구매할 수 있지만 유류세 혜택은 해당 경차의 연료 구매분에 제한되며, 유류구매카드를 부정 사용하면 할인받은 세액과 40%의 가산세가 부과되며, 해당 경차 소유자는 유류비 지원대상에서 제외될 수 있다.

9. 노후차 교체 혜택

10년 이상된 노후차를 말소하고 신차(경유승용차 제외) 구입 시 개별소비세의 70%를 감면받을 수 있다. 구체적으로 소유하고 있는 노후차를 폐차 또는 수출하고 노후차의 말소등록일을 전후하여 2개월 이내에 신차를 본인의 명의로 신규등록하는 경우 개별소비세 등의 세금을 한도 내에서 감면해 주는 제도이다.

(1) 감면대상

10년 이상된 노후차를 소유하고 있다면 감면혜택을 받을 수 있다.

(2) 교체기한

노후차를 말소등록하고 말소등록일 전 · 후 2개월 이내에 신차를 등록해야 한다. 하지만 새로 구입하는 차량이 경유승용차인 경우에는 지원대상이 아니다.

(3) 지원한도

신차 구입시 부과되는 개별소비세의 70%를 지원받게 되며, 최대 140만원을 절감할 수 있다. 구체적인 경감한도는 개별소비세 100만원과 교육세 30만원 그리고 부가가치세 10만원이다. 또한, 노후차 1대당 신차 1대 구입 시 개별소비세를 감면받을 수 있다.

(4) 주의사항

개별소비세가 부과되는 자동차(경유승용차 제외)를 구입한 경우에만 지원되며, 감면 요건을 갖추지 못한 경우에는 감면세액과 10%상당(노후차 1대당 신차 2대 이상 감면 시 40%)의 가산세가 부과된다.

10. 공동주택 입주자대표회의 관련 주요 사항 안내

아파트 입주자 대표회의가 임대수익, 재활용 폐자원 판매수입 등 계속적 · 반복적 수입이 발생하여 수익사업을 영위하는 경우, 사업자 등록 및 부가가치세 등을 신고해야 한다.

(1) 사업자등록 관련 규정

부가가치세 면세사업자는 부가가치세법상 등록의무는 없으나, 법인세법 시행령 제154조 및 소득세법 제168조에 의해 고유번호를 부여받을 수 있다.

(2) 수익사업을 영위하게 되는 경우

- 법인 : 사업자등록증으로 교체함(사업자등록번호는 변동없음)
- 개인 : 고유번호증을 반납하고 사업자등록증을 교부함(사업자등록 번호 변동)

(3) 부가가치세법상 규정

과세대상	면세대상
임대수익 - 통신 중계기지 · 알뜰장터 임대 - 옥외광고물 · ATM기 설치장소 임대	공동주택 어린이집 임대수익
재활용 폐자원 판매 수익 게시판 광고 수익 등 외부인 주차장 사용료	공동주택 일반관리 · 경비 · 청소용역

(4) 재활용폐자원 판매수입 : 부가가치세 과세대상

부녀회 노인회 등이 계속적, 반복적으로 재활용폐지를 수집 공급함으로써 부가가치세법상 납세의무자로 판정되는 경우에는 사업자 등록을 해야 하며, 이때에는 세금계산서 또는 간이 세금계산서를 교부한다.

(5) 각종 임대료 수익 : 부가가치세 과세대상

아파트 입주자 대표회의가 아파트 단지 내에 광고물 부착, 이동통신 중계기, ATM기 설치 등의 장소를 제공하고 받은 대가는 부가가치세 및 소득세 과세대상에 해당한다.

(6) 검침수익 : 부가가치세 과세대상

사업자와 검침위수탁 계약을 체결한 아파트관리 대표자가 사용량에 대한 검침 용역을 제공하고 그 대가를 받는 경우에는 부가가치세가 과세된다.

11. 성실납세 지원제도

(1) 모범납세자 우대제도

1) 세정 상 우대혜택

① 세무조사 유예 : 국세청장 표창 이상 수상자는 3년, 지방국세청장과 세무서장 표창 수상자는 2년간 세무조사를 유예하고 있다(모범납세자 관리규정 제5조).

② 납세담보제공 면제 : 징수유예 · 납기연장 시 체납 이력을 감안하여 조세일실 우려가 없는 경우에는 국세청장 표창 이상 수상자의 경우 표창 수상일로부터 3년간, 지방국세청장과 세무서장 표창 수상자의 경우에는 2년간 납세담보 제공을 면제해 준다(세액 5억원 한도).

③ 민원봉사실 전용창구 이용 : 민원봉사실 내에 모범납세자 전용창구를 이용할 수 있다.

④ 모범납세자 전용 비즈니스센터 이용 : 인천공항에 설치된 모범납세자 전용 비즈니스센터에서 간단한 사무를 보거나 납세 지원 서비스 및 휴대용 통 · 번역기 대여 서비스가 가능하다.

2) 기타 사회적 우대혜택

① 철도운임 할인 : 납세자의 날에 표창 등을 수상한 모범납세자에게 주중 철도이용 시 운임할인을 제공한다.

② 공항 출입국 우대 : 적격심사를 통과한 모범납세자에게 정부포상 · 기획재정부 장관 표창 수상자는 3년간, 국세청장 · 지방청장 표창 수상자는 2년간 공항 출입국 우대심사대 등을 이용할 수 있는 혜택을 부여한다.

③ 지방자치단체가 운영하는 공영주차장 및 국립공원 주차장 무료 이용 : 국세청장이 배부한 모범납세자 스티커 부착차량은 선정일로부터 1년간 무료 이용이 가능하다.

④ 신용보증기금 보증심사 시 우대 : 신용보증기금 보증심사 시 일반 보증한도를 다른 기업보다 우대한다(수상일로부터 3년간). 단, 30억원을 한도로 보증한다.

⑤ 보증지원 우대 : 서울보증보험주식회사와 협약을 체결하여 이행보증료 10% 할인, 보증한도 10 ~ 30억원 확대, 맞춤형 신용관리 서비스 무상지원 혜택을 제공한다. 또한 HUG 주택도시보증공사와 협약을 체결하여 보증료율 10% 인하, 보증한도 확대(최대 50억원, 수상일로부터 3년간)

⑥ 국방부 물품 · 용역 적격심사 시 가점 부여 : 용역 물품 적격심사 시 신인도 부문에 가점을 부여한다(수상일로부터 2년간).

⑦ 방위사업청 물품 · 장비정비용역 적격심사 시 가점 부여(수상일로부터 2년간)

⑧ 대출금리경감, 금융수수료 면제 등 금융상 우대(수상일로부터 1~3년간) : 신한은행, 우리은행, IBK기업은행, NH농협, 부산 · 경남 · 제주은행 등과 업무협약을 체결하여 모범납세자의 자금운용에 도움을 주고 있다.

⑨ 고용노동부 노사문화 우수기업 선정 시 가점 부여

⑩ 의료비 할인혜택 : 강동경희대병원, 일산백병원, 을지대학병원, 부산 동의의료원 등과 업무협약을 체결하여 의료비 부담을 덜어주고 있다.

⑪ 소노호텔&리조트 회원 수준의 요금 할인 혜택(소속 임직원까지 제공) : 성수기를 제외한 비수기에 이용(수상일로부터 3년간)

⑫ 전용 신용카드 발급(모든 수상자 및 소속 임직원에게 제공) : 주유, 의료 등에서 특별혜택이 제공되는 신한카드 발급(수상일로부터 3년간)

(2) 세금포인트 제도

1) 「세금포인트」 제도란?

세금납부에 대한 자긍심 고취 및 성실납세자를 우대하기 위해 법인 (법인세) 또는 개인(소득세)이 납부한 세금액수에 따라 일정 포인트를 부여하고, 적립된 포인트로 징수유예 및 납기연장 신청 시 납세담보 제공 면제 혜택을 받을 수 있는 제도이다. 사용한 세금포인트는 이후 적립 포인트에서 차감한다.

2) 「세금포인트」 부여 방법

구 분		법 인	개 인
세금포인트 부여	대 상	조특법 시행령 제2조의 중소기업	모든 개인 납세자
	부여대상 세 목	법인세 및 법인세 감면분에 대한 농어촌특별세 (원천징수 당한 세액 포함)	종합소득 · 양도소득세 및 원천징수 되는 근로 · 퇴직 · 사업 · 기타소득세
	부여 시점	2012. 1. 1. 이후 연도부터 납부세액을 기준으로 부여	2000. 1. 1. 이후 연도부터 납부세액을 기준으로 부여
	누적관리 기 간	최근 5년 동안 부여 (6년 이전 납부실적 소멸)	2000년부터 누적 부여 (소멸제도 없음)
	부여기준	신고 · 자납세액 100,000원 당 1점 (고지분 제외)	신고 · 자납세액 100,000원 당 1점 (고지납부 0.3점)

3) 「세금포인트」 활용

구 분		법 인	개 인
납세 유예 시 사용	금 액	세금포인트 × 100,000원 × 100%	
	한 도	연간 5억원	
	유예기간	최장 9개월	
	승인요건	최근 2년 동안 체납액이 없고, 최근 2년간 체납사실 여부 등을 고려하여 조세 일실의 우려가 없는 경우	

4) 세금포인트 조회 방법

① 인터넷 조회방법

국세청 홈택스(www.hometax.go.kr) ➡ 회원가입 후 로그인(공인인증서 필요)
➡ 조회/발급 ➡ 기타조회 ➡ 세금포인트 조회

② 세무서 민원봉사실에서도 확인 가능

본인 신분증(법인 대표자 포함) 또는 위임장 필요

(3) 장애인 조세지원 제도

1) 소득세 경감 혜택

본인 또는 부양가족이 장애인(직계비속이 장애인이고 그 배우자가 장애인인 경우 직계비속의 배우자도 포함)인 경우에는 소득세를 계산할 때 다음과 같은 소득공제 혜택이 있다

① 기본공제와 장애인 공제

- 기본공제 : 연령에 관계없이 1인당 연 150만원 공제
- 장애인공제 : 장애인 1인당 연 200만원씩 추가 공제

② 세액공제

아래에 해당하는 각각의 공제금액의 15%를 산출세액에서 공제한다.

- 보험료공제 : 장애인 1인당 장애인전용 보장성보험료에 대하여 연간 100만원까지 공제
- 의료비공제 : 장애인의 의료비는 한도 없이 공제
- 교육비공제 : 장애인의 재활교육에 드는 비용을 전액 공제

③ 비과세저축

장애인을 가입대상으로 하는 생계형 저축 중 1인당 저축원금이 3천만원(2015. 1. 1. 이후 가입시 5천만원)이하까지는 소득세 · 지방소득세 소득분 · 농업특별세를 면제한다. 이때,

항시 치료를 요하는 중증환자(취학 · 취업이 곤란한 자)의 경우도 공제대상(비과세저축은 제외)이며, 보험료공제는 근로소득자에게만 해당되고, 의료비공제와 교육비공제는 근로소득자와 일정 요건을 갖춘 성실사업자에게만 해당된다.

2) 증여세 경감 혜택

장애인이 증여받는 경우에는 다음과 같은 혜택이 있다

① 장애인이 직계존 · 비속과 친족(배우자 제외)으로부터 금전, 유가증권, 부동산을 증여받아 3개월 내에 「자본시장과 금융투자업에 관한 법률」에 따른 신탁업자에게 신탁하는 경우에는 5억원까지 증여세가 부과되지 않는다.

② 장애인을 보험수익자로 하는 보험금으로서 연간 4천만원까지의 보험금에 대하여 증여세를 비과세한다.

3) 상속세 경감 혜택

상속인 또는 동거가족 중 장애인이 있는 경우 장애인 1인당 1천만원에 통계청장이 고시하는 기대여명 연수를 곱하여 계산한 금액을 상속 재산가액에서 공제한다.

4) 징수유예 혜택

납세자 또는 그 동거가족의 질병이나 중 · 상해 등 장기 치료를 요하는 사유로 인하여 세금을 기한 내 납부하기가 곤란한 경우에는 일정 기간 세금납부를 연장한다.

5) 기타 간접적 세제 혜택

① 기부금 공제 : 개인이 장애인복지시설에 지급한 기부금 전액 공제(법인인 경우 소득금액의 10% 한도)

② 부가가치세 영세율 적용(국내 공급 시) : 장애인 보조기기법 및 의료기기법에 따른 품목은 영세율을 적용한다.

③ 부가가치세 면세 적용(수입 시) : 관세가 무세이거나 감면되는 것으로서 '장애인 보조기기법' 및 '의료기기법' 등에 관련 법령에 따른 품목(66개)

④ 개별소비세 및 지방세 면세 : 장애인이 구입하는 승용차 또는 차량에 대한 세금 면제

⑤ 관세 감면 : 장애인용 물품에 대한 관세 감면

(4) 징수유예 · 납부기한 연장 제도

정부에서는 사업자가 재해를 당하거나 거래처의 파업 등으로 사업이 중대한 위기에 처한 경우 납부기한 연장이나 징수유예 등 납세유예 제도를 통하여 일정기간 세금납부를 연기할 수 있도록 지원하고 있다.

1) 납부기한 연장

다음과 같은 사유에 해당되는 경우 세금 납부기한의 연장을 신청할 수 있으며, 기한연장 신청을 위해서는 '납부기한 연장 승인신청서'를 납부기한 3일 전까지 관할세무서장에게 제출해야 한다. 기한연장 기간은 기한 만료일의 다음날부터 9개월 이내이다. 이때, 고용재난지역, 고용위기지역, 산업위기대응특별지역 및 특별재난지역 중소기업은 기한 만료일의 다음날부터 2년 이내이다(법인세, 부가가치세, 소득세 및 이에 부가되는 세목 한정).

2) 납부기한 연장 사유

① 천재 · 지변이 발생한 경우

② 납세자가 화재, 전화, 그 밖의 재해를 입거나 도난을 당한 경우

③ 납세자 또는 그 동거가족이 질병이나 중상해로 6개월 이상의 치료가 필요하거나 사망하여 상중인 경우

④ 납세자가 그 사업에서 심각한 손해를 입거나, 그 사업이 중대한 위기에 처한 경우(납부의 경우만 해당함)

⑤ 정전, 프로그램의 오류, 그 밖의 부득이한 사유로 한국은행(그 대리점을 포함한다) 및 체신관서의 정보통신망의 정상적인 가동이 불가능한 경우

⑥ 금융회사 등(한국은행 국고대리점 및 국고수납대리점인 금융회사 등만 해당한다) 또는 체신관서의 휴무, 그 밖의 부득이한 사유로 정상적인 세금납부가 곤란하다고 국세청장이 인정하는 경우

⑦ 권한 있는 기관에 장부나 서류가 압수 또는 영치된 경우

⑧ 납세자의 형편, 경제적 사정 등을 고려하여 기한의 연장이 필요하다고 인정되는 경우로서 국세청장이 정하는 기준에 해당하는 경우(납부의 경우만 해당한다)

⑨ 세무사법에 따라 납세자의 장부 작성을 대행하는 세무사(세무법인 포함) 또는 공인회계사(회계법인 포함)가 화재, 전화, 그 밖의 재해를 입거나 도난을 당한 경우

⑩ 위의 ②, ③ 또는 ⑦에 준하는 사유가 있는 경우

3) 징수유예

다음과 같은 사유로 납세자가 고지된 세금을 납부기한까지 납부할 수 없다고 인정되는 때에 납부기한을 연장시켜 주는 제도로, 징수유예 신청을 위해서는 '징수유예신청서'를 납부기한 3일 전까지 관할 세무서장에게 제출하여야 한다. 징수유예 기간은 유예한 날의 다음 날부터 9개월 이내이다.

4) 징수유예 사유

① 재해 또는 도난으로 재산에 심한 손실을 입은 경우

② 사업에 현저한 손실을 입은 경우

③ 사업이 중대한 위기에 처한 경우

④ 납세자 또는 그 동거가족의 질병이나 중상해로 장기치료가 필요한 경우

⑤ 「국제조세조정에 관한 법률」에 따른 상호합의절차가 진행 중인 경우

⑥ 위의 ①~④에 준하는 사유가 있는 경우

5) 징수유예의 효과

- 강제징수의 금지 : 체납액을 징수유예한 경우에는 그 체납액에 대한 강제징수(압류 및 공매 등)가 중단된다.

6) 영세개인사업자 체납액 징수특례 제도

① 대상자

- 2021년 12월 31일 이전에 개인 사업을 모두 폐업하고(폐업일이 속하는 과세연도 포함 직전 3년 평균 총수입금액이 15억원 미만)
- 2020년 1월 1일~2024년 12월 31일 기간 중 개업 후 1개월 이상 계속 사업 또는 취업 후 3개월 이상 계속 근무할 것
- 신청일 현재 종합소득세, 부가가치세 합계 체납액(가산금 제외) 5천만원 이하

12. 납세자 권익보호 및 포상금 제도

(1) 납세자권리헌장

납세자의 권리는 헌법과 법률이 정하는 바에 의하여 존중되고 보장되어야 한다.

- 납세자는 신고 등의 납세협력 의무를 이행하지 않았거나 구체적인 조세탈루혐의 등이 없는 한 성실하다고 추정되고 법령에 의해서만 조사대상으로 선정되며, 공정한 과세에

필요한 최소한의 기간과 범위에서 조사받을 권리가 있다.

- 납세자는 증거인멸의 우려 등이 없는 한 세무조사 기간과 사유를 사전에 통지받으며, 사업의 어려움으로 불가피할 때에는 조사의 연기를 요구하여 그 결과를 통지받을 권리가 있다.
- 납세자는 세무대리인의 조력을 받을 권리가 있고, 명백한 조세탈루혐의 등이 없는 한 중복조사를 받지 아니하며, 장부, 서류는 탈루혐의가 있는 경우로서 납세자의 동의가 있어야 세무관서에 일시 보관될 수 있다.
- 납세자는 세무조사 기간이 연장 또는 중지되거나 조사범위가 확대될 때, 그리고 조사가 끝났을 때 그 사유와 결과를 서면으로 통지받을 권리가 있다.
- 납세자는 위법 · 부당한 처분 또는 절차로 권익을 침해당하거나 침해당할 우려가 있을 때 그 처분의 적법성에 대하여 불복을 제기하여 구제받을 수 있으며, 납세자보호담당관과 보호위원회를 통하여 정당한 권익을 보호받을 수 있다.
- 납세자는 자신의 과세정보에 대해 비밀을 보호받고 권리행사에 필요한 정보를 신속하게 제공받을 수 있으며, 국세공무원으로부터 언제나 공정한 대우를 받을 권리가 있다.

(2) 납세자보호위원회

납세자보호위원회는 국세행정 집행과정에서 납세자 권익보호 사안을 보다 공정하고 투명하게 처리하기 위해 세무서, 지방국세청 및 국세청에 설치된 기구이다.

1) 심의대상

<table>
<tr><th colspan="2">세무서 · 지방국세청</th><th>국세청</th></tr>
<tr><td>가</td><td>위법 · 부당한 세무조사 및 세무공무원의 위법 · 부당한 행위</td><td rowspan="5">• 지방청 · 세무서 납세자보호위원회의 심의를 거친 결정 (위 ① ~ ③ 항목) 에 이의가 있는 경우에는 결정통지를 받은 날부터 7일 이내에 국세청장 (국세청 납세자보호위원회)에게 재심을 요청할 수 있습니다</td></tr>
<tr><td>나</td><td>중소규모 납세자의 세무조사 기간 연장 · 범위 확대에 대한 이의 제기</td></tr>
<tr><td>다</td><td>대규모 납세자의 세무조사 기간 연장 · 범위 확대에 대한 이의 제기</td></tr>
<tr><td>라</td><td>장부 등의 일시 보관 기간 연장</td></tr>
<tr><td>마</td><td>그 밖에 납세자의 권리보호를 위하여 납세자보호담당관이 심의가 필요하다고 인정하는 안건 (고충 민원 등)</td></tr>
</table>

* 중소규모납세자 : 연간 수입금액 또는 양도가액이 가장 큰 과세기간의 연간 수입금액 또는 양도가액이 100억원 미만

2) 위원회 구성 및 운영

납세자보호위원회는 납세자보호(담당)관을 제외한 모든 위원을 조세 · 법률 · 회계 분야에 전문적인 학식과 경험이 풍부한 민간위원으로 구성되어 있으며, 소속위원들은 심의 과정에서 알게 된 민원인, 조사대상자 등에 대한 과세 정보를 타인에게 제공할 수 없고, 위원회의 회의 내용은 공개되지 않는다.

3) 납제자 보호위원회 심의 절차

	세무서 · 지방국세청	국세청
심의 요청	세무조사 기간이 끝나는 날까지	세무서장 또는 지방국세청장의 결정 통지를 받은 날부터 7일 이내
결정 통지	요청받은 날부터 20일 이내	요청받은 날부터 20일 이내

(3) 납세자보호담당관

1) 납세자보호담당관 제도란

세금의 부과 · 징수 그리고 조사과정에서 불가피하게 일어날 수 있는 납세자의 억울함을 해결하고 납세자 불만을 적극적으로 해소하여 납세자의 권익을 보호하는 국세전문 옴부즈맨(ombudsman)제도를 말한다. 조사부서와 납세자보호담당관실이 서로 견제와 균형을 이루어 세무조사가 세법에 따라 공정 · 투명하게 이루어지고, 청탁이 없는 깨끗한 조사 환경 조성을 위한 예방적 기능을 수행한다.

납세자보호담당관은 전국 세무관서(국번없이 126 → 3번)에 설치되어 있다.

2) 납세자보호담당관의 역할

① 국세의 부과 · 징수과정에서 국세공무원이 위법 · 부당한 권한 행사를 했다고 생각되는 경우, 사실 여부를 확인하여 잘못된 경우 시정해 준다.

② 부과된 세금 때문에 고민이 있는 경우, 친절하고 자세하게 상담해 준다.

③ 세무조사 진행과정에서 조사공무원이 부당한 권한행사를 한다고 생각되는 경우, 조사 진행 과정을 확인하여 잘못된 경우 즉시 조치해 준다.

④ 세무조사결과 통지 내용에 불만사항이 있는 경우, 과세전적부심사청구 시 국세심사위원회의 심의를 거쳐 결정하고, 그 결과를 통지해 준다.

⑤ 세금이 잘못 나왔다고 생각하는 경우, 이의신청이나 심사청구 시 국세심사위원회의 심의를 통하여 세금이 잘못된 경우 바로 잡아준다.

(4) 납세자권리보호요청 제도

권리보호요청 제도란 세무조사를 포함한 국세행정 집행과정에서 국세공무원이 부당하게 납세자 권리를 침해하거나 침해가 예상되는 경우 납세자보호담당관에게 권리보호를 요청하는 제도이다(2009. 10. 26. 시행).

1) 세무조사 관련 권리보호요청 대상 예시

① 세법 · 동 시행령 · 동 시행규칙에 명백히 위반하여 조사하는 행위

② 조세탈루의 혐의를 인정할 만한 명백한 자료가 없는 등 법령이 정하는 구체적 사유 없이 같은 세목 및 같은 과세기간에 대하여 재조사하는 행위

③ 국세기본법 제 81조의18제2항제3호에 따른 세무조사 기간연장에 대한 중소 규모 납세자의 세무조사 일시중지 및 중지 요청 행위

④ 적법한 절차를 거치지 아니하고 조사대상 과세기간 · 세목 등 조사범위를 벗어나 조사하거나 조사기간을 임의로 연장하는 행위

⑤ 납세자 또는 권한 있는 자로부터 승낙을 받지 않거나 적법한 절차를 거치지 아니하고 임의로 장부 · 서류 · 증빙을 열람 · 복사하거나 일시 보관하는 행위

⑥ 납세자 또는 세무대리인에게 금품 · 향응 또는 업무집행과 직접 관련 없는 사적 편의 제공을 요구하는 행위

⑦ 납세자가 제출한 자료나 업무상 취득한 자료를 관련 법령에 의하지 않고 타인에게 제공 또는 누설하거나 사적인 용도로 사용하는 행위

⑧ 위 1 ~ 7호에 준하는 사유로 납세자 권리가 부당하게 침해되고 있거나 침해가 현저히 예상되는 경우

2) 일반 국세행정 관련 권리침해 행위 예시

① 소명자료 제출 · 고충민원 · 불복청구 · 체납세액 완납 등의 절차가 완료되었으나 그에 필요한 결정취소 · 환급 · 압류해제 등 후속처분을 지연하는 행위

② 사전예고(독촉)없이 재산을 압류하거나 소명안내 없이 과세자료에 의한 고지 처분을 진행하는 행위(관련 법령 또는 규정에 의한 경우 제외)

③ 납세자가 권리구제 등의 필요에 의해 본인의 과세정보에 대해 열람 또는 제공 요구를 한 경우, 특별한 사유 없이 이를 거부하거나 제공을 지연하는 행위

④ 납세자 또는 세무대리인에게 금품 · 향응 또는 업무집행과 직접 관련 없는 사적 편의 제공을 요구하는 행위

⑤ 납세자가 제출한 자료나 업무상 취득한 자료를 관련 법령에 의하지 않고 타인에게 제공 또는 누설하거나 사적인 용도로 사용하는 행위

⑥ 과세자료 처리 등에 있어 세금의 부과 · 징수와 관련 없는 자료 또는 소명을 무리하게 요구하는 행위

⑦ 위 1 ~ 6호에 준하는 사유로 납세자 권리가 부당하게 침해되고 있거나 침해가 현저히 예상되는 경우

3) 권리보호요청과 납세자보호위원회, 납세자보호담당관의 권한

납세자의 권리보호요청이 접수되면 납세자보호담당관이 사실관계를 확인하고 적절한 권한을 행사하여 시정조치를 취한다. 세무조사와 관련된 권리보호요청은 관할 세무관서장이 납세자보호위원회의 심의를 거쳐 처리하고 납세자는 관할 세무관서장의 결정에 대해 7일(7일이 경과하기 전에 세무조사 기간이 종료되는 경우에는 그 종료일) 이내에 국세청장에게 그 결정의 취소 또는 변경을 요청할 수 있다.

(5) 억울한 세금의 권리구제 절차

국세청에서는 납세자의 권리구제를 위하여 다음과 같은 제도를 두고 있다.

법에 의한 권리구제 제도	행정에 의한 권리구제 제도
• 과세전적부심사청구 • 이의신청, 심사 · 심판청구 • 행정소송	• 고충민원 신청

1) 과세전적부심사 제도

과세전적부심사 제도는 세무서 · 지방국세청으로부터 세무조사결과통지 또는 업무감사 및 세무조사 파생자료 등에 의한 과세예고통지를 받았을 때 받은 날로부터 30일 이내에 세무서 · 지방국세청에 과세전적부심사를 청구할 수 있는 제도이다. 청구세액이 10억원 이상인 경우 등에는 국세청에 과세전적부심사청구를 할 수 있으며, 청구서가 접수되면 해당 세무서 · 지방국세청 · 국세청에서는 접수받은 날로부터 30일 이내에 국세심사위원회의 심의를 거쳐 결정하고 그 결과를 통지해 준다.

2) 이의신청

납세고지를 받은 날로부터 90일 이내에 고지한 세무서 또는 소관 지방국세청에 이의신청을 할 수 있다. 만약 세무서에 과세전적부심사를 청구한 경우에는 소관 지방국세청에 이의신

청을 하여야 한다. 이의신청서를 접수한 날로부터 30일 이내에 결정하고 신청인에게 그 결과를 통지해 준다

3) 심사 · 심판청구

납세고지를 받은 날로부터 90일 이내에 심사 또는 심판청구를 할 수 있다. 이의신청을 한 경우에는 이의신청의 결정통지를 받은 날로부터 90일 이내에 심사 또는 심판청구를 할 수 있다(다만, 이의신청 결정기간 내에 결정통지를 받지 못한 경우 결정통지를 받기전이라도 그 결정기간이 지난 날부터 심사 또는 심판청구 가능).

심사청구서 및 심판청구서는 관할세무서에 제출하면 되며, 심사 · 심판청구를 접수한 날로부터 90일 이내에 결정하여 청구인에게 그 결과를 통지해 준다.

4) 행정소송

심사청구, 심판청구 또는 감사원 심사청구에 의해 권리구제를 받지 못한 경우에는 결정통지를 받은 날로부터 90일 이내에 해당 세무관서를 관할하는 법원에 소송을 제기하면 된다.

(6) 탈세제보포상금 제도

1) 탈세제보란?

특정 개인이나 법인의 탈세사실을 뒷받침 할 수 있는 구체적인 내용 및 증빙을 탈세자의 인적사항과 함께 서면, 인터넷, 전화 등의 방법으로 세무관서에 제공하는 것을 말한다.

2) 탈세제보의 접수

- 인터넷 : 국세청 홈택스(www.hometax.go.kr) → 상담/제보 → 탈세제보/차명계좌 신고 등
- 서면접수 : 탈세혐의자 관할 지방국세청 및 세무서
- 전화 : 국번없이 126번(4번 → 1번)을 이용하여 제보 및 상담

3) 탈세제보의 처리 및 회신

접수된 탈세제보는 최종 처리관서장(지방국세청장 또는 세무서장)이 처리하고 그 결과를 제보자에게 회신하여 주며, 포상금 요건에 해당하는 경우에는 포상금에 대해 별도로 안내해준다.

4) 탈세제보 포상금

제보자가 탈루세액을 산정하는데 '중요한 자료'를 탈세제보한 경우 아래 요건에 해당되면 탈세제보 포상금을 지급한다.

구 분	내 용
일반 조세탈루에 대한 포상금	탈루세액 등이 5천만원 이상 추징되어 납부되고 불복 청구 절차가 종료되어 부과처분 등이 확정된 경우
조세 범칙행위에 대한 포상금	탈루세액 등이 5천만원 이상 추징되고, 통고의 이행 또는 재판에 의한 형확정 및 불복청구절차가 종료되어 부과처분 등이 확정되는 경우

5) 포상금 지급대상이 되는 '중요한 자료' 유형

① 조세 탈루를 입증할 수 있는 거래처, 품목, 수량, 금액 등 구체적인 사실이 기재된 자료나 소재에 관한 정보

② 회계부정 등 비밀자료, 부동산 투기거래, 상속 · 증여세 탈루 관련 정보

③ 밀수, 마약 등 반사회적인 행위로서 조세 탈루 관련 자료

④ 그 밖에 조세 탈루의 수법, 규모, 정황 등으로 보아 중요한 자료로 인정 되는 자료

6) 포상금 지급액

탈루세액 등의 5 ~ 20%(40억원 한도)

포상금 산출 기준금액	지급률
5천만원 이상 ~ 5억원 이하	100분의 20
5억원 초과 ~ 20억원 이하	1억원 + 5억원 초과금액의 100분의 15
20억원 초과 ~ 30억원 이하	3억 2천5백만원 + 20억원 초과금액의 100분의 10
30억원 초과	4억 2천5백만원 + 30억원 초과금액의 100분의 5

7) 포상금이 지급되지 않는 경우

① 가명이나 제3자 명의로 자료를 제공한 경우

② 공무원이 직무와 관련하여 자료를 제공한 경우

③ 무분별한 추측성 탈세제보, 제보가 없더라도 충분히 알 수 있는 보도내용 등의 자료

④ 자료제출 당시에 조사진행중인 납세자의 자료 등을 제공한 경우

(7) 기타 신고포상금

1) 신용카드 결제거부 · 현금영수증 발급거부 신고포상금

① 신고대상

- 신용카드가맹점이 신용카드 결제를 거부하거나 신용카드매출전표를 사실과 다르게 발급하는 경우
- 현금영수증가맹점이 현금영수증 발급을 거부하거나 사실과 다르게 발급하는 경우

② 신고방법

신용카드 매출전표, 현금영수증 발급거부 등 신고서 양식에 의해 발급거부 또는 사실과 다르게 발급한 행위가 있은 날부터 1개월(신용카드) · 5년(현금영수증) 이내에 관할 세무서장, 관할 지방국세청장 또는 국세청장에게 신고(현금영수증의 경우 2012. 2. 2. 거래분부터)

신고 시 포함할 내용

거래당사자인 신고자가 실명으로 거래금액 등 거래사실과 포상금을 지급받을 신고자의 계좌번호를 기재하고, 계약서, 간이영수증 등 거래증빙을 첨부하여 신고

③ 신고처

- 홈택스 → 상담/제보 → 현금영수증 민원신고
- 모바일(스마트폰) 홈택스 → 상담/제보 → 현금영수증 미발급/발급거부 신고
- 우편 및 세무서 방문 신고(신용카드 매출전표 · 현금영수증 발급거부 등 신고서)

④ 포상금 지급

결제 · 발급거부금액(5천원 미만 금액 제외)의 20%(한도 : 건당 50만원, 연간 200만원)를 포상금으로 지급하고 소득공제 혜택 부여

2) 명의위장사업자 신고포상금

① 신고대상

조세회피 또는 강제집행 면탈의 목적으로 타인의 명의로 사업하는 명의위장 사업자

② 신고방법

포상금을 지급받기 위해서는 객관적으로 명의위장임이 확인되는 증거자료 등을 첨부하여 실명으로 신고하면 되며, 증거자료 예시는 다음과 같다.

- 타인의 명의를 사용하여 사업을 경영하는 것을 입증할 수 있는 계약서 등 구체적 사실이 기재된 자료 또는 장부
- 명의위장사업자가 관리하는 계좌에 사업관련 자금이 수수되는 것을 입증할 수 있는 무통장 입금증, 통장사본 등

③ 신고처

- 인터넷 : 국세청 홈페이지 → 상담/제보 → 탈세제보/차명계좌 신고 등 → 타인명의 사업장 신고
- 방문 및 우편신고 : 국세청 부가가치세과, 지방청 부가가치세과, 세무서 부가가치세과

④ 포상금 지급

- 포상금 : 신고 건별로 1백만원 지급
- 지급시기 및 방법 : 「명의위장사업자 신고포상금 지급 신청서」 접수일 다음달 20일까지 신청인의 예금통장에 이체
- 지급제외 : 다음에 해당하는 경우로서 조세회피 또는 강제집행 면탈 목적이 없다고 인정되는 경우
  - 배우자, 직계존속 또는 직계비속의 명의를 사용한 경우
  - 약정한 날까지 채무를 변제하지 아니하여 「신용정보의 이용 및 보호에 관한 법률」에 따라 종합신용정보 집중기관에 등록된 경우

3) 신용카드 위장가맹점 신고포상금

① 신고대상

세금탈루 목적 등으로 자기의 매출을 노출시키지 않기 위해 자기 명의가 아닌 다른 가맹점 명의로 신용카드매출전표를 발행한 업소 또는 위장가맹점

② 신고방법

6하 원칙에 의하여 신고내용을 서면으로 작성하여 「국세청 또는 세무서, 여신금융협회」에 우편 제출 또는 인터넷 접수한다. 신고 시 포함할 내용은 다음과 같다.

- 신고인 인적사항(성명, 주민등록번호, 연락 전화번호)
- 실제 이용한 업소명 및 신용카드매출전표 발행 업소명
- 교부받은 신용카드매출전표(원본 또는 사본)
- 실제 이용한 업소의 약도

③ 신고처

- 신고내용을 6하 원칙에 의거 국세청 또는 여신금융협회에 접수(다음 중 택일)
  - 우편제출 : 국세청 또는 세무관서, 여신금융협회(소비자보호팀)
  - 인터넷 : 국체청 홈택스 → 상담/제보 → 탈세제보/차명계좌 신고 등 → 신용카드 위장 가맹점 신고 → 제보내용 등록

* 여신금융협회 누리집(www.crefia.or.kr) 참조

④ 포상금 지급

- 포상금 : 건당 10만원
- 지급시기 : 위장거래로 확인된 날의 다음 달 말일까지
- 지급방법 : 신고인 명의의 예금통장으로 계좌이체
- 지급제외 : 동일가맹점에 대하여 여러 건의 신고가 접수되었을 경우 최초 접수된 신고자에게만 지급

저자약력

차 승 민

▸ **학력** : 고려대학교 경영대학 졸업
고려대학교 대학원 졸업(경영학 석사 및 박사)

▸ **경력** :
- 경기도 지방세심의위원회 위원
- 경기도 도시 · 주거환경정비기금운용심의위원회 위원
- 중부국세청 조세범칙조사심의위원회 위원
- 수원세무서 국세심사위원회 위원
- 공인회계사 및 세무사 등 전문자격시험 출제위원, PSAT 등 공무원시험 출제위원

▸ **현,**
- 경기대학교 소프트웨어경영대학 학장
- 경기대학교 경영학부(회계세무학전공) 교수
- 한국회계정보학회 부회장, 한국회계학회 이사, 한국세무학회 이사 등

▸ **저서**
「Compact 회계원리(공저)」 (탐진), 「세법개론(공저)」 (나우퍼블리셔),
「세법원리」(나우퍼블리셔), 「지방세법개론」(나우퍼블리셔) 등

▸ **논문**
"공기업의 청렴도와 조세회피" , 「회계 · 세무와 감사 연구」(61권 1호), 2019년 3월 외 다수

이 재 홍

▸ **학력** : 연세대학교 문과대학 졸업
연세대학교 대학원 졸업(경영학 석사 및 박사)

▸ **경력** :
- 연세대학교 조교수
- 상명대학교 조교수

▸ **현,**
- 경기대학교 소프트웨어경영대학 회계세무전공 조교수
- 한국회계학회 이사, 한국세무학회 이사 등

▸ **저서**
「생활속의 세금(공저)」 (퍼스트북)
「IFRS 회계원리(공저)」 (신영사)
「Compact 회계원리(공저)」 (탐진)

▸ **논문**
"The effect of managerial ability on voluntary disclosure of carbon emissions",
「Borsa Istanbul Review」(23권 3호), 2023년 5월 외 다수

슬기로운 세금생활

초판발행 • 2021년 3월 10일
3판발행 • 2025년 2월 27일

지은이 • 차승민, 이재홍
펴낸이 • 김대명
펴낸곳 • 나우퍼블리셔
등록번호 • 2020년 1월 20일 (제2020-000005호)
주소 • 서울특별시 성동구 한림말5길 11 덕성빌딩
전화 • 010-9133-5272 | 팩스 02-6305-3639
전자우편 • nowpublisher@daum.net
홈페이지 • www.nowpublisher.co.kr
ISBN • 979-11-7102-099-7 93320

정가 26,000 원